O CORTESÃO

O CORTESÃO
Baldassare Castiglione

Tradução
CARLOS NILSON MOULIN LOUZADA

Revisão
EDUARDO BRANDÃO

SÃO PAULO 2018

*Esta obra foi publicada originalmente em italiano
com o título IL LIBRO DEL CORTEGIANO.
Copyright © 1997, Livraria Martins Fontes Editora Ltda.,
Copyright ©2018, Editora WMF Martins Fontes Ltda.,
São Paulo, para a presente edição*

1ª edição 1997
2ª edição 2018

Tradução
CARLOS NILSON MOULIN LOUZADA

Revisão da tradução
Eduardo Brandão
Revisão gráfica
*Sandra Rodrigues Garcia
Ana Maria de Oliveira Mendes Barbosa*
Produção gráfica
Geraldo Alves
Paginação
Studio 3 Desenvolvimento Editorial

**Dados Internacionais de Catalogação na Publicação (CIP)
(Câmara Brasileira do Livro, SP, Brasil)**

Castiglione, Baldassare
 O cortesão / Baldassare Castiglione ; tradução Carlos Nilson Moulin Louzada ; revisão Eduardo Brandão. – 2ª ed. – São Paulo : Editora WMF Martins Fontes, 2018. – (Coleção clássicos WMF).

Título original: Il libro del cortegiano.
ISBN 978-85-7827-817-5

 1. Castiglione, Baldassare, conte, 1478-1529. O cortesão – Crítica e interpretação 2. Cortes e cortesãos na literatura 3. Itália – Usos e costumes – Século 16 4. Renascença – Itália I. Título. II. Série.

18-12757   CDD-850.3

Índices para catálogo sistemático:
1. Itália : Literatura renascentista 850.3
2. Literatura renascentista italiana 850.3

Todos os direitos desta edição reservados à
Editora WMF Martins Fontes Ltda.
*Rua Prof. Laerte Ramos de Carvalho, 133 01325.030 São Paulo SP Brasil
Tel. (11) 3293.8150 e-mail: info@wmfmartinsfontes.com.br
http://www.wmfmartinsfontes.com.br*

Índice

Prefácio à edição brasileira VII
Bibliografia XVII
Cronologia XXI
Introdução XXV
Nota biobibliográfica XXXIX

O LIVRO DO CORTESÃO

Ao reverendo e ilustre senhor dom Michel de Silva,
  bispo de Viseu 3
Primeiro Livro 11
Segundo Livro 83
Terceiro Livro 187
Quarto Livro 267

Notas 341

Prefácio à Edição Brasileira

A cena da perfeição
Alcir Pécora

A conhecida anedota de que Carlos V tinha como livros de cabeceira *Il libro del cortegiano*, de Baldassare Castiglione, *O príncipe*, de Nicolau Maquiavel, e a *Bíblia* parece cada vez mais emblemática. Desde que os estudos a propósito da racionalidade de corte, sobretudo a partir da obra decisiva de Norbert Elias, têm promovido uma completa releitura do interesse e do alcance intelectual e social dos tratados de corte –, lidos então geralmente como manuais frívolos de etiqueta e, no melhor dos casos, como formulação idealista ou utópica, com fins artificiosos e compensatórios –, o *cortesão* de Castiglione não cessa de aumentar a projeção de sua sombra refinada sobre o período clássico das letras nos Estados europeus modernos. Trata-se sem dúvida do mais importante livro do gênero: o modelo de todos os demais tratados, que se multiplicaram nas diferentes línguas, com o mesmo propósito de instituição de um novo código da razão, sinalizado por um sistema complexo de maneiras, cujo *decoro* previa a aplicação adequada delas segundo as diferentes circunstâncias. Nesse sentido, não há mesmo que estranhar que *Il libro del cortegiano* forme com *O príncipe* o que se poderia (aristotelicamente) descrever como uma relação *antistrófica*, em que os domínios intelectuais definidos por um e outro guardam, ao mesmo tempo, relações de similitude e de oposição. Para indicar os elementos comuns, referidos por Salvatore Battaglia, nota-se que ambos os livros atentam fortemente para o mundo efetivo das práticas, e, nesse âmbito, atribuem grande importância à ação individual movida por emulação. Já os elementos distintos fundamentais destacados por Battaglia dizem respeito ao fato de que Castiglione pretende construir um modelo exemplar do homem social, em que predomina a idéia de solidariedade dos espíritos eleitos, enquanto Maquiavel constrói o modelo de exceção de um homem extraordinário, porém definitivamente só, em que a sociabilidade dos *melhores* substitui-se pela fatalidade da crua prática política. Seja como for, dada a laicização evidente nos dois casos, a *Bíblia* faz aí o papel lato de cabeceira, que se restringe, no *Príncipe*, à exterioridade do cálculo político, e que, no *Cortesão*, trata de adequar-se às práticas do convívio elegante.

O argumento *de Il libro del cortegiano*, tomado por vezes ingenuamente como informação histórica rigorosa, e que vem exposto já no *proêmio* dedicado a D. Miguel da Sylva, é o de relatar os acontecimentos passados em quatro noites, de três a sete de março de 1506, nos estupendos aponsentos do palácio do Duque de Urbino, Guidubaldo di Montefeltro (1472-1508), a quem servia Castiglione como militar, diplomata e letrado. O Duque, sofrendo das dores da gota, e tendo usualmente de recolher-se cedo, deixava à esposa, Elisabetta Gonzaga (1471-1526), a incumbência de entreter os gentis-homens e damas em torno de si – tarefa que ela resolvia de maneira extraordinária, tal como *O cortesão* se propõe descrever. Através das anotações dos serões, apresentadas então como testemunho fiel, define-se simultaneamente o modelo da perfeita *cortesania*.

Tudo se representa pois em torno de Elisabetta, cunhada e amiga da célebre Isabella D'Este, de Mântua, que era capaz de ler latim fluentemente. Ao seu lado, alguns dos grandes nomes do período, freqüentadores do palácio de Urbino, foram devidamente apropriados como personagens do *Libro*. Estruturado na forma dialogada, tributária do prestígio das grandes obras da Antiguidade filosófica, mostra-se próprio para o estabelecimento do espectador como alguém que deva produzir um decisivo *ato de juízo*, mediante a exposição das falas contraditórias das diferentes personagens. Um gênero adequado, pois, para realizar o elogio das atividades de prazer intelectual favorecidas pela corte renascentista. Ademais, não lhe faltavam antecessores próximos e fundamentais no gênero, como o *Della Famiglia*, de Leon Battista Alberti (1404-72), escrito na terceira década do século anterior, e os *Asolani* (1505) de Pietro Bembo (1470/1547), que, cúmplice do neoplatonismo de Ficino, buscava compreender a natureza suprafísica do amor. Esta precedência, aliás, foi-lhe devidamente atribuída com a incorporação de Bembo como personagem-chave que, na última parte do *Libro*, discorre sobre a vocação espiritual e a substância contemplativa do desejo, do amor e da beleza em sua matriz cortês. Além deste poeta, vale lembrar algumas das personalidades que viviam à roda dos Montefeltro, Della Rovere e Medici, tornadas todas personagens do diálogo: Ottavian Fregoso, nobre genovês, exilado em Urbino, e seu irmão Federico, amigo pessoal de Castiglione, assim como Roberto de Bari e Gaspar Pallavicino, marquês de Cortemaggiore; Giuliano de Medici, filho mais jovem de Lorenzo, o Magnífico; Ludovico de Canossa, veronês, núncio pontifício; os militares Cesar Gonzaga primo de Castiglione, e Ludovico Pio, irmão de Emilia Pia, dileta amiga de Elisabetta e esposa de Antonio de Montefeltro, irmão de Guidubaldo; Pietro de Napoli e o alemão Nicolò Frisio, gentis-homens a serviço do Papa; Bernardo Dovizi, o conhecido cardeal Bibbiena, secretário de Giovanni de Medici, futuro Leão X; o poeta petrarquista Bernardo Accolti, dito Único Aretino; o músico Terpandro, de Módena; o mestre de armas e exercícios cavaleirescos Pietro Monte etc.

O debate entre as personagens prolonga-se através de uma bem definida disposição do *Libro* em quatro partes. A primeira delas trata sobretudo da origem do cortesão, exigindo em linhas gerais a nobreza de nascimento, fiança de suas qualidades, o que certamente sinaliza o aristocratismo como aspiração daquela sociedade, pois, de fato, entre os *condottieri*, senhores oriundos fundamentalmente de guerras comerciais recentes, realmente não haveria que esperar nobreza de sangue atestada pela antiguidade de origem e privilégios. Ao lado disso, exige-se do cortesão determinada formação intelectual, com conhecimento das letras, da retórica, da música, das artes figurativas etc. A segunda parte acresce à anterior a exigência de excelências que remetem ao domínio de determinadas faculdades de caráter e à experiência das várias circunstâncias da vida social palaciana. Assim, o *cortesão* deve exercitar virtudes políticas e intelectuais como a *prudência* e a *discrição*, ambas pressupostas na idéia de *dignidade*, mas compatíveis com o agradável da companhia. Entre as principais situações públicas de exercício dessas qualidades estão os espetáculos, os torneios, as danças e, acima de tudo, as conversações, de que *Il libro* é, ao mesmo tempo, modelo e exemplo sistemático. A terceira parte cuida de sintetizar o que foi dito an-tes sobre o cortesão e aplicá-lo à *dama de palácio*, seu análogo do sexo feminino, aqui dado teoricamente como capaz de grandeza e inteligência similares, a ponto de entreter com ele uma relação amorosa baseada no idêntico desejo de saber e elevação que distingue os espíritos de elite. A quarta parte do *Libro*, além de concentrar-se no debate amoroso, trata da natureza complexa da relação a guardar-se entre o Príncipe e os cortesãos, de modo a ficar preservado o princípio de civilidade e nobreza do serviço sem incorrer-se na baixeza do servilismo. Tal medida harmoniosa traduz-se exemplarmente pela responsabilidade política partilhada por ambos.

Assim, o modelo de cortesão que resulta do *Libro* propõe um novo herói que tem, antes de mais nada, o senso natural e gracioso da *medida*, o que implica tanto o domínio racional dos sentidos e dos instintos, excessivos e incoerentes, quanto a disposição ou faculdade de participar das verdades inteligíveis e eternas, de que a Corte é espelho – e cuja verdadeira perfeição, assim, é a de assinalar outra, que a transcende. Neste projeto, a formação que supõe é universal e também totalizante, adquirida por meio de experiências variadas que vão do campo de guerra ao especulativo, passando pelo treino das técnicas do verso, da música, da pintura. A palma concede-se às disciplinas intelectuais, que conduzem a um tipo de erudição enciclopédica, sem ser demasiado grave, que, no limite, busca a compreensão das formas inteligíveis e divinas, mas não perde de vista a idéia de um saber necessariamente agradável e comunicativo. Nesse conjunto ambicioso, o conceito de cortesania proposto por Castiglione, como defende Battaglia, tem um aspecto muito prático, que aponta para uma espécie de técnica ou profissão do momento. A sua arma mais eficaz, nesse caso, identifica-se com a *sprezzatura*, que se poderia traduzir, nas pegadas de J. R. Hale, pela faculdade ou facilidade espontânea para o fazer, ou, como diz ainda, pelo aroma da superioridade sem esforço. Algo próximo da *nonchalance* que se proporá nos salões de França, sob a sombra mesma do *Cortesão*, como signo manifesto do *honnête homme*. Mas a disposição para o belo gesto, afetado como natural a ponto de assemelhar-se a certa negligência ou altivez descuidada, não se esgota nela mesma: a ação do *cortesão* deve tender para a virtude afetiva, moral, espiritual que incorpora a ambição estóica da imperturbabilidade, do domínio de si diante dos altos e baixos da vida mundana. Em qualquer caso, importa é que razão concilie-se com elegância.

Também é notável, na solução dada por Castiglione à figura do cortesão, que não lhe falta a tintura melancólica, saturnina, típica do humanismo neoplatônico, e que verdadeiramente dá mais acabamento ao modelo. Ele projeta-se, como diz o autor, estimulado pela memória de mortos, o que lhe dá certo ar de fora do tempo, de lucidez quase metafísica, por mais que, no *Libro*, o muito de que se fala e o muito que se fala, faz-se por gosto e costume quotidiano: tagarelar intelectualista, comum a cúmplices e rivais de uma sociedade ao mesmo tempo restrita e com uma enorme imagem de si.

Para dar uma idéia mais clara desses costumes prazerosos, pode-se tomar o exemplo da música, tratado na segunda parte do *Libro*. De início, fica evidente o prestígio daquela de origem franco-flamenga, estabelecida firmemente sobre os torneios contrapontísticos. Contudo, como observa Denis Dadre, quando se trata de escolher o melhor gênero musical, se ainda se afirma a superioridade desta música sobre os "merdagali" dos compatriotas, a verdade é que os cortesãos optam definitivamente pelo "cantar a viola", isto é, o canto algo improvisado das *frottole*, as canções executadas por uma única voz e acompanhadas pela viola ou pela lira de braço. A preferência deixa manifesto o gosto cortesão pela preponderância do texto poético (que podia ser de Petrarca, Sannazaro ou Galeota) sobre a música pura, o que basta para diferenciá-lo decisivamente da tendência franco-flamenga de recusar quaisquer elementos externos à determinação polifônica da *Ars Perfecta*. De resto, como também destaca Dadre, o prazer intelectual da audição nítida dos poemas, recortado pelos toques da viola, casa-se admiravelmente com a idéia de que afinal gentis-homens são diletantes musicais. Vale dizer, se devem tocar algum instrumento e conhecer música, não o devem fazer de modo a ultrapassar o limite restrito aos profissionais, em que a prática sistemática dos instrumentos pode provocar deformações profissionais no rosto, no corpo, no porte, ou, enfim, reduzir o alcance universal da formação ao específico particular. Isto também poria a perder a graça essencial suposta por Castiglione: o esforço sustentaria mal a vaga displicência afetada pela *sprezzatura*.

A delicada harmonia postulada por Castiglione entre graciosidade e inteligência fica ainda mais nítida quando se examinam as suas apropriações seiscentistas, que, se ampliam de maneira fecundíssima o seu quadro pragmático e literário, também atestam a destruição de sua qualidade verdadeiramente clássica, porque radical na exigência relativa ao ajuste de seus limites. Assim, o herói *discreto, prudente* e *político* prescrito pelo jesuíta espanhol Baltasar Gracián (1601-1658) está já demasiado longe do equilíbrio suposto na *sprezzatura*: em vez de clareza e elegância prescreve-se como regra primeira a posse de um *cabedal de incompreensibilidades*, que possam impedir a sociedade, sempre êmula, de determinar o alcance efetivo de seu saber e poder. A língua vulgar, aqui, já não lida para elevar-se à altura mítica proporcionada pela cultura latina, mas para dissimular os seus sentidos por meio de uma técnica de proliferação de *equívocos* e *ponderações misteriosas* suscitados pela forma elíptica e picante da *agudeza*. Da mesma maneira, na França *frondeuse* do Senhor de La Rochefoucauld a *sprezzatura* perde leveza e ganha violência, no método de produção de *sentenças* e *máximas* já de uma mordacidade desenganada, em que a sociabilidade é apenas verniz de relações brutais, ditadas em última análise pelo *amor-próprio* e a *coqueteria*. O *honnête homme*, pensado pelo Duque, cruza um critério aristocrático de casta com outro de exigência ética tão rigorosa, que o ser de exceção que resulta descrito pela noção é mais relativo ao possível que ao real, e mesmo mais ao inteligível que ao possível. Ou, contrariamente, resulta de determinações tão mecanicistas, que suas virtudes e vícios tornam-se quase equivalentes a disposições humorais neutras, que a custo distinguem-se entre si, como a custo distinguem os verdadeiramente melhores. O *cortesão* pois, assim como permanece no tempo, é modelo que, tal como o formula Castiglione, não define mais que um brevíssimo momento de apogeu do humanismo renascentista.

Finalmente, para leitores de língua portuguesa, pode ser interessante lembrar que o livro é dedicado a um fidalgo português, D. Miguel da Sylva. Melhor dizendo, Castiglione dedica-lhe a primeira edição imprensa, que corresponde efetivamente ao resultado de uma terceira e última redação; de modo que *Il libro*, ao longo de quase vinte anos de intervalo, teve muito modificado o seu formato original, como o mostraram, entre outros, Ghino Ghinassi e Giulio Carnazzi. Este D. Miguel, identificado com profundidade por Sylvie Deswarte, fora bispo de Viseu e, como homem de educação esmerada, enviado a Roma, por ordem de D. João III. A sua distinção pessoal acaba valendo-lhe a proteção do Papa Paulo III, que, em 1541, nomeia-o cardeal. Ocorre que o cargo era requerido pelo soberano português para um seu irmão, e a aceitação de D. Miguel custa-lhe também definitivamente a antipatia real. Morre, em 1556, sem poder tornar a Portugal. Bem antes de Castiglione redigir a epístola a D. Miguel, contudo, *Il libro* havia sido dedicado a Alfonso Ariosto, que o autor havia conhecido durante seu período de estudos na corte dos Sforza, em Milão, e que era irmão de Ludovico, o autor do célebre *Orlando Furioso*. Alfonso, todavia, morre em 1525, ainda antes da primeira impressão do volume.

Em termos gerais, admite-se a primeira redação do *Libro del cortegiano* como sendo do período compreendido entre 1508 a 1516, a segunda dos anos de 1520-21, a terceira de 1521-24, esta definitivamente dada à luz em 28. A tendência mais empirista e descritiva das práticas amenas e cultas da corte de Urbino estão muito mais nítidas nas duas primeiras partes. A terceira e quarta são fruto de sucessivos enxertos, que fazem crescer os excursos relativos à constituição da figura já referida da "donna di pallazzo", às relações do príncipe com os cortesãos e à teoria de amor platonizante enunciada pela boca de Pietro Bembo, um verdadeiro técnico do tema. Está claro, por esses últimos pontos, que, aliás, combinam-se à maravilha, que se trata aqui de vincular a idéia de cortesão à do serviço do Príncipe, sendo isto a fonte atual de *nobreza*, mais que os privilégios aristocráticos baseados na antiguidade familiar ou na distinção de sangue. Nobreza que, enfim, manifesta-se na própria participação no encargo de governar. Neste ponto, está claro que a figura do *cortesão* é chave para a compreensão das preocupações contemporâneas com a constituição de um centro de poder que, por um lado, caracterize-se com a investidura de uma elite intelectual que pretende dividir o poder pelo artifício dos cálculos, e, de outro, eternize-se num modelo de essência metafísica. Ambos os aspectos foram providenciados pelo *Libro* do gentil Castiglione.

Bibliografia

ARIANI, M. "Per una semantica della 'Pazzia' rinascimentale: i 'folli ragionamenti' nel *Libro del cortegiano*" *in* OSSOLA, *op. cit.*, 1980.
BATTAGLIA, Salvatore. *Il libro del cortegiano*, Roma, Biblioteca Universale Rizzoli, 1897.
BATTISTI, G. Saccaro. "La donna, le donne nel *Cortegiano*" *in* OSSOLA, *op. cit.*, 1980.
BEER, M. "Le maschere del tempo nel *Cortegiano*" *in* OSSOLA, *op. cit.*, 1980.
BENEDETTO, A. di, "Alcuni aspetti della 'fortuna' del *Cortegiano* nel Cinquecento", *in Stile e Linguaggio*, Roma, Bonacci, 1974.
BONORA, E. *Atti del convegno di studio su Baldassar Castiglione nel quinto centenario della nascita*, Mântua, Accademia Virgiliana, 1980.
BORSETTO, L. "Il 'Libro del Cortegiano': una codificazione del 'recitare', un emblema della scrittura" *in* OSSOLA, *op. cit.*, 1980.
CARNAZZI, G. *Il libro del Cortegiano*, *op. cit.*
CARTWRIGHT, J. *Baldassare Castiglione. The Perfect Courtier. His Life and Letters (1478-1529)*, Londres, Murray, 1908.
CIAN, V. *Un illustre nunzio pontificio del Rinascimento: Baldassar Castiglione*, Città del Vaticano, Biblioteca Apostólica Vaticana, 1951.
_____. *La lingua di Baldassar Castiglione*, Florença, Sansoni, 1942.
_____. "Un trionfo dell'amore platonico in pieno Rinascimento", *Convivium*, jan./fev., 1952.
DADRE. (Baldassare Castiglione, *Il libro del cortegiano*. Venezia, 1528.) *Doulce mémoire*, Paris, Auvidis, 1997.
DARDANO, M. "L'arte del periodo nel *Cortegiano*", *rassegna della letteratura italiana*, set./dez., 1963.

DESWARTE, Sylvie. "La Rome de D. Miguel da Silva (1515-1525)", *Separata do Humanismo Português (1500-1600), 1º Simpósio Nacional*, 21-25 outubro 1985, Academia das Ciências de Lisboa, 1988.

_____. *Il perfetto cortegiano, D. Miguel da Silva*, Roma, Bulzoni, 1989.

DOGLIO, Maria Luisa. "L'occhio del Principe e lo specchio del *Cortegiano*. Rassegna di testi e studi sulla letteratura di corte nel Rinascimento italiano", *Lettere italiane*, XXXVI, nº 2, abril/jun., 1984.

FERRONI, G. *"Sprezzatura* e simulazione" *in* OSSOLA, *op. cit.*, 1980.

FLORIANI, P. "I personaggi del *Cortegiano*" *in Dialogo culturale nel primo cinquecento*, Nápolis, Liguori, 1981.

_____. *Bembo e Castiglione. Studi sul classicismo del Cinquecento*, Roma, Bulzoni, 1976.

_____. "Idealismo politico del *Cortegiano*", *La rassegna della letteratura italiana*, jan./abril, 1972.

_____. "La genesi del *Cortegiano*: prospettive per una ricerca", *Belfagor*, XXIV, 1969.

_____. "Esperienza e cultura nella genesi del *Cortegiano*", *Giornale storico della letteratura italiana*, CXLVI, 1969.

GHINASSI, G. "L'ultimo revisore del *Cortegiano*", *Studi di filologia italiana*, XXI, 1963.

_____. "Fasi dell'elaborazione del *Cortegiano*", *Studi di filologia italiana*, XXV, 1967.

GORNI, G. "Il rovescio del *Cortegiano* e le lettere del Castiglione", *Paragone*, 354, dez., 1979.

GREENE, T. M. "Il *Cortegiano* and the choice of a game", *Renaissance Quarterly*, 1979.

GUIDI, J. "Baldassar Castiglione et le pouvoir politique: du gentilhomme de cour au nonce pontifical" *in* AAVV. *Les écrivains et le pouvoir en Italie à l'époque de la Renaissance*, Paris, Université de la Sorbonne Nouvelle, 1973.

LOOS, E. "Baldasar Castigliones *Libro del cortegiano*", *Studien zur Tugendauffassung des Cinquecento*, Frankfurt am Main, Klostermann, 1955.

MAZZACURATI, G. "B. Castiglione e la teoria cortigiana: ideologia di classe e dottrina critica", *Modern Language Notes*, LXXXIII, 1968,

MORREALE, M. "El mundo del *Cortegiano*", *Revista de filologia española*, XLII, 1958-59.

_____. *Castiglione y Bóscan, el ideal cortesano en el Renacimiento español*, Madri, Imprenta de D'Aguirre Torre, 1959.

MULAS, L. *Funzione degli esempi, funzione del Cortegiano, in* OSSOLA. *op. cit.*, 1980.
OSSOLA, C. *La Corte e Il Cortegiano*, Roma, Bulzoni, 1980.
_____. "*Il libro del Cortegiano: ragionamenti ed espedizioni, Lettere Italiane*, XXXI, 1979.
POZZI, M. "Il pensiero linguistico di B. Castiglione", *Giornale storico della letteratura italiana*, CLVI, 1979.
REBHORN, W. A. *Courtly Perfomances. Masking and Festivity in Castiglione's "Book of the Courtier"*, Detroit, Wayne State University Press, 1978.
SHEARMAN, John. "Giulio Romano and Baldassare Castiglione", *Atti del convegno internazionale di studi su "Giulio Romano e l'espanzione europea del Rinascimento"*, Mântua, Palazzo Ducale, Teatro Scientifico del Bibiena, 1-5 out., 1989.
SQUAROTTI, G. Barberi. "*Il Cortegiano* come trattato politico" *in L'onore in Corte. Dal Castiglione al Tasso*, Milão, F. Angeli, 1986.
TOLDO, P. "Le courtisan dans la littérature française et ses rapports avec l'oeuvre de Castiglione", *Archiv für das Studium der neuren Sprachen un Literaturen*, CIV, 1900.
WERLE, P. "*Grazia*. Zu Konstituierung un Frunktion eines Bildungsideals in Baldassare Castigliones *Libro del cortegiano*", *Italienische Studien*, n° 8, 1986.
WOODHOUSE, J. R. *Baldesar Castiglione: a reassessment of the courtier*, 1978.
ZIINO, M. "Castiglione e Montaigne", *Convivium*, X, jan./fev., 1938.

Cronologia

Baldassare Castiglione

1478. Em 6 de dezembro, em Casatico, perto de Mântua, nasce Baldassare Castiglione, filho de um pequeno proprietário rural, que também servia militarmente aos Gonzaga, senhores da região.
1490. Enviado à corte de Ludovico Sforza, em Milão, para aperfeiçoar seus estudos na escola dos humanistas Giorgio Merlano di Negro (Alexandria, 1430-Milão, 1894), antigo professor na Universidade de Pádua, e Demétrio Calcondila (Atenas, 1424-Milão, 1511), que ensinou grego em Perúgia, Pádua e Florença.
1499. Morte do pai. Retorna a Mântua para servir Francesco Gonzaga.
1503. Participa da batalha de Carigliano. Giuliano Della Rovere torna-se Papa, com o nome de Júlio II.
1504. Transfere-se para Urbino, a serviço do duque Guidubaldo de Montefeltro, casado com Elisabetta Gonzaga, anfitriã dos serões referidos no *Libro del cortegiano*.
1505. Pietro Bembo publica os *Asolani*, diálogos sobre o amor.
1506. Viaja para a Inglaterra para receber de Henrique VII a Ordem da Jarreteira para Guidubaldo; escreve em colaboração com Cesare Gonzaga a égloga *Tirsi*.

1508. Em 11 de abril, morre o duque Guidubaldo. Castiglione compõe, para Henrique VII, a epístola latina *De vita et gestis Guidobaldi Urbini Ducis*. Passa a serviço do novo senhor de Urbino Francesco Maria della Rovere, filho da irmã de Guidubaldo e aparentado com Júlio II. Inicia a elaboração do *Cortesão*.
1513. Giovanni de Medici sobe ao sólio papal com o nome de Leão X. Castiglione estabelece-se em Roma como embaixador do duque de Urbino. Faz amizade com o pintor Rafael Sanzio (Urbino, 1483-Roma, 1520), protegido de Júlio II, que pinta os aposentos privados do papa no Vaticano, e também de Leão X, que o nomeia arquiteto da Basílica de São Pedro, após a morte de Bramante (Pesaro, 1444-Roma, 1514). Maquiavel escreve *O príncipe*.
1516. Casa-se com Ippolita Torelli, de Mântua, com quem terá três filhos. Finaliza a primeira redação do *Libro del cortegiano*. Francesco Maria Della Rovere é destituído e o ducado de Urbino passa para o nipote de Leão X, Lorenzo de Piero de Medici. Morre Giuliano de Medici, participante dos serões.
1520. Serve o marquês Federico Gonzaga, do qual obtém a nomeação de Capitão Geral do Exército Pontifício. Morte da esposa. Morte de Messer Bernardo Dorizi, o cardeal Bibbiena, que participa dos serões de Urbino. Inicia a segunda redação do *Libro del cortegiano*.
1521. Toma o estado eclesiástico; recebe a ordem menor da Tonsura. Começa uma terceira redação do *Cortesão*. Francesco Della Rovere retoma o poder sobre Urbino.
1522. Adriano Florenz, de Utrecht, torna-se papa e adota o nome de Adriano VI. Castiglione deixa Roma e retorna a Casatico e Mântua.
1523. Com a eleição de Giulio de Medici, Clemente VII, Castiglione retorna a Roma como embaixador do marquês de Mântua.
1524. Clemente VII o nomeia núncio apostólico e envia-o à Espanha, junto a Carlos V. Morte de Ottavian Fregoso,

nobre genovês, também participante dos serões da corte de Urbino.
1525. Já em Madri, aplica-se em favorecer a reconciliação entre o papa e o imperador. Morre Alfonso Ariosto, a quem Castiglione dedica o *Libro del cortegiano*, em suas duas primeiras redações.
1526. Morte de Elisabetta Gonzaga.
1527. Envia indicações precisas para a publicação do *Cortesão*. O encargo da última revisão do texto é dado ao veneziano Giovan Francesco Valerio. As tropas de Carlos V, comandadas pelo Duque de Bourbon, avançam sobre Roma e tomam-na em maio deste ano, deixando-a apenas em fevereiro do ano seguinte. Castiglione é repreendido pelo papa por não ter previsto o ataque; em carta de 10 de dezembro procura justificar sua falha. É perdoado pelo papa. Morte de Nicolau Maquiavel.
1528. Castiglione refuta Giovanni Alfonso Valdès, secretário pessoal do imperador, que em *Latancio o Dialogo de las cosas ocurridas em Roma* (1527), tinha criticado a cúria e o pontífice.
1529. Em 8 de fevereiro, morre de peste em Toledo aos 50 anos. Recebe exéquias solenes.
1530. Erasmo publica *A civilidade pueril*.
1532. Primeira edição de *O príncipe*, de Maquiavel, em Florença.
1534. Tradução do *Libro del cortegiano* para o espanhol por Júan de Boscán.
1536. A capital da região de Marche muda-se de Urbino para Pesaro e a primeira decai para seu estado original de pequeno centro mercantil de uma região agrícola pobre.
1537. Tradução para o francês por J. Colin.
1554. Giovanni Della Casa publica *Galateo*.
1561. Tradução para o inglês por Sir Thomas Hoby.
1606. Versão latina, publicada na Alemanha.

1619. Publicação dos diálogos de *Corte na aldeia e noites de Inverno*, de Francisco Rodrigues Lobo, escrito à emulação do *cortesão* e do *Galateo*.

Introdução

Não se passara nem um ano do saque de Roma, um fato político muito grave não só para os contemporâneos e, pessoalmente, para Baldassare Castiglione, um verdadeiro xeque-mate da nunciatura ao imperador, quando saiu, em abril de 1528, o *Livro do cortesão*, uma das obras mais representativas do Renascimento. No dia seguinte (ou quase) do declínio de um ideal de cultura e de política como fora o das Cortes italianas, tal obra fixa numa esplêndida criação um mundo de civilização que não se perderá. Ela irá difundir na Europa as características de uma Itália douta por pesquisas e estudos, justa nas ordenações de suas comunas e principados, civilizada nos costumes de seus habitantes. Esse ideal (que será o do Renascimento e, na poesia, tomará a forma do *Furioso* e de *Gerusalemme*) durará até que venha a prevalecer a imagem bem romântica de uma Itália de bandidos e intrigas, punhais e venenos: não passa da outra face da individualidade propriamente popular do mesmo período histórico. Basta pensar em Cellini e na sua característica *Vita*. Assim como no *Galateo* teremos um código democrático de costumes diante do refinamento aristocrático do *Cortesão*.

A imagem do perfeito homem de Corte terá amplas ressonâncias nos ambientes intelectuais e políticos de França, Inglaterra e Espanha. Ela permanecerá ligada à apaixonante experiência de Castiglione, um dos melhores cavaleiros dentre tantos que existiram, como dirá Carlos V no seu desaparecimento. Dele conservará as confissões mais secretas e mais íntimas, os impulsos mais apaixonados. A de Castiglione era a derrota de toda uma época perante problemas novos e diferentes. A Itália das Cortes humanistas estava sendo ultrapassada pelas conquistas dos Estados nacionais. O indivíduo podia executar ações dignas de admiração herdadas da civilização antiga, mas o valor dos indivíduos não contava mais nos meandros da política, nem nos campos de guerra (não obstante a batalha de Pavia tão cavaleiresca por parte dos franceses), nem o perfeito orador consegue vencer com os dons da sabedoria e da persuasão num mundo de intrigas como o da política. Uma realidade bem dura estava se desenhando: aquela associada à consolidação e expansão dos grandes Estados modernos. A nobreza dos ideais contava bem pouco em face da nova situação política. Toda nostalgia dos bons tempos antigos corria o risco de ser inútil. Era um pouco como o desdém de Cimosco pelo fuzil no *Furioso*. A era da cavalaria fora então superada pela das armas de fogo. E justamente Nicolau Maquiavel fora obrigado a reconhecê-lo na *Arte della guerra* e em sua última tentativa de organizar a Ordenança florentina. (Com razão, quem bem compreendeu a triste realidade dos tempos, o "sábio" Francesco Guicciardini sentirá a inutilidade de tal milícia: exatamente como invocar os antigos romanos!) A derrota dos militares no saque de Prato será um documento grave. Novos tempos se anunciavam no horizonte. A queda de Roma sob as hordas dos *lansquenetes* terá sua heróica correspondência – no ideal da liberdade – no assédio de Florença. De 1512 a 1530, os anos tornar-se-ão pesados com a lembrança das glórias passadas ou, pelo menos, do bem-estar devido ao empreendimento dos bons cidadãos e ao seu amor pela comunidade.

Também Castiglione, voltando-se para o passado, só poderá contemplá-lo com profunda e religiosa melancolia. Na carta dedicatória do *Cortesão* – certamente escrita na primavera de

1527, na Espanha – ele diz a dom Michele de Silva ter começado a reler seu texto pela necessidade de publicá-lo: "... fui tomado por não leve tristeza, a qual aumentou bastante ao seguir em frente, lembrando-me que a maior parte dos que foram introduzidos nas discussões estão mortos; pois, além daqueles a quem se menciona no proêmio do último, morto está o próprio senhor Alfonso Ariosto, a quem o livro é dedicado, jovem afável, discreto, cheio de suavíssimos costumes e preparado para tudo o que convém a um homem de corte. Igualmente, o duque Iuliano de' Medici, cuja bondade e nobre cortesia mereciam ser mais tempo desfrutadas pelo mundo. Dom Bernardo, cardeal de Santa Maria in Portico, o qual por uma aguda e agradável presteza de engenho foi muito apreciado por quem o conheceu, também morreu. Morto está o senhor Ottavian Fregoso, homem raríssimo em nossos tempos; magnânimo, religioso, cheio de bondade, engenho, prudência e cortesia, e verdadeiramente amigo honrado e virtuoso, e tão digno de elogios que seus próprios inimigos foram sempre obrigados a elogiá-lo, e aquelas desgraças que ele suportou constantemente foram bastantes para demonstrar que a fortuna, como sempre, ainda hoje é contrária à virtude. Mortos estão ainda muitos outros dos citados no livro, aos quais parecia que a natureza prometesse bem longa vida. Mas aquilo que sem lágrimas não se deveria contar é que a senhora duquesa também está morta. E, se meu espírito se perturba com a perda de tantos amigos e senhores meus que me deixaram nesta vida como numa solidão cheia de pesares, razão há para que bem mais fortemente sinta a dor pela morte da senhora duquesa do que pela de todos os outros, pois ela muito mais que todos os outros valia e eu a ela muito mais que a todos os outros era ligado".

Este lamento está nos limites da obra-prima e é logo marcado pela íntima inspiração. Há nele qualquer coisa de bíblico. Por uma conhecida meditação do barão Charlus no grande romance de Proust, o sempre pranteado Trompeo relembrou uma apóstrofe também ela digna de recordação, a que faz Chateaubriand, em 1833, revisitando Verona, onde onze anos antes haviam se reunido em congresso ministros e soberanos da Santa Aliança. As *Mémoires d'outre-tombe* se colocam ao lado da *Recherche du temps perdu*. Justamente como dizia o nosso amado galicista e crítico: "O grande trecho de Chateaubriand é, antes de Proust, o último elo de uma corrente que remete à Antiguidade bíblica. *Ubi sunt principes gentium* se pergunta o profeta Baruch, e responde: *Exterminati sunti... et alii loco eorum surrexerunt.*" Assim pode ser lido em *Via Cupa*. E se Trompeo redigia um adendo a um celebrado escrito crítico de Gilson, seja aqui permitido relembrar – para uma outra "busca do tempo perdido" – exatamente as páginas preliminares de Castiglione. O estado de espírito do núncio pontifício se apresenta muito próximo ao de um artista. Sua evocação vem envolta em palavras de Platão e de Cícero: tem um modo todo seu de ser poesia.

Também por essas atitudes de meditação e de íntimo sofrimento o *Cortesão* surge como um livro de grande seriedade, de profundo empenho moral. Educado nas nobres linfas do humanismo, Castiglione – que era da terra de Virgílio e dele mantém a doçura toda especial nos costumes cotidianos e na língua, inclusive na vulgar – sentiu como poucos a ligação (e as fraturas) entre a moral e a política. Já foi dito que, enquanto perfeito cavaleiro do ideal, ele sentia repugnância por tudo o que era obrigado a apoiar em sua qualidade de embaixador e, portanto, de núncio. Mas não há dúvida de que o elogio que ele faz da nobreza de estirpe e de espírito está ligado a uma concepção do homem que se baseia na razão e no equilíbrio das paixões. Lívio e Plutarco servem de guia ao descritor da Corte de Urbino, e aquele que devia ser um pequeno quadro carente de cores, por causa da declarada modéstia de suas intenções, ao contrário, resulta num afresco grandioso da vida italiana do Renascimento. De tal modo, o *Cortesão* devia alcançar uma grande fama no mundo da tratadística e da moral, que nada indica estar diminuindo.

Continua dizendo Castiglione na *Lettera dedicatoria*, depois de ter expressado seu lamento pela morte de tantas personagens ilustres e, em particular, da duquesa Elisabetta: "Para não tardar assim com o pagamento daquilo que devo à memória de tão excelente senhora e dos outros que já não vivem, induzido ainda pelo perigo do livro, fiz com que fosse impresso e publicado tal e qual com a brevidade do tempo que me foi concebido. E porque vós, nem da senhora duquesa, nem dos outros que morreram, exceto do duque Iuliano e do cardeal de Santa Maria in Portico, tivestes notícia durante a vida deles, para que, até onde posso, tenhais alguma depois da morte, mando-vos este livro como um retrato da corte de Urbino, não da mão de Rafael ou de Michelangelo, mas de um reles pintor que somente sabe traçar as linhas principais, sem adornar a verdade com vagas cores ou fazer passar por arte da perspectiva aquilo que não o é. E, como me esforcei por demonstrar com os argumentos as propriedades e condições daqueles que ali são mencionados, confesso não ter nem expressado, nem mesmo referido as virtudes da senhora duquesa; pois não só o meu estilo não é suficiente para exprimi-las, como também o intelecto para imaginá-las; e, se em relação a isso ou outra coisa digna de crítica (como bem sei que no livro não faltam) for apanhado, não irei contradizer a verdade."

Nestas afirmações (que respondem também à necessidade de apresentar um texto corrigido da obra, depois que circularam cópias sem autorização do autor) se evidencia uma vez mais o refinamento de Castiglione. Não se trata só de modéstia, de reconhecimento dos próprios limites. Existe algo que remete à educação dos clássicos. Trata-se de uma qualidade do perfeito cavaleiro e cortesão: a discrição. Castiglione, como aquele lombardo cuja graça refulge (embora talvez seja idealizada) no retrato de Rafael, sentiu sem dúvida a importância de seu livro. Ele representa o ato extremo de fé nos ideais da cavalaria, mas enquanto documento lingüístico e literário pressupõe todo um mundo, o do Renascimento. Atingia-se o limiar da idade moderna, o autor era o primeiro a compreender as razões pelas quais sua obra era diferente de todas as congêneres. Seria nova também na exigência de uma língua que não dependesse apenas do exemplo de Boccaccio e dos esquemas de língua toscana. Na realidade, Castiglione não seguia os preceitos de seu caríssimo Bembo. A civilização italiana do Renascimento buscava uma expressão original que lhe fosse própria. Mântua, Milão, Veneza, Roma e Urbino eram cidades cuja experiência histórica culminara na formulação de uma política evidentemente ora grandiosa, ora aventurosa, ora baseada em recuos, ora inspirada em grandes exemplos da Antiguidade. Porém, na maioria dos casos ela visava restaurar os benefícios de uma liberdade perdida. Assim se inscrevia nos ideais dos melhores.

O autor ilustrou sua intenção, como se viu em parte na *Lettera dedicatoria*. Ela é um pouco o seu testamento literário. É a conclusão lógica de toda a sua existência de cortesão e de literato. A suavidade do caráter de Castiglione se manifesta na extraordinária fluidez de sua língua: harmoniosa pela plenitude do conjunto, livre nas articulações sintáticas (salvo onde se faz sentir o esforço de emular com os grandes escritores antigos, os quais encaravam a prosa como uma arte), elegante nas passagens das argumentações aos diálogos, aos relatos e às descrições das personagens e dos casos humanos.

Os estudos, feitos numa das mais belas coletâneas de manuscritos que tenham existido no mundo, deram a Castiglione a possibilidade de amadurecer seu caráter integérrimo, tanto nos *otia* quanto nos *negotia*. Ação e contemplação interagem, de modo que o livro daí resultante poderia ser considerado tanto um documento biográfico quanto uma fantasia nostálgica de uma era desaparecida. Como foi dito por Cian, um dos maiores estudiosos de Castiglione, o retrato de Rafael, hoje no Louvre, conserva, "junto com as aparências exteriores, a verdadeira alma de Castiglione: uma gravidade senhoril com uma doçura que seria serena, se não se mostrasse ali um véu sutil de melancolia". A mesma impressão pode ser dada, no conjunto, por sua obra literária, tanto mais se sutilmente compósita (conforme mostram cotejos com escritores gregos, latinos e italianos, como é o *Cortesão*. O documento histórico é superado pelo halo poético que circunda figuras e acontecimentos e tudo se transforma na tentativa de fixar uma sociedade ideal e subtraí-la à ação do tempo.

Os quatro livros da obra-prima tratam do modo de, "com palavras, dar forma a um perfeito cortesão": são ilustradas pouco a pouco – nos diálogos conduzidos por quatro noites no Palácio sob a direção da duquesa Elisabetta – as qualidades que deve ter uma personagem tão francamente cavaleiresca e ideal, e são procuradas em simultâneo também as qualidades que deve possuir uma perfeita "dama palaciana". Portanto, são consideradas as mais belas incumbências do cortesão. Certamente, a mais nobre é a de orientar o príncipe para a virtude e dissuadi-lo do mais quando tomar esse mau caminho, especialmente por causa da política. Ao mesmo príncipe são indicados preceitos que facilitem a grave tarefa do conselheiro. Por último (e o interlocutor é Bembo, que já tratara do assunto nos *Asolani*), é tratada a doutrina do amor platônico: este é essencialmente contemplação de beleza e aproxima-se de Deus. É o verdadeiro amor.

O cortesão perfeito sabe esgrimir e falar de poesia, amar com pureza de espírito e guerrear pelo seu senhor. O próprio autor visava a um retrato ideal de gentil-homem, mas não negligenciava sua experiência direta. Durante longos anos havia trabalhado na redação do livro. Escrevia elegantemente em latim e em italiano, falava de arte, discorria de modo agradável com as mulheres e tratava de negócios importantes com papas e poderosos. "Há quem, como ele, vemos, tenha tais cortesãos formado", assim falava Ariosto no *Furioso*, referindo-se à personagem. Retrato ideal e ato de fé de uma vida pensativa foi, portanto, o livro. E bem sabia o autor quanto de si mesmo havia posto na pintura ideal de seu cortesão. E era pintura nobre e refinada, não esboço ou obra de artesão desajeitado, como gostaria de dar a entender, talvez como antífrase apreciada pelos clássicos.

Avaliado em suas manifestações exteriores – desde a língua compósita até o ecletismo filosófico que orienta as argumentações de vários interlocutores – o *Cortesão* viria a ser entendido pela crítica iluminista e pela romântica como um grande exercício retórico. E, quanto ao conteúdo – em referência à época de Francisco I e Carlos V, e também à Reforma e ao saque de Roma! –, um sepulcro, embora belíssimo. Porém, era mais uma pedra tumular que uma arca. As simpatias dos leitores daqueles períodos (e não só daqueles) dirigem-se para a prosa quase moderna de Maquiavel e para os pensamentos cientificamente expressos num tratado como o contemporâneo *Príncipe*.

Basta ler na *Storia della letteratura italiana* de Francesco De Sanctis alguns juízos, hoje famosos, em relação à prosa do *Cinquecento*, que tem a afetação da forma, mas carece de intimidade e pensamento: "Na prosa do *Cinquecento*, temos a aparência, ou melhor, a simulação da ossatura, cuja expressão é o período. Mas a ossatura é apenas o exterior, e aquele luxo de conjunções, orações e incisos mal dissimula o vazio e a dissolução interna. O vazio não está no intelecto, mas sim na consciência, indiferente e cética. Por isso o trabalho intelectual é todo exterior, no que tem de ligeiro e de sério. Os argumentos mais frívolos são tratados com a mesma seriedade que os argumentos graves, pois a consciência é indiferente a todo tipo de argumento, grave ou frívolo. Mas a seriedade é aparente, é toda formal e portanto retórica: o espírito aí permanece profundamente indiferente. Monsenhor da Casa escreve a oração para Carlos V com o mesmo estado de ânimo com que escreve o capítulo sobre a padaria: exceto que aqui se encontra em sua natureza e resulta cínico, ali está fora de sua natureza e parece falso. O *Galateo* e o *Cortesão* são as duas melhores prosas daquela época, como representação de uma sociedade limpa e elegante, toda exterior, na qual viviam Casa e Castiglione, e que punha a tônica da vida nos costumes e nos modos. Também o intelecto, naquela virilidade ociosa, punha a importância principal da composição nos costumes e nos modos, ou melhor, na apresentação. Aquela roupagem boccacciana e ciceroniana logo se tornou convencional, um mecanismo inteiramente de imitação, ao qual a própria inteligência permanecia estranha. Os filósofos ainda não tinham abdicado de suas formas escolásticas: os poetas petrarqueavam; os prosadores usavam um gênero bastardo, poético e retórico, com a imitação exterior de Boccaccio; a doença era unitária, a passividade ou indiferença do intelecto, do coração, da imaginação, isto é, de toda a alma. Existia o escritor, não existia o homem. E desde então escrever foi considerado um ofício, consistindo num mecanismo que se dizia 'forma literária', na plena indiferença do espírito: divórcio completo entre o homem e o escritor. Nessa tempestade de prosas retóricas e poéticas, surgiu a prosa de Maquiavel, pressentimento da prosa moderna."

Assim se exprimia De Sanctis num capítulo do maior monumento da crítica romântica. Seu tempo permitia grandes ilusões: o *Risorgimento** era uma chama que ardia puríssima. Com suas luzes se relembravam – para uma Itália não ainda escrava de estrangeiros – mártires e rebeldes de um *Cinquecento* anterior ao Concílio de Trento. O que se recrimina no período de Leão X e de Clemente VII é a falta de religiosidade, de seriedade. Um julgamento semelhante a este agora expresso sobre a prosa "humanística" do século é duro justamente porque oriundo de uma desilusão: a de ver os homens inferiores às grandes concepções dos moralistas, da Antiguidade em diante. É evidente que o lado culto e refinado de Castiglione não pesava e que, pelo contrário, o seu sonho cívico e político – o

---

* *Risorgimento*: período da unificação e independência da Itália que, formalmente, teve lugar em 1870. (N. do T.)

do "cortesão" – era tido como superado pela própria realidade. Ao menos o pessimismo heróico de Maquiavel tentaria reagir. Castiglione contemplava seu sonho com espírito nostálgico. Ele viria a ser um suave crepúsculo, não uma ruína angustiada (o que quer que tenha sido dito sobre a morte rápida, causada por doença e não por aflições morais).

De qualquer modo, nossa época viu derrotas bem diferentes no campo da política e da moral. Por isso o saque de Roma, pela repercussão que teve nos espíritos dos contemporâneos, foi comparado, justamente por um historiador das idéias como Toffanin, ao desespero da Primeira Grande Guerra. Também ele constituía a ruptura de um equilíbrio e, além disso, a queda de uma ilusão associada ao progresso, à civilidade dos povos "modernos". Era o sinal da decadência da cultura. Minerva sucumbia a Marte, o homem à fera.

Dentre os críticos atuais, é oportuno ver nas páginas dedicadas a Castiglione pelo citado Toffanin, em seu *Cinquecento*, o testemunho mais moralista que se possa ler. Também nas páginas de um manual destinado à didática universitária (substituindo o mais filológico *Cinquecento* de Flamini numa coleção da editora Vallardi) podem ser expressos pensamentos polêmicos, em tudo e por tudo dignos de um ensaísta. Aceitemo-los como documento extremo da tendência de considerar o autor e o mundo do *Cortesão* na história do século XVI. Também as cartas são testemunhos de civilização.

O estudioso começa por dizer que Castiglione "pela tradição doméstica e pela vocação pessoal foi atraído a entrar na vida de corte, amando-a com um sentimento de responsabilidade do qual, nas circunstâncias históricas de então, não poderia colher senão desenganos". E, em relação à investida dos mercenários alemães e ao saque de Roma, o crítico afirma que a infeliz ação do núncio (certamente não o responsável pelo fato, como a princípio pretendeu o pontífice) "o arrastará numa das mais completas derrotas diplomáticas e espirituais que a história recorda".

Para restringir-nos à obra-prima – que é o fruto mais notável de uma integérrima vida de literato e de diplomata –, Castiglione não esclarece bem as relações entre o cortesão e o príncipe (que pode ser iníquo). E uma corte refinada vive também sem um verdadeiro ideal. Daí certa tristeza que impressiona no livro que pretende ser a instituição de um perfeito homem de corte (e de sua companheira). Toffanin fala inclusive de "uma tristeza que é a de toda a obra, a qual, mais que do *Furioso* e das *Prosas*, é preciso recordar enquanto contemporânea do *Príncipe*". E acrescenta, para as relações entre política e moralidade: "Certas perguntas insistentes que nos fazemos a propósito do *Cortesão* já haviam sido formuladas pelo próprio Castiglione." Na verdade, por algumas contradições inerentes à sua natureza e ao seu ofício delicado, "quimérico é um tal cortesão, por si mesmo. Ou ele é contemporâneo do príncipe, e como poderá estar tão mais avançado que ele na via do saber? Ou é mais jovem, e como poderá ter tanta ascendência sobre ele? Ou então é mais velho, e como imaginar nele aquelas qualidades de galanteria e de vivacidade que lhe foram apresentadas como necessárias para figurar na corte e insinuar-se no espírito dos outros?"

Acentua-se assim a solidão espiritual de Castiglione, seu contínuo iludir-se e desenganar-se com a realidade da época. ("A singularidade individual de Castiglione é similar à do seu livro. Aqui ainda são recentes as tradições principescas dos inquietos reinantes, em geral, ainda fresca a lembrança das ambíguas origens e incerto o amanhã. Todavia esse cortesão consangüíneo de príncipes se sente unido ao principado por um sentimento de tão cavaleiresca devoção, por um conceito tão alto da instituição que, para encontrar-lhe espíritos afins, é preciso atravessar alguns séculos, na Itália. Naquele então, entre nós, os cortesãos, quando não pensam na corte com o ânimo de Ariosto, pensam com o de Tasso. A crítica que Guicciardini faz ao sonho maquiavélico da milícia nacional vale ainda mais para o sonho do *Cortesão*. O homem de armas!

Mas é possível o homem de armas na Itália? Guicciardini, natureza fria mas nobre – deixemos que se diga em paz o contrário –, se exalta perante aquele exército francês do qual o cortesão é coluna vertebral, homem de armas ligado ao seu soberano para a vida e para a morte pela antiguidade da tradição nobiliárquica, pela comunidade dos ideais e dos interesses. No principado italiano, que se vinha constituindo sobre as ruínas das senhorias, as coisas estavam colocadas diversamente; e não se deve pensar que Castiglione não o soubesse nem se entristecesse com isso. Então, aquele quarto livro que alguém considerou, por ser o mais abstrato, o menos interessante ou o mais fácil de confundir com a outra tratadística do século, dela se distingue, na realidade, porque sofre as conseqüências da própria abstração. Não é culpa de Castiglione, mente concreta por excelência, se não pode imaginar o seu cortesão no fervor de certas aspirações políticas, civis, humanas. Há muito pouca política nessa obra! Assim tateia no vazio da justiça, da religião, da fé, sem nelas jamais encontrar um grande propósito: por uma pátria, por um povo, por uma monarquia. Por quê? Porque o seu não chega nem a ser cortesão de um determinado senhor; é aquele que existia e só podia florescer na Itália, que passava metodicamente de um senhor para outro levando consigo a bagagem das boas intenções, isto é, o culto de certas abstrações escritas com letra maiúscula! Contudo, o primeiro a sentir que elas contam mais com a minúscula foi Castiglione! Da própria Itália se fala pouco e com triste tom de renúncia...")

A conclusão não é menos pessimista na página com que se encerra o perfil histórico de Toffanin: "Eu não hesitaria em afirmar que este é um dos livros mais tristes do Renascimento; aqui, a debilidade de um povo se espelha na consciência de um homem de boa-fé. E, na comparação, não parece imoral no *Príncipe*, com que um outro homem trata de sanar a todo custo a chaga. O *Cortesão* permanece, a contragosto, um livro 'à maneira filosófica...' E felizmente o leitor encontra, como numa fórmula de despedida do citado manual, uma referência ao lado humanista de um autor tão essencialmente ligado à cultura e à sua função de tornar os homens melhores: "Castiglione era um espírito sereno, disposto àquela solitária melancolia que nasce da gentileza do caráter."

Com esta nota delicada o mundo de Castiglione encontra sua correspondência numa realidade literária própria, onde o mundo da política não tem mais razão de ser e só permanece vivo o culto da beleza e do bem. Também de seu livro se pode dizer: "ferum victorem cepit".

Carlo Cordié

Nota Biobibliográfica

    Baldassare Castiglione nasceu em Casático (perto de Mântua, não longe das margens do Oglio), em 6 de dezembro de 1478, filho de Cristoforo, homem de armas do marquês de Mântua, e de Luigia Gonzaga. Estudou latim e grego em Milão, onde teve como professores Giorgio Merula, alexandrino e historiador dos Visconti, e o ateniense Demetrio Calcondila, famoso pelo ensino da língua materna. Na corte de Ludovico, o Mouro, conheceu o esplendor da vida cavaleiresca a admirou as letras e as artes figurativas como ornamento de uma sociedade culta. E tanto de umas quanto de outras sentiu toda a importância na formação dos homens políticos. Em 1499, morto o pai e combalida a potência do Mouro após o triunfo dos franceses, regressou a Mântua e se colocou a serviço do marquês Francesco Gonzaga, com cuja família tinha parentesco. Em 1503, tomou parte na campanha dos franceses (em cujos exércitos o marquês tinha o grau de tenente-general) contra os espanhóis e esteve presente na batalha de Garigliano, vencida por estes últimos. No mesmo ano, conheceu em Roma e Urbino o duque Guidubaldo da Montefeltro e por ele foi convidado para a Corte. Assim, despediu-se de Gonzaga, em 1504, e transferiu-se para Urbino, onde permaneceu até 1513; quando morreu Guidubaldo (1508), passou a trabalhar para o sucessor, Francesco Maria della Rovere, sobrinho do papa Júlio II. Em Urbino, no esplêndido palácio construído por Laurana para a Corte dos Montefeltro, Castiglione transcorreu um período de grande serenidade intelectual, em contacto com literatos e personagens ilustres da sociedade italiana da época: Bembo, Bibbiena, Canossa, os dois Fregoso, Giuliano de' Medici, futuro duque de Nemours, Único Aretino. (Eles serão lembrados como interlocutores ao longo das páginas do *Cortesão*.) Foi honrado pelo duque Guidubaldo com várias missões oficiais: foi à Inglaterra receber de Henrique VII a Ordem da Jarreteira para o duque (1506) e a Milão como embaixador junto ao rei de França, Luís XII (1507). Por seu lado, acompanhou Della Rovere, general do exército pontifício, na luta da Romagna contra Veneza (1509) e esteve ao lado de Júlio II, no assédio de Mirandola (1511); além disso, participou da campanha de conquista de Bolonha pelo duque Della Rovere (1513). Deste recebeu o título de conde e, como feudo, o castelo de Novilara, no Pesarese. Pôde se dedicar, entre uma e outra empresa ou missão, também aos trabalhos literários; em 1506, escreveu a égloga *Tirsi* e, em 1513, para a encenação da obra, compôs um novo prólogo para a Calandria, de seu amigo Bibbiena.

Neste último ano, Leão X eleito pontífice, Castiglione foi para Roma como embaixador do duque de Urbino, mas em 1516 este perdeu o ducado devido às intrigas políticas do papa, que entregou tal domínio a Lorenzo II de' Medici. Aí Castiglione voltou para Mântua, junto ao marquês Francesco, e, em seguida, trabalhou também para o marquês Federico (1519). Enviado a Roma como embaixador, conseguiu fazer nomear capitão-geral da Igreja o referido Federico Gonzaga (1520). Mas no mesmo ano Castiglione, que em 1506 se casara com a mantuana Ippolita Torelli, ficou viúvo. (Seus filhos foram Camillo, Anna e Ippolita.) Em 1524, com a anuência do marquês Federico, foi nomeado por Clemente VII protonotário apostólico e enviado como núncio para a Espanha, na corte de Carlos V. Em 1525, chegou ao destino e se dedicou prontamente às novas funções. Assim, informava o papa sobre as atitudes do imperador num momento tão difícil da política contemporânea.

Infelizmente, o saque de Roma (maio de 1527) foi a conclusão das incertezas políticas de Clemente VII. Repreendido pelo papa por não ter sabido evitar um evento tão lutuoso para a Igreja, o núncio se defendeu com uma nobre carta. Entretanto, publicou em Veneza o *Livro do cortesão* (abril de 1528). Morreu de febres provocadas por uma peste (outros dizem que por uma infecção no baço) aos 50 anos, em 17 de fevereiro de 1519, em Toledo. O imperador ficou muito condoído e queria pagar o funerais do núncio. A Ludovico Strozzi, que como sobrinho de Castiglione foi agradecer-lhe a oferta que preferiu não aceitar, Carlos V disse a famosa frase: *Yo vos digo que es muerto uno de los mejores caballeros del mundo!*

Em junho de 1530, o corpo foi transportado para o santuário mantuano de Nostra Signora delle Grazie, onde Castiglione, conforme vontade expressa num testamento de 1523, mandara construir um monumento fúnebre para ele e a mulher. O sepulcro de mármore vermelho foi projetado por Giulio Romano. A inscrição fúnebre foi ditada por Bembo. Com imensa dor, a mãe de Baldassare sobreviveu, última da família.

Falta uma bibliografia analítica das edições e da crítica de Castiglione. Além daquilo que está registrado nos repertórios e nas bibliografias gerais da literatura italiana, consulte-se a resenha de Giuseppe Guido Ferrero, "Studi sul Castiglione" in *Rivista di sintesi letteraria*, II (1935), pp. 160-175.

Para além das informações gerais que podem ser encontradas nas enciclopédias e nas histórias, é útil consultar o que diz respeito à vida e à obra de Castiglione nos dois manuais sobre o *Cinquecento* da coleção "Storia letteraria d'Italia scritta da una società di professori", da editora F. Vallardi, Milão. O primeiro, de Francesco Flamini, s.d., mas de 1902 (nas pp. 368-372 e, para a bibliografia, pp. 566-579), e o segundo, de Giuseppe Toffanin (1928, pp. 234-245, com sucessivas reedições). A coleção se denomina agora "Storia letteraria d'Italia" e teve diversas edições coletivas.

Sempre útil é, de G. M. Mazzucchelli, "B. Castiglione: articolo inedito dell'opera *Gli scrittori d'Italia*", publicado por Enrico Narducci, Roma, Tip. delle Scienze matematiche e fisiche, 1879, extraído de *Il Buonarroti*, sér. II, v. II (out. 1877-8), pp. 381-412. Igualmente aconselhável: Camillo Martinati, *Notizie storico-biografico intorno al conte B. Castiglione, con documenti inediti. Studio*, Florença, Le Monnier, 1890.

Dentre as histórias literárias deve ser lembrado (também para o *Galateo* de Della Casa) o polêmico parecer de Francesco De Sanctis, *Storia della letteratura italiana*, no cap. XV, "Machiavelli". Ver, dentre as várias edições, na *Storia* (reunida nas "Opere complete" do crítico, org. Nino Cortese, 2), v. II (Nápoles, Morano, MCMXXXVI), pp. 89-90. Em muitos outros lugares, Castiglione é citado e discutido pelo crítico.

Das obras do conde, como é notório, de grande valor bibliográfico é a primeira edição do *Cortesão* (*Il libro del cortegiano*, in Veneza, nas editoras de Aldo Romano e Andrea d'Asolo, seu sogro, no ano de MDXXVIII no mês de abril). As posteriores edições de Aldo Romano são de 1533, 1538, 1541, 1545 e 1547: ver a propósito, declaradamente baseado no catálogo Gaetano Volpi, incluído na edição das *Opere volgari e latine*, sob a responsabilidade do irmão Gio. Antonio e por ele em 1733 (cf. mais adiante), o *Catalogo cronologico di molte fra le principali edizioni del "Cortegiano" del conte Baldassar Castiglione*, que o conde Carlo Baudi di Vesme publicou no final do texto por ele editado, *Il Cortegiano del conte Baldessar Castiglione, pubblicato per cura del conte Carlo Baudi di Vesme, Senatore del Regno di Sardegna* (*Opere del conte Baldessar Castiglione*, v. I), Florença, Le Monnier, 1854, pp. 349-61, e para uma coleção das diversas edições de Aldo Romano ver as observações do estudioso, pp. 326-347.

A edição *princeps* contém vários erros de leitura dos impressores e algumas correções dos revisores de provas (dentre os quais, dada a distância do autor, se acredita – por Cian, texto do *Cortegiano* citado adiante, IV ed., p. IX – estivessem Bembo e Ramusio).

Pelos cuidados com o texto "corrigido e revisto" de uma reedição, recorde-se Ludovico Dolce (Veneza, Gioliti, 1552 e, assim, 1556, com várias reedições, cf. o *Catalogo* de Baudi di Vesme, números XXV, XXVIII, etc.).

Dentre as edições mais prestigiadas estão: *Poesie volgari e latine* [...] corrette, illustrate ed accresciute di varie cose inedite, aggiuntevi alcune rime e lettere di Cesare Gonzaga, suo cugino, Roma, MDCCLX, por Niccolò e Mar. Pagliarini (org. ab. Pierantonio Serassi, que dedicou a edição ao monsenhor Luigi Valenti Gonzaga, apresentou a obra "A benignos e corteses leitores" e reuniu algumas úteis "Notizie intorno al conte Baldessar Castiglione"); *Lettere* [...] agora pela primeira vez dadas à luz e com anotações históricas do abade Pierantonio Serassi, Pádua, MDCCLXIX e MDCCLXXI, Ed. Antonio Comino, 2 v. e *Opere volgari e latine* [...] novamente reunidas, ordenadas, corrigidas e ilustradas, como na carta seguinte se pode confirmar, por Gio. Antonio e Gaetano Volpi, etc., Pádua, MDCCXXXIII, Ed. Giuseppe Comino. As informações sobre Serassi são de grande valor: com o título de *Notizie intorno al conte Baldessar Castiglione scritte da Pietro Serassi* elas foram incluídas na primeira parte da edição do *Cortegiano* ("revisto, trabalhado e anotado para as escolas") e de outros escritos, por Giuseppe Rigutini, Florença, Barbera, 1889, pp. XXIIIXXXI.

Não se pode esquecer a comunicação de Rodolfo Renier, *Notizia di alcune lettere inedite del conte B. Castiglione* (Turim, V. Bona, 1889, Casamento Solerti-Saggini). Cf. o anúncio anônimo no "Giorn. stor. d. letter. it.", v. XIV (1889), p. 333: o estudioso comunicava o índice de um código – do Archivio di Stato di Torino – que trazia cerca de 184 cartas de Castiglione, sendo mais de 80 inéditas, e prometia a publicação de mais cartas inéditas em colaboração com Carlo Cipolla.

Dentre as edições do *Cortesão*, várias gerações consideraram exemplar, embora o texto não fosse crítico e até mesmo, diante de um exame atento, resultasse um tanto imperfeito nos critérios filológicos, a de Vittorio Cian, Florença, Sansoni, 1894,

"Biblioteca di classici it." dirigida por Carducci: 4ª ed., 1947, fora de catálogo, com o título *Il libro del cortegiano* e com alterações em relação ao texto. À espera do texto crítico, que está sendo preparado por Ghino Ghinassi, deve ser mencionada com atenção especial a edição organizada por Bruno Maier (*Il Cortegiano con una scelta delle Opere minori*, Turim, UTET, 1955, "Classici it.", sob a responsabilidade de Ferdinando Neri e Mario Fubini, 31). Muito importantes, preliminares à edição, são as notas de Maier *Sul testo del "Cortegiano"*, in "Giorn, stor. d. letter. it.", v. CXXX, 1953, pp. 226-248: são cotejadas a *princeps* de Aldo Romano de 1528, o código Laurenziano-Ashburnhamiano 409 (apógrafo com correções de Castiglione) e a edição Cian de 1947. Relembre-se, para várias observações, algumas resenhas da edição Maier: a de Giuseppe Guido Ferrero no "Giorn. stor. d. lett. it.", v. CXXXIII, 1956, pp. 109-118, com a resposta de Maier, mesmo volume, p. 325; a de Renato Bertacchini em "Convivium", XXVI, 1958, pp. 358-361, e a de Bartolo Tommaso Sozzi em "Letterature moderne", VIII, 1958, pp. 261-263.

Uma coletânea anotada dos escritos de Castiglione encontra-se no livro Baldessar Castiglione-Giovanni Della Casa, *Opere*, org. Giuseppe Prezzolini, com 12 ilustrações (Milão-Roma, Rizzoli, 1937, "I classici Rizzoli", direção de Ugo Ojetti): ver nas pp. 43-521 o *Cortesão*, a égloga *Tirsi*, as *Canzoni* e as *Lettere*.

O texto de *Tirsi* se encontra também na edição do *Cortesão*, ed. Rigutini cit. pp. 281-294, com um prefácio de P. Serassi; uma outra reimpressão encontra-se em *Il teatro italiano dei secoli XIII, XIV e XV*, org. de Francesco Torraca, Florença, Sansoni, 1885, pp. 414-430.

Não muito numerosas são as edições escolares. Devemos citar, com os nomes dos organizadores, as seguintes: Orazio Bacci, Milão, Istituto Edit. Italiano, s.d., mas 1916 (a preferida é de 1914); Michele Scherillo, Milão, Hoepli, 1928; Giuseppe Morpurgo, Milão, 1932; Michele Rigillo, Milão, C. Signorelli, 1936, "Scrittori it. e stranieri"; Mario Luzi, Milão, Garzanti,

1941, "I classici", direção de Mario Apollonio. Antologias de escritos de Castiglione, além da citada de Maier: *Le piu belle pagine degli scrittori it. scelte da scritori viventi*, direção de Ugo Ojetti; *Pagine scelte*, org. de Michele Ziino (Turim, SEI, 1937, "I classici della scuola" dirigidos por Carlo Calcaterra).

Um estudo abrangente sobre Castiglione e sua época é o de Julia Cartwright (Mrs. Ady), *B. Castiglione: the perfect Courtier, his Life and Letters* (1475-1529), Londres, Murray, 1908, em 2 v., com escasso valor crítico (cf. a resenha de V. Cian, in "Giorn. stor. d. letter. it." v. LV, 1910, pp. 111-120; a obra foi reeditada, Nova York, Dutton, 1927). Obra de divulgação vivaz, com um bom conhecimento do ambiente mantuano, é o livro de Giannetto Bongiovanni, *B. Castiglione*, Milão, "Alpes", MCMXXIX, coleção "Itala gente dalle molte vite". Uma monografia pequena e simples, mas bem feita – e com trechos selecionados –, é a de Augusto Vicinelli: *B. Castiglione (1478-1529). Il cortigiano, il letterato e il politico*, Turim, Paravia, 1931, "Scrittori it. con notizie storiche e analisi estetiche" (o estudioso anunciou há tempos – primeiro como colaborador de V. Cian – uma edição das obras do autor para a coleção "I classici Mondadori"). Humana nas considerações e rica em documentos de arquivo é a monografia de Ernesto Bianco di San Secondo, *B. Castiglione nella vita e negli scritti*, com prefácio de Alessandro Luzio, Verona, L'Albero, 1941. (Cf. a resenha de V. Cian, em "Giorn. stor. d. letter. it.", v. CXIX, 1942, pp. 49-53; dentre as várias retificações e acréscimos ver, na p. 51, nota I, a menção a documentos que ainda jazem inéditos na Biblioteca Vittorio Emanuele de Roma a respeito da "dolorosa história da censura eclesiástica e da consequente revisão de que foi vítima o *Cortesão*").

Fruto de longas décadas de trabalho é a monografia de Vittorio Cian, *Un illustre nunzio pontificio del Rinascimento: Baldassare Castiglione*, Cidade do Vaticano, Biblioteca Apostólica Vaticana, 1951, "Studi e testi", 156 (leia-se, para muitas observações e discussões, a magistral resenha de Carlo Dionisotti, "Giorn. stor. d. letter. it.", v. CXXIX, 1952, pp. 31-57).

Um ensaio recente, vivaz e abrangente, é o de Luigi Russo, *Baldassar Castiglione*, in "Belfagor", XIII, 1958, pp. 505-522.

São numerosas as contribuições em torno da figura e da obra de Castiglione, com destaque especial para as cortes de Mântua e Urbino e para a concepção do "cortesão". Considerem-se, entre as primeiras, os numerosos escritos de Cian, dos quais elencamos, em ordem cronológica, os mais importantes: *Un episodio della storia della censura in Italia nel secolo XVI: l'edizione spurgata del "Cortegiano"*, in "Archivio storico lombardo", sér. II, v. IX, a. XIV (1887), pp. 661-727; *Candidatura nuziali di B. Castiglione*, Veneza, Tip. Ferrari, 1892, "Matrimônio Salvioni-Taveggia"; *Un codice ignoto di rime volgari appartenuto a B. Castiglione*, in "Giorn. stor. d. letter. it.", v. XXXIV (1899), pp. 297-353, e v. XXXV (1900), pp. 53-93; *Una chiosa castiglionesca*, ibid. v. LXXVI, 1920, pp. 186-187 (... no *Cortesão*, 1. IV [cap. LXIV] segundo o Platão da *Anth. Palat.*, 6, 18: conforme comunicação de Eugenio Mele); *Il conte Baldassar Castiglione*, 1529-1929, in "Nuova Antologia" v. CCLXVI, sér. VII (da coletânea CCCLXV), jul.-ago. 1929, pp. 409-23, e vol. CCLXVII, ser. VII (della reccolta CCCXLV), set.-out. 1929, pp. 3-18; (com a assinatura v. Ci.), *Castiglione*, Baldassare, verbete da "Enc. it. di SS., LL. e AA.", IX, 1931, pp. 374-376; *perfetto cavaliere e il perfetto politico della Rinascita: B. Castiglione e F. Guicciardini*, in *Francesco Guicciardini nel IV centenario della morte* (1540-1940), suplemento ao número I de "Rinascita", Florença, 1940, pp. 49-95; *La lingua di B. Castiglione*, Florença, Sansoni, 1942, "Biblioteca di 'Lingua Nostra'", III; *Nel mondo di B. Castiglione* [por erro: *Castiglioni*]. *Documenti illustrati*, in "Arch. stor. lomb.", N.S. a. VII, 1942, pp. 3-97, com ilustrações fora do texto; *Postille castiglionesche*, in "Lingua nostra", V, 1943, pp. 55-56 (como acréscimo e correção ao precedente livro de 1942); *L'italianità di B. Castiglione*, in "L'idea" (semanário, suplemento de "L'idea" mensal), a. I, n. 33, 25 de dezembro de 1949; *Religiosità di B. Castiglione*, in "Convivium", 1950, pp. 772-780; *Un trionfo del'amor platonico in pieno Rinas-

cimento, ibid., 1952, pp. 52-60 (sobre o amor de Castiglione pela duquesa Elisabetta de Urbino; foi publicado o testamento dela, conservado em cópia no Archivio di Stato di Firenze).

Sempre fundamental, para o estudo das duas cortes em que Castiglione atuou, é a "narrativa histórica documentada" de Alessandro Luzio e Rodolfo Renier, *Mantova e Urbino: Isabella d'Este ed Elisabetta Gonzaga nelle relazioni famigliari e nelle vicende politiche*, Turim-Roma, Roux, 1893. Dos estudiosos, na ampla resenha *La coltura e le relazioni letterarie di Isabella d'Este Gonzaga*, publicada no "Giorn. stor. d. letter. it.", do v. XXXIII, 1899 ao v. XXXVIII, 1901, ver com particular interesse o v. XXXIV (1899), pp. 71-77 (no que concerne a Castiglione). Convém mencionar a pesquisa de Aldo Vallone, *Cortesia e nobiltà nel Rinascimento*, Asti, Arethusa, 1955.

Entre os ensaios histórico-literários dedicados a Castiglione, podem ser citados sem dúvida aqueles que se referem ao comentário do *Cortesão*: B. Maier, *Una postilla al "Cortegiano"*, in "Rass d. letter. it.", a. LX, sér. VII, 1954, pp. 580-584: tendo a letra S enquanto inicial de escorpião (*scorpione*), ornamento da duquesa Elisabetta d'Urbino (cf. no comentário supra ao *Cortesão*, ed. UTET, pp. 94-95); Franco Mancini, resenha do *Cortesão*, ed. Maier, ibid., a. LXI, sér. VII, 1957, pp. 66-68 (com observações e retificações ao comentário); Giuseppe Bettalli, *Considerazioni su di un luogo del "Cortegiano"*, in "Belfagor", XI, 1956, pp. 454-457 (para o livro IV, cap. II, com relação à comparação entre os heróis do Cavalo de Tróia e a Casa Montefeltro).

Como ilustração do *Cortesão* e das personagens mencionadas, ver particularmente: Ercole Bottari, *B. Castiglione e il suo libro del "Cortegiano"*, in "Annali" della Scuola norm. sup. di Pisa, sez. Filologia e Filosofia, v. III, 1877, pp. 139-221; Giulio Salvadori, Prefácio ao *Cortesão*, Florença, Sansoni, 1884, "Piccola biblioteca it.", pp. V-XXXVI (após ter sido reeditado com retoques na antologia da crítica de Trabalza-Allodoli-Trompeo, *Esempi di analisi letterarie etc.*, v. II, Turim, Paravia,

1926, o texto foi publicado sob forma definitiva, com o título de *Il "Cortegiano" di B. Castiglione quale specchio della civiltà del Rinascimento*, in *Liriche e saggi*, org. de Carlo Calcaterra, v. III, Milão, Vita e Pensiero, 1933, "Publicazioni d. Univ. Cattolica d. Sacro Cuore", sér. IV, Scienze filol., XVI, pp. 357-364; Luigi Valmaggi, *Per le fonti del "Cortegiano"*, in "Giorn. stor. d. letter. it.", v. XIV, 1889, pp. 72-93; Silvestro Marcello, *La cronologia del "Cortegiano" di B. Castiglione*, Livorno, Tip. R. Giusti, 1895, "Matrimonio Crivellucci-Brunst, Pisa, 7 de fevereiro de 1895"; Giuseppina Sassi, *Relazioni d'arte e di cortesia nel nostro Rinascimento: Vittoria Colonna e B. Castiglione*, in "Atti e memorie" d. Accad. Virgiliana di Mantova, N.S., v. XVII-XVIII, 1924-1925, pp. 75-96; Giuseppe Toffanin, *B. Castiglione* no livro *La critica e il tempo*, Turim, Paravia, 1931, "Biblioteca Paravia 'Storia e Pensiero'", pp. 157-169 (o texto é de 1929 – a propósito de *Le più belle pagine* escolhidas por G. Comisso e do *Cortesão*, ed. M. Scherillo); Salvatore Battaglia, *Difesa del "Cortegiano"*, in "Romana", I, 1937, pp. 160-175; Ezio Savino, *L'eccletismo linguistico in B. Castiglione*, Lecce, Tip. G. Guido, 1941; Mario Rossi, *B. Castiglione: la sua personalità, la sua prosa*, Bari, Laterza, 1946, "Biblioteca di cultura moderna", 407; Antonio Corsano, *L'ideale estetico-morale del Castiglione*, no livro *Studi sul Rinascimento*, Bari, Adriatica Ed., 1949, "'Theoria': Biblioteca di studi filosofici", I, pp. 58-61; Erich Loos, *Baldassare Castigliones "Libro del Cortegiano". Studien zur Tugendauffassung des Cinquecento*, Frankfurt a. M., Klostermann, s.a., mas de 1955, "Analecta Romanica", Beihefte zu den Romanischen Forschungen, quad. II (cf. comunicação de Claudio Varese, in "Rass. d. letter. it.", a. LX, sér. VII, 1956, pp. 383-384, e a recensione de B. Maier in "Giorn. stor. d. letter. it.", v. CXXXIII, 1956, pp. 436-444). A introdução de Maier à sua citada edição do *Cortesão* e de uma coletânea das obras menores saiu – com o título *Baldessar Castiglione* – na "Rass. d. letter. it.", a. LIX, sér. II, 1955, pp. 12-38. Nessas contribuições (e em outras, citadas no ensaio bibliográfico de G. G. Ferrero e numa lista incluída no *Cortesão*, ed. Maier, pp. 57-58) se verifica como Castiglione foi estudado no ambiente cultural do *Cinquecento* e como sua obra-prima é cada vez mais estimada enquanto documento de língua e de arte na prosa do século.

Um ideal como o do "cortesão", estudado no Renascimento europeu, oferece motivos para renovadas pesquisas. Neste sentido convém lembrar, inclusive pela utilidade que apresentam para o conhecimento da obra de Castiglione no âmbito da literatura comparada: Pietro Toldo, *Le courtisan dans la littérature française et ses rapports avec l'œuvre de Castiglione* in "Archiv für das Studium der neuren Sprachen und Literaturen", CIV, 1900, pp. 75-121 e 313-330 e CV, 1900, pp. 60-85; Ferdinand Gohin, introdução às *Œuvres poétiques* de Antoine Héroet, Paris, Cornely, 1909, "Société des textes français modernes", segunda tiragem, Paris, Droz, 1943 (quanto às relações entre a *Parfaicte Amye* e o *Cortesão*, além da *Fiammetta* de Boccaccio e do *Peregrino* de Caviceo); Thomas Frederick Crane, *Italian Social Customs of the sixteenth Century and their Influence on the Literatures of Europe,* New Haven, Yale University Press, 1920; Laurini, *Montaigne ed alcuni scrittori italiani del secolo XVI*, in "Rivista pedagogica", XIV, 1921, pp. 183-190 (para cotejo com o *Cortesão*); Natale Addamiano, *Quelques sources italiennes de la "Deffense" de Joachim Du Bellay*, in "Revue de littérature comparée", III, 1929, pp. 177-189 (com referências a Bembo, Gelli, Castiglione, Paolo Manuzio e M. A. Flaminio); W. Folkierski, *Rabelais lecteur de B. Castiglione* in "Mélanges d'histoire littéraire générale et comparée offerts à Fernand Baldensperger", t. I, Paris, Champion, 1930, pp. 313-320 (sobre as "palavras congeladas" de um conto do *Cortesão*, livro II, cap. LV, e de um episódio do *Quart Livre*, caps. LV-LVI); Pearl Hogreff, Elyot and *"The Book called Cortigiano in italian"*, in "Modern Philology", XXVII (1929-1930), pp. 303-309; August Hoyler, *Gentleman Ideal und*

Gentleman Erziehung mit besonderer Berücksichtigung der Renaissance, Leipzig, Meiner, 1933, "Erziehungsgeschicht Untersuchungen", I; Jean Baillou, *L'influence de la pensée philosophique de la Renaissance italienze sur la pensée française. Etat présent des travaux relatifs au XVIe siècle,* in "Revue des études italiennes", I, 1936, pp. 116-153; Michele Ziino, *Castiglione e Montaigne,* in "Convivium", X, 1938, pp. 56-60 (com novos cotejos); Walter Schrinner, *Castiglione und die Englische Renaissance,* Berlim, Junker und Dunnhaupt, 1939, "Neue dt. Forschungen Abt. Engl. Philologie", 14; J. Woodrow Hassell Jr., *Des Périers'indebtedness to Castiglione,* in "Studies in Philology", L (1953), pp. 566-572 (sobre temas do livro III do *Cortesão* na introdução à 90ª novela das *Nouvelles récréations et joyeux devis)*; Enzo Giudici, *Louise Labé e Pietro Bembo,* Roma, Soc. an. Tip. Gastaldi, 1952, e em reedições com a marca das Edizioni Porfiri para os Scrittori e Artisti del Babuino, 1953, e *Influssi italiani nel "Débat" di Louise Labé,* Roma, Edizioni Porfiri, 1953 (em ambos os trabalhos, observam-se paralelos entre o *Débat* e escritos de Castiglione e de Bembo; cf. a resenha de Raymond Lebègue, in "Revue de littérature comparée", XXVIII, 1954, p. 96). Estimulante ensaio é o de Lorenzo Giusso, *Ombre neoplatoniche sul "Cortegiano",* na "Fiera letteraria", a.V., nº 31, 30 de julho de 1955, p. 4.

Em vários trabalhos sobre o *Cinquecento,* encontram-se notas ilustrativas em relação a Castiglione e sua obra. Ver, dentre outras: Carlo Bertani, *identificazioni di personaggi delle "Satire" di Ludovico Ariosto,* in "Giorn. stor. d. letter. it.", v. CII, 1933, pp. 1-47 (nas pp. 31-32 se fala do Único Aretino) e Laura Torretta, *L'italofobia e i rapporti dell' "Euphues" col Rinascimento italiano, ibid.,* v. CIII, 1934, pp. 205-253 (nas pp. 209, nota 2, e 217, nota 1: com várias referências ao *Cortesão*).

C.C.

Para todas as obras de Baldassare Castiglione deve ser assinalada a edição em curso, sob a responsabilidade de G. La Rocca, cujo primeiro volume, de *Lettere*, saiu em Milão em 1978; para o *Cortesão*: B.C., *Il libro del cortegiano*, org. G. Petri, Turim, 1960; B.C., *La seconda redazione del cortegiano*, ed. crítica org. G. Ghinassi, Florença, 1968; B.C., *Il libro del cortegiano,* org. E. Bonora, Milão, 1972; B.C., *Il libro del cortegiano*, Roma, 1986. Sobre Castiglione, sua obra e época: R. Roeder, *The man of the Renaissance* (*Savonarola, Machiavelli, C., Aretino*), Nova York, 1959; F. Tateo, *Retorica e poetica fra Mediovo e Rinascimento*, Bari, 1960; F. Garin, *Medioevo e Rinascimento*, Bari, 1961; J. A. Mazzeo, C.'s "*Courtier*": the self as a work of art, in *Renaissance and Revolution*, Nova York, 1965; G. Mazzacurati, *B.C. e l'apologia del presente*, in *Misure del classicismo rinascimentale,* Nápoles, 1967; P. Floriani, *Esperienza e cultura nella genesi del "Cortegiano"*, in "Giornale storico della Letteratura Italiana" CXLVI, 1969, pp. 497 e ss.; Id., Bembo e C., Roma, 1976; Id. *I gentiluomini letterati. Il dialogo culturale nel primo Cinquecento*, Nápoles, 1981; C. Segre, *Edonismo linguistico del Cinquecento*, in *Lingua, stile e società*, Milão, 1963; M. Luzi, *Un'illusione platonico e altri saggi*, Bolonha, 1972; J. Guidi, *B.C. et le pouvoir politique: du gentilhomme de cour au nonce pontifical,* in *Les écrivains et le pouvoir en Italie à l'époque de la renaissance*, Paris, 1973; Id., *Images de la femme dans la littérature italienne de la Renaissance. Préjugés misogynes et aspirations nouvelles*, Paris, 1980; G. Preti, *Umanismo e strutturalismo. Scritti di estetica e letteratura, con un saggio inedito*, org. E. Migliorini, Pádua, 1973; M. Jenkis, *Il ritratto di stato*, Roma, 1976; C. Mutini, *B.C.,* in *Dizionario Biografico degli Italiani*, Roma, 1979, pp. 53-68; *Convegno di studio su B.C. nel quinto Centenario della nascita. Mantova, 1978. Atti*, org. E. Bonora, Mântua, 1980; C. Ossola, *La corte e il "Cortegiano"*, Roma, 1980; Id., *Dal Cortegiano all'Uomo di mondo: storia di un libro e di un modello sociale*, Turim, 1987; G. Toffanin, *La critica e il tempo*, Turim, s.d.; A. Vicinelli,

B.C. (1478-1529). *Il cortigiano, il letterato e il politico*, Turim, s.d.; G. Arbizzoni, *L'ordine e la persuasione. Pietro Bembo personaggio nel "Cortegiano"*, Urbino, 1983; G. Scarpati, *Dire la verità al Principe (sulle redazioni di Cortegiano IV, 4-48)*, Milão, 1984; G. Barberi Squarotti, *L'onore in corte. Dal C. al Tasso*, Milão, 1986; N. Frye, *Mito metafora simbolo*, Roma, 1989; M. Verdenelli, *La teatralità della scrittura. C., Parini, Leopardi, Campana, Pavese*, Ravena, 1989.

O LIVRO DO CORTESÃO

Ao Reverendo e Ilustre Senhor dom Michel de Silva[1], Bispo de Viseu[2]

[I.] Quando o senhor Guid' Ubaldo di Montefeltro[3], duque de Urbino, passou para outra vida, eu, junto com outros cavaleiros que haviam servido a ele, fiquei aos serviços do duque Francesco Maria della Rovere[4], seu herdeiro e sucessor naquele Estado; e, como em meu espírito era recente a força das virtudes do duque Guido e a satisfação que sentira durante aqueles anos na amável companhia de pessoas tão extraordinárias como as que então se encontraram na corte de Urbino[5], fui estimulado por aquela lembrança a escrever estes livros do *Cortesão*, o que fiz em pouco tempo com a intenção de corrigir, com os anos, aqueles erros que nasceram do desejo de pagar logo esse débito. Mas a adversidade[6] longamente me mantive oprimido por tão contínuos trabalhos, a ponto de não ter jamais podido conseguir reduzi-los a limites que satisfizessem minha fraca opinião. Assim, encontrando-me na Espanha e sendo avisado da Itália que a senhora Vittoria dalla Colonna[7], marquesa de Pescara, a quem emprestara o livro, contra sua promessa fizera transcrever uma grande parte dele, não pude deixar de sentir certo fastio, suspeitando de muitos inconvenientes que podem ocorrer em casos semelhantes; confiei, no entanto, que o engenho e a prudência daquela senhora (cuja virtude sempre venerei como coisa divina) bastasse para impedir que algum prejuízo eu sofresse por ter obedecido às suas ordens[8]. Por fim, soube que aquela parte do livro se achava em Nápoles nas mãos de muitos; e, como são os homens sempre ávidos por novidades, era provável que eles lá tentassem imprimi-la. Daí, assustado[9] com tal perigo, determinei-me a rever imediatamente no livro o pouco que me permitia o tempo, com intenções de publicá-lo, considerando menos grave vê-lo pouco corrigido por minha mão que muito deturpado[10] por mãos alheias. Assim, para cumprir tal deliberação, comecei a relê-lo; e logo à primeira vista, advertido pelo título, fui tomado por não leve tristeza, a qual aumentou ainda bastante ao seguir em frente, lembrando-me que a maior parte dos que foram introduzidos nas discussões já estão mortos; pois, além daqueles a quem se menciona no proêmio do último, morto está o próprio senhor Alfonso Ariosto[11], a quem o livro é dedicado, jovem afável, discreto, cheio de suavíssimos costumes e preparado para tudo o que convém a homem de corte. Igualmente, o duque Iuliano de' Medici[12], cuja bondade e nobre cortesia mereciam ser mais tempo desfrutadas pela mundo. Dom Bernardo[13], cardeal de Santa Maria em Portico, o qual por uma aguda e agradável presteza de engenho foi muito apreciado por quem o conheceu, também morreu. Morto está o senhor Ottavian Fregoso[14], homem raríssimo em nossos tempos; magnânimo, religioso, cheio de bondade, engenho, prudência e cortesia, e verdadeiramente amigo honrado e virtuoso, e tão digno de elogios que seus próprios inimigos foram sempre obrigados a elogiá-lo; e aquelas desgraças que ele suportou constantemente foram bastantes para demonstrar que a fortuna, como sempre, ainda hoje é contrária à virtude. Mortos estão muitos outros dos citados no livro[15], aos quais parecia que a natureza prometesse bem longa vida. Mas aquilo que sem lágrimas não se deveria contar é que a senhora duquesa[16] também está morta. E, se meu espírito se perturba com a perda de tantos amigos e senhores meus que me deixaram nesta vida como numa solidão cheia de pesares[17], razão há para que bem mais fortemente sinta a dor pela morte da senhora duquesa do que pela de todos os outros, pois ela muito mais que todos os outros valia e eu e ela muito mais que a todos os outros era ligado. Portanto, para não tardar com o pagamento daquilo que devo à memória de tão excelente senhora e dos outros que já não vivem, induzido ainda pelo perigo do livro[18], fiz com que fosse impresso e publicado conforme me foi permitido pela brevidade do tempo. E porque vós nem da senhora duquesa, nem dos outros que morreram, exceto do duque Iuliano e do cardeal de Santa Maria em Portico, tivestes notícia durante a vida deles, para que, até onde posso, tenhais alguma depois da morte, mando-vos este livro como um retrato de pintura da corte de Urbino, não da mão de Rafael ou de Michelangelo, mas de um reles pintor que somente sabe traçar as linhas principais, sem adornar a verdade com vagas cores ou fazer passar por arte da perspectiva[19] aquilo que não o é. E, como me esforcei por demonstrar com os argumentos as propriedades e condições daqueles que ali são mencionados, confesso não ter expresso nem tampouco referido as virtudes da senhora duquesa; pois não só o meu estilo não é suficiente para exprimi-las como também o intelecto para imaginá-las, e, se em relação a isso ou outra coisa digna de crítica (como bem sei que no livro não faltam) for apanhado, não irei contradizer a verdade.

[II.] Porém, dado que às vezes os homens tanto se deleitam em repreender, repreendendo até aquilo que não merece repreensão, àqueles que me criticam por não ter imitado Boccaccio[20] e por não me sujeitar aos hábitos da fala toscana de nossos dias não deixarei de dizer que, embora Boccaccio fosse de nobre engenho, segundo aqueles tempos, e que em alguns trechos escrevesse com tino e habilidade, todavia bem melhor escreveu quando se deixou guiar somente pela engenhosidade e por seu instinto natural, sem outro estudo ou empenho de burilar os escritos, do que quando com preocupação e fadiga se esforçou por ser mais culto e castiço. Por isso seus próprios admiradores[21] afirmam que ele muito se equivocou nas coisas que lhe eram próprias, levando em pouca consideração aquelas que o honraram e em muita aquelas que nada valem[22]. Assim, se eu tivesse imitado aquela maneira de escrever que nele é retomada por quem no restante o louva, tampouco poderia escapar das mesmas acusações que ao próprio Boccaccio são feitas a esse respeito; e eu ainda maiores mereceria, porquanto ele errou[23] então acreditando agir bem, enquanto eu agora o faria sabendo estar agindo mal. Se ainda tivesse imitado aquele modo que por muitos é considerado bom e por ele foi menos apreciado, parecia-me com tal imitação dar provas de discordar do julgamento daquele que eu imitava, coisa que (penso eu) era inconveniente. E, mesmo quando tal temor não me tivesse movido, não poderia imitá-lo naquele argumento, não tendo ele jamais escrito algo semelhante a estes livros do *Cortesão*; e na língua, em minha opinião, não devia, porque a força e verdadeira regra do falar bem consiste mais no uso que em outra coisa, e sempre é vício usar palavras que não façam parte dos hábitos[24]. Por isso não era conveniente que eu usasse muitas daquelas de Boccaccio, as quais eram utilizadas em sua época e agora estão em desuso entre os próprios toscanos. Tampouco quis me obrigar aos costumes da fala toscana atual, porque o comércio entre diferentes nações sempre teve força de transportar de uma para outra, quase como as mercadorias, novos vocábulos, os quais depois permanecem ou decaem, conforme sejam admitidos ou reprovados pelo uso: e isso, além do testemunho dos antigos, se vê claramente em Boccaccio, onde há tantas palavras francesas, espanholas e provençais[25], algumas talvez não bem entendidas pelos toscanos modernos, e se todas aquelas retirasse tornaria o livro muito menor. E porque, em minha opinião[26], o uso do falar de outras nobres cidades da Itália, onde convivem homens sábios, engenhosos e eloquentes e que tratam grandes temas de governo dos Estados, de letras, de armas e negócios variados, não deve ser inteiramente desprezado; dentre os vocábulos que nesses lugares são adotados no falar, considero ter podido usar razoavelmente escrevendo aqueles que possuem graça e elegância na pronúncia e são considerados comumente bons e significativos, embora não sejam toscanos e sejam até originários de fora da Itália. Além dessas, utilizam-se na Toscana muitas palavras provenientes do latim claramente corrompidas, as quais na Lombardia e em outras[27] partes da Itália permaneceram íntegras, sem nenhuma mudança e tão universalmente são usadas por todos, que os nobres as consideram boas e o povo as compreende sem dificuldade. Por isso, penso não ter cometido erros se, ao escrever, adotei algumas delas e de preferência recolhi íntegras e sinceras de minha terra[28], em vez de corrompidas e gastas de pátria alheia. Nem me parece bom critério o que dizem muitos, que a língua vulgar é mais bela quanto menos se parece com a latina; tampouco compreendo por que a um costume de falar se deva atribuir maior autoridade que a outro, porque, se o uso toscano basta para nobilitar os vocábulos latinos corrompidos e imperfeitos[29] e dar-lhes tanta graça que, assim mutilados, cada um possa usá-los como bons (o que não se nega), o lombardo[30] ou qualquer outro não possa manter os mesmos termos latinos puros, íntegros, próprios e não mudados em parte alguma, desde que sejam toleráveis. E, verdadeiramente, assim como pretender criar vocábulos novos ou manter os antigos a despeito do costume poderia ser chamado de temerária presunção, assim também querer, contra a força do mesmo costume, destruir e quase enterrar vivos aqueles que já duram muitos séculos e com o escudo do uso se defenderam da inveja do tempo e conservaram sua dignidade e seu esplendor, quando pelas guerras e ruínas da Itália[31] fizeram-se as mudanças da língua, dos edifícios, dos hábitos e costumes, além de ser difícil, parece quase uma impiedade. Por isso, se não quis usar na escrita as palavras de Boccaccio que já não se empregam na Toscana, nem submeter-me à lei dos que consideram não ser lícito utilizar aquelas que não adotam os toscanos de hoje, creio merecer desculpas. Penso, pois, tanto na matéria do livro quanto na língua, no que uma língua pode ajudar outra, ter imitado[32] autores tão dignos de louvor quanto Boccaccio; e não creio que me deva ser imputado como erro ter escolhido me fazer conhecer antes como um lombardo falando lombardo do que como um toscano falando excessivamente toscano, para não repetir Teofrasto[33], o qual, por falar demasiado ateniense, foi identificado por uma simples velhota como não ateniense. Mas como sobre isso se fala bastante no primeiro Livro, nada mais direi, a não ser que, para remover qualquer controvérsia, confesso aos meus críticos não saber essa sua língua toscana tão difícil e recôndita; e afirmo ter escrito na minha, e como eu falo[34], e para aqueles que falam como eu. Assim, penso não ter injuriado ninguém, pois, a meu ver, não é proibido a quem quer que seja escrever e falar na própria língua; tampouco uma pessoa é obrigada a ler ou ouvir aquilo que não lhe agrada. Por isso, se esses não quiserem ler o meu *Cortesão*, não hei de me considerar nem um pouco ofendido.

[III.] Outros dizem que, sendo tão difícil e quase impossível encontrar um homem tão perfeito como pretendo que seja o cortesão, foi supérfluo escrevê-lo, pois inútil é ensinar aquilo que não se pode aprender. A esses respondo que me contentarei por ter errado junto com Platão, Xenofonte e Marco Túlio[35], deixando a contenda entre o mundo inteligível e o das idéias, dentre as quais, assim como (segundo aquela opinião) se insere a idéia[36] da perfeita república, do perfeito rei e do perfeito orador, agora se agrega a do perfeito cortesão, de cuja imagem, se não pude me aproximar com o estilo, menor esforço ainda terão os cortesões para se aproximarem com suas obras do termo e da meta que eu lhes propus ao escrever. E se, apesar disso tudo, não puderem atingir aquela perfeição, qualquer que seja ela, que me esforcei por exprimir, aquele que mais se aproximar será o mais perfeito; como dentre muitos arqueiros que atiram a um alvo, quando nenhum acerta a mosca, aquele que dela mais se acerca sem dúvida é melhor que os outros. Alguns[37] ainda dizem que pretendi representar a mim próprio, persuadindo-me de que as condições que ao cortesão atribuo estão todas em mim. A esses não quero negar ter tentado tudo aquilo que gostaria que soubesse o cortesão; e penso que quem não tivesse nenhuma informação sobre as coisas tratadas no livro, por mais erudito que fosse, não teria podido escrevê-las. Mas não sou tão destituído de juízo no conhecer a mim mesmo, que me presuma saber tudo aquilo que sei desejar.

Portanto, a defesa contra tais acusações, e talvez muitas outras, remeto por enquanto ao julgamento da opinião comum; porque, na maioria dos casos, a multidão, embora não conheça perfeitamente, sente por instinto um certo odor do bem e do mal e, sem saber apresentar outra razão, gosta e ama um deles, odeia e recusa o outro. Por isso, se universalmente o livro agradar, hei de considerá-lo bom e pensarei que deve sobreviver; se contudo não agradar, hei de considerá-lo ruim e logo pensarei que sua memória se deva perder. E, se os meus acusadores também com esse julgamento comum não ficarem satisfeitos, satisfaçam-se pelo menos com o do tempo, o qual de todas as coisas descobre por fim os defeitos ocultos e, para ser senhor da verdade[38] e juiz sem paixão, costuma dar sempre de vida ou morte dos textos justa sentença.

Bald. Castiglione

O Cortesão: Primeiro Livro
Do Conde Baldesar Castiglione
A dom Alfonso Ariosto

[I.] Duvidei longamente, caríssimo dom Alfonso, qual das duas coisas seria mais difícil para mim: negar-vos aquilo que com tanta insistência várias vezes me pedistes ou fazê-lo; pois, se por um lado me parecia muito duro negar alguma coisa, especialmente em se tratando de algo louvável, a uma pessoa, a quem tanto amo e por quem me sinto sumamente amado, por outro, assumir uma tarefa que não seria capaz de levar a cabo não me parecia conveniente para quem considerasse as justas críticas tanto quanto devem ser consideradas. Enfim, depois de muito pensar, decidi experimentar, neste caso, quanto pode contribuir para a minha diligência aquela afeição e aquele desejo intenso de agradar, que nas outras coisas sói aumentar tanto o engenho dos homens.

Assim, vós me pedis que escreva, segundo minha opinião, a forma de cortesania mais conveniente ao fidalgo que vive numa corte de príncipes, de tal maneira que possa e saiba perfeitamente servi-los em tudo o que seja razoável, conquistando as graças deles e os elogios dos outros; em suma, como deve ser aquele que mereça ser chamado de perfeito cortesão para que nada lhe falte. Donde, considerando tal pedido, digo eu que, se a mim próprio não parecesse maior crítica ser reputado pouco amigável por vós do que ser reputado pouco prudente por todos os demais, teria recusado esse trabalho com receio de ser considerado temerário por todos aqueles que sabem quão difícil é, dentre tantas variedades de costumes adotados nas cortes da Cristandade, escolher a mais perfeita forma, e, poder-se-ia dizer, a flor dessa cortesania; pois, freqüentemente, o costume faz com que a mesma coisa nos agrade e desagrade. Daí acontece que os costumes, hábitos, ritos e modos que um dia foram valorizados passem a ser desprezados e, ao contrário, os desprezíveis passem a ter valor. Porém, vê-se claramente que o uso, mais do que a razão, tem força para introduzir coisas novas entre nós e cancelar as antigas, cuja perfeição quem tenta julgar muitas vezes se engana. Destarte, conhecendo eu esta e muitas outras dificuldades na matéria sobre a qual me foi proposto escrever, sou forçado a apresentar algumas desculpas e afirmar que esse erro (se de erro se pode falar) é comum a mim e a vós, porquanto, se críticas houver para mim, serão divididas convosco; pois não menor culpa deve ser considerada a vossa, por me terdes imposto um encargo acima das minhas forças, do que a minha por tê-lo aceito.

Tratemos, então, de dar início àquilo que é nosso pressuposto e, se possível, concebamos um cortesão tal que o príncipe que for digno de ser por ele servido, embora senhor de um pequeno estado, mesmo assim possa ser chamado de grão-senhor. Nestes livros, não seguiremos uma certa ordem ou regra de preceitos distintos, que em geral se utiliza ao ensinar qualquer coisa; mas, à maneira de muitos antigos, renovando uma grata tradição, referiremos algumas argumentações, as quais já circularam entre homens muito singulares a tal respeito; e, embora eu não interviesse pessoalmente, por me encontrar, quando foram formuladas, na Inglaterra, tendo tomado conhecimento delas logo após meu retorno por pessoa que fielmente me as narrou, esfoçar-me-ei, ao máximo que a memória me permita, por recordá-las, para que saibais aquilo que ponderaram e acreditaram sobre essa matéria homens dignos de extrema consideração e em cujo julgamento, sobre todas as coisas, se podia depositar indubitável fé. E não será ainda fora de propósito, para alcançar em boa ordem o fim a que tende nossa exposição, narrar como se deram as argumentações apresentadas.

[II.] Nas encostas dos Apeninos, quase no meio da Itália na direção do mar Adriático, encontra-se, como todos sabem, a pequena cidade de Urbino, a qual, embora esteja entre montanhas talvez não tão aprazíveis como outras que vemos em muitos lugares, obteve tantas graças do céu que a região ao redor é fertilíssima e cheia de frutos; de modo que, além da salubridade do ar, desfruta abundância de tudo o que é necessário para a vida humana. Mas, dentre as maiores felicidades que lhe podem ser atribuídas, penso que esta seja a principal: desde muito tem sido sempre dominada por ótimos senhores, embora nas calamidades universais das guerras da Itália, tenha sido privada deles por algum tempo.

Sem procurar mais longe, podemos atestá-lo com a gloriosa memória do duque Federico, o qual em seus dias foi um lume da Itália; tampouco faltam vários e significativos testemunhos, ainda vivos, de sua prudência, da humanidade, da justiça da liberalidade, do ânimo jamais vencido e da disciplina militar; o que é certificado precipuamente por suas tantas vitórias, a tomada de lugares inexpugnáveis, a imediata prontidão nas expedições, o fato de muitas vezes com poucos homens ter posto em fuga inúmeros e valorosos exércitos, sem jamais ter perdido uma única batalha; de modo que podemos, não sem razão, igualá-lo a muitos dos antigos famosos. E ele, entre tantas ações louváveis, no áspero sítio de Urbino edificou um palácio[1], segundo a opinião de muitos o mais bonito de toda a Itália; e tantas coisas adequadas ali instalou que, mais que palácio, uma cidade inteira em forma de palácio veio a parecer; e não só equipado com aquilo que comumente se usa, como pratarias, adornos de quartos em riquíssimos drapeados de ouro, de seda e mais coisas semelhantes, mas como ornamento acrescentou uma infinidade de estátuas antigas de mármore e bronze, pinturas assaz singulares, instrumentos musicais de todo tipo; e não admitiu coisa alguma que não fosse raríssima e excelente. A seguir, com imensas despesas, reuniu um grande número de magníficos e raros livros gregos, latinos e hebraicos, os quais guarneceu de ouro e prata[2], considerando que essa fosse a maravilha suprema de seu magnífico palácio.

[III.] E assim aquele senhor, seguindo o curso da natureza, aos 65 anos, conforme vivera, gloriosamente morreu; e um filho de apenas 10 anos, único homem que tinha e sem mãe, deixou como senhor depois dele; e se tratava de Guid' Ubaldo. Este, tanto quanto do Estado, parece ter sido herdeiro das virtudes paternas, e logo com maravilhosa índole começou a prometer de si tanto quanto não parecia lícito esperar de um mortal; de modo que, estimavam os homens, dos grandes feitos do duque, nenhum era maior do que ter gerado tal filho. Mas a fortuna, invejosa de tanta virtude, com toda a sua força se opôs a tão glorioso princípio, tanto que, ainda não havendo completado 20 anos, o duque Guido adoeceu de gota, a qual, manifestando-se com dores atrocíssimas, em curto espaço de tempo entrevou-lhe a tal ponto todos os membros que não podia nem ficar em pé nem se mover; e, assim, um dos mais belos e bem feitos corpos do mundo ficou deformado e inútil em tenra idade. E, ainda não contente com isso, a sorte em cada desígnio seu lhe foi tão contrária, que ele raramente levou a cabo o que desejava; e, embora tivesse a mente muito sábia e o espírito inquebrantável, parecia que tudo que empreendia, nas armas ou em outras coisas, pequenas ou grandes, sempre mal lhe resultava; e disso são testemunho muitas e diferentes desgraças sofridas, as quais ele sempre tolerou com tanto vigor de ânimo que nunca foi a virtude superada pelo infortúnio; ao contrário, desprezando com espírito valoroso as tempestades deste, tanto na doença como sadio, tanto na adversidade como bafejado pela fortuna, vivia com suma dignidade e estima junto de todos; de modo que, apesar do corpo tão enfermo, militou com mui honrosas condições a serviço dos sereníssimos reis de Nápoles, Afonso e Fernando, o Jovem; junto ao papa Alexandre VI, com os senhores venezianos e florentinos. Depois da ascensão de Júlio II ao pontificado, foi feito capitão da Igreja; nesse ínterim, seguindo seu estilo habitual, acima de tudo procurava que sua casa estivesse cheia de nobilíssimos e valorosos gentis-homens, com os quais vivia muito familiarmente, desfrutando sua conversação, coisa em que o prazer que ele dava aos outros não era menor que o destes recebido, por ser muito douto numa e noutra língua[3] e ter, ao lado da afabilidade e dos modos agradáveis, ainda o conhecimento de coisas infinitas; e, além disso, tanto a grandeza de seu espírito o estimulava que, embora não pudesse exercitar pessoalmente as atividades da cavalaria, como já fizera, mesmo assim experimentava enorme prazer ao ver os outros exercê-las; e com palavras, corrigindo ou elogiando cada um segundo seus méritos, claramente demonstrava quanto sabia acerca daqueles exercícios; donde, nas justas, nos torneios, no cavalgar, no manejo de toda sorte de armas, e igualmente nas festas, nos jogos, nas músicas, enfim, em todos os exercícios convenientes a nobres cavaleiros, cada um se esforçava por mostrar-se tal, que merecesse ser julgado digno de tão nobre convivência.

[IV.] Assim, eram todas as horas do dia divididas em honrados e agradáveis exercícios tanto do corpo quanto do espírito; mas, como o senhor duque continuamente, por causa da doença, depois do jantar ia dormir bem cedo, em geral todos iam para onde estivesse a senhora duquesa Elisabetta Gonzaga; e lá sempre se encontrava a senhora Emilia Pia, a qual, sendo dotada de tão viva engenhosidade e inteligência, como sabeis, parecia a mestra de todos, e cada um lhe pedia opinião e estímulos. Destarte, ali, leves conversações e honestas facécias eram ouvidas, e no rosto de cada um se via pintada uma jocosa hilaridade, de tal modo que se poderia chamar aquela casa de hotel da alegria; e não creio que noutro lugar se apreciasse toda a doçura que deriva de uma querida e amada companhia, como ali aconteceu um dia; pois, à parte a honra que era para cada um de nós servir a um senhor como aquele que descrevi acima, nascia no ânimo de todos um imenso contentamento todas as vezes que nos reuníamos com a senhora duquesa; e parecia que esse contentamento criava uma corrente de amor que a tal ponto unia a todos, que jamais existiu concórdia de vontade ou amor cordial entre irmãos maior do que aquela que ali existia entre todos. O mesmo sucedia entre as mulheres, com as quais se estabelecia mui livre e honesto relacionamento; pois a cada um era permitido falar, sentar, brincar e rir com quem lhe aprouvesse; porém, tamanha era a reverência que se tinha pela vontade da senhora duquesa, que a própria liberdade constituía um grande freio, e não havia quem não considerasse como o maior prazer do mundo agradá-la e como a maior pena desagradá-la. Motivo pelo qual, ali, costumes sobremodo honestos conviviam com enorme liberdade, e diante dela os jogos e risos, bem como os ditos argutos, eram dosados com grave e graciosa majestade; e a modéstia e grandeza que emolduravam todos os atos, palavras e gestos da senhora duquesa, sempre gracejando e rindo, faziam que, mesmo por aquele que jamais a tivesse visto, fosse conhecida como grã-senhora. E, assim marcando os circundantes, parecia que todos se adaptaram às suas qualidades e formas, logo cada um esforçando por imitar esse estilo, extraindo quase uma norma de belos costumes da presença de tão virtuosa senhora. As ótimas qualidades morais que por enquanto não pretendo relatar, não sendo esse o meu propósito e por serem bastante notórias no mundo e muito maiores do que eu poderia com língua ou pena exprimir, e aquelas que talvez teriam permanecido um tanto ocultas, a fortuna, como admiradora de tão raras virtudes, quis com muitas adversidades e estímulos de desgraças revelar, para testemunhar que no tenro peito de uma mulher podem estar presentes, em companhia de singular beleza, a prudência e a fortaleza de ânimo, e todas aquelas virtudes que são raríssimas mesmo nos homens severos.

[V.] Porém, à parte isso, digo que era hábito de todos os gentis-homens da casa dirigir-se, logo depois do jantar, aos aposentos da senhora duquesa, onde, além das agradáveis festas, músicas e danças que continuamente se sucediam, ora se propunham belas questões, ora se faziam jogos engenhosos a pedido de um ou de outro, nos quais, sob vários véus, muitas vezes os participantes revelavam alegoricamente seus pensamentos a quem mais lhes agradava. Noutras ocasiões, surgiam discussões sobre diferentes matérias ou então se espicaçavam com ditos mordazes; freqüentemente promoviam-se adivinhações, como hoje as chamamos. E de tais floreios maravilhoso prazer se extraía, por estar, como já disse, cheia a casa de mui nobres inteligências; dentre as quais, como sabeis, eram celebérrimos o senhor Ottaviano Fregoso, dom Federico seu irmão, o magnífico Iuliano de' Medici, dom Pietro Bembo, dom Cesar Gonzaga, o conde Ludovico de Canossa, o senhor Gaspar Pallavicino, o senhor Ludovico Pio, o senhor Morello de Ortona, Pietro de Nápoles, dom Roberto de Bari e infindáveis outros tão nobres cavalheiros. Outros ainda havia que, embora lá não permanecessem de modo estável, ali passavam a maior parte do tempo, como dom Bernardo Bibiena, o Único aretino, Ioan Cristoforo romano, Pietro Monte, Terpandro, dom Nicolò Frisio; de modo que sempre poetas, músicos e todo gênero de homens agradáveis e os mais destacados em cada capacidade que na Itália houvesse, ali se reuniam.

[VI.] Tendo então o papa Júlio II, com sua presença e a ajuda dos franceses reduzido Bolonha à obediência à sé apostólica no ano de MDVI, ao regressar a Roma, passou por Urbino onde foi recebido com todas as honras possíveis, e com o mais magnífico e esplêndido aparato que se teria podido ostentar em qualquer outra nobre cidade da Itália; de modo que, além do papa, todos os senhores cardeais e os cortesãos ficaram sumamente satisfeitos; e houve mesmo alguns que, atraídos pela delicadeza dessa companhia, partindo o papa e a corte, permaneceram durante muitos dias em Urbino, durante os quais não só se continuava, no habitual estilo, as festas e prazeres de sempre, mas cada um se esforçava por acrescentar alguma coisa, em especial nos jogos, dos quais quase todas as noites se participava. E a ordem deles era tal que, assim que chegavam à presença da senhora duquesa, cada um se sentava onde preferia ou, conforme ditasse a sorte, em círculo; e sentavam-se alternando um homem e uma mulher enquanto houvesse mulheres, pois quase sempre o número dos homens era muito maior; depois, se governavam como decidisse a senhora duquesa, que na maioria das vezes passava o encargo à senhora Emilia. Assim, no dia seguinte à partida do papa, estando na hora habitual o grupo reunido no lugar costumeiro após muitas reflexões agradáveis, a duquesa decidiu que a senhora Emilia iniciasse os jogos; e ela, depois de recusar por algum tempo tal incumbência, assim se expressou: – Minha senhora, uma vez que lhe agrada que seja eu a começar os jogos desta noite, não podendo sensatamente deixar de obedecer-lhe, decido propor um jogo pelo qual penso receber pouca censura e menos cansaço; ele consiste em que cada um proponha segundo sua opinião um jogo ainda não realizado; depois será escolhido aquele que parecer mais digno de promover-se neste grupo. – E assim dizendo dirigiu-se ao senhor Gaspar Pallavicino, obrigando-o a opinar, que logo respondeu: – Cabe-lhe, senhora, dizer primeiro o seu. – Retrucou a senhora Emilia: – Eu já o disse, mas vós, senhora duquesa, ordenai que seja obediente. – Então, a senhora duquesa rindo: –

Para que – disse – cada um tenha de vos obedecer, nomeio-vos lugar-tenente e vos dou toda a minha autoridade.

[VII.] – É estranho – respondeu o senhor Gaspar – que as mulheres sempre possam ficar isentas de certos trabalhos, e seria certamente razoável de algum modo entender os motivos para tanto; mas, para não ser eu aquele que comece a desobedecer, deixarei isso para outra ocasião e direi aquilo que me toca. – E começou: – Parece-me que nossos espíritos sejam muito diferentes ao julgar, tanto no amor quanto no restante; por isso freqüentemente acontece que aquilo que traz grande prazer a um é odioso a outro; mas apesar disso, todos concordam em ter o máximo apreço pela coisa amada; tanto que às vezes a excessiva afeição dos amantes de tal modo engana o seu juízo, que consideram a pessoa que amam como única no mundo portadora de virtudes excelentes e sem nenhum defeito; porém, dado que a natureza humana não admite perfeições tão acabadas, nem há pessoa à qual não falte alguma coisa, não se pode dizer que aqueles não se enganem e que o amante não se torne cego em relação à coisa amada. Portanto, gostaria que esta noite o nosso jogo consistisse em que cada um dissesse de que virtude principal quereria que fosse dotada a pessoa que ama; e, visto se necessário que todos tenham alguma mácula, que vício gostaria que nela houvesse; para ver quem saberá encontrar as mais louváveis e úteis virtudes, e os mais desculpáveis vícios, e menos nocivos a quem ama e a quem é amado. – Tendo assim falado o senhor Gaspar, a senhora Emilia fez sinal a dona Costanza Fregosa, por ser a mais próxima, para que prosseguisse, a qual já se preparava para intervir; mas a senhora duquesa de súbito disse: – Uma vez que dona Emilia não quis se dar ao trabalho de buscar algum jogo, seria também o caso de que outras mulheres desfrutassem a mesma comodidade e fossem também isentas de tal fadiga esta noite, estando presentes tantos homens que não há perigo de que venham a faltar jogos. – Assim faremos – respondeu a senhora Emilia; e, impondo silêncio a dona Costanza, dirigiu-se a dom Cesare Gonzaga, que estava sentado a seu lado, e lhe ordenou que falasse. E ele assim começou:

[VIII.] – Quem quiser considerar com diligência todas as nossas ações, nelas sempre encontrará vários defeitos; e isso acontece porque a natureza, nisso como em outras coisas, varia: a um deu a luz da razão numa coisa, a outro, numa diferente; porém sucede que, sabendo alguém aquilo que outro não sabe e sendo ignorante do que outro entende, cada um descobre facilmente o erro do companheiro e não o seu, e a todos nos parece sermos muito sábios e talvez mais naquilo em que mais somos loucos; razão pela qual vimos nesta casa ter ocorrido que muitos, a princípio reputados muito sábios, com o passar do tempo foram reconhecidos como particularmente loucos, o que procedeu tão-só de nossa diligência. Pois, como se diz que, na Puglia, usam-se com as vítimas da tarântula muitos instrumentos musicais e com vários sons se vai investigando, até que naquele humor provoca a enfermidade, por uma certa coincidência que tenha com algum daqueles sons, ao ouvi-lo, logo se move e tanto agita o doente, que o cura por meio dessa agitação. Também nós, quando sentimos algum oculto vestígio de loucura, tão sutilmente e com tão variadas persuasões o estimulamos e de tão diversos modos que por fim entendemos a que tendia; depois, identificado o humor, conseguimos sacudi-lo tão bem que acaba sempre se reduzindo a perfeita loucura. E há quem se torna louco em versos, em música, no amor, na dança, em bailados mourescos, na arte de cavalgar, no manejo da espada, cada um segundo o filão do seu metal, donde resultaram, como sabeis, prazeres maravilhosos. Portanto, tenho por certo que cada um de nós tem alguma semente de loucura que, despertada, pode se multiplicar até o infinito. Porém, gostaria que esta noite o nosso jogo fosse discutir tal matéria e que cada um dissesse: "Tendo eu de enlouquecer publicamente, por que tipo de loucura se acredita que eu seria tomado e sobre o que, julgando esse resultado pelas centelhas de loucura que diariamente podem ser vistas saindo de mim." O mesmo seja dito por todos os outros, seguindo a ordem de nossos jogos, e cada um procure fundamentar a própria opinião em algum verdadeiro sinal e argumento. E assim desse nosso jogo colheremos cada um de nós o fruto de conhecer nossos defeitos, para melhor podermos examiná-los; e, se o filão de loucura que viermos a descobrir for tão abundante que nos pareça sem remédio, ajudá-lo-emos, e, conforme a doutrina de frei Mariano, temos ganho uma alma, o que não é pouco ganho. – Com esse jogo todos riram muito, e ninguém se absteve de falar. Um dizia: – Eu ficarei louco de pensar –; outro: – De tanto olhar –; e outro mais: – Já enlouqueci por amor –; e assim por diante.

[IX.] Então o frei Serafino, rindo à sua maneira: – Isso – disse – iria longe demais; mas, se quiserdes um belo jogo, obrigai cada um a dar sua opinião sobre as razões que levam as mulheres a odiar os ratos e amar as serpentes; e vereis que ninguém o saberá, a não ser eu, que conheço tal segredo por vias estranhas. – E já começava a dizer suas frases enoveladas; mas dona Emilia lhe impôs silêncio e, pulando a dama que ali estava sentada, fez sinal ao Único aretino, a quem pela ordem cabia falar; e este, sem esperar outro mandado: – Eu – disse – gostaria de ser juiz com autoridade para poder com todo tipo de torturas extrair a verdade dos malfeitores; e isso para descobrir os enganos de uma ingrata, a qual, com olhos de anjo e coração de serpente, jamais combina a língua com o que lhe vai no âmago, e, com simulada piedade enganadora, a nenhuma outra coisa pretende que fazer anatomia de corações. Nem na Líbia arenosa se encontra serpente tão venenosa, que seja tão sequiosa de sangue humano quanto esta falsa; a qual não somente a doçura da voz e palavras melífluas, mas com os olhos, com risadas, com faceirices e com todas as maneiras é mui verdadeira sereia. Porém, já que não me é lícito, como gostaria, utilizar correntes, cordas ou o fogo para obter uma verdade, desejo sabê-la com um jogo, o qual é o seguinte: que cada um diga o que pensa significar aquela letra S[4] que a senhora duquesa traz na fronte porque, embora isso seja certamente um véu artificioso para poder enganar, talvez se lhe dê alguma interpretação não pensada por ela e se descubra que a fortuna, piedosa espectadora dos martírios dos homens, induziu-a com este pequeno sinal a descobrir sem querer seu íntimo desejo de matar e enterrar vivo quem a olha ou a serve. – Riu a senhora duquesa, e, vendo o Único que ela pretendia livrar-se dessa acusação: – Não, – disse – não falai, senhora, que não é vossa vez de falar. – A senhora Emilia então se voltou e disse: – Senhor Único, não existe aqui nenhum de nós que não vos dê a primazia em tudo, em especial no que diz respeito a conhecer o ânimo senhora duquesa; e, assim como mais que os outros o conheceis pela vossa divina argúcia, vós a amais mais ainda que os outros; os quais, como os pássaros de fraca visão que não fixam os olhos na esfera do sol, não podem conhecer tão bem sua perfeição; contudo, seria inútil qualquer esforço para esclarecer essa dúvida, exceto o vosso juízo. Assim, caiba essa adivinhação somente a vós, pois somente vós a podeis decifrar. – O Único, calando-se um instante, e sendo solicitado a falar, por fim declamou um soneto a respeito da referida matéria, esclarecendo o que significava aquela letra S, que por muitos foi recebido como uma improvisação, mas, tão breve tempo não comportando tanto e refinamento, pensou-se que teria sido antes preparado.

[X.] Assim, após um jubiloso aplauso em louvor do soneto e uma troca de impressões, o senhor Ottavian Fregoso, cujo turno chegara, rindo, começou deste modo: – Senhores, se quisesse afirmar não ter jamais vivido uma paixão de amor, estou certo de que a senhora duquesa e a senhora Emilia, embora não acreditassem, demonstrariam crer em mim e diriam que isso sucede porque perdi a esperança de algum dia induzir uma mulher a me amar, o que na verdade até hoje não fiz com bastante insistência para estar razoavelmente desesperado de alguma vez o conseguir. Não é que o deixei de fazer por me apreciar tanto, nem tão pouco as mulheres, que estime que muitas delas não sejam dignas de serem amadas e servidas por mim; mas, antes, assustado pelos contínuos lamentos de alguns apaixonados, os quais, pálidos, tristes e taciturnos, parece terem sempre o próprio descontentamento pintado nos olhos; e, se falam, acompanhando cada palavra com certos suspiros triplicados, não discorrem de nada além de lágrimas, tormentos, desesperos e desejos de morte, de modo que, se por vezes alguma centelha amorosa se acendeu em meu coração, esforcei-me com todo empenho por apagá-la, não por ódio que sentisse pelas mulheres, como pensam estas senhoras, mas para minha salvação. Depois conheci alguns outros em tudo contrários a esses sofredores, os quais não só elogiam e gozam os gratos aspectos, as caras palavras e os semblantes suaves de suas mulheres, mas todos os males temperam com doçura; de modo que as guerras, as fúrias, o desdém daquelas consideram assaz doces, pois bem mais que felizes eles me parecem. Pois se no desprezo* de amor, que alguns julgam mais amargo que a morte, eles encontram tamanha doçura, penso que nas manifestações de amor devem sentir aquela beatitude extrema que nós buscamos em vão neste mundo. Gostaria portanto que o nosso jogo desta noite consistisse em cada um dizer, tendo sido desprezado pela pessoa que ama, que causa quereria que a houvesse induzido a tal desdém. Pois, caso aqui se encontrem alguns que tenham experimentado esses doces desprezos, tenho a certeza de que por cortesia desejarão uma daquelas causas que tão doces os tornam; e eu talvez me atreva a ir um pouco mais adiante em amor, com a esperança de encontrar também

---

* A palavra *solegno*, além de *desprezo*, *desdém*, como aqui vai traduzida, igualmente significa *indignação*, *ira*, contra algo que parece indigno, *indegno* (note-se que a raiz é a mesma: *degno*). (N. do T.)

eu essa doçura onde alguns encontram a amargura; e desse modo estas senhoras não mais poderão condenar-me por eu não amar.

[XI.] Agradou muito este jogo, e cada um já se preparava para discorrer sobre o tema; mas, não abrindo a boca Emilia, dom Pietro Bembo[5], que era o próximo, assim se manifestou: – Senhores, não pouca dúvida despertou em meu espírito o jogo proposto pelo senhor Ottaviano, pois argumentou ele sobre os desprezos de amor, os quais, embora de diferentes tipos, sempre foram para mim muito amargos, e não creio que se pudesse encontrar tempero suficiente para amenizá-los; mas talvez seja mais ou menos amargo conforme a causa que o provoca. Pois me lembro de já ter visto aquela mulher a quem eu amava, furiosa contra mim por vã suspeita concebida por ela quanto à minha fidelidade, ou então por alguma outra falsa opinião que nela nasceu das palavras de terceiros contra mim; tanto que acreditava que nenhuma pena pudesse igualar-se à minha e me parecia que a maior dor que eu sentia fosse sofrer imerecidamente e ter essa aflição não por minha culpa, mas por pouco amor da parte dela. Outras vezes encontrei-a indignada por culpa minha e experimentei sua ira procedente de meu erro; e naquele ponto considerava que o mal anterior tinha sido levíssimo comparado com o que sentia então; e me parecia que ter desagradado, e por minha culpa, àquela pessoa, a única a quem desejava e com tanto cuidado procurava agradar, era o maior tormento e acima de todos os outros. Gostaria portanto que nosso jogo fosse que cada um dissesse, se devesse ser desdenhado pela pessoa que ama, de quem quereria que proviesse a causa do desdém, dela ou dele próprio; para saber qual é a dor maior, ferir ou ser ferido por quem se ama.

[XII.] Todos aguardavam a resposta da senhora Emilia; não tendo ela dirigido a palavra a Bembo, voltou-se e fez sinal a dom Federico Fregoso para que propusesse seu jogo; e ele logo começou assim: – Senhora, gostaria que me fosse permitido, como às vezes se faz, retomar o parecer de um outro; pois de boa vontade aprovaria alguns dos jogos propostos por esses senhores, porque de fato me parece que todos seriam agradáveis; no entanto, para não violar as regras, digo que aquele que desejasse louvar nossa corte, deixando ainda de lado os méritos da senhora duquesa, que com sua divina virtude bastaria para elevar da terra ao céu os mais baixos espíritos que existam no mundo, bem poderia dizer sem suspeita de bajulação que na Itália inteira quem sabe com quanto esforço se encontrariam outros cavaleiros tão singulares, e, além da preeminente profissão da cavalaria, tão excelentes em diversas coisas, como agora aqui se encontram; porém, se em algum lugar existem homens que mereçam ser chamados de bons cortesãos e que saibam julgar aquilo que compõe a perfeição da cortesania, com boas razões havemos de pensar que aqui estejam. Portanto, para refutar alguns tolos, que por serem presunçosos e ineptos acreditam conquistar fama de bons cortesãos, gostaria que o jogo desta noite fosse de molde a escolher alguém do grupo e a ele se atribuísse a tarefa de modelar com palavras um perfeito cortesão, explicando todas as condições e qualidades particulares exigidas de quem merece tal nome; e sobre aquelas coisas que não parecerem convenientes seja permitido a cada um divergir, como nas escolas de filósofos em que se discute publicamente. – Prosseguia ainda em sua proposição dom Federico, quando a senhora Emilia o interrompeu: – Isso, – disse – se aprouver à senhora duquesa, será o nosso jogo de hoje. – Respondeu a senhora duquesa: – Apraz-me. – Então, quase todos os presentes, para a senhora duquesa e entre si, começaram a dizer que este era o mais belo jogo que se poderia realizar; e, sem que um esperasse a resposta do outro, instavam a senhora Emilia para que ordenasse quem deveria dar início. E ela, dirigindo-se à senhora duquesa: – Ordenai, senhora, – disse – a quem mais vos agrada que receba tal incumbência, pois não quero, ao escolher entre um e outro, demonstrar que considero este mais apto do que outros e dessa forma injuriar quem quer que seja. – Respondeu a senhora duquesa: – Escolhei mesmo assim vós mesma; e trate de não desobedecer, dando exemplo aos outros para que sejam também eles pouco obedientes.

[XIII.] Então, dona Emilia, rindo, disse ao conde Ludovico de Canossa: – Portanto, para não perder mais tempo, vós, conde, sereis aquele que terá essa missão no modo indicado por dom Federico; não porque nos pareça que sejais tão bom cortesão, que saibais aquilo que ao bom cortesão convenha, mas porque, dizendo tudo ao contrário, como esperamos que havereis de fazer, o jogo será mais bonito, pois cada um terá de responder-vos; daí, se um outro que soubesse mais que vós tivesse tal encargo, não se lhe poderia contradizer coisa nenhuma, porque diria a verdade, e assim o jogo seria frio. – Logo respondeu o conde: – Senhora, não haveria perigo de faltar contradição a quem dissesse a verdade, estando vós aqui presente –; e tendo-se rido bastante dessa resposta, prosseguiu: – Mas eu, de fato, senhora, de muito bom grado me furtaria a esse trabalho, por me parecer demasiado difícil e reconhecendo em mim ser absoluta verdade aquilo que, como provocação, haveis dito, isto é, que não sei aquilo que convém a um bom cortesão. E isso com outro testemunho não busco provar, pois não praticando a cortesania, se pode considerar que eu não a saiba; e creio que seja menos criticável de minha parte, porque sem dúvida é pior não querer fazer bem do que não saber fazê-lo. Mas desde que vos dá satisfação que eu assuma essa tarefa, não posso nem quero recusá-la para não contrariar a regra do jogo e vosso juízo, o qual considero muito mais que o meu. Então dom Cesare Gonzaga: – Como – disse – já vai avançada a hora e aqui são oferecidos muitos outros tipos de prazeres, talvez seja bom adiar esta discussão para amanhã, e dar-se-á tempo ao conde para pensar naquilo que tem a dizer; pois na verdade improvisar sobre tal assunto é coisa difícil. –

Respondeu o conde: – Não quero fazer como aquele que, ficando só de gibão, saltou menos do que quando vestia o hábito; por isso me parece uma grande ventura que seja tarde, pois a brevidade do tempo me obriga a falar pouco e não ter pensado no tema tão boa desculpa será, que permitir-me-ão dizer sem censura todas as coisas que primeiro me vierem à boca. Assim, para não ter durante mais tempo o peso dessa obrigação nas costas, digo que em todas as coisas é tão difícil conhecer a verdadeira perfeição, que isso é quase impossível, devido à variedade de opiniões. Mas se encontram muitos, para quem será grato um homem que fale bastante, e este será chamado de agradável; alguns se deleitarão mais com a modéstia; outros, com um homem ativo e inquieto; outros mais apreciarão quem, em toda coisa, demonstre calma e acuidade; e assim cada um louva e reprova segundo sua visão, sempre encobrindo o vício sob o nome de uma virtude próxima, ou a virtude sob o nome de um vício aparentado; como chamar um presunçoso de livre; um modesto de seco; um néscio de bom; um celerado de prudente; e assim para o restante. Todavia considero que cada coisa tem sua perfeição, mesmo quando oculta, e que esta pode ser julgada com discursos razoáveis por quem dela souber. E porque, como disse, muitas vezes a verdade está escondida e não me vanglorio de ter tal conhecimento, não posso louvar senão aquele tipo de cortesão que mais aprecio e aprovar aquilo que me parece mais semelhante ao verdadeiro, segundo meu pouco juízo: o qual podereis adotar, caso vos pareça bom, ou permanecer com o vosso, se for diferente do meu. E nem insistirei em que o meu seja melhor que o vosso; pois não somente a vós pode parecer uma coisa e a mim uma outra, mas a mim próprio poderia parecer ora uma coisa, ora outra.

[XIV.] Quero, portanto, que esse nosso cortesão tenha nascido nobre e de rica família; porque muito menos se critica um plebeu por deixar de fazer operações virtuosas do que um nobre, o qual, ao se desviar do caminho de seus antecessores, macula o nome da família e não somente deixa de adquirir, mas perde o já adquirido; porque a nobreza é como uma clara lâmpada, que manifesta e permite ver as obras ruins, acende e estimula a virtude, tanto com o temor do opróbrio como com a esperança de louvores: e, como esse esplendor de nobreza não é revelado pela obra dos plebeus, a estes falta o estímulo e o temor daquela infâmia, e não se sentem obrigados a ir além de onde foram seus antecessores; e aos nobres parece censurável não chegar pelo menos ao ponto que lhes foi assinalado por seus ancestrais. Porém, sucede quase sempre que, nas armas e nas outras ações virtuosas, os homens mais assinalados são nobres, porque a natureza em tudo inseriu aquela semente oculta, que dá uma certa força e propriedade de seu princípio a tudo aquilo que dela deriva e o faz semelhante a si mesma, como vemos não só nas raças de cavalos e outros animais, mas também nas árvores, cujos galhos quase sempre se assemelham ao tronco; e, se às vezes degeneram, o responsável é o mau agricultor. E assim sucede com os homens, que, se criados com bons costumes, quase sempre são similares àqueles de quem procedem e muitas vezes melhoram; mas, se falta quem cuide bem deles, tornam-se como selvagens e não amadurecem nunca. É verdade que, favorecidos pelas estrelas ou pela natureza, alguns nascem acompanhados de tantas graças que parecem nem ter nascido, mas que algum deus, com as próprias mãos, os tenha criado e dotado de todos os bens da alma e do corpo; do mesmo modo que muitos se mostram tão ineptos e grosseiros que só se pode pensar que a natureza os pôs no mundo por despeito ou por engano. Como estes, com cuidados assíduos e boa criação, na maioria das vezes poucos frutos dão, assim aqueles, com pouco esforço, chegam ao auge da suma excelência. Para dar-vos um exemplo: observai o senhor dom Ippolito d'Este, cardeal de Ferrara, o qual tanta felicidade recebeu desde a nascença que a pessoa, o aspecto, as palavras e todos os movimentos seus são de tal modo dotados de graça, que dentre os mais antigos prelados, embora jovem, representa uma tão forte autoridade que logo parece mais apto a ensinar que necessitando aprender; igualmente, ao conversar com homens e mulheres de todas as condições, ao jogar, ao rir e motejar, exibe uma certa doçura e tão gráceis costumes, que cada um que a ele se dirige ou o vê lhe fica por força perpetuamente afeiçoado. Mas, voltando ao nosso tema, digo que entre esta graça excelsa e aquela insensata tolice ainda se encontra um meio-termo; e podem aqueles, que não são tão perfeitamente dotados pela natureza, com estudo e esforço, limar e corrigir em boa parte os defeitos naturais. Assim, o cortesão, além da nobreza, pretendo que seja favorecido nesse aspecto e tenha por natureza não só inteligência e bela forma de físico e rosto, mas uma certa graça e, como se diz, uma expressão que o torne à primeira vista grácil e amável, e seja esse um elemento que harmonize e acompanhe todas as suas ações, e o identifique imediatamente como digno da convivência e dos favores de todo grande senhor.

[XV.] Aqui, sem esperar mais, disse o senhor Gaspar Pallavicino: – Para que nosso jogo tenha a forma determinada e não pareça estimarmos pouco a autorização que nos foi concedida para contradizer, digo que não me parece tão necessário ao cortesão ter nascido nobre; e, se eu pensasse em dizer algo que parecesse novo para alguns de nós, acrescentaria que muitos, filhos de mui nobre sangue, foram cheios de vícios; e, ao contrário, muitos plebeus honraram com a virtude sua posteridade. E, se for verdade o que dizíeis antes, isto é, que em cada coisa se acha oculta a força da primeira semente, todos nós teríamos uma mesma condição por ter tido um mesmo princípio, e assim ninguém seria mais nobre que o outro. Mas creio que existem muitas outras causas para nossas diversidades e graus de nobreza e baixeza, dentre as quais considero que a fortuna seja precípua; porque em todas as coisas mundanas vemos que ela domina, chegando quase a divertir-se em elevar até o céu quem lhe parecer, sem nenhum mérito, e sepultar no abismo os mais dignos de serem exaltados. Concordo com o que dizeis sobre a felicidade daqueles que nascem dotados de bens da alma e do corpo, mas isso se verifica tanto nos plebeus quanto nos nobres, pois a natureza não possui distinções tão sutis; ou melhor, como disse, muitas vezes se descobrem elevadíssimos dons da natureza em pessoas de baixa condição. Contudo, não se conquistando tal nobreza nem por inteligência, nem pela força, nem pela arte, e sendo mérito maior de nossos antepassados que nosso, parece-me muito estranho pretender que, se os pais de nosso cortesão não foram nobres, todas as suas boas qualidades sejam negadas e que não sejam suficientes as outras condições, que haveis indicado, para conduzi-lo ao máximo da perfeição: isto é, inteligência, beleza de rosto, elegância do corpo e aquela graça que à primeira vista sempre o torne muito apreciado por todos.

[XVI.] Então o conde Ludovico: – Não nego – respondeu – que também nos homens de baixa condição não possam reinar aquelas mesmas virtudes encontradas entre os nobres; mas (para não repetir o que já dissemos, com muitas outras razões que poderiam ser agregadas em louvor da nobreza, a qual sempre é honrada em cada um, porque é coisa sensata que dos bons nasçam outros bons), tendo nós de dar forma a um cortesão sem nenhum defeito e merecedor de todos os louvores, me parece necessário fazê-lo nobre, além de por muitas outras causas, também pela opinião universal que imediatamente acompanha a nobreza. Pois se houver dois cortesãos que não tenham anteriormente produzido impressões de si mesmos por meio de obras, boas ou ruins, assim que souber que um deles nasceu fidalgo e o outro não, cada um há de considerar o plebeu menos estimável que o nobre, e aquele necessitará de muito trabalho e tempo para imprimir na mente dos homens uma boa opinião, ao passo que este, num momento, e só por ser fidalgo, há de conquistá-la. E a importância de tais impressões todos podem entender facilmente, pois, falando de nós, vimos entrar nesta casa homens que, embora sendo tolos e grosseirões, pela Itália afora granjearam fama de grandes cortesãos; e, apesar de terem por fim sido descobertos e identificados, enganaram-nos durante um bom tempo, mantendo em nossos espíritos aquela opinião de si que neles haviam encontrado impressa, se bem que tenham agido segundo seu pouco valor. Vimos outros que, a princípio pouco estimados, acabaram por ser muito bem-sucedidos. E esses erros têm várias causas, dentre outras, a obstinação dos senhores, os quais, por pretenderem milagres, às vezes acabam favorecendo aqueles que só merecem desfavores. E muitas vezes ainda se enganam, mas por sempre terem inúmeros imitadores, de seu favor deriva imensa fama, a qual a opinião dos homens vai acompanhando. E, se encontram alguma coisa que pareça contrária à opinião comum, supõem estarem se enganando e sempre esperam algo oculto, porque parece que tais opiniões universais devem ser fundadas na verdade e nascer de causas razoáveis; e porque nossos ânimos estão sempre disponíveis para o amor e o ódio, como se observa nos espetáculos de combates, de jogos e de outros tipos de lutas, onde os espectadores freqüentemente se afeiçoam, sem razão manifesta, a uma das partes, com desejo exacerbado de que esta vença e a outra perca. Ainda sobre a opinião das qualidades dos homens, a boa ou má fama de início move nosso espírito para uma dessas duas paixões. Acontece porém que, em geral, julgamos com amor ou com ódio. Observai, portanto, quanta importância tem a primeira impressão, e como se deve esforçar por torná-la boa desde o começo quem pensa ter condição e nome de bom cortesão.

[XVII.] Mas, vindo a algumas particularidades, considero que a principal e verdadeira profissão do cortesão deve ser a das armas; à qual desejo sobretudo que ele se dedique vivamente, e seja conhecido entre os outros como ousado, valoroso e fiel àquele a quem serve. E a fama dessas boas qualidades há de adquirir se delas der provas em todo tempo e lugar, pois não é lícito jamais falhar nisso, sem imensas críticas. E como nas mulheres a honestidade, uma vez maculada, nunca retorna ao estado inicial, assim a fama de um fidalgo que empunha armas, se uma vez num mínimo detalhe se denigre por covardia ou outro reproche, permanece sempre vergonhosa e cheia de ignomínia. Portanto, quanto mais exímio for nosso cortesão nessa arte, mais será digno de louvor, conquanto eu não considere ser nele necessária aquela perfeita cognição das coisas e as outras qualidades que se exigem de um capitão; mas, por ser isso um tema demasiado vasto, contentar-nos-emos, como foi dito, com a integridade de fé e com o ânimo inabalável e que sempre seja visto como tal; porque, muitas vezes, mais nas coisas pequenas que nas grandes se conhecem os corajosos e, freqüentemente, nos grandes perigos e onde há muitas testemunhas, encontram-se alguns que, embora tenham morto o coração no corpo, movidos pela vergonha ou pela companhia, quase de olhos fechados vão em frente e fazem sua parte, sabe lá Deus como, e, nas coisas pouco prementes e em que parece que podem evitar o perigo sem ser notados, de bom grado se deixam acomodar em segurança. Mas os que, mesmo quando pensam não estarem sendo observados, nem vistos, nem conhecidos por ninguém, demonstram ousadia e não deixam passar coisa alguma, por mínima que seja, que lhes possa ser censurada, estes possuem aquela virtude de espírito que buscamos em nosso cortesão. O qual não queremos porém que se mostre tão orgulhoso que esteja sempre bravateando, diga que tirou a couraça por uma mulher e ameace com aqueles olhares ferozes que tantas vezes vimos Berto lançar; pois a esses merecidamente se pode dizer aquilo que uma valorosa mulher, numa nobre companhia, graciosamente disse a alguém, que agora não quero nomear; o qual tendo sido por ela, para homenageá-lo, convidado a dançar, e tendo recusado isto e aquilo, e a ouvir música e muitos outros entretenimentos que lhe foram oferecidos, sempre repetindo que tais frivolidades não eram seu ofício; por fim indagando a mulher: "Qual é afinal vosso ofício?" respondeu ele de cara feia: "Combater"; então a mulher fulminou: "Penso que", disse ela, "quando não estiverdes em guerra, nem prestes a combater, seria bom que mandásseis untar-vos muito bem e, junto com todos os vossos instrumentos de batalha meter de volta num armário, enquanto fosse necessário, para não ficar mais enferrujado do que já estais"; e com muitas risadas dos presentes, desconcertado deixou-o em sua presunção idiota. Seja, assim, aquele que procuramos, onde houver inimigos, veemente, severo e sempre entre os primeiros; em qualquer outro lugar, humano, modesto, contido, fugindo sobretudo da ostentação e da impudente louvação de si, com o que o homem sempre atrai para si ódio e repulsa da parte de quem o ouve.

[XVIII.] – E eu – respondeu então o senhor Gaspar – conheci poucos homens excelentes em qualquer campo que não se louvem a si próprios, e me parece que isso possa muito bem ser-lhes concedido; porque aquele que conhece seu valor, quando verifica não ser reconhecido por suas obras pelos ignorantes, se indigna por seu valor estar oculto, e forçoso é que de algum modo o demonstre para não ser defraudado da honra, que é o verdadeiro prêmio das virtuosas fadigas. Porém, entre os antigos escritores, quem muito vale, raras vezes se abstém de se louvar. São decerto intoleráveis os que, sem possuir nenhum mérito, se elogiam; mas assim não presumimos que seja o nosso cortesão. – Então o conde: – Se vós entendestes bem, censurei o louvar a si mesmo de modo impudente e sem respeito; por certo, como dizeis, não se deve fazer má opinião de um homem valoroso, que modestamente se louve; ao contrário, deve-se tomar o que diz como testemunho mais confiável do que se viesse de boca alheia. Digo claramente que é discretíssimo aquele que, ao louvar a si mesmo, não incorre em erro, nem provoca incômodo ou inveja em quem o escuta, e, além dos louvores que se atribui, merece ainda o dos outros; porque é coisa assaz difícil. – Então o senhor Gaspar: – Isso – disse – vós deveis nos ensinar. – Respondeu o conde: – Dentre os antigos escritores não faltou quem o tivesse ensinado; mas, em minha opinião, tudo consiste em dizer as coisas de modo que pareça não serem ditas com aquela finalidade, mas que calhem tão a propósito que não se pode deixar de dizê-las e, sempre mostrando evitar o elogio de si, não deixar de fazê-lo; mas não da maneira como fazem esses valentes, que abrem a boca e deixam vir as palavras ao acaso. Como disse há poucos dias um dos nossos que, participando das batalhas de Pisa, tendo uma lança lhe atravessado uma das coxas de um lado a outro, pensou que uma mosca o tivesse picado; e um outro disse que não tinha espelho no quarto porque quando se aborrecia ganhava tão terrível aspecto que ao se ver assustaria a si próprio. Nesse ponto todos riram; mas dom Cesare Gonzaga acrescentou: – De que estais a rir? Não sabeis que Alexandre Magno, ouvindo a opinião de um filósofo de que havia infinitos mundos, começou a chorar e, ao ser indagado por que chorava, respondeu: "Porque ainda não conquistei nenhum deles", como se tivesse disposição para conquistá-los todos? Não vos parece que isso seja bravata maior do que a da picada da mosca? – Disse então o conde: – De resto, Alexandre era um homem maior do que aquele que fez tal afirmação. Mas aos homens excelentes na verdade havemos de perdoar quando presumem excessivamente de si; pois quem fizer grandes coisas precisa ter a ousadia de fazê-las e confiança em si próprio, e não pode ter espírito abjeto ou vil, mas sim bem modesto em palavras, mostrando presumir menos de si do que de fato presume, contanto que tal presunção não se torne temerária.

[XIX.] Aqui fazendo uma pausa o conde, disse rindo dom Bernardo Bibiena: – Lembro que antes dizíeis que esse nosso cortesão devia ser dotado pela natureza de bela forma de rosto e corpo, com tamanha graça que o fizesse bastante amável. A graça e o rosto belíssimo tenho a certeza de possuir e por isso acontece que tantas mulheres quantas sabeis ardem de amor por mim; mas quanto à forma do corpo estou um pouco em dúvida, e principalmente por causa das pernas, que não me parecem adequadas como gostaria; com o busto e o restante me contento bastante bem. Descrevei, portanto, um pouco mais detalhadamente essa forma do corpo, como ela deve ser, para que eu possa eliminar esta dúvida e ficar com a alma em paz. – Tendo-se todos rido, agregou o conde: – Certamente aquela graça do rosto, sem mentir, pode-se dizer existir em vós, nem outro exemplo acrescento para declarar de que se trata; pois sem dúvida observamos o vosso aspecto agradabilíssimo que a todos apraz, embora seus traços não sejam muito delicados; mas possui virilidade e também é gracioso; e encontra-se esta qualidade em muitas e diferentes formas de rostos. E de tal sorte pretendo seja o aspecto de nosso cortesão, não tão suave e feminino como muitos se esforçam por aparentar, que não apenas ondulam os cabelos e raspam as sobrancelhas, mas se enfeitam com todos aqueles modos que exibem as mais lascivas e desonestas mulheres do mundo; e parece que no modo de caminhar, de estar parados e em quaisquer outras atitudes são tão delicados e lânguidos, que os membros parecem prestes a desligar-se um do outro; e pronunciam palavras tão aflitas que naquele ponto parece que o espírito deles termine; e quanto mais se encontram com homens de categoria, tanto mais usam tais modos. Esses, dado que a natureza, como eles mostram desejar parecer e ser, não os fez mulheres, não deveriam como boas mulheres ser considerados, mas ser expulsos, como meretrizes públicas, não somente das cortes dos grandes senhores mas também da convivência dos homens nobres.

[XX.] Passando então à qualidade do corpo, digo bastar que ele não seja muito pequeno nem muito grande; porque tanto uma quanto outra dessas condições provoca um certo desprezo, sendo os homens desse tipo olhados do modo como se admiram as coisas monstruosas, se bem que, tendo de pecar num dos dois extremos, é melhor ser um pouco pequeno do que exceder a medida razoável de grandeza; pois os homens tão grandes de corpo, além de muitas vezes serem de obtuso engenho, são também inábeis em qualquer exercício de agilidade, coisa que desejo em especial no cortesão. Por isso pretendo que ele tenha boa compleição e membros bem formados, demonstre força, leveza e desenvoltura, e saiba todos os exercícios corporais que são exigidos de um homem de guerra. Dentre eles, penso que o primeiro deve ser manejar bem todo tipo de armas a pé e a cavalo, conhecer as posições e movimentos vantajosos destas e principalmente conhecer aquelas armas que em geral se utilizam entre fidalgos; porque, além de manejá-las na guerra, onde talvez não sejam necessárias tantas sutilezas, ocorrem freqüentemente diferenças entre um gentil-homem e outro, de que decorre o combate, muitas vezes com as armas que naquele momento se acham à mão. Assim, saber usá-las é coisa muito segura. E não sou daqueles que dizem que, então, a necessidade faz esquecer a arte; pois, certamente, quem perde a arte em tal momento dá sinal de que antes o medo lhe fez perder o coração e a cabeça.

[XXI.] Considero também muito oportuno saber lutar, porque isso costuma acompanhar todos os combates a pé. Em seguida, é preciso que no próprio interesse e no dos amigos entenda as querelas e diferenças que podem advir e esteja preparado para tirar vantagem, demonstrando sempre em tudo ânimo e prudência, mas não se entregue facilmente a tais combates, exceto quando a honra o forçar; pois, além do grande perigo que a duvidosa sorte carrega consigo, quem precipitadamente e sem urgência participa de tais coisas merece forte censura, mesmo que se saia bem. Mas quando ele já foi tão longe que não possa retroceder sem dificuldade, deve, tanto nos preparativos quanto no combate, ser muito decidido e se mostrar sempre pronto e corajoso; e não fazer como alguns que passam o tempo em disputas e questões de honra e, tendo feito a escolha das armas, pegam armas que não cortam nem furam; e se armam como se tivessem de esperar canhonaços; e, parecendo-lhes bastar não serem derrotados, permanecem entre defender-se e retirar-se, a ponto de exibirem extrema vileza; e acabam sendo alvo de zombarias de crianças, como aqueles dois de Ancona, que há pouco combateram em Perúgia e provocaram risos entre quem os viu. – E quem foram esses? – perguntou o senhor Gaspar Pallavicino. Respondeu dom Cesare: – Dois primos. – Disse então o conde: – Ao combater, pareciam irmãos de sangue –; depois acrescentou: – Ainda se adotam freqüentemente armas em tempo de paz em diversos torneios e vêem-se fidalgos nos espetáculos públicos perante o povo, mulheres e grandes senhores. Porém desejo que o nosso cortesão seja perfeito cavaleiro de qualquer tipo de sela e, além de conhecer cavalos e o que concerne ao cavalgar, empregue estudo e diligência para ir além dos outros em todas as coisas, de modo que sempre seja reconhecido como excelente entre todos. E, como se lê a propósito de Alcibíades, que superou todas as nações junto às quais viveu, e cada uma naquilo que lhe era mais específico, assim esse nosso deve superar os demais e cada um naquilo que mais o ocupa. E como é uma peculiaridade dos italianos cavalgar bem à brida solta, manejar com método especialmente cavalos fogosos, combater à lança e corpo a corpo, seja nisso dos melhores italianos; no tornear, manter um passo, superar obstáculos, seja bom entre os melhores franceses; no jogo com varas, nas touradas, no lançamento de hastes e dados, seja entre os espanhóis excelente. Mas sobretudo acompanhe cada movimento com certo equilíbrio e graça, se quiser merecer aquele favor universal que tanto se aprecia.

[XXII.] Existem ainda muitos outros torneios que, embora não dependam diretamente das armas, com elas mantêm muita afinidade e exigem bastante força viril; dentre esses parece-me que a caça é dos principais, pois tem uma certa semelhança com a guerra: é um verdadeiro prazer de grandes senhores e conveniente para os homens de corte[6], e se compreende por que também entre os antigos era costume assaz difundido. Conveniente é ainda saber nadar, saltar, correr, jogar pedras, pois, além da utilidade que disso se pode extrair na guerra, muitas vezes é preciso exercitar-se em tais coisas; com o que se adquire boa estima, especialmente na multidão, com a qual também é necessário se estar de acordo. Outro nobre exercício e muito conveniente para um homem de corte é o jogo de péla, no qual bem se observa a disposição do corpo, a destreza e desenvoltura de cada membro, e tudo aquilo que quase em todos os outros exercícios se vê. Não menos louvável estimo os volteios a cavalo, os quais, embora cansativos e difíceis, tornam o homem agilíssimo e adestrado mais que qualquer outra coisa; e, além da utilidade, se aquela agilidade é acompanhada de boa graça, propicia, em minha opinião, mais belo espetáculo que qualquer dos outros. Sendo portanto o nosso cortesão mais do que mediamente perito nesses exercícios, penso que deva deixar os outros de lado: como dar volteios no chão, caminhar na corda e coisas tais, que se aproximam do saltimbanco e pouco convenientes são para um fidalgo. Mas, como nem sempre é possível dedicar-se a tão fatigantes operações, e dado que a assiduidade satura e elimina aquela admiração que se sente pelas coisas raras, é preciso variar sempre com ações diferentes nossa vida. Desejo porém que o cortesão se dedique algumas vezes a mais repousantes e plácidos exercícios e, para evitar a inveja e para entreter-se prazerosamente com alguém, faça tudo aquilo que os outros fazem, não se distanciando nunca dos atos louváveis e governando-se com aquele bom discernimento que não o deixe incorrer em alguma tolice; mas ria, brinque, graceje, dance, de maneira que assim sempre demonstre ser engenhoso e discreto, e em tudo que fizer ou disser seja gracioso.

[XXIII.] – Certamente – disse então dom Cesare Gonzaga – não se deveria impedir já o curso dessa argumentação; mas, se me calasse, não satisfaria à liberdade que tenho de falar nem ao desejo de saber uma coisa. E me seja perdoado se eu, devendo contradizer, perguntasse; pois creio que isso me seja permitido, seguindo o exemplo do nosso dom Bernardo, o qual, por excesso de vontade em ser considerado um belo homem, contrariou as regras de nosso jogo, perguntando e não contradizendo. – Vede – disse então a senhora duquesa – como de um só erro procedem muitos outros. Todavia, quem falha e dá mau exemplo, como dom Bernardo, não somente merece ser punido por sua falha, mas também pela dos outros. – Respondeu então dom Cesare: – Assim eu, senhora, ficarei isento de pena, tendo dom Bernardo sido punido pelo erro dele e pelo meu. – Ao contrário, – disse a senhora duquesa – todos os dois devem sofrer duplo castigo; ele pelo erro e por vos ter induzido a errar, vós pelo vosso erro e por ter imitado quem errava. – Senhora, – respondeu dom Cesare – até agora não errei; porém, para deixar toda esta punição só para dom Bernardo, calar-me-ei. – E já silenciava, quando a senhora Emilia, rindo: – Dizei aquilo que vos apraz, – respondeu – pois, com licença da senhora duquesa, perdôo a quem errou e a quem cometer erro tão pequeno. – Acrescentou a senhora duquesa: – Estou contente, mas cuidai que não vos enganeis, pensando talvez ganhar mais méritos sendo clemente do que sendo justa; porque, perdoando muito quem erra, se faz injustiça a quem não era. Não quero tampouco que minha austeridade, por enquanto, acusando vossa indulgência, seja a causa para perdermos esta pergunta de dom Cesare. – Assim ele, atendendo aos acenos da senhora duquesa e da senhora Emilia, logo disse:

[XXIV.] – Se não me falha a memória, penso, senhor conde, que vós, esta noite, repetistes várias vezes que o cortesão precisa dosar com graça suas atividades, gestos, hábitos, em suma, cada movimento; e isso me parece que colocais como condimento de todas as coisas, sem o qual todas as outras propriedades e boas condições se tornam de pouco valor. E na verdade creio que cada um se deixaria persuadir disso, pois, pela etimologia do vocábulo, se pode dizer que quem tem graça é grato. Mas, como dissestes muitas vezes, isso é dom da natureza e dos céus, e, mesmo quando não é ele tão perfeito, pode-se fazê-lo crescer com dedicação e trabalho. Aqueles que nascem tão venturosos e tão ricos de tal tesouro, como alguns que vemos, creio que pouco necessitam nisso de outro mestre; pois aquele benigno favor do céu os guia quase a contragosto mais alto do que desejam e os torna não somente agradáveis mas admiráveis a todo o mundo. Porém não me ocupo disso, não estando ao nosso alcance adquirir por nós mesmos tal dom. Mas aqueles que por natureza possuem tanto por si que estão em condições de serem agraciados acrescentando trabalho, indústria e estudo, desejo saber com que arte, com que disciplina e de que modo podem adquirir essa graça também nos exercícios do corpo em que vós estimais que ela seja tão necessária como em qualquer outra coisa que se faça ou se diga. Todavia, já que por haver-nos muito elogiado essa qualidade, haveis, creio, provocado em todos nós uma grande sede de consegui-la pelo encargo que vos deu a senhora Emilia, estais também, com o ensinar-nos, obrigado a saciá-la.

[XXV.] – Não sou obrigado – disse o conde – a ensinar-vos a ser graciosos, ou outra coisa, mas somente a demonstrar-vos como deva ser um perfeito cortesão. Não me comprometeria a ensinar-vos essa perfeição, ainda mais tendo dito há pouco que o cortesão deve saber lutar, dar volteios a cavalo e tantas outras coisas, as quais não vejo como poderia ensinar-vos, não as tendo jamais aprendido, e sei que todos as conheceis. Basta que, assim como um bom soldado sabe dizer ao armeiro de que forma, elegância e têmpera hão de ser as armas, mas não sabe ensinar-lhe a fazê-las, nem como martelá-las ou temperá-las; assim eu talvez vos saiba dizer como deva ser um perfeito cortesão, mas não vos ensinar o que tendes de fazer para vos tornar um deles. Todavia, para satisfazer tanto quanto estiver ao meu alcance ao vosso pedido, embora seja quase um axioma que a graça não se aprende, digo que quem precisar ser gracioso nos exercícios corporais, pressupondo que não seja inábil por natureza, deve começar desde cedo e aprender os princípios com ótimos mestres; coisa que pode-se compreender quão importante pareceu a Filipe, rei da Macedônia, sabendo-se que quis ser Aristóteles, filósofo tão famoso e talvez o maior que já existiu no mundo, quem ensinasse as primeiras letras a seu filho Alexandre. E dentre os homens que hoje conhecemos, considerai quão graciosamente e bem executa o senhor Galeazzo Sanseverino, grão-escudeiro de França, todos os exercícios do corpo; e isso porque, além da natural disposição física que ele possui, empenhou-se em aprender com bons mestres e em ter sempre junto de si homens excelentes e de cada um pegar o melhor que sabiam; pois assim como para lutar, voltear e manejar muitos tipos de armas, teve como guia nosso dom Pietro Monte, o qual, como sabeis, é o verdadeiro e único mestre de toda artificiosa força e agilidade, também para cavalgar, justar ou qualquer outra coisa, sempre teve perante os olhos os mais perfeitos que naquelas profissões fossem conhecidos.

[XXVI.] Assim, quem quiser ser bom discípulo, além de fazer bem as coisas, sempre deverá empenhar-se bastante para parecer com o mestre e, se possível for, transformar-se nele. E, quando já sentir bom aproveitamento, convém encontrar diferentes homens da mesma profissão e, orientando-se por aquele bom senso que lhe deverá servir de guia, ir reunindo ora de um, ora de outro, várias coisas. E, como a abelha nos verdes prados sempre no meio do capim vai sugando as flores, assim o nosso cortesão há se roubar essa graça de quem lhe parecer possuí-la e de cada um aquela parte que lhe será louvável; e não fazer como um amigo nosso, que todos conheceis, que pensava ser muito semelhante ao rei Fernando de Aragão, o Jovem, mas não cuidava em imitá-lo senão no freqüente erguer a cabeça, torcendo um canto da boca, costume que lhe viera de uma doença. E, como esse, muitos existem que pensam fazer muito, desde que copiem um grande homem em alguma coisa; e muitas vezes se apegam ao que neles é apenas um vício. Mas, tendo eu várias vezes pensado de onde vem essa graça, deixando de lado aqueles que nos astros encontraram uma regra universal, a qual me parece valer, quanto a isso, em todas as coisas humanas que se façam ou se digam mais que qualquer outra, a saber: evitar ao máximo, e como um áspero e perigoso escolho, a afetação; e, talvez para dizer uma palavra nova, usar em cada coisa uma certa *sprezzatura* [displicência] que oculte a arte e demonstre que o que se faz e diz é feito sem esforço e quase sem pensar. É disso, creio eu, que deriva em boa parte a graça, pois das coisas raras e bem feitas cada um sabe as dificuldades, por isso nelas a facilidade provoca grande maravilha; e, ao contrário, esforçar-se, ou, como se diz, arrepelar-se, produz suma falta de graça e faz apreciar pouco qualquer coisa, por maior que ela seja. Porém, pode-se dizer que é arte verdadeira aquela que não pareça ser arte; e em outra coisa não há que se esforçar, senão em escondê-la, porque, se é descoberta, perde todo o crédito e torna o homem pouco estimado. E lembro-me já ter lido houve alguns antigos oradores excelentes, os quais, dentre outras suas habilidades, se esforçavam por fazer crer a cada um não possuir nenhum conhecimento de letras; e, dissimulando o saber, mostravam que seus discursos eram elaborados de modo simples e segundo o que lhes sugeriam a natureza e a verdade, menos que o estudo e a arte, a qual, se fosse conhecida, teria provocado dúvidas no espírito do povo, que temeria ser por ela enganado. Vede portanto como exibir a arte e um cuidado tão extremo eliminam a graça de qualquer coisa. Qual de vós não ri quando o nosso dom Pierpaulo dança à sua moda, com aqueles saltaricos e as pernas esticadas nas pontas dos pés, sem mexer a cabeça, como se tudo fosse de madeira, com tanta atenção que certamente parece que vai numerando os passos? Que olho é tão cego que não veja nisso a desgraciosidade da afetação? E a graça, em muitos homens e mulheres aqui presentes, daquela displicente desenvoltura (que muitos assim a denominam quanto aos movimentos do corpo), com um falar, rir ou seguir a música, simulando não cuidar no que faz e pensar mais em outra coisa que naquilo, para fazer quem vê acreditar quase que não sabe e que pode errar?

[XXVII.] Aqui, sem mais esperar, dom Bernardo Bibiena disse: – Eis que o nosso dom Roberto encontrou quem há de louvar sua maneira de dançar, pois parece que todos vós outros a ela não dedicais nenhuma atenção; pois, se tal excelência consiste na displicência e em demonstrar não cuidar e pensar mais em outras coisas do que naquilo que se faz, dom Roberto no dançar não tem igual no mundo; pois para bem demonstrar que não está preocupado, deixa amiúde cair a capa das costas e as pantufas dos pés e, sem recolher nem uma nem outra, continua dançando. – Respondeu então o conde: – Já que desejais que o diga, falarei ainda de nossos vícios. Não vos dais conta que isso, que em dom Roberto chamais de displicência não passa de afetação? Porque, se vê claramente, ele faz esforços para mostrar não pensar nisso, e isso já é pensar demais; e, como supera certos limites medianos, tal displicência é afetada e cai mal; e é uma coisa que alcança justamente o resultado contrário do pretendido, que era esconder a técnica. Mas não considero seja um vício menor da afetação, na displicência, a qual em si é louvável, deixar cair as vestes, assim como, no rebuscamento da elegância, que em si é igualmente louvável, andar com a cabeça toda dura por medo de descompor o penteado, ou trazer no fundo do gorro um espelho e o pente na manga, e ter sempre atrás de si uma pajem pelas ruas, carregando esponja e escova de cabelo, porque tamanho rebuscamento e displicência tendem demasiado ao exagero; o que sempre é errado e contrário àquela pura e amável simplicidade, que tanto são gratas aos espíritos humanos. Observai quanto um cavaleiro é pouco grácil, quando se esforça por caminhar tão rígido na sela, à veneziana, em comparação com outro que pareça nem pensar nisso e ande a cavalo tão à vontade e seguro como se estivesse a pé. Quanto agrada mais e quanto é mais elogiado um fidalgo que use armas, modestamente, que fale pouco e pouco se vanglorie do que outro, que sempre esteja se elogiando e, praguejando e bravateando, pareça ameaçar o mundo! E nada mais é isso que afetação de querer parecer galhardo. O mesmo sucede em cada exercício, ou melhor, em cada coisa que se possa fazer ou dizer no mundo.

[XXVIII.] Então interveio o senhor Magnífico: – Isso ainda – disse – se verifica na música, na qual é um equívoco enorme pôr duas consonâncias perfeitas uma depois da outra; de tal modo que a própria sensação do nosso ouvido o aborrece, enquanto aprecia amiúde uma segunda ou sétima, que em si é dissonância áspera e intolerável; e isso procede, pois aquela continuação nas notas perfeitas provoca saciedade e demonstra uma harmonia por demais afetada; o que, misturando-se as imperfeitas, se evita, fazendo-se quase uma comparação; donde quanto mais nossos ouvidos estão suspensos, tanto mais avidamente aguardam e apreciam as perfeitas, e deleitam-se às vezes com aquela dissonância da segunda ou da sétima, como se fosse coisa displicente. – Eis então – respondeu o conde – que nisso a afetação é nociva como nas outras coisas. Diz-se ainda que corria um provérbio entre alguns excelentes pintores antigos, segundo o qual o excesso de dedicação seria nocivo, e que Protógenes teria sido criticado por Apeles por jamais afastar as mãos da tábua* – Disse então dom Cesare: – Creio que o mesmo defeito possui nosso frei Serafino, o de não afastar as mãos da tábua*, pelo menos enquanto não se tenha retirado a comida. – Riu o conde e prosseguiu: – Queria dizer Apeles que Protógenes na pintura não sabia ser moderado; o que mais não era senão repreendê-lo por ser afetado em suas obras. Assim, essa virtude contrária à afetação, a qual por enquanto chamaremos de displicência, além de ser a verdadeira fonte de que deriva a graça, traz ainda consigo uma outra qualidade, a qual, acompanhando qualquer ação humana, por mínima que seja, não somente logo revela o saber de quem a realiza, mas freqüentemente faz com que seja considerado muito maior do que de fato é; porque nos espíritos dos circunstantes imprime a opinião segundo a qual aquele que tão facilmente faz bem sabe muito mais do que aquilo que faz e, se no que faz pusesse estudo e fadiga, poderia fazer ainda melhor. E, para repetir os mesmos exemplos, se um homem que maneja armas, ao lançar um dardo ou ao manter a espada na mão ou qualquer outra arma, assume sem peias e sem pensar uma atitude alerta, com tal facilidade que pareça que o corpo e todos os membros estejam naturalmente naquela posição e sem nenhum esforço, ainda que outra coisa não faça, a todos demonstra ser perfeitíssimo naquele exercício. Da mesma forma, ao dançar, um único passo, um só movimento do corpo, gracioso e não forçado, logo manifesta a sabedoria de quem dança. Um músico, se ao cantar pronuncia uma só voz, terminada com suave acento num grupeto duplo, com tal facilidade que parece fazê-lo casualmente, só com isso demonstra que sabe muito mais do que aquilo que faz. Muitas vezes também na pintura, uma única linha não forçada, uma única pincelada feita facilmente, de modo que pareça que a mão, sem

---

* Note-se que, como no italiano *tavola*, tábua em português também designa tanto uma mesa de refeições como a madeira em que os pintores executavam suas obras. Daí o trocadilho feito com frei Serafino. (N. do T.)

ser guiada por qualquer estudo ou arte, atinja por si mesma seu objetivo segundo a intenção do pintor, revela claramente a excelência do artífice, cuja avaliação cada um depois fará conforme seu juízo. E o mesmo ocorre com quase todas as outras coisas. Nosso cortesão será, assim, considerado excelente e em tudo terá graça, especialmente no falar, se evitar a afetação, erro no qual muitos incorrem e, às vezes mais que outros, alguns dos nossos lombardos; os quais, se passaram um ano longe de casa, assim que retornam se põem a falar romano, espanhol ou francês, sabe Deus como; e tudo isso advém de demasiada vontade de demonstrar que sabem muito, e desse modo cada um põe estudo e diligência para adquirir mui odioso vício. E, decerto, para mim seria não pequeno trabalho, se nestas nossas reflexões pretendesse usar aquelas antigas palavras toscanas, que já são recusadas pelo costume dos toscanos de hoje em dia; e com tudo isso creio que todos ririam de mim.

[XXIX.] Então dom Federico: – Na verdade, – disse – discutindo entre nós, como fazemos agora, talvez fosse ruim usar aquelas antigas palavras toscanas; porque, como dizeis, cansaríamos quem as dissesse e quem as ouvisse, e não sem dificuldades seriam por muitos entendidas. Mas quem escrevesse, creio cometeria erro se não as usasse, pois dão muita graça e autoridade à escrita e delas resulta uma língua mais grave e plena de majestade que das modernas. – Não sei – respondeu o conde – que graça ou autoridade podem dar à escrita aquelas palavras que se devem evitar não somente no modo de falar, como agora fazemos (o que vós mesmos confessais), mas também em qualquer outro que se possa imaginar. Pois, se a qualquer homem de bom senso ocorresse fazer um discurso sobre coisas graves no próprio senado de Florença, que é a capital da Toscana, ou tiver de falar privadamente com pessoas da mais alta hierarquia naquela importante cidade de negócios, ou ainda com quem fosse muito familiarizado com coisas agradáveis, com damas ou cavaleiros, sobre coisas de amor ou motejando ou brincando em festas, jogos ou onde quer que seja, a qualquer momento, lugar ou propósito, tenho a certeza de que evitaria usar aquelas antigas palavras toscanas; e usando-as, além de provocar zombarias, aborreceria um pouco quem o escutasse. Portanto, parece-me coisa muito estranha adotar na escrita como sendo boas aquelas palavras, que são evitadas como ruins em todo tipo de conversa; e pretender que aquilo, jamais adequado ao falar, seja o mais conveniente modo que se possa empregar ao escrever. Pois, em minha opinião, a escrita não é outra coisa senão uma forma de falar que permanece depois de se ter falado, e quase uma imagem, ou antes, a vida das palavras; porém, ao falar, quando, assim que a palavra é pronunciada, se perde, talvez sejam toleráveis algumas coisas que não o são ao escrever; porque a escrita conserva as palavras e as submete ao julgamento de quem lê, e dá tempo de considerá-las maduramente. Por isso é razoável que nesta se aplique maior cuidado para torná-la mais culta e castiça; não de modo que as palavras escritas sejam diferentes das ditas, mas sim que ao escrever sejam escolhidas as mais belas que se usam ao falar. E se, ao escrever, fosse lícito o que não é lícito ao falar, daí resultaria um inconveniente que considero enorme: seria adotar mais licença onde se deve aplicar mais estudo; e a indústria que se emprega para escrever, em vez de ajudar, prejudicaria. Mas certamente aquilo que convém ao escrever, convém igualmente ao falar; e é belíssimo o falar que é similar aos belos escritos. Penso ainda que é muito mais necessário ser entendido ao escrever do que ao falar; porque aqueles que escrevem nem sempre estão presentes para quem lê, como aqueles que falam para quem ouve. Mas eu elogiaria aquele que, além de evitar muitas palavras toscanas antigas, tratasse ainda de usar, escrevendo e falando, aquelas que hoje são habituais na Toscana e em outros lugares da Itália e que têm alguma graça na pronúncia. E me parece que quem se impõe outra lei não está bem seguro de não incorrer naquela afetação tão criticada, da qual falávamos antes.

[XXX.] Então dom Federico: – Senhor conde, – disse – não posso negar-vos que a escrita não seja um modo de falar. Mas, se as palavras que usamos têm em si alguma obscuridade, aquele raciocínio não penetra no espírito de quem ouve e, passando sem ser entendido, torna-se inútil, o que não acontece na escrita; pois, se as palavras que utiliza o escritor carregam consigo um pouco de, não diria dificuldade, mas acuidade recôndita e menos notória do que aquelas pronunciadas comumente, elas dão uma certa autoridade maior à escrita e fazem com que o leitor se mova com mais reserva e atenção, examinando melhor, se deleitando com a engenhosidade e o saber de quem escreve, e, cansando um pouco seu bom juízo, degusta aquele prazer que se experimenta ao conseguir coisas difíceis. E, se a ignorância de quem lê é tanta que não possa superar aquelas dificuldades, não é culpa do escritor, nem por isso se deve considerar que aquela língua não seja bela. Porém, ao escrever, creio que convenha usar as palavras toscanas, e somente as empregadas pelos antigos toscanos, porque constituem um grande testemunho e está aprovado pelo tempo que são boas e significativas daquilo para que são ditas; além disso possuem aquela graça e veneração que a Antiguidade dedica não somente às palavras, mas aos edifícios, às estátuas, às pinturas e a tudo o que é capaz de conservá-la; e muitas vezes só com aquele esplendor e dignidade tornam bela a elocução, cuja virtude e elegância são capazes de adornar com o máximo louvor qualquer assunto, por mais baixo que ele seja. Mas esse vosso hábito, ao qual concedeis tanta importância, me parece muito perigoso e pode ser freqüentemente negativo; e, se algum defeito no falar é de uso em muitos ignorantes, nem por isso creio que deva ser entendido como regra e seguido pelos demais. Além disso, os costumes são muito variados, não existindo cidade nobre na Itália que não tenha maneira de falar diferente de todas as outras. Todavia, não vos decidindo a declarar qual seja a melhor, poder-se-ia escolher tanto a bergamasca quanto a florentina, e conforme vossa opinião, isso não seria um erro. Portanto, para quem quiser evitar dúvidas e estar bem seguro, parece-me ser necessário propor-se imitar alguém, o qual seja considerado bom por todos e tê-lo sempre como guia e escudo contra quem pretendesse fazer críticas; e este (falo da língua vulgar) creio não deva serem outros que Petrarca e Boccaccio; e quem se afastar destes dois, há de tatear como quem anda pelas trevas sem lume e, portanto, erra freqüentemente o caminho. Mas nós somos tão ousados que não nos dignamos fazer aquilo que fizeram os bons antigos; isto é, cultivar a imitação, sem a qual penso que não se possa escrever bem. E grande testemunho disso, me parece, apresenta-nos Virgílio; o qual, embora com aquele engenho e senso tão divino tolhesse os pósteros da esperança de que algum pudesse vir a imitá-lo bem, contudo quis imitar Homero.

[XXXI.] Então o senhor Gaspar Pallavicino: – Esta discussão – disse – sobre escrever na verdade é bem digna de ser ouvida; contudo, seria mais vantajoso para nós que nos ensinásseis de que modo deve falar o cortesão, pois me parece que tem mais necessidade disso e com mais freqüência é solicitado a falar que a escrever. – Respondeu o Magnífico: – Pelo contrário, para um cortesão desse jaez e tão perfeito não há dúvida de que uma e outra coisa são necessárias e de que sem essas duas condições talvez todas as outras seriam pouco dignas de louvor. Porém, se o conde quiser cumprir sua parte, ensinará ao cortesão não só a falar, mas ainda a escrever bem. – Então o conde: – Senhor Magnífico, – disse – esta empresa já não aceitarei, pois seria grande tolice minha ensinar a outrem aquilo que não sei; e, mesmo que soubesse, pensar poder fazer em tão poucas palavras aquilo que com tanto estudo e fadiga fizeram apenas homens sumamente doutos; a cujos escritos (1) eu remeteria o nosso cortesão, caso fosse obrigado a ensinar-lhe a escrever e falar. – Disse dom Cesare: – O senhor Magnífico refere-se ao falar e escrever vulgares[7], e não ao latim; mas aqueles escritos dos homens doutos não estão em nosso propósito. É preciso contudo que vós digais sobre isso aquilo que sabeis, pois do restante sereis dispensados. – Já o disse – respondeu o conde –; mas, por se tratar da língua toscana, talvez fosse mais indicado que o senhor Magnífico, em vez de qualquer outro, emitisse seu parecer. – Disse o Magnífico: – Não posso nem devo em sã consciência contradizer quem diz que a língua toscana é mais bela que as outras. É bem verdade que muitas palavras encontradas em Petrarca e Boccaccio se acham negligenciadas pelos costumes de hoje; e essas, por mim, não usaria nunca, nem ao falar nem ao escrever; e creio que eles próprios, se vivos ainda estivessem, não as utilizariam mais. – Disse então dom Federico: – Ao contrário, sim que as usariam; e vós, senhores toscanos, deveríeis renovar vossa língua e não a deixar perecer, como fazeis, pois hoje se pode dizer que ela é menos conhecida em Florença do que em muitos outros lugares da Itália. – Respondeu então dom Bernardo: – Essas palavras que não se usam mais em Florença permaneceram entre os camponeses e, como corrompidas e gastas pela velhice, são rechaçadas pelos nobres.

[XXXII.] Então a senhora duquesa: – Não nos desviemos – disse – de nosso propósito inicial e façamos com que o conde Ludovico ensine o cortesão a falar e escrever bem, seja em toscano ou na língua que se queira. – Respondeu o conde: – Senhora, já disse aquilo que sei; e creio que as mesmas regras que servem para ensinar uma, sirvam também para ensinar outra. Mas, como ordenais, responderei o que penso a dom Federico, que tem opinião diferente da minha, e talvez eu precise me estender um pouco mais do que seria conveniente; mas isso será tudo o que posso dizer. E antes de mais nada digo que, em minha opinião, essa nossa língua, que chamamos de vulgar, ainda é tenra e nova, embora já seja praticada há muito tempo; pois, por ter sido a Itália não só submetida a vexames e depredações, mas também longamente habitada por bárbaros, pelo intercâmbio com aquelas nações a língua latina se corrompeu e misturou-se e dessa corrupção nasceram outras línguas, as quais, como os rios que do topo dos Apeninos se dividem e correm para dois mares, assim também se dividiram, e algumas, tingidas de latinidade, por diversos caminhos chegaram a vários lugares, e uma delas, tingida de barbárie, ficou na Itália. Esta, então, permaneceu entre nós longamente desmembrada e vária, por não ter tido quem dela cuidasse, nem nela escrevesse, nem buscasse dar-lhe esplendor ou graça.

Contudo, foi um pouco mais cultivada na Toscana que em outras partes da Itália; por isso parece que sua flor tenha permanecido desde aqueles primeiros tempos até aqui, por ter seu povo mais que outros conservado aqueles elegantes acentos na pronúncia e a ordem gramatical no que era necessário; e por ter tido três nobres escritores, os quais engenhosamente, e com aquelas palavras e termos consagrados pelos costumes da época, expressaram suas idéias, coisa que mais que aos outros, em minha opinião, aconteceu com Petrarca nas coisas amorosas. Surgindo depois, de tempos em tempos, não só na Toscana, mas em toda a Itália, entre os homens nobres e versados nas cortes, nas armas e nas letras, certa preocupação em falar e escrever mais elegantemente do que naquela primeira fase tosca e inculta, quando o incêndio das calamidades geradas pelos bárbaros ainda não se extinguira, e muitas palavras foram abandonadas, tanto na própria cidade de Florença e em toda Toscana, como no resto da Itália, e substituídas por outras, ocorrendo nisso aquela mutação que se produz em todas as coisas humanas, o que sempre aconteceu também com outras línguas. Pois, se aqueles primeiros escritos latinos tivessem durado até hoje, veríamos que Evandro e Turno e os outros latinos daqueles tempos falavam diferente dos últimos reis romanos e dos primeiros cônsules. Assim, os versos que eram cantados pelos sálios mal eram entendidos pelos pósteros; mas tendo sido daquele modo organizados pelos primeiros autores, não mudavam em respeito à religião. E assim sucessivamente os oradores e os poetas foram abandonando muitas palavras usadas por seus antecessores; porque Antonio, Crasso, Hortênsio e Cícero evitavam muitas daquelas que Catão, e Virgílio muitas das de Ênio; e assim fizeram os outros, pois, embora reverenciassem a Antiguidade, não a estimavam a ponto de ter para com ela uma obrigação que pretendeis que ora tenhamos; ou melhor, criticavam-na onde lhes parecia justo: como Horácio, que diz que seus antecessores haviam tolamente louvado Plauto e deseja adquirir novas palavras. E Cícero, em diferentes lugares, repreende muitos de seus antecessores e, para criticar Sergio Galba, afirma que os discursos dele tinham algo de antiquado e diz que Ênio igualmente desprezou em algumas coisas os seus antecessores; de modo que, se nós quisermos imitar os antigos, não os imitaremos. E Virgílio, que dizeis ter imitado Homero, não o imitou na língua.

[XXXIII.] Portanto, no que se refere às palavras antigas, por mim, evitaria sempre usá-las, exceto em certos casos, e mesmo assim raramente; e creio que, quem as utiliza de outro modo não erra menos do que aquele que pretendesse, para imitar os antigos, nutrir-se ainda de bolotas, já existindo trigo em abundância. E já que dizeis que as palavras antigas, somente com aquele esplendor de Antiguidade, adornam tanto qualquer tema, por baixo que seja, que podem torná-lo digno de muitos louvores, digo que não só essas palavras antigas, mas tampouco as contemporâneas prezo tanto que considere que devam ser apreciadas razoavelmente sem o suco dos belos pensamentos, porque dividir os pensamentos das palavras é como separar a alma do corpo, coisa que nem um nem outro suportaria sem destruição. Assim, o que mais importa e é necessário ao cortesão para falar e escrever bem creio que seja o saber; porque quem não sabe, e no espírito não tem o que mereça ser entendido, não o pode dizer nem escrever. A seguir é necessário dispor em boa ordem aquilo que se vai dizer ou escrever; depois exprimi-lo bem com as palavras, as quais, se não me engano, devem ser próprias, escolhidas, esplêndidas e bem-compostas, mas sobretudo também usadas pelo povo; porque as mesmas fazem a grandeza e pompa da oração, se aquele que fala tem bom arbítrio e diligência, sabe escolher as mais significativas daquilo que pretende dizer, realçá-las e, como cera moldando-as à sua vontade, colocá-las em tal parte e com tal ordem que à primeira vista mostrem e dêem a conhecer sua dignidade e esplendor como pinturas colocadas em boa luz. E digo isso tanto para o escrever como para o falar; mas para tanto exigem-se algumas coisas que não são necessárias para escrever: como a boa voz, não muito delicada e macia como de mulher, nem tampouco austera e rígida que pareça rústica, mas sonora, clara, suave e bem impostada, com a pronúncia precisa, com modos e gestos convenientes; os quais, em minha opinião, consistem em certos movimentos de todo o corpo, não afetados nem violentos, mas temperados com uma expressão oportuna e com um movimento de olhos que dê graça e combine com as palavras, e expresse ao máximo junto com os gestos a intenção e afeto daquele que fala. Mas tudo isso seria vão se os pensamentos expressos pelas palavras não fossem belos, engenhosos, agudos, elegantes e graves, conforme a necessidade.

[XXXIV.] – Receio – disse então o senhor Morello – que se esse cortesão falar com tanta elegância e gravidade, dentre nós haverá quem não o entenda. – Ao contrário, todos irão compreendê-lo, – respondeu o conde – porque a facilidade não impede a elegância. Não quero que ele fale sempre gravemente, mas também de coisas agradáveis, de jogos, de motejos e de ironias conforme o momento; e de tudo falará sensatamente, com desenvoltura, abundância e clareza; e tampouco há de mostrar em nenhum aspecto vaidade ou tolice pueril. E quando falar de coisas obscuras ou difíceis, pretendo que, através de palavras e sentenças bem distintas, explique com sutileza suas intenções, tornando cada ambigüidade clara e lhana, de um modo diligente e sem perturbação. Igualmente, onde for preciso, deverá falar com dignidade e veemência, concitando aqueles afetos que trazemos no âmago, acendendo-os ou movimentando-os conforme a necessidade; às vezes, com a simplicidade daquele candor que faz parecer que a própria natureza fale, enternecê-los e quase inebriá-los de doçura, e com tal facilidade que aquele que ouvir considere que ele próprio, com pouquíssimo trabalho, poderia atingir aquele nível, mas, dele se ache bem distante quando o experimenta. Gostaria que o nosso cortesão falasse e escrevesse de tal maneira; e não somente juntasse palavras esplêndidas e elegantes de todas as regiões da Itália, mas eu também apreciaria que usasse por vezes alguns daqueles termos franceses e espanhóis, que já são aceitos pelo nosso uso. Porém, não me desagradaria que, caso fosse preciso, dissesse *primor, accertare, avventurare, ripassare una persona con ragionamento*, querendo com isso dizer conhecê-la e freqüentá-la para melhor entendê-la; dissesse um *cavalier senza rimproccio, attillato, creato d' un principe* e outros termos semelhantes, desde que esperasse ser compreendido. Em certas ocasiões, gostaria que tomasse algumas palavras em sentido figurado; e, transportando-as com critério, como se as enxertasse tal um galho de árvore em tronco mais apropriado para torná-las mais graciosas e elegantes, e como para tornar mais palpáveis as coisas aos olhos e, como se diz, fazê-las tocar com a mão, para deleite de quem ouve ou lê. E também gostaria que não temesse criar novas palavras e novas maneiras de dizer, deduzindo-as com beleza dos latinos, como já os latinos as deduziam dos gregos.

[XXXV.] Portanto, se dentre homens de letras e de bom engenho e juízo, que hoje se encontram em meio a nós, houvesse alguns que se preocupassem em escrever do modo como foi dito, nessa língua, coisas dignas de serem lidas, logo poderíamos vê-la culta e abundante de termos e belas figuras, e é provável que nela se escrevesse tão bem quanto em qualquer outra; e, se ela não fosse pura toscana antiga, seria italiana, comum, copiosa e variada, feito um jardim delicioso, cheio de diferentes flores e frutos. Não seria isso coisa nova; porque, das quatro línguas que usavam habitualmente os escritores gregos, escolhendo de cada uma palavras, modos e figuras como lhes convinha, faziam nascer uma outra que se dizia comum, e a todas as cinco chamavam então com um só nome língua grega; e, embora a ateniense fosse mais elegante, pura e fecunda que as outras, os bons escritores que não eram da nação ateniense não a afetavam para que não fossem conhecidos no modo de escrever e quase pelo odor e propriedade do seu falar natural; nem por isso eram desprezados; ao contrário, aqueles que pretendiam parecer demasiado atenienses eram criticados. Dentre os escritores latinos, também foram apreciados naquele tempo muitos não-romanos, apesar de não se encontrar neles a pureza própria da língua romana, que raras vezes podem adquirir aqueles que são de outras nações. Tito Lívio não foi rejeitado, apesar de alguém afirmar ter encontrado nele o provincianismo de Pádua, nem Virgílio, embora fosse censurado por não falar romano; e, como sabeis, foram ainda lidos e estimados em Roma muitos escritores de nações bárbaras. Porém nós, muito mais severos que os antigos, nos impusemos fora de propósito determinadas novas leis; e, tendo diante dos olhos estradas seguras, preferimos seguir por atalhos; porque em nossa própria língua, cuja obrigação, como de todas as outras, é expressar bem e claramente os conceitos do espírito, deleita-nos a obscuridade; e, chamando-a de língua vulgar, pretendemos nela utilizar palavras que não apenas não pertencem ao vulgo, mas tampouco são entendidas por homens nobres e letrados, nem são usadas em lugar nenhum; sem considerar que todos os bons antigos censuram as palavras recusadas pelo costume, as quais, em minha opinião, não conheceis bem; porque dizeis que, se algum vício de fala se acha enraizado em muitos ignorantes, não por isso deve ser considerado um costume, nem ser aceito como regra do falar; e, conforme noutras ocasiões de vós escutei, quereis que em vez de *Capitolio* se diga *Campidoglio*; para *Ieronimo, Girolamo*; *aldace* para *audace*; e para *patrone, padrone*, e outras semelhantes palavras corrompidas e gastas; porque assim se encontram escritas por algum antigo toscano ignorante e porque hoje falam assim os camponeses toscanos. Portanto, creio que o bom costume do falar nasce dos homens engenhosos que com o estudo e a experiência adquiriram bom juízo, com o qual contribuem para e permitem a aceitação de palavras que lhes parecem boas, as quais se identificam por um certo critério natural e não pela arte ou qualquer regra. Não sabeis acaso que as figuras da linguagem, que dão tanta graça e esplendor às orações, constituem todas abusos das regras gramaticais, mas são aceitas e confirmadas pelo uso, porque, sem poder dar disso outra razão, agradam e ao sentido próprio do ouvido parece levarem suavidade e doçura? E isso penso que seja o bom costume; do qual podem ser capazes os romanos, os napolitanos, os lombardos e os outros, tanto quanto os toscanos.

[XXXVI.] É bem verdade que em todas as línguas algumas coisas são sempre boas, como a facilidade, a boa ordem, a abundância, as belas sentenças, as cláusulas ritmadas; e, ao contrário, a afetação e as outras coisas opostas a estas são ruins. Mas algumas palavras permanecem boas algum tempo, depois envelhecem e acabam perdendo toda a graça; outras ganham força e passam a ser valorizadas; pois, como as estações do ano despem a terra de flores e frutos e depois de novo a revestem, assim o tempo faz cair aquelas primeiras palavras e o uso de novo faz renascer outras e lhes dá graça e dignidade até que, pela invejosa mordida do tempo, pouco a pouco consumada, chegam elas então à morte; pois que, no final, nós (e tudo que é nosso) somos mortais. Considerais que da língua *osca*[8] não temos mais notícias. O provençal, que até pouco tempo, pode-se dizer, era celebrado por nobres escritores, hoje nem é entendido pelos habitantes daquela região. Portanto, penso que, conforme bem disse o senhor Magnífico, se Petrarca e Boccaccio fossem ainda vivos, não usariam muitas palavras que vemos em seus escritos; portanto não me parece justo que imitemos aquelas. Louvo ao máximo aqueles que sabem imitar o que se deve imitar; todavia não creio que seja impossível escrever bem sem imitar; especialmente nesta nossa língua, na qual podemos ser ajudados pelos costumes, o que não me atreveria a dizer a respeito do latim.

[XXXVII.] Dom Federico então: – Por que pretendeis – disse – que se estime mais o costume na língua vulgar que no latim? – Ao contrário, numa e noutra – respondeu o conde – considero que o uso seja o mestre. Mas como aqueles homens, para quem a língua latina era tão própria como agora é a vulgar para nós, não mais estão no mundo, é preciso que aprendamos com sua escrita aquilo que eles aprenderam com o uso; e não quer dizer outra coisa o falar antigo que o costume antigo de falar; e seria tolice amar o falar antigo só por preferir falar como se falava a como se fala. – Então – respondeu dom Federico – os antigos não imitavam? – Creio – disse o conde – que muitos imitavam, mas não em tudo. E, se Virgílio tivesse imitado Hesíodo em tudo, não teria ido além dele; nem Cícero, além de Crasso, e tampouco Ênio, além de seus antecessores. Eis que Homero é tão antigo que muitos acreditam que ele seja o primeiro poeta heróico, tanto no tempo quanto na qualidade. E quem imaginais que ele imitasse? – Algum outro – respondeu dom Federico – mais antigo que ele, e do qual não temos informações pela excessiva antiguidade. – A quem então – disse o conde – diríeis imitar Petrarca e Boccaccio, os quais há três dias, poder-se-ia afirmar, estiveram no mundo? – Não sei, – respondeu dom Federico: – mas é possível acreditar que eles ainda tivessem o espírito voltado para a imitação, embora não saibamos de quem. – Respondeu o conde: – Poder-se-ia crer que os imitados fossem melhores do que os imitadores; e muito surpreendente seria que tão cedo seu nome e fama, se fossem bons, de todo se apagassem. Mas creio que o verdadeiro mestre deles fosse a inteligência e seu próprio juízo natural; e disso ninguém se deve maravilhar, pois quase sempre, por diversas vias, pode-se tender ao máximo da excelência. Não existe nenhuma natureza que não tenha em si muitas coisas do mesmo tipo, mas diferentes umas das outras e igualmente merecedoras de louvor. Observai a música, cujas harmonias ora são graves e lentas, ora velocíssimas e com modos e meios novos; não obstante, todas agradam, mas por diferentes causas, como se compreende na maneira de cantar de Bidon, a qual é tão artificiosa, ligeira, veemente, excitante e com melodias tão variadas, que os espíritos de todos os que a ouvem se comovem e se inflamam, e assim suspensos parecem elevar-se até o céu. Não menos comove com seu canto o nosso Marchetto Cara, mas com harmonia mais suave; pois por uma via plácida e cheia de plangente doçura enternece e penetra nas almas, nelas imprimindo suavemente uma deleitável paixão. Muitas coisas mais agradam igualmente a nossos olhos, tanto que é difícil julgar quais lhes são mais gratas. Eis que na pintura são excelentíssimos Leonardo da Vinci, Mantegna, Rafael, Michelangelo, Georgio da Castel Franco; todavia todos são diferentes entre si no fazer; de modo que a nenhum deles parece faltar coisa alguma naquela maneira, porque se reconhece que cada um é mais que perfeito em seu estilo. O mesmo se pode dizer de poetas gregos e latinos, os quais, diferentes no escrever, são semelhantes no louvor. Os oradores também tiveram sempre tanta diversidade entre si que toda época produziu e apreciou um tipo de oradores peculiar daquele período; os quais foram diferentes não só dos predecessores e sucessores, mas também entre si, como se garante foram Isócrates, Lísias, Ésquines e muitos outros entre os gregos, todos excelentes, mas similares cada um a si próprio. Dentre os latinos, mais tarde, Carbone, Lélio, Cipião Africano, Galga, Sulpício, Cota, Graco, Marco Antônio, Crasso e tantos que seria demais nomear, todos bons e bem diferentes um do outro. De modo que aquele que pudesse considerar todos os oradores que existiram no mundo, encontraria tantas maneiras de dizer quantos oradores houvesse. Creio ainda lembrar que Cícero, numa passagem, faz Marco Antônio dizer a Sulpício que muitos são aqueles que não imitam ninguém e todavia atingem o grau máximo da excelência; e fala de alguns, os quais haviam introduzido uma nova forma e estilo de eloqüência, bela, mas inusitada para os oradores da época, na qual só imitavam a si mesmos; porém, afirma ainda que os mestres devem considerar a natureza dos discípulos e, tendo esta como guia, dirigi-los e ajudá-los pelo caminho que seu engenho e sua disposição natural os incline. Por isso, meu dom Federico, creio que se o homem por si mesmo não tem afinidade com algum autor, não seria conveniente forçá-lo à imitação; porque a virtude daquele engenho se extingue e permanece impedida, por se ter desviado do caminho que lhe teria sido proveitoso, se não lhe tivesse sido cortado. Assim, não vejo como pode ser bom, em vez de enriquecer essa língua e dar-lhe espírito, grandeza e luz, torná-la pobre, frágil, humilde e obscura, e tentar submetê-la a tais limitações, que cada um seja forçado a imitar apenas Petrarca e Boccaccio; e que na língua não se deva mais acreditar em Policiano, em Lorenzo de' Medici, em Francesco Diaceto e em alguns outros que também são toscanos e talvez não menos sábios e judiciosos do que foram Petrarca e Boccaccio. De fato, grande miséria seria deter-se e não ir mais longe do que foi o primeiro a escrever, e desesperar-se de que tantos e tão nobres inteligências nunca possam encontrar mais que uma bela forma de dizer na língua que lhes é própria e natural. Mas hoje existem certos escrupulosos[9], que, transformando essa sua língua toscana numa espécie de religião com mistérios inefáveis, assustam quem os ouve a ponto de reduzir muitos homens nobres e letrados a tamanha timidez que não ousam abrir a boca e confessam não saber falar a língua que aprenderam com as nutrizes desde o berço. Mas sobre isso creio que já falamos bastante; continuemos, porém, agora a discutir sobre o cortesão.

[XXXVIII.] Então dom Federico respondeu: – Quero ainda dizer algo: que não nego que as opiniões e as inteligências dos homens não sejam diferentes entre si; nem acredito que alguém, de natureza veemente e agitada, se pusesse a escrever coisas plácidas; tampouco que outro, severo e grave, escrevesse coisas engraçadas, pois nisso me parece que cada um se adapte ao seu próprio instinto. E creio que sobre o mesmo falava Cícero quando disse que os mestres observassem a natureza dos discípulos para não fazer como os maus agricultores que, às vezes, num terreno que só é propício às vinhas, querem semear trigo. Mas não me entra na cabeça que numa língua particular, que não é tão própria a todos os homens como os discursos, os pensamentos e muitas outras operações, mas uma invenção contida dentro de certos limites, não seja mais razoável imitar aqueles que falam melhor do que falar ao acaso e que, assim como no latim cada um deve se esforçar para assemelhar-se à língua de Virgílio e de Cícero, em vez de copiar Sílio ou Cornélio Tácito, igualmente na língua vulgar seria melhor imitar a de Petrarca e Boccaccio do que qualquer outro, mas nela exprimir seus próprios conceitos e assim seguir, conforme ensina Cícero, seu instinto natural; destarte se evidenciará que aquela diferença, que haveis dito existir entre os bons oradores, consiste nas idéias e não na língua. – Então o conde: – Receio – disse – que entremos num grande abismo e abandonemos nosso primeiro propósito sobre o cortesão. Mesmo assim vos pergunto: em que consiste a qualidade dessa língua? – Respondeu dom Federico: – Em conservar bem as propriedades dela e tomá-la naquela significação, usando aquele estilo e ritmos que adotaram todos aqueles que escreveram bem. – Gostaria – disse o conde – de saber se esse estilo e esse ritmo, de que falais, nascem das sentenças ou das palavras. – Das palavras – respondeu dom Federico. – Então –

disse o conde – não vos parece que as palavras de Sílio e de Cornélio Tácito sejam as mesmas que usam Virgílio e Cícero? Não são utilizadas com os mesmos sentidos? – Respondeu dom Federico: – São as mesmas, sim, mas algumas mal aplicadas e tomadas em acepções diferentes. – Respondeu o conde: – E, se de um livro de Cornélio e de um de Sílio fossem eliminadas todas aquelas palavras que são empregadas com significação diferente da que lhes dão Virgílio e Cícero (e que seriam pouquíssimas), não diríeis que na língua Cornelio seria semelhante a Cícero e Sílio a Virgílio? E que seria bom imitar aquela maneira de falar?

[XXXIX.] Então a senhora Emilia: – Parece-me – disse – que esta vossa discussão já se tornou longa e cansativa; portanto, seria bom retomá-la noutro momento. – Dom Federico todavia começava a responder, mas sempre a senhora Emilia o interrompia. Por fim disse o conde: – Muitos querem julgar os estilos e falar dos ritmos e da imitação; mas a mim já não sabem fazer entender o que seja estilo nem ritmo, nem no que consiste a imitação, nem porque as coisas tiradas de Homero ou de qualquer outro estão tão bem em Virgílio que antes parecem ilustradas, que imitadas: e talvez isso resulte de eu não ser capaz de entendê-las. Mas, dado que a grande prova de que se sabe uma coisa é saber ensiná-la, receio que esses também a entendam pouco e que louvam Virgílio e Cícero porque sabem que são elogiados por muitos, não por conhecerem a diferença que existe entre eles e os outros, pois na verdade ela não consiste numa observância de duas, três ou dez palavras usadas de modo diferente dos outros. Em Salústio, em César, em Varrão e nos outros grandes encontram-se alguns termos usados de modo diferente de como os emprega Cícero; e está bem tanto para um quanto para o outro porque não é em coisa tão frívola que se joga a bondade e a força de uma língua. Como bem disse Demóstenes e Ésquines, que o provocava, interrogando-o sobre algumas palavras que usara, mas que não eram áticas, se eram monstros ou prodígios; Demóstenes riu e respondeu-lhe que não consistia nisso a riqueza da Grécia. Assim, pouco me importaria, se por um toscano fosse criticado por ter dito *satisfatto* e não *sodisfatto*, *onorevole* e não *orrevole*, *causa* e não *cagione*, *populo* e não *popolo*, e outras coisas similares. – Então dom Federico pôs-se de pé e disse: – Por favor, ouvi-me estas poucas palavras. – Respondeu, rindo, a senhora Emilia: – Cairá em desgraça junto a mim aquele dentre vós que continuar a falar desta matéria, pois quero que a deixemos para outra noite. Mas vós, conde, continuai o discurso do cortesão; e mostrai-nos possuir boa memória, pois, creio, se fordes capaz de retomá-lo onde o abandonastes, já não faríeis pouco.

[XL.] – Senhora, – respondeu o conde – creio que o fio se rompeu; contudo, se não me engano, penso que dizíamos que suma desgraciosidade traz sempre para todas as coisas a pestífera afetação, e, ao contrário, graça extrema a simplicidade e a displicência. Para louvar esta última e criticar a afetação muitas outras coisas poderiam ser afirmadas; mas só quero dizer uma única e nada mais. Grande desejo têm universalmente todas as mulheres de ser e, quando ser não podem, ao menos de parecer belas; porém, quando a natureza em alguma parte falha nesse ponto, elas se esforçam por supri-la com artifícios. Assim, surge o hábito de enfeitar o rosto com tanto esmero e até pena, de raspar as sobrancelhas e a fronte, e de usar todos aqueles recursos e sofrer aqueles aborrecimentos que vós, mulheres, acreditais serem secretos para os homens, e no entanto todos os conhecem. – Aqui, riu dona Costanza Fregosa e disse: – Vós agiríeis bem mais cortesmente se prosseguísseis vossa argumentação indicando onde nasce a boa graça e falando da cortesania, em vez de pretenderdes descobrir os defeitos das mulheres despropositadamente. – Ao contrário, muito a propósito, – respondeu o conde – porque esses vossos defeitos do quais falo retiram vossa graça, porque de outra coisa não nascem que da afetação, pela qual fazeis cada um conhecer abertamente o vosso desejo de ser belas. Não vos dais conta de quanto mais graça tem uma mulher, a qual, embora se penteie, o faça tão parcamente e tão pouco que quem a vê fica em dúvida se está penteada ou não, do que outra, tão empastada que parece ter posto na face uma espécie de máscara e não ousa rir para não a fazer rebentar, nem muda jamais de cor a não ser quando, pela manhã, se veste, e depois todo o restante do dia permanece como estátua de madeira imóvel, aparecendo só à luz de velas ou, como os comerciantes cautelosos mostram seus tecidos, em lugares escuros? E quanto mais que todas não agrada uma, não direi feia, que se veja claramente não carregar nada no rosto, mesmo não sendo tão branca nem tão vermelha, mas com sua tez natural um tanto pálida, e às vezes de vergonha ou por outra causa tingida de um ingênuo rubor, com os cabelos propositadamente não ornados e mal-arrumados, com gestos simples e naturais, sem demonstrar preocupação nem cuidados em ser bela? Essa é aquela displicente pureza, tão grata aos olhos e aos espíritos humanos, os quais sempre temem ser enganados pela arte. Agradam muito numa mulher os belos dentes porque, não sendo tão descobertos como o rosto, mas permanecendo ocultos a maior parte do tempo, pode-se acreditar que não lhes dediquem tanto cuidado para que se tornem belos, quanto à face; mas quem risse sem propósito e só para exibi-los revelaria arte e, embora os tivesse belos, a todos pareceriam sem graça, como o Inácio de Catulo. O mesmo vale para as mãos; as quais, se são delicadas e belas, mostradas nuas oportunamente, por ser necessário usá-las e não para fazer ver sua beleza, deixam de si grande desejo, em especial quando revestidas de luvas; porque parece que aquela que as cobre não tem a preocupação nem faça questão de que sejam vistas ou não, mas que as tem tão belas mais por natureza do que por estudo ou algum tipo de cuidado. Haveis alguma vez observado que, seja indo pelas ruas à igreja ou outro lugar, seja brincando ou por outra causa, acontece que uma mulher tanta roupa retira que o pé ou um pedaço da perna acaba mostrando sem se dar conta? Não vos parece que exibe uma enorme graça, se nisso se vê uma certa disposição feminina, elegante e rebuscada em seus laçarotes de veludo e meias limpas? Certamente isso a mim agrada muito, e creio que a vós todos, porque cada um considera que a elegância, em parte tão oculta e raras vezes vista, seja naquela mulher mais natural e própria do que forçada, e que ela não pense obter com isso nenhum elogio.

[XLI.] Destarte se evita e se esconde a afetação, a qual agora podeis compreender quão negativa é e quanto tira a graça de qualquer atitude do corpo ou do espírito, do qual ainda não falamos muito, mas que não podemos negligenciar; pois, como o espírito é bem mais digno que o corpo, merece também ser mais culto e adornado. E como se deve conseguir isso no caso do nosso cortesão, deixando de lado os preceitos de tantos sábios filósofos, que sobre tal matéria escrevem, definem as virtudes do espírito e tão sutilmente discutem a respeito de sua dignidade, diremos em poucas palavras, bastando ao nosso propósito que ele seja, como se diz, homem de bem e íntegro; pois isso abrange a prudência, bondade, força e temperança de ânimo e todas as outras condições que a tão honrado nome convenham. E considero que só é um verdadeiro filósofo moral quem quer ser bom; e para tanto ele necessita de poucos outros preceitos além dessa vontade. Por isso, bem dizia Sócrates que lhe parecia que seus ensinamentos já tinham dado bom fruto quando, graças a eles, alguém sentia-se incitado a querer conhecer e aprender a virtude; pois aqueles que chegaram ao ponto de não desejar outra coisa que serem bons, facilmente logram o conhecimento de tudo aquilo que para tanto é necessário; mas disso falaremos adiante.

[XLII.] Mas, além da bondade, penso que o verdadeiro e principal ornamento do espírito de cada um são as letras, embora os franceses só reconheçam a nobreza das armas e pouco estimem todo o restante; de modo que não só não apreciam as letras, mas abominam-nas; e consideram todos os literatos homens vis; e parece-lhes injuriar pesadamente alguém quando o chamam de *clérigo*. – Então o magnífico Iuliano: – Dizeis a verdade, – respondeu – pois tal erro desde há muito reina entre os franceses; mas se a boa sorte permitir que monsenhor de Angoulême, como se espera, receba a coroa, considero que, assim como a glória das armas floresce e resplende na França, igualmente a das letras há de ali florescer com supremo ornamento; pois não faz muito que eu, encontrando-me na corte, vi esse senhor e pareceu-me que, além da compleição física e beleza do rosto, possuía tanta grandeza no aspecto, conjugada com uma certa graciosa humanidade, que o reino de França lhe deveria parecer sempre pouco. Ouvi depois de muitos fidalgos, franceses e italianos, sobre seus mui nobres costumes, sua grandeza de espírito, seu valor e sua generosidade; e dentre outras coisas me foi dito que ele amava e estimava sumamente as letras, tinha em alta consideração todos os literatos, e censurava os franceses justamente por serem tão avessos a essa profissão, ainda mais tendo em casa um tão nobre centro de estudos como é o de Paris, ao qual todo o mundo acorre. – Disse então o conde: – Grande maravilha é que, em tão tenra idade, só por instinto natural e contra os costumes do país, tenha ele por si próprio retornado ao bom caminho; e, como os súditos sempre seguem os costumes dos superiores, pode ser que, como dizeis, os franceses ainda venham a atribuir às letras a dignidade que merecem, do que, se quiserem dar ouvido, poderão ser facilmente persuadidos; porque nada mais é, por natureza, tão desejável e adequado para os homens que o saber; e grande loucura é dizer ou acreditar que não seja sempre bom.

[XLIII.] Caso falasse com eles ou com outros que tivessem opinião diferente, esforçar-me-ia por mostrar-lhe quanto as letras, que foram de fato concedidas por Deus aos homens como um dom supremo, são úteis e necessárias à nossa vida e dignidade; não me faltariam exemplos de tantos excelentes capitães antigos, os quais somaram o ornamento das letras à virtude das armas. Pois, como sabeis, Alexandre tinha por Homero tamanha veneração, que a *Ilíada* sempre estava à sua cabeceira; e não somente a esses estudos, mas também às especulações filosóficas dedicou muito trabalho, sob a direção de Aristóteles. Alcibíades aumentou e melhorou suas boas condições com as letras e com os ensinamentos de Sócrates. Quanto empenho César pôs nos estudos, atentam-no ainda os textos por ele divinamente escritos. De Cipião, o Africano, diz-se que nunca afastava das mãos os livros de Xenofonte em que este instrui sob o nome de Ciro, um rei perfeito. Poderia falar-vos de Lúculo, de Sila, de Pompeu, de Bruto e de muitos outros romanos e gregos; mas relembrarei somente que Aníbal, tão extraordinário capitão, mas de natureza feroz e alheio a toda humanidade, infiel e desprezador dos homens e dos deuses, mesmo ele teve noção de letras e conhecimento da língua grega; e, se não erro, creio já ter lido que até deixou um livro escrito em grego. Mas é supérfluo dizer-vos isso, pois bem sei que todos vós compreendeis quanto se enganam os franceses ao pensarem que as letras são nocivas às armas. Sabeis que para as coisas grandes e arriscadas na guerra o verdadeiro estímulo é a glória; e quem por lucro ou por outra causa guerreia, além de nunca fazer boa coisa, não merece ser chamado de fidalgo, mas sim de vilíssimo comerciante. E que a verdadeira glória é a que se confia ao sagrado tesouro das letras, todos podem compreender, exceto aqueles infelizes que não puderam apreciá-las. Que espírito é tão degradado, tímido e humilde a ponto de, lendo os feitos e as grandezas de César, de Alexandre, de Cipião, de Aníbal e de tantos outros, não se inflamar por um ardente desejo de ser igual a eles e não pospor esta vida efêmera de dois dias para conquistar aquela famosa, quase perpétua, a qual, a despeito da morte, torna o viver muito mais luminoso que antes? Mas quem não sente a doçura das letras não pode saber quanta é a grandeza da glória tão longamente conservada por elas, e só é capaz de medi-la com a idade de um homem ou dois, porque de mais além não tem memória; mas não pode estimar esta vida breve tanto quanto estimaria aquela quase perpétua, se para sua desgraça não lhe fosse vedado conhecê-la; e, não a estimando tanto, é também razoável acreditar que não se arrisque muito para consegui-la, como faz quem a conhece. Não gostaria que algum adversário me aduzisse aqui argumentos contrários para refutar minha opinião, alegando-me que os italianos, com seu conhecimento das letras, têm demonstrado pouco valor nas armas desde há algum tempo, o que infelizmente é mais que verdade; mas certamente bem se poderia dizer que a culpa de uns poucos, além de grave dano, resultou em censura perpétua a todos os outros, e que a verdadeira causa de nossas ruínas e da virtude prostrada, se não morta, em nossos espíritos, provém daqueles: mas seria para nós muito mais vergonhoso torná-la pública do que para os franceses não saber letras. Portanto, é melhor silenciar aquilo que sem dor não se pode relembrar e, afastando-me deste propósito no qual entrei a contragosto, voltar ao nosso cortesão.

[XLIV.] Pretendo que nas letras ele seja mais que medianamente erudito, pelo menos nestes estudos que chamamos de humanidades, e não somente da língua latina, mas também da grega tenha conhecimentos para as muitas e várias coisas que nelas estão divinamente escritas. Seja versado nos poetas e não menos nos oradores e historiadores, e exercitado também em escrever versos e prosa, especialmente nesta nossa língua vulgar; pois, além do contentamento que ele próprio terá, com isso nunca lhe faltarão prazerosos entretenimentos com as mulheres, que, em geral, apreciam tais coisas. E se, por outras razões ou por pouco estudo, não alcançar tanta perfeição que seus escritos sejam dignos de grandes louvores, tenha a cautela de suprimi-los, para não fazer os outros rirem de si, e só os mostre a um amigo no qual possa confiar; eles pelo menos lhe serão úteis, porquanto, graças a esse exercício, saberá julgar as coisas alheias; pois na verdade raramente acontece que quem não está habituado a escrever, por erudito que seja, venha a conhecer perfeitamente as fadigas e a indústria dos escritores, e a apreciar o sabor e a excelência dos estilos e daquelas intuições secretas que tantas vezes se encontram nos antigos. E, além disso, tais estudos o tornarão preparado e, como respondeu Aristipo àquele tirano, arrojado para falar seguramente com qualquer um. Contudo, faço questão de que nosso cortesão mantenha no espírito um preceito firme: de que nisso e em qualquer outra coisa seja sempre prudente e tímido, em vez de audaz, e cuide de não se persuadir falsamente de saber aquilo que não sabe; pois por natureza todos somos muito mais ávidos do que deveríamos por louvores, e nossos ouvidos apreciam mais a melodia das palavras que nos elogiam do que qualquer outro suavíssimo canto ou som; mas freqüentemente, como vozes de sereias, elas provocam o naufrágio de quem não os fecha a tal falaz harmonia. Conhecendo esse perigo, encontra-se entre os antigos sábios quem tenha escrito livros sobre como pode o homem distinguir o verdadeiro amigo do adulador. Mas isso de que serve? Se muitos, ou melhor, infinitos são aqueles que manifestamente compreendem que são adulados e, mesmo assim, gostam de quem os adula e odeiam quem lhes diz a verdade? E, muitas vezes, parecendo-lhes que aquele que elogia é demasiado avaro em fazê-lo, eles mesmos o ajudam e de si próprios dizem tais coisas que até o adulador se envergonha. Deixemos esses cegos em seu erro e façamos com que nosso cortesão tenha tão bom juízo que não se deixe dar o preto por branco, nem presuma de si mesmo, a não ser quando muito claramente sabe que é verdade; especialmente naquelas coisas que, em seu jogo, se bem vos lembrais, dom Cesare recordou que nós várias vezes havíamos usado como instrumento para enlouquecer tanta gente. Melhor ainda, para não errar, mesmo que saiba merecidos os louvores que lhe são feitos, não os aceite abertamente nem os confirme sem confutar; ao contrário, modestamente quase os negue, mostrando sempre e tendo de fato como ocupação principal as armas e todas as outras boas condições como ornamento destas, em especial entre os soldados, para não fazer como aqueles que, nos estudos, querem parecer homens de guerra e, entre os homens de guerra, literatos. Deste modo, pelas razões que enunciamos, evitará a afetação e as coisas menores que fizer parecerão grandíssimas.

[XLV.] Aqui respondeu dom Pietro Bembo: – Não sei, conde, como pretendeis que esse cortesão, sendo literato e com tantas outras virtuosas qualidades, tenha tudo como ornamento das armas e não as armas e o restante como ornamento das letras; as quais, sem outra companhia, são tão superiores às armas em dignidade quanto o espírito ao corpo, por pertencerem propriamente suas operações ao espírito, assim como as das armas pertencem ao corpo. – Respondeu então o conde: – Melhor, ao espírito e ao corpo pertence o manejo das armas. Mas não quero, dom Pietro, que sejais juiz de tal causa, pois seríeis demasiado suspeito a uma das partes; e, tendo sido já longamente travada essa discussão por homens sapientíssimos, não é necessário renová-la; mas eu a considero como definida em favor das armas e quero que nosso cortesão, pois que posso moldá-lo a meu arbítrio, também assim a considere. E caso sejais de parecer contrário, esperai ouvir uma discussão, na qual seja permitido a quem defende a razão das armas usar as armas, assim como aqueles que defendem as letras manejarão em sua defesa as próprias letras; pois, se cada um se valer de seus instrumentos, vereis que os literatos hão de perder. – Ah, – disse dom Pietro – não faz muito haveis criticado os franceses que pouco apreciam as letras e declarado quanto brilho de glória elas trazem aos homens e como os tornam imortais; e agora parece que haveis mudado de opinião. Não vos lembrais que

> *Giunto Alessandro alla famosa tomba*
> *del fero Achille, sospirando disse:*
> *O fortunato, che sì chiara tromba*
> *trovasti, e chi di te sì alto scrisse!**

E se Alexandre invejou Aquiles não por seus feitos, mas pela fortuna, que lhe carreou tanta felicidade que suas façanhas foram celebradas por Homero, pode-se compreender que apreciava mais as letras de Homero que as armas de Aquiles. Portanto, que outro juiz ou que outra sentença aguardais sobre a preeminência das armas e das letras, além daquela que foi dada por um dos maiores capitães que jamais existiu?

[XLVI.] Respondeu então o conde: – Censuro os franceses que consideram as letras capazes de prejudicar a profissão das armas, e considero que a ninguém convenha mais ser literato que ao homem de guerra; e estas duas condições concatenadas, uma ajudando a outra, o que é bastante conveniente, quero que estejam em nosso cortesão: não por isso me parece tenha eu mudado de opinião. Mas, como disse, não quero discutir qual delas é mais digna de louvor. Basta dizer que os literatos quase sempre dedicam-se a louvar apenas os grandes homens e os feitos gloriosos, os quais de per si merecem louvores, pela própria virtude essencial de que nascem; além disso, constituem mui nobre matéria para os escritores, o que é grande ornamento e, em parte, causa de perpetuação dos escritos, os quais não seriam talvez tão lidos e apreciados, mas sim vãos e efêmeros, se lhes faltasse o nobre sujeito. E se Alexandre invejou Aquiles por ter sido louvado por quem foi, não se pode daí deduzir que apreciasse mais as letras que as armas. Pois, se se tivesse sabido estar nestas tão distante de Aquiles

---

* Alcançando Alexandre a famosa tumba / do altivo Aquiles disse suspirando: / Oh, afortunado, que tão forte trombeta / achaste, e quem de ti, tão alto exegeta! (Petrarca, *Rime*, CLXXXVII, 1-4).

quanto estimava que deveriam estar de Homero todos os que dele estivessem no escrever, estou certo de que preferiria muito mais o bem fazer nele do que o bem falar nos outros. Porém, creio eu, isso seria louvar tacitamente a si mesmo e desejar o que não lhe parecia possuir, a saber, a suprema excelência de um escritor, e não o que já se presumia ter conseguido, a saber, a virtude das armas, na qual não estimava que Aquiles lhe fosse superior; daí tê-lo chamado de afortunado, como se dissesse que, se a sua fama não fosse tão celebrada no mundo como aquela que era, para tão divino poema, clara e ilustre, isso não se devia a que os valores e os méritos não fossem tantos e dignos de tantos louvores, mas à fortuna, a qual havia colocado diante de Aquiles aquele milagre da natureza para que fosse a gloriosa trombeta de suas obras; e, talvez, também tenha desejado incitar algum nobre talento a escrever sobre si, mostrando por isso dever-lhe ser tão grato quanto amava e venerava os sagrados monumentos das letras, acerca dos quais já se falou bastante agora. – Demais até, – respondeu o senhor Ludovico Pio – porque creio que no mundo não seja possível encontrar um vaso tão grande que caiba todas as coisas que vós desejais que estejam nesse cortesão. – Então o conde: – Aguardai um pouco, – disse – pois muitas outras hão de ser agregadas. – Respondeu Pietro da Napoli: – Deste modo, sobre o Grasso de' Medici[10] levará grande vantagem dom Pietro Bembo.

[XLVII.] Aqui todos riram; e recomeçando o conde: – Senhor, – disse – deveis saber que não me satisfaço com o cortesão se ele não for também músico e se, além de entender e mostrar firmeza na música escrita, não souber vários instrumentos; porque, se pensarmos bem, nenhum repouso das fadigas e remédio para espíritos enfermos se pode encontrar mais honesto e louvável no ócio do que esse; especialmente nas cortes, onde, além do refrigério dos aborrecimentos, que a cada um a música propicia, muitas coisas são feitas para satisfazer as mulheres, cujos espíritos, suaves e delicados, facilmente são penetrados pela harmonia e de doçura repletos. Por isso, não causa maravilha que, nos tempos antigos e no presente, sempre tiveram elas inclinação pela música e sempre a trataram como gratíssimo alimento para o espírito. – Então o senhor Gaspar: – Penso que a música, – disse – junto com muitas outras vaidades, seja conveniente para as mulheres, e quem sabe também para alguns que parecem ser homens, mas não para aqueles que de fato o são; os quais não devem afeminar seus espíritos com delícias e induzi-los deste modo a temer a morte. – Não digais isso, – respondeu o conde – que vos levarei por um infindável pélago de louvores à música; e recordarei quanto, entre os antigos, foi ela sempre celebrada e considerada coisa sagrada, tendo sido opinião de mui sábios filósofos que o mundo é composto de música, que os céus fazem harmonia ao se moverem, que nosso espírito, apesar de pela própria razão ser formado, desperta e como que vivifica as suas virtudes pela música. Por isso escreveu-se que Alexandre algumas vezes ficava por ela tão fortemente excitado que, quase a contragosto, tinha de sair dos banquetes e correr para as armas; depois, tendo o músico mudado o tipo de som, acalmava-se e voltava das armas aos banquetes. E vos recordarei ainda que o velho Sócrates, já muito velho, aprendeu a tocar cítara. E lembro já ter escutado que Platão e Aristóteles queriam que o homem bem-instruído fosse também músico, e com infinitas razões demonstram que a força da música é enorme em nós e, por muitas causas que agora seria cansativo enumerar, que se devia necessariamente aprendê-la desde a infância, não tanto por aquela superficial melodia que se ouve, mas o suficiente para criar em nós um novo hábito bom e um costume tendente à virtude, o qual torna o espírito mais capaz de felicidade, do mesmo modo que o exercício corporal faz o corpo mais galhardo; e não somente ela não perturba as coisas civis e da guerra, como é capaz de favorecê-las enormemente. Inclusive Licurgo, em suas severas leis, aprovou a música. E pode-se ler que os belicosíssimos lancedemônios e os cretenses usaram nas batalhas cítaras e outros instrumentos de doces sonoridades; que muitos grandes capitães antigos, como Epaminondas, se dedicavam à música; que aqueles que não a sabiam, como Temístocles, foram muito menos apreciados. Não haveis lido que, dentre as primeiras disciplinas que o velho Quíron ensinou em tenra idade a Aquiles, o qual ele nutriu desde o berço, estava a música, e quis o sábio mestre que as mãos que haveriam de derramar tanto sangue troiano estivessem amiúde ocupadas em tocar cítara? Que soldado, pois, se envergonhará de imitar Aquiles, sem falar em muitos outros famosos capitães que eu poderia acrescentar? Portanto não queirais privar nosso cortesão da música, a qual não somente enternece os espíritos humanos, como também muitas vezes domestica as feras; e, quem não a aprecia, pode-se dar por certo que possui espíritos discordantes. Tamanho é seu poder, que ela já levou um peixe a deixar-se montar por um homem através do mar tempestuoso. Podemos vê-la executada nos templos sagrados para louvar e dar graças a Deus; e podemos acreditar que ela lhe seja grata e ele a tenha dado a nós como dulcíssimo alívio das nossas fadigas e aborrecimentos. Assim, tantas vezes os rudes trabalhadores dos campos, sob o sol ardente, enganam seu tédio com o tosco e agreste cantar. Com ela, a inculta e jovem camponesa, que antes do nascer do dia se levanta para fiar ou tecer, se defende do sono e torna seu trabalho agradável; ela é o alegre passatempo dos míseros marinheiros após as chuvas, os ventos e as tempestades; com ela se consolam os cansados peregrinos das tediosas e longas viagens, e freqüentemente os aflitos prisioneiros, das correntes e cepos. Assim, como maior prova de que, de todas as fadigas e agruras humanas, a modulação, embora inculta, é imenso refrigério, parece que a natureza ensinou-a às nutrizes como principal remédio para o choro contínuo das criancinhas. Estas, ao som de tal voz, deixam-se induzir a um sono repousante e plácido, olvidando as lágrimas tão próprias, e dadas a nós pela natureza naquela idade como presságio do restante de nossas vidas.

[XLVIII.] Aqui, calando-se um pouco o conde, disse o magnífico Iuliano: – Eu já não sou da mesma opinião do senhor Gaspar; ao contrário, considero, pelas razões que apresentais e por muitas outras, ser a música não só ornamento, mas necessária ao cortesão. Gostaria que esclarecêsseis de que modo esta e outras qualidades que a ele atribuís devem ser adotadas, em que momento e de que maneira; porque muitas coisas, que por si merecem louvores, não raro, ao serem feitas fora de tempo, se tornam bastante inadequadas; e, ao contrário, algumas que parecem de reduzida importância, quando bem usadas, são assaz apreciadas.

[XLIX.] Então o conde: – Antes que comecemos esta discussão – disse – quero tratar de uma outra coisa, a qual, por atribuir-lhe muita importância, penso que de modo nenhum deva ser negligenciada pelo nosso cortesão: falo de saber desenhar e conhecer a arte própria da pintura. Não vos maravilheis se desejo incluir esta parte, que hoje talvez pareça mecânica e pouco conveniente a um fidalgo; pois me lembro ter lido que os antigos, em especial na Grécia, queriam que as crianças nobres, nas escolas, se dedicassem à pintura como coisa honesta e necessária, e esta foi aceita no primeiro grau das artes liberais; mais tarde, através de edital público, foi impedida de ser ensinada aos servos. Entre os romanos também teve alta consideração; dela tirou seu cognome a nobilíssima casa dos Fábios, pois o primeiro Fábio foi cognominado Pintor, por ser de fato um excelente pintor e tão dedicado à pintura que, tendo pintado as paredes do templo da Saúde, ali registrou seu nome, parecendo-lhe que, embora tivesse nascido numa família tão ilustre e honrada por tantos títulos de consulados, de triunfos e outras dignidades, e fosse letrado e perito em leis e incluído entre os oradores, ainda podia acrescentar esplendor e ornamento à sua fama deixando memória de ter sido pintor. Não faltaram muitos outros de ilustres famílias celebrados nessa arte; da qual, além de ser em si mesma nobilíssima e digna, provêm muitas utilidades, em especial na guerra, para desenhar aldeias, regiões, rios, pontes, penedias, fortalezas e coisas similares, as quais, embora se conservassem na memória, o que, porém, é assaz difícil, não podem ser mostradas aos outros. E, na verdade, quem não aprecia essa arte, creio que muito carece de razão; pois a máquina do mundo, que vemos com o vasto céu tão esplêndido de estrelas claras, tendo no meio a terra cingida pelos mares, de montes, vales e rios, variada e de tão diferentes árvores, graciosas flores e ervas enfeitada, poderia ser considerada uma nobre e grande pintura, composta pela mão da natureza e de Deus; e quem é capaz de imitá-la, parece-me digno de grande louvor; mas a isso não se pode chegar sem o conhecimento de muitas coisas, como bem sabe quem experimenta fazê-lo. Por isso os antigos tinham em grande apreço a arte e os artífices, graças ao que a arte alcançou um ápice de suma excelência, do que constituem provas seguras as esculturas antigas de mármore e bronze que ainda podem ser vistas. E, embora bem diferente seja a pintura da estatuária, uma e outra nascem da mesma fonte, que é o bom desenho. Por isso, como as estátuas são divinas, pode-se acreditar que as pinturas também o são, tanto mais por serem capazes de maior artifício.

[L.] Então a senhora Emilia, dirigindo-se a Ioan Cristoforo romano que ali se sentava com os demais: – Que vos parece – disse – tal sentença? Confirmareis que a pintura é capaz de maior artifício[11] que a estatuária? – Respondeu Ioan Cristoforo: – Eu, senhora, considero que a estatuária significa mais fadiga, mais arte e mais dignidade que a pintura. – Agregou o conde: – Por serem as esculturas mais duradouras, talvez se pudesse dizer que têm maior dignidade; porque, sendo feitas como registro de memória, correspondem mais ao efeito para que são feitas do que a pintura. Todavia, além da memória, são ainda a pintura e a estatuária feitas para adornar, e nisso a pintura é muito superior; pois se não é tão diuturna, por assim dizer, quanto a estatuária, também é muito longeva e, enquanto dura, é bem mais bela. – Respondeu então Ioan Cristoforo: – Creio verdadeiramente que falais contra aquilo que tendes no coração, e tudo isso fazeis em favor do vosso Rafael, e talvez vos pareça também que a excelência que reconheceis na pintura dele é tão superior, que a escultura marmórea não é capaz de atingir esse grau; mas considerai que isso é louvar um artífice, não a arte. – Depois acrescentou: – E a mim parece que uma e outra são uma artificiosa imitação da natureza; mas não sei como podeis dizer que o verdadeiro e o que a natureza faz de próprio não são melhor imitados numa figura de mármore ou de bronze, na qual os membros são todos redondos, formados e mensurados como a natureza os faz, do que numa pintura, na qual só se vê a superfície e aquelas cores que enganam os olhos; e não vinde dizer-me que o ser é mais próximo do verdadeiro que o parecer. Considero assim que a escultura é mais difícil, porque se um erro é cometido, não se pode mais corrigi-lo, pois o mármore não se repõe, sendo necessário fazer outra figura; o que não acontece na pintura, que mil vezes pode ser mudada, acrescentada e diminuída, melhorando-a sempre.

[LI.] Disse o conde rindo: – Não falo em prol de Rafael; nem deveis me reputar tão ignorante que não conheça a excelência de Michelangelo, a vossa e de outros nos trabalhos de mármore; mas falo da arte e não dos artífices. E vós bem dizeis que uma e outra são imitação da natureza; mas não é que a pintura pareça e a escultura seja. Pois, embora as estátuas sejam todas redondas como na realidade e a pintura somente se veja na superfície, faltam muitas coisas às esculturas que não faltam às pinturas, em especial as luzes e as sombras; porque uma luz faz a carne e outra faz o mármore, o que o pintor imita naturalmente com o claro e o escuro, mais ou menos, conforme a necessidade; coisa que não pode fazer o escultor. E, mesmo que o pintor não faça a figura redonda, com tal mestria pinta aqueles músculos e membros arredondados de modo a sugerirem aquelas partes que não se vêem, que perfeitamente se pode compreender que o pintor também as conhece e capta. Além disso, é necessário outro artifício maior para pintar aqueles membros que aparecem em escorço e diminuem à proporção da vista, em razão da perspectiva; a qual, à força de linhas mensuradas, cores, luzes e sombras, vos mostra ainda numa superfície de parede reta o plano e os longes, mais ou menos, como lhe agrada. E vos parece de pouca monta a imitação das cores naturais para representar as carnes, os panos e todas as outras coisas coloridas? Isso já não pode fazer o escultor, nem tampouco exprimir a graciosa visão dos olhos negros ou azuis, com o esplendor daqueles olhares amorosos. Não pode mostrar a cor dos cabelos louros[12], nem o esplendor das armas, nem uma noite escura, nem uma tempestade no mar, aqueles relâmpagos e flechas, o incêndio de uma cidade, o nascer da aurora cor-de-rosa com aqueles raios de ouro e púrpura; não pode em suma mostrar céu, mar, terra, montes, selvas, prados, jardins, rios, cidades nem casas; e tudo isso faz o pintor.

[LII.] Por tudo isso a pintura me parece mais nobre e capaz de artifícios que a escultura em mármore, e penso que entre os antigos fosse de suprema excelência como as outras coisas; o que ainda se pode ver por algumas pequenas relíquias remanescentes, em especial nas catacumbas de Roma; porém, muito mais claramente se pode compreender pelos escritos antigos[13], nos quais existem tão honrosas e freqüentes menções a obras e mestres; e por aí se deduz quanto era sempre honrada pelos grandes senhores e pelas repúblicas. Mas lê-se que Alexandre apreciou enormemente Apeles de Éfeso, a tal ponto que, tendo encomendado que retratasse nua uma mulher que particularmente amava, e tendo o bom pintor se apaixonado ardentemente pela maravilhosa beleza desta, ofereceu-a sem dificuldades a ele: generosidade realmente digna de Alexandre, a de não somente doar tesouros e estados, mas seus próprios afetos e desejos; e sinal de enorme amor por Apeles, não tendo hesitado, para agradá-lo, em desagradar a mulher que tanto amava; e pode-se crer que ela haja lamentado bastante ter de trocar tão grande rei por um pintor. Narram-se ainda muitos outros episódios de benevolência de Alexandre em relação a Apeles; mas bem claramente demonstrou quanto o estimava, ao ordenar por decreto público que nenhum outro pintor ousasse fazer sua imagem. Aqui, poderia falar-vos das satisfações de muitos nobres pintores tão louvados e admirados quase pelo mundo inteiro; poderia relatar-vos com quanta solenidade os imperadores antigos adornavam com pinturas seus triunfos, e nos locais públicos as dedicavam, e quão caro por elas pagavam; houve até alguns pintores que doavam suas obras, pois achavam que não havia ouro nem prata suficientes para pagá-las; e como um quadro de Protógenes era tão apreciado que, estando Demétrio a assediar Rodes e podendo nela penetrar e pôr fogo no sítio onde sabia estar aquele trabalho, desistiu de combater a cidade para não queimá-lo e, assim, não tomou aquela terra; e Metrodoro, filósofo e pintor excelentíssimo, foi mandado pelos atenienses a Lúcio Paulo para educar-lhe os filhos e ornar-lhe o triunfo que lhe havia encomendado. Muitos nobres escritores também escreveram sobre essa arte, o que é bastante significativo para demonstrar a alta consideração que tinham por ela. Mas não quero que nos estendamos mais nesta argumentação. Basta dizer que o nosso cortesão precisa ter conhecimentos sobre a pintura, sendo ela honesta, útil e apreciada naqueles tempos em que os homens eram muito mais valorosos que hoje; e, mesmo que outra utilidade ou prazer nela não encontrassem, além de aprenderem a julgar a qualidade das estátuas antigas e modernas, dos vasos, dos edifícios, das medalhas, dos camafeus, dos entalhes e coisas similares, ela também faz conhecer a beleza dos corpos vivos, não somente na delicadeza dos rostos, mas na proporção de todo o resto, tanto dos homens como de qualquer outro animal. Assim, verificais como conhecer a pintura é causa de imenso prazer. E pensem nisso aqueles que tanto deleite têm ao contemplar as belezas de uma mulher, que lhes parece estarem no paraíso, mas não sabem pintar: se o soubessem, ficariam muito mais contentes, pois conheceriam mais perfeitamente aquela beleza, que no coração lhes provoca tamanha satisfação.

[LIII.] Nessa altura, riu dom Cesare Gonzaga, e disse: – Eu não sou pintor, mas estou certo de que tenho muito maior prazer em ver uma mulher do que teria, se voltasse a viver, aquele grande Apeles que citastes há pouco. – Respondeu o conde: – Esse vosso prazer não deriva inteiramente daquela beleza, mas da afeição que talvez tenhais por aquela mulher; e, se quiserdes dizer a verdade, a primeira vez que admirastes aquela mulher não sentistes a milésima parte do prazer que tivestes depois, embora as belezas fossem as mesmas; por isso podeis compreender quão mais importante que a beleza é a afeição em vosso prazer. – Não nego isso, – disse dom Cesare – mas do mesmo modo que o prazer nasce da afeição, assim a afeição nasce da beleza; portanto pode-se dizer que a beleza é causa do prazer. – Respondeu o conde: – Muitas outras coisas freqüentemente inflamam nossos espíritos além da beleza: é o caso das roupas, do saber, do falar, dos gestos e de mil outras coisas, as quais de algum modo talvez ainda pudéssemos chamar de belezas, mas sobretudo sentir-se amado, de maneira que mesmo sem aquela beleza sobre a qual discorreis se possa amar com ardor; mas aqueles amores que nascem só da beleza que superficialmente vemos nos corpos sem dúvida darão muito maior prazer a quem a conhecer mais a fundo. Porém, voltando ao nosso tema, penso que muito mais desfrutava Apeles contemplando a beleza de Campaspe do que Alexandre, porque facilmente se pode acreditar que o amor de um e de outro derivasse somente daquela beleza, e que talvez Alexandre por isso decidisse entregá-la a quem lhe pareceu que melhor poderia conhecê-la. Nenhum de vós leu sobre as cinco filhas de Cróton, que o pintor Zêuxis escolheu entre outras jovens daquele povo para fazer das cinco uma única figura de excelsa beleza, e que foram celebradas por muitos poetas como as que, por serem tão belas, haviam sido aprovadas por ele, que devia ter um juízo de beleza perfeitíssimo?

[LIV.] Aqui, demonstrando não estar satisfeito nem pretender admitir de modo algum que nenhum outro além dele pudesse desfrutar do prazer que ele sentia ao contemplar a beleza de uma mulher, dom Cesare recomeçou a falar; mas nisso se ouviu um grande ruído de pés acompanhado de gente falando alto; e, voltando-se todos, viram aparecer na porta do salão um clarão de tochas e logo surgiu, com numerosa e nobre companhia, o senhor Prefeito[14], que retornava após ter acompanhado o papa num trecho do caminho; e, já desde a entrada do palácio perguntando o que fazia a senhora duquesa, soubera que tipo de jogo havia naquela noite e da tarefa imposta ao conde Ludovico de falar sobre a cortesania; por isso apressava o passo ao máximo para chegar a tempo de ouvir alguma coisa. Assim, tendo feito reverência à senhora duquesa e mandado sentar os outros, que se tinham todos postos de pé à sua chegada, sentou-se ele também no círculo com alguns de seus gentis-homens; dentre os quais se encontravam o marquês Febus da Ceva e seu irmão Ghirardino, dom Ettore romano, Vincenzio Calmeta, Orazio Florido e muitos outros; e, mantendo-se todos calados, o senhor Prefeito disse: – Senhores, demasiado nociva teria sido minha vinda tivesse eu impedido tão belos pensamentos, como presumo que fossem aqueles que entre vós circulavam; portanto, não me façais a ofensa de privar vós próprios e a mim de tal prazer. – Respondeu então o conde Ludovico: – Pelo contrário, meu senhor, penso que para todos silenciar seja mais grato que falar; porque tendo essa tarefa tocado a mim mais que aos outros esta noite, já me cansei de dizer e creio que todos os outros de ouvir, por não ter sido minha argumentação digna desta companhia, nem ter estado à altura da grandeza da matéria que tinha a meu encargo; havendo nisso pouco satisfeito a mim próprio, penso ter satisfeito muito menos os demais. Por isso, senhor, foi sorte vossa chegar no fim, e agora seria bom passar a incumbência a outro que a mim suceda; pois, quem quer que seja, sei que se sairá bem melhor que eu, caso eu pretendesse continuar, estando agora tão cansado.

[LV.] – Não hei de tolerar – respondeu o magnífico Iuliano – de modo algum ser fraudado quanto à promessa que me haveis feito; e estou certo de que ao senhor Prefeito não desagradará ouvir esta parte. – Que promessa? – indagou o conde. – Respondeu o Magnífico: – Declarar-nos de que modo pode o cortesão usar aquelas boas condições, que definistes como idade pueril, sábio e judicioso, tanto que nem parecia ser tão jovem e em todos os movimentos mostrava, junto com a grandeza de espírito, uma certa vivacidade da inteligência, verdadeiro prognóstico do elevado grau de virtude que viria a alcançar. Então logo disse: – Se tudo isso falta para ser dito, creio ter chegado em boa hora; porque, compreendendo de que modo deve o cortesão usar aquelas boas condições, compreenderei também quais são elas, e assim poderei saber tudo aquilo que até aqui foi dito. Assim, não recuseis, conde, pagar este débito de uma parte que já haveis superado. – Não teria tanto a pagar, – respondeu o conde – se os trabalhos fossem divididos de modo mais equânime; mas o erro foi conceder o comando a uma senhora demasiado parcial. – E assim, rindo, dirigiu-se à senhora Emilia, que logo retrucou: – Com minha parcialidade não deveríeis incomodar-vos; uma vez, porém, que sem razão o fazeis, daremos uma parte dessa honra, que chamais de fadiga, a um outro. – E, voltando-se para dom

Federico Fregoso: – Vós – disse – haveis proposto o jogo do cortesão; por isso é justo que vos caiba uma parte, e esta será satisfazer à pergunta do senhor Magnífico, declarando de que modo e quando deva o cortesão usar suas boas condições e pôr em prática aquelas coisas que o conde afirmou lhe convém saber. – Então dom Federico: – Senhora, – disse – querendo separar modo e tempo das boas condições e práticas do cortesão, quereis separar aquilo que não pode ser separado, pois são tais coisas que propiciam as boas condições e a boa prática. Mas, tendo o conde falado tanto e tão bem, e dito igualmente alguma coisa sobre tais circunstâncias e preparado no espírito o restante que tinha a dizer, seria razoável que continuasse até o fim. – Respondeu a senhora Emilia: – Fazei de conta que sois o conde[15] e dizei aquilo que pensais que ele diria; deste modo ficará de todo satisfeito.

[LVI.] Disse então Calmeta: – Senhores, como já é tarde, e para que dom Federico não tenha desculpa alguma para não dizer o que sabe, creio que seria bom adiar o resto da discussão para amanhã; e o pouco tempo que nos resta vamos dedicá-lo a qualquer outro prazer sem pretensões. – Tendo todos concordado, a senhora duquesa obrigou dona Margherita e dona Costanza Fregosa a dançar. Então Barletta, músico agradabilíssimo e dançarino excelente, que a corte sempre tinha em suas festas, começou a executar seus instrumentos; e as damas, de mãos dadas, dançaram primeiro uma *bassa*[16], em seguida uma *roegarze*[17], com extrema graça e para singular prazer de quem as viu; depois, transcorrida que era boa parte da noite, a senhora duquesa se levantou; e assim, cada um tendo pedido licença reverentemente, foram todos dormir.

O Cortesão: Segundo Livro

[I.] Não sem maravilha, várias vezes considerei onde surge um erro, que se acredita ser próprio dos velhos, pois neles se encontra universalmente: é ele o de que quase todos louvam os tempos passados e criticam o presente, vituperando nossas ações, maneiras e tudo aquilo que não faziam em sua juventude; afirmam ainda que todo bom costume e toda boa maneira de viver, toda virtude, tudo enfim, vai sempre de mal a pior. De fato parece coisa estranha à razão e digna de maravilha que a idade madura, a qual, com a longa experiência costuma tornar no resto o juízo dos homens mais perfeitos, nesse aspecto o corrompe tanto que eles não percebem que, se o mundo sempre piorasse e se os pais fossem geralmente melhores que os filhos, há muito tempo já teríamos chegado ao ponto em que seria impossível piorar mais. No entanto verificamos que não só em nossos dias, mas também nos tempos passados, esse vício sempre foi característico daquela idade; coisa que se percebe claramente pelos escritos de muitos autores antigos, em especial nas comédias, onde mais que em outros se exprime a imagem da vida humana. Portanto, creio que a causa dessa opinião falsa entre os velhos está em que o passar dos anos leva consigo muitas comodidades; dentre outras elimina do sangue grande parte dos espíritos vitais[18], provocando a mudança da compleição e a fraqueza dos órgãos, através dos quais o espírito põe em prática suas virtudes. Assim, como no outono as folhas das árvores, de nossos corações caem naquela idade as suaves flores da alegria, e no lugar dos serenos e claros pensamentos entra a nebulosa e turva tristeza, acompanhada de mil calamidades; de modo que não só o corpo, mas também o espírito fica enfermo; e dos passados prazeres nada conserva além de uma tenaz memória, e a imagem daquele tempo querido da tenra idade, na qual, quando nela nos encontramos, sempre nos parece que o céu, a terra e todas as coisas fazem festa e riem ao redor de nossos olhos, e que no pensamento, como num delicioso e lindo jardim, floresce a doce primavera da alegria. Por isso, talvez fosse útil, quando, já na fria estação, o sol de nossa vida, despojando-nos daqueles prazeres, começa a caminhar rumo ao ocaso, perder junto com eles também a memória e encontrar, como disse Temístocles, uma arte que ensinasse a esquecer; pois tanto são falaciosos os sentidos do nosso corpo que muitas vezes enganam o juízo da mente. Por isso creio que os velhos estão nas mesmas condições daqueles que, saindo do porto, mantêm os olhos fixos na terra e lhes parece que o navio está parado e a margem se distancia, quando o que acontece é o contrário; pois o porto e, como ele, o tempo e os prazeres, permanecem em seu estado e nós com a nave da mortalidade fugindo vamos um depois do outro por aquele proceloso mar que tudo absorve e devora, e não mais nos é concedido retornar à terra; ao contrário, sempre batidos por ventos desfavoráveis, a nave enfim rompemos em algum encolho. Assim sendo o espírito senil inadequado a muitos prazeres, não consegue apreciá-los; e como as pessoas febris, quando tem o paladar deturpado pelos vapores corruptos[19], julgam amargos todos os vinhos, por mais preciosos e delicados que sejam, assim aos velhos, por sua indisposição, à qual, porém, não falta o desejo, parecem insípidos e frios os prazeres, e muito diferentes daqueles que se lembram ter provado, embora os prazeres em si sejam os mesmos; por isso, sentindo-se deles privados, condoem-se e tacham de ruim o tempo presente, não discernindo que tal mutação provém deles e não da época; ao contrário, trazendo os prazeres passados à memória, relembram ainda o tempo em que os viveram, por isso louvam-no como bom, pois essa lembrança parece trazer consigo um odor do que naquele tempo sentiam quando era o presente; é que, de fato, nossos espíritos odeiam todas as coisas que acompanharam nossos desprazeres e gostam daquelas que acompanharam nossos prazeres. Daí pode acontecer que um amante aprecie muitíssimo olhar para uma janela, embora fechada, porque algum dia ali teve o prazer de contemplar sua amada; do mesmo modo que ver um anel, uma carta, um jardim, ou outro lugar ou coisa, que lhe pareça ter sido testemunha consciente de seus prazeres; e, ao contrário, muitas vezes um quarto bem adornado e bonito será perturbador para quem ali tenha ficado prisioneiro ou sofrido algum desprazer. Conheci algumas pessoas que jamais voltariam a beber num copo semelhante àquele no qual, estando doentes, tivessem tomado algum remédio; porque, enquanto para um a janela, o anel ou a carta, representam a doce lembrança que tanto lhe é dileta, por já lhe parecer uma parte de seus prazeres, para outro, o quarto ou o copo parecem trazer, com sua lembrança, a enfermidade ou a prisão. Creio que esta mesma razão leva os velhos a louvarem o passado e censurarem o presente.

[II.] Por isso, como do resto, também falam das cortes, afirmando que aquelas de que se recordam foram muito melhores e cheias de homens singulares do que as que hoje vemos; e, tão logo surgem tais conversas, começam a exaltar com infinitos louvores os cortesãos do duque Filippo, ou do duque Borso; e narram os ditos de Nicolò Piccinino; e relembram que naqueles tempos não se ouvia falar, a não ser excepcionalmente, que tivesse ocorrido um homicídio; e que não havia combates, nem insídias, nem enganos, mas uma certa bondade fiel e amorosa entre todos, uma segurança leal; e que, então, reinavam nas cortes tão bons costumes, tanta honestidade, que todos os cortesãos eram como religiosos, e ai daquele que tivesse dito uma palavra pesada a outro e feito um sinal pouco honesto para uma mulher. Já os tempos de hoje dizem que é o exato oposto e que não só entre os cortesãos se perdeu o amor fraterno e aquela vivência tranqüila, mas que nas cortes predominam as invejas e maledicências, maus costumes e uma vida dissoluta em todos os tipos de vícios, as mulheres lascivas, sem-vergonha, os homens efeminados. Condenam ainda as roupas como inconvenientes e demasiado soltas. Em suma, repreendem um número infinito de coisas, dentre as quais muitas de fato merecem recriminação, pois não se pode dizer que entre nós não haja muitos homens maus e celerados e que esta nossa época não seja bem mais viciosa do que aquela que eles elogiam. Parece-me que discernem mal a causa dessa diferença e que são ingênuos, pois gostariam que no mundo houvesse todos os bens sem nenhum mal, o que é impossível, pois, sendo o mal contrário ao bem e o bem ao mal, é quase necessário que pela oposição e por um certo contrapeso um sustente e fortifique o outro e, faltando ou aumentando um deles, falte ou cresça o outro, porque nenhum contrário existe sem o seu oposto. Quem não sabe que no mundo não existiria a justiça se não fossem as ofensas? A magnanimidade se não fosse a covardia? A continência se não fosse a incontinência? A sanidade se não fosse a doença? A verdade se não fosse a mentira? A felicidade se não fossem as desgraças? Por isso bem disse Sócrates, segundo Platão, ao se admirar não haver Esopo escrito um apólogo no qual inventasse que Deus, não tendo podido unir o prazer e o desprazer, os tenha juntado pelas extremidades, de modo que o princípio de um seja o fim do outro; pois vemos que nenhum prazer nos parece grato se não é precedido de um desprazer. Quem pode apreciar o repouso se antes não sentiu o peso do cansaço? Quem valoriza comer, beber e dormir se antes não sentiu fome, sede e sono? Assim, creio que as paixões e as doenças sejam dadas pela natureza aos homens não principalmente para sujeitá-los a elas, pois não parece conveniente que ela, que é mãe de todos os bens, devesse por sua própria determinação dar-nos tantos males; mas, criando a natureza a saúde, o prazer e os outros bens, conseqüentemente foram agregados a estes a doença, os desprazeres e os outros males. Portanto, tendo sido as virtudes concedidas ao mundo por graça e dom da natureza, logo os vícios, por aquela concatenada contrariedade, necessariamente passaram a fazer-lhes companhia; de modo que sempre, aumentando ou faltando um deles, forçoso é que aumente ou falte o outro.

[III.] Portanto, quando os nossos velhos louvam as cortes passadas, porque não possuíam homens tão viciados como alguns que as nossas têm, não percebem que aquelas não tinham tão virtuosos como alguns que as nossas têm; o que não é de surpreender, pois nenhum mal é tão ruim quanto aquele que nasce da semente corrupta do bem; por isso, produzindo agora a natureza muito melhores engenhos do que então produzia, do mesmo modo que aqueles que se dedicam ao bem fazem muito melhor que os de outrora, assim também aqueles que se dedicam ao mal fazem muito pior. Portanto, não é o caso de dizer que aqueles que deixavam de praticar o mal por não o saberem merecem algum tipo de louvor; porque, embora fizessem pouco mal, faziam o pior que sabiam. É que os engenhos de então fossem em geral muito inferiores ao que são hoje, pode-se depreender bastante bem de tudo aquilo que deles se vê, tanto nas cartas como nas pinturas, estátuas, edifícios e qualquer outra coisa. Esses velhos criticam-nos ainda muitas coisas que em si não são boas nem ruins, somente porque eles não as faziam; e dizem que não convém aos jovens passear a cavalo pelas cidades, ainda mais em mulas; usar casacos de pele nem roupas longas no inverno; usar gorros, pelo menos até completar dezoito anos, e coisas semelhantes; no que se enganam, pois tais vestimentas, além de cômodas e úteis, foram introduzidas pelo costume e agradam universalmente, como então agradava andar com roupas suntuosas, de calças abertas e sapatos limpos e, para ser galante, trazer sempre um falcão no punho, sem nenhum propósito, dançar sem tocar na mulher e usar muitas outras modas, as quais, assim como hoje seriam inelegantes, eram então muito apreciadas. Portanto, seja-nos consentido seguir os costumes de nossos tempos sem sermos repreendidos por esses velhos, que, muitas vezes, querendo elogiar-se, dizem: – Eu tinha vinte anos e ainda dormia com minha mãe e minhas irmãs e por muito tempo não soube o que era uma mulher; agora, os jovens ainda estão fedendo a cueiro e já conhecem mais malícias do que os homens feitos sabiam naquele tempo. – Não se dão conta de que, ao dizer isso, confirmam que nossos jovens têm mais engenho que seus velhos. Parem portanto de criticar nossos tempos como cheios de vícios porque, eliminando esses, eliminariam também as virtudes; e recordem-se que, entre os bons antigos, no tempo em que floresciam no mundo aqueles espíritos gloriosos e verdadeiramente divinos em cada virtude, e os engenhos mais que humanos, havia também muitos celerados, os quais, se fossem vivos, seriam tão notáveis no mal quanto os bons no bem; e todas as histórias dão disso plena fé.

[IV.] Mas acredito que já se tenha respondido suficientemente a esses velhos. Por isso deixaremos este discurso, talvez já demasiado longo, mas não de todo fora de propósito; e, bastando-nos ter demonstrado que as cortes dos nossos tempos não são menos dignas de louvor do que aquelas tão elogiadas pelos velhos, ocupar-nos-emos das argumentações acima desenvolvidas sobre o cortesão, pelas quais facilmente se pode compreender em que grau estava Urbino entre as demais cortes, e quais eram aquele príncipe e aquela senhora a quem serviam tão nobres espíritos, e como se poderiam dizer afortunados todos aqueles que em meio a tais relações viviam.

[V.] No dia seguinte, houve entre os cavaleiros e as damas da corte muitas e diversas considerações sobre a discussão da noite precedente; o que em grande parte ocorria porque o senhor Prefeito, ávido por saber o que fora dito, fazia perguntas a quase todos e, como sói sempre acontecer, as respostas eram variadas; eis que uns elogiavam uma coisa, outros uma outra, e também entre muitos reinava a discórdia sobre aquilo que o conde realmente dissera, pois as coisas ditas não haviam ficado tão completamente na memória de cada um. Por isso houve discussões o dia inteiro; e, assim que começou a anoitecer, o senhor Prefeito quis que fossem comer e levou consigo todos os fidalgos para jantar; mal terminou de comer, dirigiu-se aos aposentos da senhora duquesa; esta, ao ver tanta gente e mais cedo que de hábito, disse: – Grande peso me parece, dom Federico, aquele que está sobre vossos ombros, e grande expectativa aquela a que devereis corresponder. – Aqui, sem esperar que dom Federico respondesse: – Mas que grande peso é esse? – perguntou o Único aretino: – Quem é tão tolo que, quando sabe fazer uma coisa, não a faz em tempo hábil? – Assim, falando-se disso, cada um se acomodou no lugar e modo costumeiros, com imensa expectativa em relação à discussão proposta.

[VI.] Então dom Federico, dirigindo-se ao Único: – Não vos parece, – disse – senhor Único, que trabalhosa tarefa e grande responsabilidade me são impostas esta noite, devendo demonstrar de que modo e quando deve o cortesão utilizar as suas boas condições e pôr em prática aquelas coisas que já se disse lhe convirem? – Não me parece grande coisa, – respondeu o Único – e creio que baste, em tudo isso, dizer que o cortesão deve ter bom juízo, como ontem à noite bem disse o conde ser necessário; sendo assim, penso que sem outros preceitos deva poder usar aquilo que sabe, oportunamente e com boas maneiras, e querer transformar isso mais minuciosamente em regra seria demasiado difícil e talvez supérfluo; pois não sei quem seria tão inepto a ponto de querer manejar armas enquanto os demais estivessem fazendo música; ou de andar pelas ruas dançando a mouresca, mesmo que soubesse fazê-lo muito bem; ou então, tendo ido confortar uma mãe cujo filho tivesse morrido, de começar a dizer gracejos e fazer-se de espirituoso. Claro que isso não ocorreria a nenhum gentil-homem, creio eu, a menos que fosse inteiramente louco. – A mim me parece, senhor Único, – disse aqui dom Federico – que vós exagerais: porque acontece às vezes ser-se inepto de um modo não tão facilmente identificável, e nem todos os erros são parecidos; pode até suceder que o homem se abstenha de uma tolice pública e demasiado clara, como seria o que dizeis sobre dançar a mouresca em praça pública, mas não saberá depois abster-se de louvar a si mesmo fora de propósito, de adotar uma presunção fastidiosa, de dizer às vezes uma palavra pensando provocar o riso, a qual, por ser dita fora de hora, resultará fria e sem nenhuma graça. E muitas vezes tais erros são cobertos por um certo véu, que impede quem os comete de percebê-los, se não atentar com cuidado; embora por muitas causas nossa vista pouco discirna, sobretudo pela presunção se deixa ofuscar; pois cada um de bom grado se mostra naquilo que está persuadido de saber, verdadeira ou falsa seja essa presunção. Porém, governar-se bem nesse domínio consiste, parece-me, numa certa prudência e num certo juízo de escolha, em conhecer o mais e o menos que nas coisas se acrescenta e se subtrai para executá-las oportunamente ou fora de estação. E, mesmo que o cortesão tenha tão bom juízo que possa discernir tais diferenças, não quer isso dizer que não lhe será mais fácil alcançar o que busca se lhe for aberto o pensamento com alguns preceitos e lhe forem mostradas as vias e as bases em que deve se fundar, do que se se ativer apenas ao geral.

[VII.] Assim, tendo o conde, ontem à noite, com tanta eloqüência e beleza discutido a cortesania, na verdade nasceu em mim não pouco temor e dúvida de não poder satisfazer tão bem a esta nobre audiência no que me cabe dizer, quanto ele fez no que lhe tocava. Todavia, para me fazer partilhar mais do que posso o seu louvor e ter a certeza de não errar, pelo menos nesta parte, não vou contradizê-lo em nada. Assim, estando de acordo com suas opiniões acerca da nobreza do cortesão, do engenho, da compleição física e da graça do aspecto, além de tudo o mais, digo que, para angariar merecidos louvores e boa estima junto a todos, e a graça dos senhores aos quais serve, parece-me necessário que ele saiba adequar toda a sua vida e valer-se de suas boas qualidades universalmente na conversação com todos os homens sem provocar-lhes inveja. O quanto isso é difícil, pode-se deduzir da raridade daqueles que vemos chegar a tal termo; porque, na verdade, por natureza, somos mais propensos a criticar os erros do que a elogiar as coisas bem feitas, e parece que por uma certa maldade inata, muitos, apesar de claramente conhecerem o bem, se esforçam com todo estudo e engenho para nos pilhar em erro, ou pelo menos em similitude de erro. Por isso é necessário que nosso cortesão seja cauteloso em cada um de seus atos e o que diz e faz seja sempre acompanhado de prudência; e não se preocupe apenas em ter partes e condições excelentes, mas em ordenar seu tipo de vida de tal modo que o todo corresponda a essas partes, e trate sempre e em todas as coisas de ser tal que não discorde de si mesmo, fazendo um corpo só de todas essas boas condições; de sorte que cada ato seu resulte e seja composto de todas as virtudes, conforme dizem os estóicos ser ofício de quem é sábio, se bem que em cada operação sempre exista uma virtude principal; mas todas se acham tão concatenadas entre si que confluem para uma finalidade e todas podem contribuir e servir a cada efeito. Assim, é preciso que ele saiba valer-se delas e, através da comparação e contraste entre elas, fazer com que uma seja mais claramente conhecida que outra; como os bons pintores, os quais com a sombra fazem surgir e mostram as luzes dos relevos; e usando a luz aprofundam as sombras dos planos e conjugam as diversas cores de modo que, por essa diversidade, uma e outra melhor se evidenciem, enquanto a colocação das figuras em oposição umas às outras ajuda a realizar aquele ofício que é a intenção do pintor. Donde a mansuetude é admirável num fidalgo que seja valente e disposto nas armas, e, como essa altivez parece maior se acompanhada da modéstia, assim a modéstia aumenta e mais se evidencia com a altivez. Por isso, falar pouco, fazer bastante e não elogiar a si próprio por obras louváveis, dissimulando-as com os bons modos, aumenta uma e outra virtude em pessoas que discretamente saibam adotar tal proceder; e assim acontece com todas as demais boas qualidades. Quero pois que nosso cortesão, naquilo que faz ou diz, use algumas regras universais, que considero contenham brevemente tudo aquilo que me cabe dizer; como primeira e mais importante, evite, como bem lembrou o conde ontem à noite, sobretudo a afetação. Depois, considere bem aquilo que faz ou diz, e o lugar onde faz, na presença de quem, em que ocasião, a causa que o leva a fazê-lo, sua idade, a profissão, o fim para o qual tende e os meios que àquilo podem levá-lo; e assim, com tais advertências, se disponha discretamente a tudo aquilo que pretende fazer ou dizer.

[VIII.] Depois de se ter assim pronunciado, dom Federico pareceu deter-se um momento. Então, súbito: – Estas vossas regras – disse o senhor Morello da Ortona – parece-me que ensinam pouco; eu agora sei tanto quanto sabia antes que vós no-las mostrásseis; embora ainda me lembre tê-las ouvido outras vezes de padres com quem me confessei, e creio que as chamam de *circunstâncias*. – Dom Federico riu e comentou: – Se bem vos recordais, ontem à noite o conde queria que a primeira profissão do cortesão fosse a das armas e longamente falou de que modo deveria exercê-la; por isso não voltaremos ao assunto. Porém, segundo nossas regras poderemos entender também que, encontrando-se o cortesão em escaramuça, feito d'armas, batalha de terra ou coisas similares, deve discretamente procurar afastar-se da multidão, e aquelas coisas marcantes e ousadas que tem de fazer, levá-las a cabo com o menor número de pessoas e perante todos os mais nobres e estimados homens que houver no exército, se possível for ante os olhos de seu próprio rei ou do senhor a quem serve; pois na verdade é muito útil valer-se das coisas bem-feitas. E considero que, assim como é ruim buscar falsas glórias e para aquilo que não as merece, é igualmente ruim negar a si próprio a honra devida e não procurar aquele louvor, que é o verdadeiro prêmio das virtuosas fadigas. E me lembro já ter conhecido gente que, embora valente, neste aspecto era grosseira; e colocava a vida em perigo tanto para pilhar um rebanho de ovelhas como para ser a primeira a galgar as muralhas de uma cidade atacada; o que não fará o nosso cortesão, se mantiver na memória a causa que o conduz à guerra, que deve ser somente a honra. Mas se acabar terçando armas nos espetáculos públicos, justando, participando de torneios, de carrosséis ou fazendo qualquer outro exercício corporal, sem esquecer o local em que se encontra e na presença de quem, procurará ser nas armas não menos atilado e garboso do que hábil, e nutrir os olhos dos espectadores com todas as coisas que lhe parecerão poder acrescentar-lhe graça; e ficará atento para ter um cavalo com belos arreios, roupas bem talhadas, palavras apropriadas e adivinhações engenhosas, que atraiam para si os olhos dos circunstantes como o ímã atrai o ferro. Não será jamais dos últimos que apareçam para exibir-se, sabendo que as pessoas, as mulheres em especial, observam com muito maior atenção os primeiros que os últimos; pois os olhos e os espíritos, que a princípio estão ávidos daquela novidade, notam cada coisa minúscula e com ela se impressionam; depois, não só se saciam, mas também se cansam. Por isso houve um nobre histrião antigo que sempre queria ser o primeiro a recitar nas representações. E assim também, mesmo falando de armas, o nosso cortesão respeitará a profissão daqueles com quem fala e a eles há de adequar-se; há também de falar de um modo com homens, de outro com mulheres; e, se quiser tocar qualquer coisa em seu próprio louvor, fá-lo-á dissimuladamente, como por acaso e de passagem, e com aquela discrição e precauções que ontem nos mostrou o conde Ludovico.

[IX.] Não vos parece agora, senhor Morello, que nossas regras podem ensinar alguma coisa? Não vos parece que aquele nosso amigo, do qual vos falei há poucos dias, destoou completamente de com quem falava e por que, quando, para entreter uma gentil-dona, a quem jamais vira antes, no princípio da conversa começou a dizer-lhe que matara tantos homens, quanto era intrépido e como sabia lutar espada com as duas mãos? E mal o afastou, lá veio ele querendo ensinar-lhe como aparar golpes de machadinha, estando armado, e como estando desarmado, e lhe mostrar como se deve empunhar um punhal; de modo que aquela infeliz sofreu cruelmente e uma hora lhe pareceu mil anos até conseguir livrar-se dele, com receio de que a matasse como àqueles outros. Nesses erros incorrem aqueles que não ligam para as circunstâncias, o que vós dizeis ter aprendido com os frades. Assim, digo que, entre os exercícios corporais, há alguns que já não são quase nunca praticados em público, como a justa, o torneio, o carrossel e todos os demais que dependem das armas. Portanto, tendo o nosso cortesão de praticá-los, antes há de se equipar bem quanto a cavalos, armas e vestimentas para que nada lhe falte; e, não se sentindo devidamente equipado, não se meta de modo algum a fazê-lo, pois, não atuando bem, não se pode desculpar afirmando não ser essa a sua profissão. Em seguida, deve ponderar bem em presença de quem se apresenta e quais os participantes; pois não seria conveniente que um fidalgo fosse honrar com sua presença uma festa de aldeia, onde os espectadores e os participantes fossem gente não nobre.

[X.] Disse então o senhor Gasparo Pallavicino: – Na nossa Lombardia não existem tais restrições; ao contrário, encontram-se muitos jovens gentis-homens que dançam o dia inteiro ao sol com os camponeses e com eles arremessam o bastão, lutam, correm e saltam; e não creio que seja errado, pois ali não está em jogo a nobreza, mas sim a força e a destreza, em que muitas vezes os camponeses não valem menos que os nobres; e parece que essa intimidade contém uma certa liberalidade amável. – Essa coisa de dançar na frente de todos – respondeu dom Federico – não me agrada de modo algum, nem vejo o que se pode ganhar com isso. Mas quem insiste em lutar, correr e saltar com os camponeses, deve, em minha opinião, fazê-lo como treinamento e, como se costuma dizer, por amabilidade, não para lutar com eles; e deve ter a quase certeza de vencer; caso contrário não o faça; porque está muito errado e é demasiado feio e indigno ver um fidalgo derrotado por um camponês, em especial na luta corpo a corpo; por isso creio que é melhor abster-se, pelo menos na presença de muita gente, pois o ganho ao vencer é pouquíssimo e a perda ao ser derrotado é muitíssima. Ainda se joga a péla quase sempre em público; e é um desses espetáculos para os quais a multidão muito contribui. Assim, quero que desse e de todos os outros, exceto terçar armas, o nosso cortesão participe como não sendo sua profissão, demonstrando não estar em busca ou à espera de louvores, nem que muito estudo ou tempo a isso dedique, mesmo que o faça muitíssimo bem; também não deve se comportar como alguns que apreciam a música e, ao falarem com quem quer que seja, sempre que se faz uma pausa nas conversas, começam a cantar em voz baixa; outros, caminhando pelas ruas e pelas igrejas, vão sempre dançando; outros, encontrando-se nas praças ou em outro lugar com algum amigo, logo se põem a esgrimir ou lutar, conforme sua preferência. – Aqui interveio dom Cesare Gonzaga: – Melhor faz um jovem cardeal que temos em Roma, o qual, por se sentir galhardo, conduz todos aqueles que vão visitá-lo, embora jamais os tenha visto, a um jardim que lhe pertence, e os convida insistentemente a ficarem só de gibão e jogarem e saltarem com ele.

[XI.] Riu dom Federico; depois acrescentou: – Existem alguns outros exercícios que podem ser feitos em público ou privadamente, como é o caso de dançar; e nisso penso que o cortesão deva mostrar reserva; porque dançando na presença de muitos e em lugares cheios de gente, parece-me que deva manter uma certa dignidade, mas temperada com elegante e airosa suavidade de movimentos; e mesmo que se sinta levíssimo e que tenha bom tempo e ritmo, não entre naquelas agilidades e duplas batidas de pés, que em nosso Barletta caem muito bem, mas que talvez fossem pouco convenientes num fidalgo; se bem que em ambientes privados, como agora nos encontramos, penso que isso lhe seja lícito, assim como dançar mourescas e *branles*[20]; mas não em público, a menos que mascarado, e embora todos o reconhecessem, isso não perturba; ao contrário, para exibir-se em tais situações nos espetáculos públicos, com armas e sem armas, nao há melhor solução que essa; porque o disfarce permite certa liberdade e certa licença que entre outras coisas faz que o homem possa aparecer sob o aspecto em que se sente caber, e usar diligência e elegância a respeito da intenção principal da coisa em que pretende se mostrar, e uma certa displicência quanto ao que não tem importância, o que aumenta bastante a graça: como um jovem se vestir de velho, mas com roupas soltas, para poder mostrar-se galhardo; um cavalheiro sob o aspecto de pastor dos bosques ou roupagens semelhantes, mas montado num cavalo perfeito, e elegantemente vestido conforme essa intenção; porque logo o espírito dos circunstantes corre a imaginar o que se lhe apresenta aos olhos à primeira vista; e, vendo depois obter melhores resultados do que prometia aquela roupa, se diverte e sente prazer. Por isso, nesses jogos e espetáculos onde haja máscaras, não seria conveniente a um príncipe desempenhar o próprio papel, pois aquele prazer que a novidade dá aos espectadores faltaria em boa parte, pois não é novidade para ninguém que o príncipe é o príncipe; e este, sabendo que, além de ser príncipe, também quer ter forma de príncipe, perde a liberdade para fazer todas aquelas coisas que se acham fora da dignidade de príncipes; e, se nesses jogos surgisse alguma disputa, em especial com armas, poderia ainda fazer acreditar que queria representar a personagem de príncipe para não ser batido, mas respeitado pelos outros; além do que, fazendo nos jogos o mesmo que teria de fazer quando fosse necessário, reduziria a autoridade do verdadeiro e poderia até parecer que este fosse brincadeira; mas, nesse caso, despojando-se o príncipe da pessoa do príncipe e misturando-se igualmente a seus inferiores, mas de modo que possa ser reconhecido, ao recusar a grandeza adquire grandeza ainda maior, que é a de querer superar os outros, não pela autoridade, mas pela virtude e mostrar que seu valor não é aumentado por ser príncipe.

[XII.] Digo, pois, que nesses espetáculos com armas o cortesão deve ter as mesmas precauções, concernentes à sua posição. Ao cavalgar, lutar, correr e saltar, gostaria que evitasse a multidão plebéia ou pelo menos que se deixasse ver bem raras vezes, pois não há no mundo coisa tão excelente que os ignorantes não acabem saciando-se dela e dando-lhe pouco valor, quando a vêem com freqüência. O mesmo penso sobre a música; por isso não quero que o nosso cortesão faça como muitos que, tão logo chegam onde quer que seja, inclusive na presença de senhores de quem não têm o menor conhecimento, sem se deixarem rogar começam a fazer o que sabem e freqüentemente até o que não sabem; de modo que parece que somente com aquele objetivo tenham aparecido e que aquela seria sua atividade principal. Portanto, o cortesão deve fazer música como passatempo, e quase forçado, e não na presença de plebeus, nem de nenhuma multidão; e, embora saiba e entenda aquilo que faz, também nisso quero que dissimule o estudo e o trabalho que são necessários em todas as coisas que têm de ser bem-feitas, e demonstre pouco estimar em si mesmo tal condição, porém, executando-a com maestria, faça que seja apreciada pelos outros.

[XIII.] Então o senhor Gaspar Pallavicino: – Há muitos tipos de música, – disse – tanto vocal quanto instrumental. Por isso gostaria de saber qual é a melhor de todas, e em que momento o cortesão deve executá-la. – Boa música – respondeu dom Federico – creio que seja cantar seguindo a partitura com segurança e bela maneira; e mais ainda cantar acompanhado de viola, pois toda a doçura consiste quase num solo, e com muito maior atenção se nota e ouve o belo modo e a ária ficando os ouvidos ocupados com uma só voz, e melhor ainda se discerne então cada erro mínimo; o que não acontece quando se canta em grupo, porque um ajuda o outro. Mas sobretudo me parece muito prazeroso recitar uma poesia acompanhado de viola; coisa que tamanha formosura e eficácia acrescenta às palavras, que provoca maravilhamento. São também harmoniosos todos os instrumentos de teclado, porque têm as consonâncias muito perfeitas e facilmente neles podem ser feitas muitas coisas que enchem o espírito de doçura musical. E não agrada menos a música das quatro violas de arco[21], a qual é suavíssima e artificiosa. A voz humana dá muito ornamento e graça a todos esses instrumentos, dos quais basta ao nosso cortesão ter noções; porém, quanto mais exímio for, melhor será, sem que se atreva muito com aqueles que Minerva e Alcibíades recusaram, pois parecem causar uma certa repulsa. Quanto ao momento em que se possa praticar esses tipos de música, creio que seja sempre que se estiver em alguma companhia familiar e querida, quando não houver outras atividades; mas eles convêm sobretudo em presença de mulheres, porque aplacam os ânimos dos ouvintes e os tornam mais permeáveis à doçura da música, e também despertam o espírito de quem a executa. Como já disse, agrada-me muito que se evitem as multidões, em especial de plebeus. Mas é necessário que o tempero de tudo seja a discrição; pois de fato seria impossível imaginar todos os casos que acontecem; e, se o cortesão for um juiz justo de si mesmo, adaptar-se-á bem aos tempos e saberá quando os ouvintes estarão dispostos a ouvir e quando não; levará em conta sua idade, pois, com efeito, não convém e desagrada bastante ver um homem de certa condição, já velho, grisalho e desdentado, cheio de rugas, com uma viola no braço, tocando e cantando no meio de um grupo de mulheres, mesmo admitindo-se que o fizesse bem; isso porque, na maioria dos casos, ao cantar, dizem-se palavras de amor, e o amor nos velhos é coisa ridícula, se bem que às vezes parece que ele se deleite, dentre seus outros milagres, em acender corações congelados apesar dos anos.

[XIV.] Respondeu então o Magnífico: – Não priveis, dom Federico, os pobres velhos desse prazer; porque já conheci homens de idade que possuem vozes maviosíssimas e mãos perfeitamente adequadas aos instrumentos, muito mais que alguns jovens. – Não quero – disse dom Federico – privar os velhos desse prazer, desejo sim privar-vos e a estas senhoras de rirem daquela inconveniência; e, caso queiram os velhos cantar acompanhados de viola, façam-no em segredo e só para aliviar o espírito daqueles tormentosos pensamentos e graves pesares de que nossa vida está cheia, e para desfrutar daquele caráter divino que, creio eu, Pitágoras e Sócrates sentiam na música. E se não a executarem bem, como já adquiriram da música um certo hábito, poderão apreciá-la muito mais ouvindo-a do que aqueles que não a conhecem; porque, assim como freqüentemente os braços de um ferreiro, débeis no restante, por serem mais exercitados são mais galhardos que os de um outro homem robusto, mas não acostumado a cansar os braços, assim também os ouvidos exercitados na harmonia, muito melhor e mais rápido a discernem e julgam-na com muito maior prazer que os outros, por melhores e agudos que sejam, mas não versados nas variedades das consonâncias musicais; porque aquelas modulações não entram, mas, sem deixarem traços de si, passam ao largo dos ouvidos habituados a ouvi-las, muito embora mesmo as feras sintam algum prazer na melodia. Portanto, este é o prazer que convém aos velhos obter da música. O mesmo digo da dança, pois na verdade tais exercícios devem ser abandonados antes que a idade nos obrigue, a contragosto, a deixá-los. – Então é melhor – respondeu aqui o senhor Morello quase irado – excluir todos os velhos e dizer que só os jovens podem ser chamados de cortesãos. – Riu então dom Federico e disse: – Vede, senhor Morello, que aqueles que apreciam tais coisas, se não são jovens, tratam de aparentá-lo; por isso tingem o cabelo e fazem a barba duas vezes por semana, e isso acontece porque a natureza tacitamente lhes diz que tais coisas só convêm aos jovens. – Riram todas as mulheres, porque cada uma compreendeu que aquelas palavras eram dirigidas ao senhor Morello; e ele pareceu ficar um tanto perturbado.

[XV.] – Mas existem muitos outros entretenimentos com mulheres – acrescentou logo dom Federico – que convêm aos velhos. – E quais? – perguntou o senhor Morello. – Contar histórias? – Isso também – respondeu dom Federico. – Mas cada idade, como sabeis, carrega consigo seus pensamentos e tem alguma virtude peculiar e algum vício peculiar; pois os velhos, assim como são, de ordinário, mais prudentes, mais moderados e sagazes que os jovens, são igualmente mais faladores, avarentos, difíceis e tímidos; sempre gritam em casa, asperamente, com os filhos, querem que todos ajam à maneira deles; ao contrário, os jovens são entusiastas, generosos, sinceros, mas sempre dispostos a brigar, volúveis, amam e desamam num instante, são dados a todos os prazeres e inimigos de quem lhes recorda o bem. Mas de todas as idades, a viril é a mais equilibrada, pois já deixou os aspectos ruins da juventude e ainda não chegou aos da velhice. Portanto, aqueles que estão situados quase nos extremos devem com a razão saber corrigir os vícios que a natureza coloca. Por isso, devem os velhos evitar tecer demasiadas loas a si próprios e também as outras coisas que dissemos serem características deles; devem valer-se daquela prudência e sabedoria que por longo uso conquistaram, ser quase oráculos que todos procurem para obter conselhos, e conservar graça ao dizerem as coisas que sabem, bem a propósito, acompanhando a gravidade dos anos com uma certa graciosidade temperada e espirituosa. Assim serão bons cortesãos, se entreterão bem com homens e mulheres, e em todo momento serão muito apreciados, sem cantar ou dançar; e, quando for necessário, mostrarão seu valor nas coisas importantes.

[XVI.] O mesmo comedimento e juízo devem ter os jovens; não que devam ter o estilo dos velhos, pois aquilo que convém a um não conviria completamente ao outro, e costuma-se dizer que nos jovens muita sabedoria é mau sinal, mas que cuidem de corrigir em si os vícios naturais. Por isso me agrada muito ver um jovem, principalmente no exercício das armas, que tenha um pouco de grave e taciturno; que se controle, sem aqueles modos inquietos que freqüentemente se vêem em tal idade; porque parece terem algo mais que os outros jovens. Além disso, aquele modo tão descansado tem em si uma certa altivez contida, porque parece movido não pela ira, mas pelo juízo e antes governado pela razão do que pelo apetite; e esse modo quase sempre se reconhece em todos os homens de grande coração; e podemos vê-lo igualmente nos animais ferozes, que têm mais que os outros nobreza e força, como o leão e a águia. O que não carece de razão, pois aquele movimento impetuoso e súbito, sem palavras ou qualquer outra demonstração de cólera, que com toda força e num instante, feito estampido de bombarda, irrompe do sossego que é o seu contrário, é muito mais violento e furioso do que aquele que, crescendo gradualmente, se aquece pouco a pouco. Por isso aqueles que, quando preparados para qualquer empresa, falam tanto e saltam, e não conseguem ficar parados, parece que se esgotam nessas coisas; e, como bem diz o nosso dom Pietro Monte, fazem como as crianças, que, quando andam de noite cantam de medo, como se aquele cantar lhes incutisse coragem. Portanto, assim como num jovem a juventude repousada e madura é muito louvável, porque parece que a leviandade, que é vício peculiar dessa idade, é temperada e corrigida, assim também num velho deve ser muito apreciada a velhice verde[22] e viva, pois parece que o vigor do espírito é tamanho, que aquece e dá força àquela débil e fraca idade e a mantém naquele estado mediano que é a melhor parte de nossa vida.

[XVII.] Mas, em suma, ainda não serão suficientes todas essas condições do nosso cortesão para adquirir aquela graça universal dos senhores, cavaleiros e damas, se ele não tiver ao mesmo tempo uma gentil e amável maneira na conversa cotidiana. Quanto a isso, creio que é verdadeiramente difícil definir qualquer regra, por causa das infinitas e diversas coisas que intervêm no conversar, sendo que dentre os homens do mundo não se encontram dois que tenham espírito completamente similar. Por isso, quem tiver de se habituar a conversas com tanta gente, deve se orientar por seu próprio juízo e, conhecendo as diferenças de um e de outro, troque de estilo e maneiras a cada dia, conforme a natureza daqueles com quem se disponha a dialogar. Por minha parte, acerca disso outras regras não saberia dar-lhes, exceto as já apresentadas, as quais, desde criança, o nosso senhor Morello aprendeu ao se confessar. – Aqui, a senhora Emilia se pôs a rir e disse: – Dom Federico, esquivai-vos demasiado da tarefa; mas não vos adiantará, pois tereis de falar até que seja hora de recolher-nos. – E se eu, senhora, não tivesse nada a dizer? – respondeu dom Federico. – Disse a senhora Emilia: – Aqui se verá vosso engenho; e, se for verdade aquilo que me contaram, que teria havido um homem tão engenhoso e eloqüente que não lhe faltaram argumentos nem para escrever um livro em louvor de uma mosca, outro com loas à febre quartã, outro elogiando a calvície, faltar-vos-ão ganas para encontrar o que dizer por uma noite sobre a cortesania? – Até agora – respondeu dom Federico – tanto já discutimos que daria para dois livros; mas, dado que não tenho desculpas, falarei até que vos tenha satisfeito, se não conforme à obrigação, pelo menos até onde posso.

[XVIII.] Considero que a conversação à qual o cortesão terá de dedicar-se com mais cuidado para torná-la agradável será a quem mantiver com seu príncipe; e, embora o termo conversar implique uma certa paridade, que parece não poder existir entre senhor e servidor, por enquanto assim iremos denominá-la. Portanto, quero que o cortesão, além de ter mostrado e a cada dia demonstrar a todos possuir aquele valor do qual já falamos, se empenhe com todos os pensamentos e forças de seu espírito a amar e quase adorar o príncipe a quem serve, acima de qualquer outra coisa; e que todas as suas vontades, costumes e maneiras dirija no sentido de agradá-lo. – Aqui, não esperando mais, disse Pietro da Napoli: – Cortesãos assim hoje poderemos encontrar muitos, pois me parece que em poucas palavras nos haveis pintado um nobre adulador. – Enganai-vos completamente, – respondeu dom Federico – porque os aduladores não amam os senhores nem os amigos, o que vos digo pretender que seja a principal característica de nosso cortesão; e agradar e atender aos desejos daquele a quem se serve pode ser feito sem adulação, pois falo de vontades que sejam razoáveis e honestas, ou daquelas que em si não são boas nem más, como seria jogar, dedicar-se mais a um exercício que a outro; e a isso quero que o cortesão se conforme, mesmo que a sua natureza seja alheia a isso, de modo que, sempre que o senhor o vir, pense que tem alguma coisa agradável para lhe falar; o que acontecerá, se nele prevalecer o bom discernimento para saber o que o príncipe aprecia, o engenho e a prudência para saber-se conformar a isso, e a deliberada vontade de encontrar prazer naquilo que talvez por natureza lhe desagradasse; e tendo tais cuidados, perante o príncipe não se apresentará jamais de má vontade nem melancólico, nem taciturno, como muitos que parecem estar em litígio com os patrões, coisa realmente odiosa. Não será maledicente, especialmente sobre seus senhores; o que ocorre com freqüência, até parecendo, nas cortes, uma tempestade que traz consigo o fato de que aqueles que são mais beneficiados pelos senhores, e de uma posição subalterna elevados a uma superior, sempre se lamentam e falam mal deles; o que é inconveniente, não só para esses, mas mesmo para aqueles que fossem maltratados. Nosso cortesão não recorrerá a tolas presunções, não será portador de novidades aborrecedoras; não será imprudente em dizer palavras que ofendam em vez de agradar; não será obstinado e litigioso, como alguns, que parecem só ter prazer em molestar e perturbar feito moscas e fazem questão de contradizer despeitosamente a todos sem nenhum respeito; não será tagarela, frívolo ou mentiroso, contador de vantagens nem adulador inepto, mas sim modesto e prudente, usando sempre, especialmente em público, aquela reverência e respeito que convêm ao servidor em relação ao seu senhor; e não fará como muitos, os quais, encontrando-se com qualquer grande príncipe, embora só tenham falado com ele uma única vez, adiantam-se com certa aparência risonha e amiga, como se quisessem agradar um seu igual ou ser benevolente com um inferior a si. Raríssimas vezes ou quase nunca pedirá ao senhor alguma coisa para si mesmo, para evitar que o senhor, sentindo constrangimento em negá-la, acabe por concedê-la a contragosto, o que é muito pior. Quando pedir por terceiros, observará discretamente o momento oportuno e pedirá coisas honestas e razoáveis; e apresentará de tal modo sua petição, eliminando aquelas partes que imagine possam desagradar e facilitando com destreza as dificuldades, que o senhor sempre há de concedê-la ou, caso venha a negá-la, não pensará ter ofendido aquele ao qual não quis satisfazer; porque muitas vezes os senhores, após terem negado uma graça a quem a demandou inoportunamente, pensam que aquele que a solicitou com tanta insistência a desejava muito e, não tendo podido obtê-la, venha a querer mal a quem a recusou; e por assim pensarem, começam a odiar aquele e jamais conseguirão tornar a vê-lo com bons olhos.

[XIX.] Não tentará intrometer-se no quarto ou em locais reservados com seu senhor sem ser solicitado, mesmo que possua muita autoridade; porque freqüentemente os senhores, quando se acham em ambientes privados, apreciam uma certa liberdade de dizer e fazer o que lhes agrada, e por isso não querem ser vistos nem ouvidos por pessoas que poderiam julgá-los, o que é bastante razoável. Daí, aqueles que criticam os senhores por terem nos quartos pessoas de não muito valor em outras coisas, exceto bem servi-los em questões pessoais, me parecem cometer um erro, pois não sei por que razão eles não deveriam ter aquela mesma liberdade para relaxar seus espíritos que desejamos para relaxar os nossos. Mas se o cortesão, habituado a tratar de coisas importantes, se encontra secretamente no quarto, deve adotar outros modos e deixar as coisas severas para outro lugar e tempo, buscando conversas prazerosas que agradem ao seu senhor, para não lhe impedir o repouso do espírito. Mas nisso como em outras coisas, cuide sobretudo de não molestá-lo, esperando que os favores lhe sejam oferecidos em vez de buscá-los tão abertamente como fazem muitos, com tal avidez que, se não os conseguem, parece que irão perder a vida; e se por acaso sofrem algum desfavor ou vêem outros serem favorecidos, ficam tão agoniados, que de modo algum conseguem dissimular sua inveja; donde fazem todos rirem de si e muitas vezes fazem com que os senhores favoreçam qualquer um só para deixá-los despeitados. Se se encontram numa situação que supere a mediania, isso lhes sobe tanto à cabeça que ficam inebriados; a tal ponto que parecem não saber o que fazer com as mãos e os pés, e quase põem-se a chamar os amigos para que venham vê-los e congratular-se com eles, como se fosse coisa com a qual não estão acostumados. Não quero que nosso cortesão seja um desses. Quero que aprecie os favores, mas não a ponto de estimá-los tanto que pareça não poder viver sem eles; e, quando os conseguir, não demonstre ser novato nem estranho a eles, nem tampouco maravilhar-se que lhe sejam oferecidos; não os recuse como fazem alguns, que por verdadeira ignorância se negam a aceitá-los e assim fazem ver aos circunstantes que se consideram indignos deles. Deve apresentar-se sempre um pouco mais humilde do que comporta seu nível; não deve aceitar tão facilmente os favores e honras que lhe são oferecidos, mas recusá-los modestamente, mostrando apreciá-los bastante, de tal maneira, porém, que permita a quem oferece fazê-lo com muito maior insistência; pois quanto mais resistência puser com tal maneira em aceitá-los, mais há de parecer ao príncipe que os concede que são estimados e que a graça feita é maior na medida em que o receptor demonstra apreciá-la e com ela sentir-se honrado. São esses os verdadeiros e sólidos favores que fazem a pessoa ser apreciada por quem a vê de fora; porque, não sendo mendigados, todos presumem que nasçam de verdadeira virtude; e mais ainda quando são acompanhados de modéstia.

[XX.] Disse então dom Cesare Gonzaga: – Creio que haveis roubado esta passagem do Evangelho, onde diz: "Quando por alguém fores convidado para um casamento, vai tomar o último lugar; para que, quando vier o que te convidou, te diga: Amigo, senta-te mais para cima. Ser-te-á isto uma honra diante de todos os mais convivas."[23] – Riu dom Federico e disse: – Seria um sacrilégio demasiado grande roubar do Evangelho; mas sois mais douto na Sagrada Escritura do que eu pensava; – depois acrescentou: – Vede em quão grande perigo se colocam às vezes aqueles que temerariamente diante de um senhor entram em considerações sem que lhe peçam; e freqüentemente aquele senhor, para humilhá-los, não responde e vira a cabeça para outro lado, e, se lhes responde, todos vêem que o faz aborrecido. Assim, para ser favorecido pelos senhores não existe melhor via que merecê-lo; não é preciso que ele acredite, ao ver alguém que tenha agradado ao príncipe por qualquer razão, que, se o imitar, igualmente conseguirá o mesmo resultado; porque nem tudo convém a todos e encontrar-se-á quem, por natureza, é tão predisposto às brincadeiras que tudo o que disser provocará o riso e há de parecer que nasceu só para aquilo; e, se outro com modos habitualmente graves, embora de grande engenho, pretender fazer o mesmo, obterá resultados frios e sem graça, de modo que aborrecerá quem o escutar; e será justamente como aquele asno que, imitando o cachorro, queria brincar com o patrão. Por isso é preciso que cada um conheça a si mesmo e suas forças, e a tanto se adapte, decidindo as coisas que pode imitar ou não.

[XXI.] – Antes que passeis mais adiante, – disse aqui Vincenzio Calmeta – se entendi bem, creio que haveis dito que a melhor via para conseguir favores seja merecê-los; e que é melhor o cortesão aguardar que lhe sejam oferecidos do que buscá-los presunçosamente. Duvido muito que tal regra venha a propósito e me parece que a experiência nos demonstre com clareza o contrário, porque hoje pouquíssimos são favorecidos pelos senhores, exceto os presunçosos; e sei que podeis ser testemunhas de alguns que, ao se verem pouco favorecidos por seus príncipes, somente com sua presunção se fizeram apreciados por eles; mas não conheço ninguém que, por modéstia, tenha ascendido, e a vós também dou tempo para pensar, mas creio que poucos haveis de encontrar. E, se considerardes a corte de França, que atualmente é uma das mais nobres da cristandade, vereis que todos aqueles que nela possuem graça universal têm algo de presunçoso; e não somente um com o outro, mas com o próprio rei. – Não digais isso – replicou dom Federico. – Ao contrário, na França, há assaz modestos e corteses gentis-homens; é verdade que usam uma certa liberdade e familiaridade sem-cerimoniosa, que lhes é própria e natural; por isso não deve ser chamada de presunção, pois naquela sua maneira de ser, embora riam e assumam ares de presunçosos, muito apreciam aqueles que lhes parecem ter valor e modéstia. – Respondeu Calmeta: – Observai os espanhóis, os quais parecem ser mestres da cortesania e considerai quantos encontrais que com damas e senhores não sejam extremamente presunçosos; e ainda mais que os franceses, porque à primeira vista aparentam enorme modéstia; e de fato nisso são discretos, pois, como disse, todos os senhores de nossa época só favorecem aqueles que têm tais costumes.

[XXII.] Respondeu então dom Federico: – Não posso admitir, dom Vincenzio, que dirijais tal censura aos senhores de hoje, pois também há muitos que amam a modéstia, mas não afirmo que só ela baste para que um homem seja apreciado; digo sim que, quando é acompanhada de um grande valor, honra assaz quem a possui; e, se ela silencia sobre si mesma, as obras louváveis falam amplamente, e são muito mais admiráveis do que se fossem acompanhadas de presunção e temeridade. Não vou negar que existam muitos espanhóis presunçosos; mas afirmo que os mais estimados são, quase sempre, bastante modestos. Encontram-se também alguns outros tão frios que evitam além da medida a companhia dos homens e ultrapassam um limite aceitável, fazendo com que sejam considerados muito tímidos ou muito soberbos; e a esses não louvo de modo nenhum, nem quero que a modéstia seja tão seca e árida que se torne como um modo campônio. Mas seja o cortesão, quando for o caso, eloqüente e, nos discursos políticos, prudente e sábio, e tenha tanto juízo que saiba adaptar-se aos costumes da nação em que se encontra; e também nas coisas mais simples seja agradável e discorra bem sobre qualquer coisa; mas sobretudo tenda sempre para o bem: jamais seja invejoso ou maledicente; e não tente nunca obter graças ou favores por meios viciosos ou vias desonestas. – Disse então Calmeta: – Posso assegurar-vos que todas as outras vias são mais duvidosas e longas do que esta que censurais; porque hoje, repetindo mais uma vez, os senhores só amam aqueles que tomaram tal caminho. – Não faleis assim, – respondeu dom Federico – pois isso constituiria uma clara demonstração de que os senhores dos nossos tempos seriam todos viciados e maus, o que não acontece, porque ainda se encontram alguns bons. Mas se quiser o acaso que nosso cortesão fique a serviço de algum vicioso e maligno, assim que o souber, dele se afaste, para não experimentar aquela imensa angústia que sentem todos os bons que servem aos maus. – É preciso pedir a Deus – respondeu Calmeta – que nos dê bons senhores, porque, quando os temos, somos forçados a suportá-los como são; pois quem é um gentil-homem, após ter começado a servir a um patrão, se vê impedido de abandoná-lo por infinitas obrigações; mas a desgraça consiste no princípio, e acham-se os cortesãos no mesmo caso daqueles desventurados pássaros que nascem em tristes vales[24]. – Parece-me – disse dom Federico – que o débito deve valer mais que todas as obrigações; e contanto que um fidalgo não deixe o patrão quando houver guerra ou em qualquer adversidade, de modo que se pudesse acreditar que fizesse isso para ir em busca da fortuna ou por parecer que lhe faltassem meios dos quais pudesse tirar proveito, em qualquer outra ocasião creio que possa com razão e deva livrar-se daquela servidão, que lhe provocaria vergonha entre os homens de bem; pois todos presumem que aquele que serve aos bons é bom e quem serve aos maus é mau.

[XXIII.] Gostaria, – disse então o senhor Ludovico Pio – que vós me esclarecêsseis uma dúvida que tenho em mente; que é se um gentil-homem, enquanto serve a um príncipe, é obrigado a obedecê-lo em todas as coisas que ele ordena, mesmo que sejam desonestas e condenáveis. – Em coisas desonestas não somos obrigados a obedecer a ninguém – respondeu dom Federico. – E – replicou o senhor Ludovico – se eu estiver a serviço de um príncipe que me trate bem e creia que eu deva fazer por ele tudo aquilo que se pode, e ele me mandar matar um homem ou fazer algo semelhante, devo recusar-me a fazê-lo? – Vós deveis – respondeu dom Federico

– obedecer a vosso senhor em todas as coisas que lhe são úteis e honrosas, não naquelas que lhe sejam danosas e provoquem vergonha; porém, caso ele vos ordenasse praticar uma traição, não só não seríeis obrigado a cometê-la, mas seríeis obrigado a não a cometer, por vós mesmos e para não ser ministro da vergonha de vosso senhor. É verdade que muitas coisas parecem boas à primeira vista, e são más, e muitas parecem más e são boas. Por isso, às vezes é lícito, a serviço de um senhor, matar não um, mas dez mil homens, e fazer muitas outras coisas, as quais, para quem não as considerasse como se deve, pareceriam más e, no entanto, não são. – Respondeu então o senhor Gaspar Pallavicino: – Eh, por vossa fé, discorrei um pouco sobre isso, e ensinai-nos como se podem discernir as coisas verdadeiramente boas das aparentes. – Perdoai-me, – disse dom Federico – não quero entrar neste assunto, pois muito haveria que dizer, mas remeto tudo à vossa discrição.

[XXIV.] – Esclarecei-me ao menos uma outra dúvida – replicou o senhor Gaspare. – Qual dúvida? – disse dom Federico. – Esta: – respondeu o senhor Gaspare – gostaria de saber, caso me fosse imposto de forma precisa por um senhor, o que eu deveria fazer numa empreitada de qualquer tipo, se eu, encontrando-me em ação e tendo a impressão de que, agindo um tanto diversamente do que me fora imposto, poderia realizar a coisa com maior benefício para quem me atribuíra o encargo, deveria reger-me por aquela primeira norma sem superar os limites do contrato ou fazer aquilo que me parecesse melhor? – Respondeu então dom Federico: – Eu, a esse propósito, vos daria minha opinião com o exemplo de Manlio Torquato que, em situação similar, matou o próprio filho por excesso de amor à pátria, se o considerasse digno de muito louvor, o que não acontece, se bem que também não ouse censurá-lo contra a opinião de tantos séculos; pois sem dúvida é coisa mui perigosa desviar-se das ordens dos superiores, confiando mais no próprio juízo do que no daqueles aos quais razoavelmente se deveria obedecer; porque, se por acaso o pensamento estiver equivocado e a coisa correr mal, incorre-se no erro da desobediência e arruina-se o que deve ser feito, sem desculpa ou esperança de perdão; já se a coisa correr segundo o desejado, convém louvar a sorte e dar-se por contente. Todavia, destarte se introduz o hábito de dar pouca importância às ordens dos superiores; e seguindo o exemplo daquele que tiver sido bem-sucedido, e que talvez tenha sido prudente e desviado com razão das ordens recebidas, mil outros ignorantes e levianos hão de querer ganhar segurança em coisas importantíssimas, executando-as a seu modo e, para mostrar sabedoria e autoridade, desviar-se-ão das ordens dos senhores, o que é péssimo e muitas vezes provoca erros infinitos. Mas creio que aquele que se encontrar em tal caso deve pensar ponderadamente e, por assim dizer, pôr na balança o bem e as vantagens que lhe podem advir se desobedecer às ordens, admitindo que as coisas aconteçam conforme sua esperança; por outro lado, deve pesar o mal e a desvantagem que lhe advirá se, por acaso, contrariando as ordens, a coisa der mal resultado; e percebendo que o dano pode vir a ser maior e mais importante se for mal-sucedido, do que a utilidade, se bem-sucedido for, deve abster-se e seguir detalhadamente aquilo que lhe foi determinado. Ao contrário, se a utilidade for maior e mais importante, em caso de sucesso, do que as desvantagens, em caso de insucesso, creio que possa razoavelmente fazer o que sua razão e juízo lhe ditam, deixando um pouco de lado aquela formulação precisa da ordem; deve fazer como os bons comerciantes que, para ganhar muito, arriscam pouco, mas nunca muito para ganhar pouco. É assaz louvável que sobretudo respeite a natureza do senhor a quem serve, e se oriente por ela; pois se fosse tão austera, como a de muitos que existem, jamais lhe aconselharia, se fosse meu amigo, que mudasse em parte uma ordem recebida, para que não lhe acontecesse o que se conta ter ocorrido com um engenheiro ateniense, ao qual, achando-se Publio Crasso Muziano na Ásia e querendo combater uma certa cidade, mandou pedir um dos dois mastros de navio que vira em Atenas, para fazer um aríete que abatesse os muros e para tanto quis o maior. O engenheiro, como entendia bem do seu ofício, sabia que o maior vinha pouco a propósito para aquele efeito; e, por ser o menor mais fácil de transportar e ainda mais conveniente para aquela empreitada, mandou-o a Muziano. Este, ao verificar como tudo se passara, mandou vir o pobre engenheiro e, perguntando-lhe por que não o havia obedecido e não querendo aceitar seus argumentos, mandou despi-lo e açoitá-lo tanto com varas que ele morreu, julgando que em vez de obedecer-lhe pretendera aconselhá-lo: por isso é preciso ter muito respeito com homens tão severos.

[XXV.] Mas vamos deixar de lado essas relações senhoris e passemos à conversação entre pares ou com os pouco desiguais; pois é preciso se ocupar também desta, por ser geralmente mais comum e o homem se encontrar com mais freqüência nessa companhia que na dos senhores. Embora haja alguns tolos que, mesmo se estão com seu maior amigo, ao que encontrarem com outro mais bem vestido logo se juntam a este; e se surge um outro melhor, fazem a mesma coisa. E quando o príncipe passa pelas praças, igrejas ou outros locais públicos, abrem caminho a poder de cotoveladas, até chegarem ao lado dele; e, mesmo que não tenham nada a dizer, querem falar-lhe e prolongam a conversa vazia, riem, batem as mãos e a cabeça, para demonstrar terem assuntos de importância, a fim de que o povo os veja com bons olhos. Porém, dado que esses só se dignam falar com os senhores, não quero que nos dignemos falar deles.

[XXVI.] Então o magnífico Iuliano: – Gostaria, – disse – dom Federico, já que haveis mencionado aqueles que de bom grado fazem companhia aos bem vestidos, que nos indicásseis de que maneira deve se vestir o cortesão, que roupa mais lhe convém e, acerca de todos os ornamentos do corpo, de que modo deve governar-se; pois nisso vemos infinitas variações: alguns se vestem à francesa, outros à espanhola e há quem queira parecer alemão; e não nos faltam aqueles que se vestem à moda turca; alguns usam barba e outros não. Portanto, seria bom nesta confusão escolher o melhor. – Disse dom Federico: – Na verdade, não saberia indicar uma determinada regra para o vestir, a não ser que o cortesão deve se acomodar aos costumes da maioria; e, dado que, com dizeis, esses costumes são tão variados e os italianos são tão volúveis que chegam a imitar o vestuário alheio, creio que é lícito cada um se vestir conforme lhe aprouver. Mas não sei por que acontece que a Itália não tem, como antes tinha, roupas que sejam identificadas como italianas; pois, embora o fato de ter posto em uso estas novas faça as anteriores parecerem grosseiras, talvez estas fossem sinal de liberdade, como as atuais foram presságio de servidão, que agora me parece claramente consumado. E como se escreveu que, tendo Dario, um ano antes de combater Alexandre, mandado adaptar a espada que usava (a qual era persa) à moda macedônica, foi interpretado pelos adivinhos que isso significava que aqueles cuja moda fora seguida por Dario para mudar a forma da espada persa viriam a dominar a Pérsia; assim o fato de termos trocado as roupas italianas pelas estrangeiras parece-me significar que todos aqueles cujas roupas imitamos virão um dia a subjugar-nos; o que se tornou mais que verdade, pois já não resta nação que não nos tenha transformado em presa, tanto que pouco mais resta para predar e contudo não param nunca de fazê-lo.

[XXVII.] Mas não quero que entremos em discussões fastidiosas. Por isso é melhor falarmos das roupas de nosso cortesão; as quais, desde que não sejam estranhas aos costumes nem contrárias à profissão, creio que possam todas agradar, se satisfizerem a quem as usa. É bem verdade que gostaria que não fossem exageradas em nenhum aspecto, como costumam ser o francês no excesso de tamanho e os alemães na medida demasiado pequena, mas sim como são ambos corrigidos e mudados para melhor forma pelos italianos[25]. Prefiro também que tendam sempre um pouco mais para o grave e discreto do que para o fútil: por isso parece-me que o preto tenha maior graça nas roupas do que qualquer outra cor; e, se não forem negras, que pelo menos tendam para o escuro. E digo isso para os trajes corriqueiros, pois não há dúvida de que portando armas, sao mais convenientes cores claras e alegres e também roupas festivas, com franjas, pomposas e soberbas. Igualmente nos espetáculos públicos de festas, jogos, bailes de máscaras e coisas semelhantes; pois assim listrados e coloridos carregam consigo uma certa vivacidade e alegria, que na verdade combina bem com armas e jogos; mas, no resto, gostaria que mostrassem aquela severidade que bem conserva a nação espanhola, pois as coisas extrínsecas freqüentemente falam das intrínsecas. – Então interveio dom Cesare Gonzaga: – Isso não me aborreceria muito porque, se um gentil-homem vale nas outras coisas, o vestir não lhe acresce nem lhe tolhe nenhuma reputação. – Respondeu dom Federico: – Dizeis a verdade. Mas quem dentre nós, ao ver passar um fidalgo com uma roupa quartada e de várias cores, ou então com tantas fitinhas e lacinhos amarrados e tantos frisos atravessados, não o julgaria louco ou bufão? – Nem louco nem bufão – disse dom Pietro Bembo – seria ele considerado por alguém que morou algum tempo na Lombardia, pois assim andam todos. – Então, – respondeu a senhora duquesa rindo – se assim se vestem todos, não se deve repreendê-los, sendo essa roupa tão conveniente para eles quanto um veneziano usar mangas bufantes e um florentino o capuz. – Não falo mais da Lombardia – disse dom Federico – que dos outros lugares, porque em todas as nações se encontram idiotas e sensatos. Mas para dizer aquilo que me parece mais importante no vestir, quero que o nosso cortesão em todas as roupas seja limpo e delicado, e tenha um certo a-propósito de modesta elegância, mas não de maneira feminina ou fútil, e não mais uma coisa que noutra, como muitos que vemos, que tanto cuidado põem no penteado que esquecem todo o restante; outros só se ocupam dos dentes, outros da barba, outros de borzeguins, outros de gorros, outros de chapéus com pontas; e assim acontece que aquelas poucas coisas mais refinadas parecem emprestadas a eles e todas as que são idiotas se identificam como deles. E tal vestuário quero que o nosso cortesão evite, a meu conselho; acrescentando ainda que deve decidir consigo mesmo o que pretende parecer e, conforme queira ser apreciado, assim se deve vestir, fazendo com que as roupas ajudem-no a ser bem considerado mesmo por quem não escute sua voz nem o veja fazer nada.

[XXVIII.] – Não me parece – disse então o senhor Gaspar Pallavicino – que seja conveniente, nem costume entre pessoas de valor, julgar a condição dos homens pelas roupas, e não pelas palavras e pelos atos, pois muitos se enganariam; com razão diz aquele provérbio que o hábito não faz o monge. – Não digo – respondeu dom Federico – que só com base nisso se devam emitir juízos definitivos sobre as condições dos homens, nem que estes não sejam melhor conhecidos pelas palavras e obras do que pelas roupas; mas insisto em que a roupa não é testemunho secundário da fantasia de quem a veste, embora às vezes possa ser falso; e não só isso, mas todos os modos e costumes, além das obras e palavras, são indícios das qualidades daqueles em quem são vistos. – E que coisas considerais – tornou o senhor Gasparo – passíveis de juízos nossos que não sejam palavras nem obras? – Disse então dom Federico: – Vós sois de uma lógica muito sutil. Porém, para dizer-vos como penso, há certas atividades que, depois de concluídas, permanecem, como edificar, escrever e outras mais; outras não permanecem, como aquelas das quais desejo agora falar; mas não digo que, a esse respeito, passear, rir, observar e coisas similares, sejam atividades; contudo, todas essas coisas exteriores muitas vezes informam sobre as de dentro. Dizei-me: acaso não achastes fútil e leviano aquele amigo nosso de quem falamos hoje de manhã, assim que o vistes passear torcendo a cabeça, agitando-se todo e convidando com aspecto solícito a brigada a tirar-lhe o gorro? Igualmente, quando observais alguém que olha muito insistente com os olhos estúpidos e ares de insensato ou que ri tão nesciamente como aqueles barrigudos silenciosos das montanhas de Bérgamo, embora não fale nem faça nada, não o considerais um grande toleirão? Vedes, pois, que tais modos e costumes, que por enquanto não considero sejam atividades, fazem que os homens em grande parte sejam conhecidos.

[XXIX.] Mas creio que há outra coisa que dá e diminui muito a reputação: é ela a escolha dos amigos com os quais se há de ter uma relação estreita; porque sem dúvida a razão quer que aqueles que têm amizade profunda e companhia inseparável tenham também as vontades, os espíritos, os juízos e as inteligências conformes. Assim, quem conversa com ignorantes ou maus, é tido por ignorante ou mau; ao contrário, quem conversa com bons, sábios e discretos, como tal é considerado; pois parece que por natureza tudo facilmente se conjugue com seu semelhante. Por isso creio ser necessária muita atenção ao começar tais amizades, pois quando dois amigos se conhecem, logo um imagina que o outro seja de condição semelhante. – Respondeu então dom Pietro Bembo: – Parece-me de fato que se deva ter grande precaução em estreitar amizades tão unânimes, como dizeis, não só por se adquirir ou perder reputação, mas porque hoje encontram-se muito poucos amigos de verdade, e não creio que existam mais no mundo aqueles Pílades e Orestes, Teseus e Pirítos, Cipiões e Lélios; ou melhor, não sei por que acontece que a cada dia dois amigos, os quais viveram cordialmente durante muitos anos, acabam se enganando de algum modo, por malignidade, por inveja, por superficialidade ou por qualquer outra causa ruim;

e cada um atribui ao outro a culpa por aquilo que talvez a ambos caiba. Por isso, tendo me acontecido mais de uma vez ser enganado por quem eu mais amava e por quem, mais que por qualquer outro, confiava ser amado, pensei então comigo mesmo que é melhor não confiar em ninguém no mundo, nem se entregar assim a um amigo, por mais caro e amado que seja, comunicando-lhe sem reserva todos os seus pensamentos, como faria consigo mesmo; porque em nossos espíritos existem tantos esconderijos e tantos recessos que é impossível que a prudência humana possa conhecer tantas simulações que dentro se acham ocultas. Portanto, creio que é bom amar e servir mais a um do que a outro, conforme os méritos e o valor; mas não ter tamanha certeza dessa doce miragem da amizade para não se arrepender mais tarde.

[XXX.] Então dom Federico: – De fato, – disse – muito maior seria a perda que o benefício, se fosse retirado das relações humanas aquele supremo grau de amizade que, em minha opinião, nos dá o que há de bom em nossa vida; por isso não posso de nenhum modo admitir que sejais razoável; ao contrário, faço questão de concluir, e com razões bem evidentes, que sem essa perfeita amizade os homens seriam muito mais infelizes do que todos os outros animais; e se alguns corrompem, como profanadores, este santo nome da amizade, não é o caso de eliminá-la assim de nossos espíritos, e por culpa dos maus privar os bons de tanta felicidade. E tenho a certeza de que aqui entre nós há mais do que uma dupla de amigos cujo amor é indissolúvel e sem nenhum engano e que vai durar até a morte com as vontades harmonizadas, não menos que aqueles antigos que antes haveis citado; e assim acontece quando, além da inclinação que provém das estrelas, se escolhe um amigo com hábitos parecidos; e entendo que isso tudo se passa entre homens bons e virtuosos, pois a amizade dos maus não é amizade. Enfatizo que esse nó tão estreito não compreenda ou ligue mais que dois, pois de outro modo talvez fosse perigoso; porque, como sabeis, com mais dificuldade se harmonizam três instrumentos de música do que dois. Portanto, gostaria que o nosso cortesão tivesse um amigo principal e cordial, se possível daquele tipo de que falamos; depois, segundo o valor e os méritos, que ele amasse, honrasse e observasse todos os outros, e procurasse sempre relacionar-se mais com os estimados, nobres e reconhecidos como bons do que com os plebeus e de pouco valor; de maneira que fosse amado e honrado também por eles. E isso acontecerá se for cortês, humano, generoso, afável e de companhia agradável, prestativo e diligente ao servir e ao se ocupar dos interesses e da honra dos amigos, tanto ausentes quanto presentes, tolerando seus defeitos naturais e suportáveis, sem entrar em choque com eles por pequenos problemas, e corrigindo em si mesmo aqueles que amavelmente lhe serão apontados; não se antepondo jamais aos outros para buscar os primeiros e mais honrados lugares; nem fazendo como alguns que parecem desprezar o mundo, querem com uma certa austeridade incômoda ditar regras a todos e, além de serem litigiosos e fora de propósito nas menores coisas, censurar aquilo que não fazem e encontrar sempre motivo para lamentar-se dos amigos, o que é coisa assaz odiosa.

[XXXI.] Aqui, tendo parado de falar dom Federico: – Gostaria – disse o senhor Gasparo Pallavicino – que falásseis um pouco mais detalhadamente da conservação entre amigos; pois na verdade permaneceis muito na generalidade e nos mostrais as coisas de passagem. – Como de passagem? – perguntou dom Federico. – Talvez preferísseis que vos dissesse também as palavras exatas que deveriam ser usadas? Não vos parece que já discutimos bastante a esse respeito? – Parece-me que sim – respondeu o senhor Gasparo. – Mas desejo compreender certas particularidades sobre a maneira de entreter-se com homens e mulheres, coisa que me parece da maior importância, considerando que nas cortes a isso dedicam a maior parte do tempo; e, se ela fosse sempre uniforme, logo se tornaria aborrecida. – Creio – respondeu dom Federico – que demos ao cortesão conhecimentos de tantas coisas, que ele pode muito bem variar a conversação e adaptar-se à qualidade das pessoas com as quais há de conversar, pressupondo que ele tenha bom senso e por si se governe, e, conforme as situações, ora se ocupe de coisas graves, ora de festas e jogos. – E que jogos? – disse o senhor Gasparo. Respondeu então dom Federico rindo: – Vamos pedir conselhos a frei Serafino, que todos os dias tem novos para dar. – Sem gracejar, – replicou o senhor Gasparo – parece-vos um vício no cortesão jogar cartas e dados? – A mim não, – respondeu dom Federico – exceto no caso de o fazer com muita assiduidade e, por isso, negligenciar outras coisas de maior importância; ou se o fizesse apenas para ganhar dinheiro, enganasse o companheiro e, ao perder, demonstrasse dor e desagrado tão grande que fosse sinal de avareza. – Respondeu o senhor Gasparo: – E que dizeis do jogo de xadrez? – Esse é certamente um entretenimento requintado e inteligente, – disse dom Federico – mas me parece que nele se encontre um só defeito: o de que se pode conhecê-lo por demais, de modo que os que pretendem ser excelentes no xadrez, penso que terão de dedicar muito tempo e estudar tanto como se quisessem aprender alguma nobre ciência ou fazer qualquer outra coisa de grande importância; mas, no fim das contas, com tanto esforço não sabe nada mais que um jogo; por isso penso que nesse caso sucede uma coisa raríssima, a saber, que a mediocridade é mais louvável que a excelência. – Replicou o senhor Gasparo: – Muitos espanhóis são exímios neste e em outros jogos, aos quais não dedicam, porém, muito estudo, nem deixam de fazer outras coisas. – Pois crede – respondeu dom Federico – que estudam muito, embora dissimuladamente. Mas os outros jogos que citais, além do xadrez, talvez sejam como muitos que vi, de pouco interesse, e que só servem para maravilhar os ignorantes; por isso não creio que mereçam outro louvor nem outro prêmio além do que concedeu Alexandre Magno àquele que, ficando a boa distância, tão bem enfiava grãos numa agulha.

[XXXII.] Mas já que parece que a fortuna, como em muitas outras coisas, também tem imensa força nas opiniões dos homens, às vezes acontece que um fidalgo, por melhores condições que tenha e mesmo dotado de muitas graças, será pouco apreciado por um senhor e, como se diz, não desfrutará de sua simpatia; e isso sem nenhuma causa que se possa compreender. Assim, ao chegar à presença daquele e não sendo conhecido antes por outros, embora seja arguto e ágil nas respostas, e se mostre contido nos gestos, nas maneiras, nas palavras e em tudo que convém, aquele senhor demonstrará estimá-lo pouco, ou melhor, cedo lhe fará alguma descortesia, e disso resultará que os outros logo se adaptarão à vontade do senhor e a todos há de parecer que aquele homem não tem valor, nem haverá quem o aprecie ou estime ou ria de seus ditos agradáveis ou tenha qualquer consideração por ele; ao contrário, começarão a burlar-se dele e não o deixarão em paz; a esse coitado não bastarão boas respostas, nem considerar as coisas como se fossem ditas de brincadeira, pois até os pajens o provocarão, de modo que, mesmo se fosse o homem mais valoroso do mundo, apesar de tudo seria vítima de críticas e chacotas. E, ao contrário, se o príncipe se mostrar inclinado por alguém muito ignorante, que não saiba dizer nem fazer, serão muitas vezes os costumes e os modos daquele, por idiotas e ineptos que sejam, elogiados com exclamações e admiração por todos, e parecerá que toda a corte o admira e observa, que todos riem de seus motejos e de certas argúcias camponesas e frias, que antes deveriam provocar vômitos do que riso, a tal ponto os homens são firmes e obstinados nas opiniões que nascem dos favores e desfavores dos senhores. Por isso quero que o nosso cortesão, o melhor que puder, além do valor, se valha também do engenho e arte e, sempre que for a um lugar novo e desconhecido, trate de que uma boa opinião o anteceda, e dê a entender que ele em outros lugares, junto a outros senhores, damas e cavaleiros, é bem estimado; pois a fama que parece nascer de muitos juízos gera certa firme crença de valor, que, afinal, encontrando espíritos tão dispostos e preparados, facilmente se mantém e cresce com suas ações; além de evitar aquele incômodo que sinto quando me perguntam quem sou e qual o meu nome.

[XXXIII.] – Não sei de que serve isso, – respondeu dom Bernardo Bibiena – pois comigo aconteceu várias vezes e, penso, com muitos outros, que, tendo acreditado, segundo a opinião de pessoas de bom senso, que uma coisa era excelente antes de a conhecer, ao vê-la, pareceu-me medíocre e fiquei enormemente decepcionado quanto ao que esperava; e isso decorreu de eu ter acreditado em demasia em sua fama e ter criado em meu espírito um conceito tão alto que, comparando-o depois com a realidade, o efeito, embora grande e excelente, em comparação ao que imaginara, me pareceu mínimo. Assim, receio que possa ocorrer o mesmo com o cortesão. Por isso não sei se é aconselhável criar tais expectativas e fazê-lo preceder daquela fama porque nossos espíritos muitas vezes imaginam coisas às quais é difícil corresponder depois, e assim mais se perde do que se ganha. – Aqui interveio dom Federico: – As coisas que a vós e a muitos outros resultam bem menores que a fama são de tal sorte que o olho pode julgá-las à primeira vista; como se, não tendo ido nunca à Nápoles ou Roma, ouvindo falar tanto delas haveis de imaginar muito mais do que aquilo que talvez vos seja apresentado; mas em relação aos homens não é assim, pois o que se vê de fora é o de menos. Portanto, se, no primeiro dia, ao ouvir um gentil-homem discorrer, não perceberdes que nele exista aquele valor que haveis antes imaginado, não tão cedo vos despojareis dessa boa opinião, como no caso das coisas de que o olho imediatamente é juiz, mas esperareis dia após dia descobrir alguma outra virtude oculta, mantendo firme aquela impressão que nasceu das palavras de tantos; e sendo este (como pressuponho seja o nosso cortesão) tão dotado de qualidades, cada hora mais vos levará a acreditar naquela reputação, pois seus atos a confirmarão e vós sempre estimareis um pouco mais do que vereis.

[XXXIV.] Certamente, não se pode negar que essas primeiras impressões têm enorme força e que é necessário ter muito cuidado com elas; e para que se possa compreender quanto são importantes, digo-vos que conheci há tempos um gentil-homem, o qual, embora com aparência muito gentil, modestos costumes e ainda valoroso com as armas, não era contudo nestes campos tão exímio que não tivesse pares ou até quem o superasse. Porém, como sua sorte quis, aconteceu que uma mulher passou a amá-lo fervorosamente e, crescendo o amor a cada dia com as demonstrações que o jovem lhe fazia e não havendo como pudessem conversar, tomada a mulher de grande paixão revelou seu desejo a uma outra mulher, por meio da qual esperava obter algo. Esta não era inferior à primeira em nobreza nem em beleza; daí, aconteceu que, ouvindo falar tão afetuosamente daquele jovem, a quem jamais vira, e sabendo que aquela mulher, discretíssima e muito inteligente, o amava tanto, logo imaginou que ele fosse o mais belo, sábio e discreto, em suma, o homem mais digno de ser amado que havia no mundo; e assim, sem o ver, tão intensamente se apaixonou, que não pela amiga mas por si mesma começou a trabalhar para conquistá-lo e fazer com que correspondesse a seu amor, o que conseguiu com pouca fadiga, pois em verdade era muito mais mulher de ser rogada do que de rogar. Escutai agora a bela história. Pouco depois, aconteceu que uma carta, escrita por esta última ao amante, chegou às mãos de uma outra também nobilíssima, raridade pelos costumes e beleza, e sendo ela, como é comum entre mulheres, curiosa e desejosa de saber segredos, em especial de outras mulheres, abriu a carta e, ao lê-la, compreendeu que era escrita com extremo amor; e as palavras doces e cheias de fogo que leu primeiro lhe provocaram compaixão por aquela mulher, pois sabia muito bem de quem vinha aquela carta e a quem se destinava; depois, tamanha força tiveram que, revolvendo-as no espírito e imaginando como deveria ser aquele que pudera despertar tanto amor naquela mulher, logo se enamorou também ela; e fez a carta talvez um efeito maior do que se tivesse sido mandada pelo jovem. E, como às vezes sucede que o veneno em alguma comida preparado para um senhor mata o primeiro que o engole, assim essa infeliz, por ser demasiado gulosa, bebeu o veneno amoroso que fora preparado para outrem. Que devo vos dizer? A coisa se tornou pública e continuou de modo que muitas mulheres, além dessas, em parte para provocar despeito nas demais, esforçaram-se com todos os meios para gozar do amor daquele homem, e durante algum tempo o disputaram, como fazem as crianças com as cerejas. E tudo teve início com a primeira opinião que se fez aquela mulher, vendo-o tão amado por uma outra.

[XXXV.] Nessa altura, rindo, replicou o senhor Gasparo Pallavicino: – Vós, para dar força à vossa argumentação, alegais histórias de mulheres, que na maior parte são destituídas de razão; e, se quereis dizer qualquer coisa, esse favorito das mulheres devia ser um néscio e homem de pouco valor na verdade; pois é costume delas ligar-se sempre aos piores e, feito ovelhas, fazer o que vêem ser feito pela primeira, bem ou mal que seja, além de serem tão invejosas umas com as outras que, mesmo se esse homem fosse um monstro, teriam querido roubá-lo uma da outra. – Aqui intervieram muitos, quase todos querendo contradizer o senhor Gasparo; mas a senhora duquesa a todos impôs silêncio; depois, rindo, disse: – Se a maldade que dizeis das mulheres não fosse tão alheia à verdade que dizê-lo não representasse mais peso e vergonha contra quem o diz do que para elas, permitiria que alguém vos respondesse; mas não quero, ao contradizê-lo com tantas razões que seriam apresentadas, permitir que vos livreis desse mal costume, para que vosso pecado tenha uma grave punição, que será a má opinião que terão todos que vos ouvirem falar dessa maneira. – Então dom Federico: – Não afirmais, senhor Gasparo – respondeu –, que as mulheres estão a tal ponto distantes da razão, embora cheguem a amar mais pela opinião dos outros do que pela própria; porque os senhores e muitos homens sábios freqüentemente fazem o mesmo; e, se é lícito dizer a verdade, vós mesmo e todos nós muitas vezes, e ainda hoje, acreditamos mais na opinião alheia do que em nossa própria. E é bem verdade que, não faz tanto tempo, tendo sido aqui apresentados alguns versos com o nome de Sanazaro, a todos pareceram excelentes e receberam loas com exclamações de maravilhamento; depois, quando se soube que pertenciam a outro, logo perderam a reputação e pareceram menos que medíocres. E, quando se cantou um motejo na presença da senhora duquesa, não agradou nem foi considerado bom, até que não se soube que se tratava de uma composição de Josquin de Pris. Que sinal mais claro quereis da força da opinião? Não vos lembrais que, bebendo vós mesmo de um mesmo vinho, dizíeis ora que era perfeito, ora insípido? E isso porque alguém vos persuadira de que eram dois vinhos, um de Rivera di Genoa e o outro daqui; e, mesmo após a descoberta do erro, não queríeis acreditar de nenhum modo, tão firmemente estava instalada em vosso espírito aquela falsa opinião, a qual nascia porém das palavras de outros.

[XXXVI.] No início, portanto, o cortesão deve procurar causar boa impressão e considerar coisa danosa e mortal fazer o contrário; e a este perigo estão sujeitos aqueles que pretendem demonstrar ser muito agradáveis e ter adquirido com suas afabilidades uma certa liberdade, graças à qual lhes convém e lhes é lícito dizer aquilo que lhes ocorre, sem muito pensar. Por isso essa gente vem freqüentemente com certos argumentos e, não sabendo como sair deles, procuram safar-se fazendo rir; e o fazem tão desajeitadamente que não têm êxito, tanto que provocam grande tédio naqueles que os vêem e ouvem, e estes permanecem completamente frios. Às vezes, pensando ser argutos e engraçados, na presença de damas honradas e não raro a elas próprias, começam a dizer sujíssimas e desonestas palavras; e quanto mais as vêem enrubescer, mais se consideram bons cortesãos e continuam a rir, e deleitam-se entre si com as belas virtudes que imaginam possuir. Mas por nenhum outro motivo fazem tantas asneiras quanto para serem considerados bons companheiros; este é o único nome que lhes parece digno de louvor e do qual mais do que de qualquer outro se vangloriam; e para conquistá-lo dizem as mais incorretas e criticáveis grosserias do mundo. Com freqüência, chocam-se escadas abaixo, batem-se com bastões e tijolos nas costas, jogam punhados de pó nos olhos, lançam os cavalos nos fossos ou morro abaixo; à mesa, sopas, molhos, gelatinas, tudo jogam no rosto uns dos outros, e depois riem; e quem mais sabe fazer esse tipo de coisas considera-se o melhor e mais alegre cortesão, e lhe parece ter ganho enorme glória; e se por vezes convidam um gentil-homem a participar dessas brincadeiras e ele não quer aderir a tais gracejos selvagens, dizem logo que ele se considera demasiado sábio e grande mestre, e que não é bom companheiro. Mas vou dizer-vos coisa pior. Existem alguns que promovem apostas para ver quem come e bebe coisas mais nojentas e fétidas; e encontram tais repugnâncias para os sentidos humanos, que é impossível relembrá-las sem enorme fastio.

[XXXVII.] – E que coisas podem ser essas? – perguntou o senhor Ludovico Pio. Respondeu dom Federico: – Fazei-vos dizê-las o marquês Febus, que tantas vezes as viu na França e talvez delas tenha participado. – Respondeu o marquês Febus: – Na França, não vi fazerem-se coisas que não se façam na Itália; mas tudo que têm de bom os italianos no vestir, festejar, dar banquetes, terçar armas e tudo o que se exige de um cortesão, tudo houveram dos franceses. – Não digo – respondeu dom Federico – que entre os franceses não se encontrem gentilíssimos e educados cavaleiros; no que me toca, conheci vários verdadeiramente dignos de muitos louvores; contudo, existem alguns pouco respeitáveis; e, falando em geral, parece-me que nos costumes os italianos tenham mais em comum com espanhóis do que com franceses, pois aquela gravidade serena peculiar aos espanhóis me parece muito mais conveniente a nós do que a pronta vivacidade, que na França se encontra quase em cada movimento; o que neles não destoa, antes tem graça, porque lhes é tão natural e próprio que não se vê neles nenhuma afetação. Há muitos italianos que gostariam de imitar aquelas maneiras; mas não logram fazer nada além de sacudir a cabeça enquanto falam e de reverências tortas e desgraciosas; e, quando passeiam pela cidade, caminham tão apressados que os estafeiros não conseguem acompanhá-los; e com tais modos pensam que são bons franceses e têm aquela liberdade, no que, em verdade, raras vezes têm êxito, exceto aqueles que foram educados na França e desde criança adquiriram essas maneiras. O mesmo ocorre quanto a saber diversas línguas[26], coisa que louvo muito no cortesão, destacando o espanhol e o francês, porque a relação de uma e de outra com a Itália é muito freqüente, e com elas temos mais afinidades do que com qualquer outra; e esses dois príncipes[27], por serem mui poderosos na guerra e esplendorosos na paz, têm sempre a corte repleta de nobres cavaleiros, que se espalham pelo mundo todo; e nós também precisamos dialogar com eles.

[XXXVIII.] Não quero seguir dizendo coisas demasiado notórias, como que o nosso cortesão não deve ostentar ser um grande comilão, nem beberrão, nem dissoluto em algum mau costume, nem sujo e desordenado no viver, com certos hábitos de camponês que lembram a enxada e o arado a mil milhas de distância; pois de quem assim é, não só não se deve esperar que se torne bom cortesão, como não se lhe pode dar atividade mais conveniente do que apascentar ovelhas. E, para concluir, digo que seria bom que o cortesão soubesse perfeitamente aquilo que dissemos lhe convir, de sorte que tudo o possível lhe seja fácil, todos dele se maravilhem e ele de ninguém; evitando, porém, nisso, uma certa dureza soberba e desumana, como a que exibem alguns que demonstram não se maravilhar com as coisas que fazem os outros, porque presumem poder fazê-las muito melhor e as desprezam, ao se calarem, como indignas de serem comentadas; e quase pretendem dar a entender que não existe ninguém não só que os iguale, mas que sequer seja capaz de compreender a profundidade de seu saber. Portanto, o cortesão deve evitar tais modos odiosos e, com gentileza e benevolência, louvar as boas obras dos outros; e, embora ele se sinta digno de admiração e de longe superior a todos, deve demonstrar não se considerar tal. Porém, como na natureza humana raras vezes e talvez nunca se encontrem perfeições tão acabadas, o homem que se considera carente de algumas delas não deve desanimar nem perder a esperança de chegar a um bom nível, mesmo que não possa conseguir aquela perfeita e suprema excelência a que aspira; pois em todas as artes existem muitas posições honrosas além da primeira; e quem busca o máximo raras vezes ultrapassa o mediano. Assim, quero que, se o nosso cortesão for exímio, além de nas armas, em quaisquer outras atividades, valha-se delas e faça-se por isso honrar de bom modo; e seja tão discreto e equilibrado que saiba com destreza e a propósito levar as pessoas a verem e ouvirem aquilo em que pensa ser excelente, mostrando sempre fazê-lo não por ostentação, mas por acaso e antes solicitado por terceiros do que por iniciativa própria; e em tudo que tiver de fazer ou dizer, sempre que possível, medite e prepare-se bastante, procurando mostrar porém que tudo lhe vem improvisadamente. Mas as coisas nas quais se considera medíocre, passe por elas superficialmente, sem se aprofundar muito, de modo que se possa acreditar que sabe muito mais do que demonstra; como alguns poetas que se referiam a coisas sutilíssimas de filosofia ou de outras ciências, quando pouco entendiam daquilo. Mas no que for totalmente ignorante, não quero que faça nenhuma afirmação nem procure adquirir fama. Ao contrário, quando necessário, deve confessar claramente não saber.

[XXXIX.] – Assim – disse Calmeta – não teria agido Nicoletto, o qual, sendo grande filósofo, mas sobre leis sabendo tanto quanto voar, tendo um podestade de Pádua decidido oferecer-lhe uma cátedra de direito, não quis, para persuasão de muitos estudantes, desiludir o podestade e confessar-lhe nada saber da matéria, sempre dizendo não concordar nesse aspecto com a opinião de Sócrates, nem ser coisa de filósofo confessar sua ignorância. – Não digo – respondeu dom Federico – que o cortesão por si só, sem que alguém solicite, deva dizer que não sabe nada; por isso às vezes rio de certos homens que, mesmo sem necessidade, contam de bom grado coisas que, embora talvez tenham acontecido sem sua culpa, trazem consigo uma sombra de infâmia; como fazia um cavaleiro que todos conheceis, o qual, sempre que ouvia menção ao feito d'armas realizado contra o rei Carlos na província de Parma, logo começava a relatar de que modo fugira, parecendo que daquela jornada não houvesse visto ou escutado outra coisa; comentando-se depois um certo torneio famoso, contava sempre como caíra; e freqüentemente parecia que nas conversas buscava meios para contar que, uma noite, indo ao encontro de uma mulher, recebera várias cacetadas. Essas bobagens não quero que sejam ditas pelo nosso cortesão, mas creio que, surgindo a ocasião de exibir-se em coisas das quais não sabia muito, deva evitá-las; e, caso seja obrigado, confesse claramente não saber nada, em vez de correr aquele risco, assim evitará uma censura que hoje muitos merecem, não sei por que perverso instinto ou juízo irracional, sempre se metem a falar do que não sabem e deixam aquilo que sabem. E, confirmando isso, conheço um músico excelente que, tendo abandonado a música, dedicou-se totalmente a compor versos e acredita ser nisso um grande homem, fazendo com que todos riam dele, e agora até a música perdeu. Um outro, dos maiores pintores do mundo, despreza a arte em que é excelso e se dedica a aprender filosofia, na qual propõe tão estranhos conceitos e novas quimeras, que nem com toda a sua pintura saberia representar. E iguais a esses encontram-se infinitos. E há também alguns outros que, sabendo-se exímios numa coisa, fazem de outra ocupação a atividade principal, não sendo nela ignorantes; e todas as vezes que lhes ocorre mostrar-se naquela em que sentem valer mais, apresentam-se galhardamente; e por vezes acontece que o grupo, vendo-os tão valorosos naquele que não é seu ofício, estima que valem muito mais naquilo de que fazem seu ofício. Essa arte, se acompanhada de bom senso, não me desagrada nem um pouco.

[XL.] Respondeu o senhor Gaspar Pallavicino: – Isso não me parece arte, mas verdadeiro engano; e não creio que o enganar convenha a quem pretende ser um homem de bem. – Isso – disse dom Federico – é antes um ornamento, o qual acompanha aquela coisa que ele faz, do que um engano; e, mesmo que seja engano, não deve ser censurado. Não direis a propósito de dois que manejam armas que aquele que bate o companheiro o engana! Isso se dá porque ele tem mais arte que o outro. E, se possuís uma jóia que não engastada demonstre ser bela, chegando depois às mãos de um bom ourives que, ao tratá-la bem, faz com que pareça ainda mais bela, não direis que aquele ourives engana os olhos de quem a vê! Tal engano merece louvor, pois com a boa apreciação e a arte as mãos exímias muitas vezes acrescentam graça e ornamento ao marfim, ou à prata, ou a uma bela pedra, circundando-a de fino ouro. Não digamos portanto que a arte ou tal engano, se desejais chamá-lo assim, merece alguma crítica. Não é tampouco inconveniente que alguém que sinta ter valor numa coisa procure com destreza ocasião de mostrar-se nela, e igualmente oculte as partes que lhe parecem pouco louváveis, mas tudo com uma certa dissimulação. Não vos lembrais como, sem demonstrar que buscava as ocasiões, o rei Fernando[28] tratava de aproveitá-las para ficar de gibão porque se sentia muito à vontade; e porque não tinha mãos muito belas, raras vezes ou quase nunca tirava as luvas? E poucos observavam essa precaução dele. Parece-me também ter lido que Júlio César usava bastante a coroa de louros para esconder a calvície. Mas a respeito de tais coisas é preciso ser muito prudente e ponderado para não ultrapassar os limites, porque muitas vezes, para fugir de um erro, se incorre em outro, e buscando louvores se atrai a crítica.

[XLI.] Portanto, é coisa bem segura, no modo de viver e conversar, governar-se sempre com uma certa sábia ponderação[29], que na verdade constitui grande e firme escudo contra a inveja, a qual deve ser evitada o mais possível. Quero também que o nosso cortesão evite adquirir fama de mentiroso e de fútil, o que às vezes ocorre com quem não o merece; por isso, em seus raciocínios esteja sempre atento para não sair da verossimilhança e não dizer com muita freqüência aquelas verdades que têm cara de mentira, como muitos que só falam de milagres e pretendem ter tanta autoridade, que qualquer coisa incrível que dizem tenha crédito. Outros, no começo de uma amizade, para ganhar a simpatia do novo amigo, a primeira coisa que falam é jurar não existir no mundo maior amigo do que ele e que morreriam de boa vontade para prestar-lhe um favor, e outras sandices do gênero; e, quando se despedem, fingem chorar e não poder dizer nem uma palavra por causa da dor; assim, por desejarem ser considerados muito amáveis, acabam passando por mentirosos e bajuladores ordinários. Mas seria demasiado longo e cansativo discorrer sobre todos os vícios que podem surgir no mundo da conversação; por isso o que desejo no cortesão, além do que já foi dito, é que seja de tal maneira que não lhe faltem argumentos bons e adequados àqueles com quem fala, e que saiba com certa suavidade recrear o espírito dos ouvintes e, com ditos agradáveis e facécias, discretamente possa induzi-los à festa e ao riso de modo que, sem jamais aborrecer ou saturar, agrade continuamente.

[XLII.] Penso que agora a senhora Emilia me dará licença para calar-me; mas se ela me negar, pelas minhas próprias palavras ficarei convencido de não ser aquele bom cortesão que descrevi; pois não só os bons argumentos, os quais nem agora nem talvez nunca tereis ouvido de minha parte, mas seja como forem, tais argumentos me faltam totalmente. – Então disse rindo o senhor Prefeito: – Não quero que esta falsa opinião permaneça no espírito de alguns de nós: que vós não sejais boníssimo cortesão; pois certamente vosso desejo de silenciar decorre antes da vontade de evitar o esforço do que da falta de argumentos. Por isso, para não parecer que em tão digna companhia como é esta e numa conversação tão refinada, nenhum aspecto tenha sido deixado para trás, tende o prazer de ensinar-nos como devemos usar as facécias que acabastes de mencionar e de mostrar-nos a arte que pertence a todo este gênero de falar agradável, para induzir riso e festa de modo gentil, porque na verdade me parece que isso é muito importante e muito conveniente para o cortesão. – Meu senhor, – respondeu então dom Frederico – as facécias e ditos são antes dom e graça da natureza do que da arte; contudo há alguns povos mais dotados para isso do que outros, como acontece com os toscanos, que de fato são muito sutis. Parece também que motejar seja congenial nos espanhóis. Todavia encontram-se muitos nestes e noutros povos que, por excesso de loquacidade, ultrapassam os limites e se tornam insossos e ineptos, porque não respeitam o tipo de pessoas com quem falam, o lugar em que se encontram, a oportunidade, a gravidade e a modéstia que eles próprios deveriam manter.

[XLIII.] Então o senhor Prefeito respondeu: – Vós negais que exista algum tipo de arte nas facécias; contudo, criticando aqueles que nelas não mantêm a modéstia e a gravidade e não respeitam a oportunidade e as pessoas com que falam, creio que demonstrais que também isso se possa ensinar e tenha em si alguma regra. – Tais regras, meu senhor, – respondeu dom Federico – são tão universais que a toda coisa se aplicam e servem. Mas eu disse que não existe arte nas facécias, porque me parece que só se encontram de dois tipos, uma das quais se estende na argumentação longa e contínua; como se vê em alguns homens, que com tanta graça e tão agradavelmente narram e exprimem uma coisa que lhes tenha acontecido, ou que tenham visto ou ouvido, que com gestos e palavras colocam-na diante dos olhos e quase permitem tocá-la com as mãos; e isso, talvez, por não haver outro vocábulo, se poderia chamar de *festividade* ou *urbanidade*. O outro tipo de facécia é brevíssimo e consiste somente nos ditos ágeis e agudos, como freqüentemente entre nós se escutam, e nos ditos mordazes, que sem esse toque picante parecem não ter graça; e estes também pelos antigos eram chamados *ditos*, e hoje alguns os chamam de *argúcias*. Digo portanto que no primeiro modo, que é aquela narração festiva, não é necessária nenhuma arte, pois a própria natureza cria e forma os homens aptos a narrar de maneira agradável; e lhes dá o rosto, os gestos, a voz e as palavras apropriadas para imitar o que quiserem. No outro modo, das argúcias, o que pode fazer a arte, dado que o dito picante deve sair e produzir efeito, antes que aquele que o disse pareça ter pensado? Caso contrário é frio e não tem nada de bom. Por isso penso que o conjunto seja obra do engenho e da natureza. – Tomou então a palavra dom Pietro Bembo e disse: – O senhor Prefeito não nega aquilo que dizeis, isto é, que a natureza e o engenho não tenham a primazia, especialmente quanto à invenção; mas é certo que, no espírito de cada um, por maior que possa ser o seu engenho, nascem conceitos bons e maus, em maior ou menor quantidade; porém depois o julgamento e a arte depuram-nos, corrigem-nos, selecionando os bons e recusando os ruins. Assim, deixando aquilo que ao engenho pertence, dizei-nos em que consiste a arte; ou seja, dentre as facécias e os motes que induzem ao riso, quais são convenientes para o cortesão e quais não, e em que tempo e modo devem ser usados; pois é isso que o senhor Prefeito vos indaga.

[XLIV.] Sempre rindo, disse então Federico: – Não há ninguém aqui a quem eu não ceda em tudo, em especial, em ser chistoso; a menos que as bobagens sem graça, que tantas vezes fazem rir mais do que os ditos engenhosos, também fossem aceitas como facécias. – E assim, voltando-se para o conde Ludovico e para dom Bernardo Bibiena, disse: – Eis os mestres neste domínio, com os quais, se tiver de falar de ditos jocosos, é preciso que eu aprenda primeiro o que tenho a dizer. – Respondeu o conde Ludovico: – Parece-me que já começais a usar aquilo que dizeis ignorar, isto é, fazer rir estes senhores, burlando-se de dom Bernardo e de mim: pois cada um deles sabe que aquilo que louvais em nós se encontra em vós ainda melhor. Portanto, se vos sentis cansado, é melhor pedir vênia à senhora duquesa para adiar o restante da discussão para amanhã do que pretender por meio de enganos disfarçar o cansaço. – Dom Federico começava a responder, mas a senhora Emilia logo o interrompeu e disse: – Não faz parte das regras que a disputa se transforme em vossa louvação, basta que todos vós sejais bem conhecidos. Mas como me lembro que vós, conde, ontem à noite me criticastes por não dividir bem as tarefas, será melhor que dom Federico repouse um pouco, e o encargo de falar das facécias daremos a dom Bernardo Bibiena, porque não somente nas constantes conversas o sabemos brincalhão, mas temos na memória que várias vezes nos prometeu escrever essa matéria, e por isso podemos crer que muito tenha refletido a respeito, podendo assim satisfazer-nos plenamente. Depois, tendo terminado de falar das facécias, dom Federico há de dizer o que lhe falta sobre o cortesão. – Então disse dom Federico: – Senhora, não sei o que ainda me falta, mas eu, como o viajante já cansado da fadiga da longa caminhada ao meio-dia, repousar-me-ei com os argumentos de dom Bernardo, ao som de suas palavras, como debaixo de mui amena e sombreada árvore, ao murmurar suave de uma fonte viva; talvez depois, já restaurado, possa agregar algo mais. – Respondeu, rindo, dom Bernardo: – Se lhe mostrar a cabeça, vereis que sombra se pode esperar das folhas de minha árvore. Quanto a ouvir o murmúrio daquela fonte viva, talvez venha a suceder, pois já fui transformado em fonte, não por algum dos deuses antigos, mas por nosso frei Mariano, e desde então não me faltou água. – Aí todos se puseram a rir, porque essa tirada espirituosa à qual se referia dom Bernardo, que ocorrera em Roma perante Galeotto, cardeal de San Pietro in Vincoli, era bem conhecida de todos.

[XLV.] Acalmado o riso, disse a senhora Emilia: – Deixai agora de fazer-nos rir com brincadeiras e ensinai-nos como havemos de usá-las, de onde as tirar e tudo que acerca de tal matéria conheceis. E, para não perder mais tempo, começai agora. – Receio – disse dom Bernardo – que a hora seja tardia; e para que minha conversa sobre facécias não seja insípida e tediosa, talvez seja melhor transferi-la para amanhã. – Aqui, logo responderam muitos não ser tão cedo a hora costumeira para encerrar as discussões. Então, dirigindo-se dom Bernardo à senhora duquesa e à senhora Emilia: – Não quero evitar – disse – essa tarefa; embora eu, assim como costumo me admirar com a audácia de quem ousa cantar na presença do nosso Iacomo Sansecondo, assim também não deveria, na presença de ouvintes que entendem muito mais do que tenho a dizer do que eu mesmo, atrever-me a falar de facécias. Contudo, para não dar margem a que algum destes senhores recuse algo que lhes seja imposto, direi o mais brevemente possível o que me ocorre acerca das coisas que provocam o riso, o qual nos é tão característico que, para descrever o homem, costuma-se dizer que ele é um animal inclinado ao riso[30], pois só entre os homens ele é encontrado e é quase sempre testemunho de uma certa hilaridade que se sente no espírito, o qual por natureza inclina-se para o prazer e busca o repouso e a recreação; disso resulta que muitas coisas foram inventadas pelo homem para esse efeito, como as festas e tantos tipos de espetáculos. E porque amamos aqueles que nos propiciam tal recreação, costumavam os reis antigos, os romanos, os atenienses e muitos outros, para conquistar a benevolência dos povos e deleitar os olhos e os espíritos da multidão, construir grandes teatros e outros edifícios públicos e ali exibir novos jogos, corridas de cavalos e de carros, combates, animais estranhos, comédias, tragédia e animadas danças mourescas; nem os severos filósofos ficavam alheios a isso e, freqüentemente, com espetáculos desse tipo relaxavam os espíritos cansados daqueles seus elevados discursos e divinos pensamentos; coisa que também fazem os homens de todas as condições, pois não só os trabalhadores dos campos, os marinheiros e todos aqueles que fazem duros e ásperos exercícios com as mãos, mas os santos monges, os prisioneiros que esperam a morte de hora em hora, também tratam de encontrar algum remédio e medicina para recrear-se. Portanto, tudo aquilo que provoca o riso alegra o espírito e dá prazer, não deixando que naquele instante a gente se lembre das doenças irritantes de que a nossa vida está cheia. Por isso, como vedes, o riso é apreciadíssimo e é muito louvável quem o promove oportunamente e com boas maneiras. Mas o que será esse riso, onde estará e de que modo às vezes ocupa as veias, os olhos, a boca e os flancos, parecendo que nos queira fazer explodir, tanto que por mais força que façamos não é possível contê-lo, deixarei a discussão para Demócrito[31] que, mesmo que prometesse, não seria capaz de explicá-lo.

[XLVI.] Assim, o lugar e como que a fonte onde nascem as coisas risíveis consiste numa certa deformidade; porque somente se ri daquelas coisas que apresentam incongruências e parecem estar mal, mas sem o estar de fato. Não sei expressá-lo de outra maneira, mas se pensais por vós mesmos, haveis de ver que quase sempre aquilo de que se ri é uma coisa inconveniente, mas que não está mal. Portanto, quais devem ser os recursos a serem usados pelo cortesão para produzir o riso e com que finalidades, esforçar-me-ei por dizê-lo com o que me permitir meu tino; pois fazer rir sempre não convém ao cortesão, menos ainda da maneira como fazem loucos, bêbados, tontos e ineptos, e igualmente os bufões; e, se bem que nas cortes esse tipo de homens parecem ser requisitados, não merecem ser chamados de cortesãos, mas cada um por seu nome e estimados pelo que de fato são, é preciso tratar com grande cuidado os limites e a medida ao fazer rir satiricamente, sem descuidar de quem é satirizado; pois não se provoca o riso ao escarnecer de um miserável e desgraçado, nem tampouco de um velhaco e celerado público: porque esses parecem merecer castigo maior que uma simples burla; e os espíritos humanos não são inclinados a zombar dos miseráveis, exceto se aqueles na sua infelicidade contassem vantagens, fossem soberbos e presunçosos. Deve-se também ter respeito por aqueles que são universalmente apreciados e amados por todos, e poderosos, porque escarnecendo de um deles poder-se-iam adquirir inimizades perigosas. Assim, é conveniente troçar e rir dos vícios encontrados em pessoas nem tão miseráveis a ponto de provocarem compaixão, nem tão celeradas que pareçam merecer a pena capital, nem tão poderosas que um seu mínimo desdém possa provocar grande dano.

[XLVII.] Deveis saber ainda que daquilo de que se extraem motejos para rir também se podem obter sentenças graves para louvar e censurar, às vezes com as mesmas palavras: assim, para elogiar um homem generoso que partilhe suas coisas com os amigos, costuma-se dizer que o que ele tem não é dele, e o mesmo se pode dizer como censura de alguém que tenha roubado ou através de meios escusos tenha adquirido o que possui. Diz-se também: "Aquela é uma mulher notória", querendo louvar sua prudência e bondade; o mesmo poderia dizer quem quisesse criticá-la, dando a entender que seria mulher de muitos. Mas, a esse propósito, costuma-se utilizar com maior freqüência os mesmos lugares do que as mesmas palavras: como dias atrás, assistindo à missa numa igreja três cavalheiros e uma senhora, à qual servia[32] com amor um dos três, apareceu um pobre mendigo e, colocando-se diante da senhora, começou a pedir-lhe esmolas; e assim, bastante inoportuno e gemendo com voz lamentosa, repetiu várias vezes seu pedido; contudo, ela não lhe deu nenhuma esmola nem tampouco negou-a, fazendo-lhe um sinal para que se fosse com Deus, mas ficou indiferente, como se pensasse em outras coisas. Disse então o cavaleiro enamorado aos dois companheiros: "Vede o que posso esperar de minha senhora, que é tão cruel que não somente não dá esmola àquele pobre coitado morto de fome, que, com tanta paixão e tantas vezes, a ela a pede, mas não lhe dá sequer licença de ir-se; a tal ponto aprecia ver diante de si uma pessoa que se desfaz na miséria e em vão lhe implora a mercê." Respondeu um deles: "Isso não é crueldade, mas um treinamento tácito desta senhora dirigido a vós, para fazer-vos aprender que ela não cede jamais a quem a solicita com inoportuna insistência." Replicou o outro: "Ao contrário, é uma advertência de que embora ela não conceda aquilo que lhe é pedido, mesmo assim agrada-lhe que lhe roguem." Aí está, por não ter aquela senhora dado licença ao pobre, nasceu um dito de severa censura, um de modesto louvor e um outro de graça mordaz.

[XLVIII.] Voltando assim a definir os tipos de facécias incluídas em nossa proposição, digo que, em minha opinião, de três tipos podem ser encontradas, embora dom Federico só tenha mencionado duas; ou seja, aquela urbana e agradável narração contínua, que consiste em relatar até o fim a execução de uma ação; e a súbita e aguda presteza que consiste num único dito. Por isso, vamos acrescentar-lhe o terceiro tipo, que chamamos de *burla*, na qual intervêm as narrativas longas e os ditos breves e ainda alguns gestos. As primeiras, que consistem no falar contínuo, são semelhantes a contar novelas. E, para dar-vos um exemplo, naqueles dias em que morreu o papa Alexandre VI e foi escolhido Pio III, estando no Vaticano dom Antonio Agnello, vosso mantuano, senhora duquesa, e comentando justamente a morte de um e a eleição do outro e sobre isso emitindo vários juízos com alguns amigos, disse: "Senhores, até os tempos de Catulo começaram as portas a falar sem língua e a ouvir sem ouvidos, revelando assim os adultérios; ora, embora os homens não tenham o mesmo valor que tinham naquele tempo, talvez as portas, muitas das quais, pelo menos aqui em Roma, são feitas de mármores antigos, tenham as mesmas virtudes que tinham então; e creio que essas duas nos poderiam esclarecer todas as nossas dúvidas se quiséssemos interrogá-las." Então aqueles gentis-homens ficaram bastante curiosos e esperavam aonde aquilo iria levar; quando dom Antonio, continuando a andar para frente e para trás, ergueu os olhos, como de improviso, para uma das duas portas da sala na qual passeavam e, parando um pouco, mostrou com o dedo aos companheiros a inscrição daquela que trazia o nome do papa Alexandre[33] em cujo fim lia-se um V e um I, significando, como sabeis, Sexto; e disse: "Eis que esta porta diz ALEXANDER PAPA VI, para indicar que foi papa pela força[34] que usou, tendo dela se valido mais do que da razão. Agora, vejamos se desta outra podemos deduzir algo sobre o novo pontífice"; e voltando-se como por acaso, para a outra porta, mostrou a inscrição de um N, dois P e um V, que significava NICOLAUS PAPA QUINTUS; e logo disse: "Ai de mim, más notícias! Não é que esta qui diz NIHIL PAPA VALET[35]?"

[XLIX.] Ora vedes como este tipo de facécia tem um lado elegante e bom, como convém a um freqüentador da corte, seja verdadeiro ou falso aquilo que se narra; pois em tal caso é lícito fingir quanto se queira sem culpas; e, dizendo a verdade, enfeitá-la com algumas mentirinhas, aumentando ou diminuindo conforme a necessidade. Mas a graça perfeita e a verdadeira virtude disso é demonstrar tão bem e sem esforço, tanto com gestos quanto com palavras, aquilo que alguém quer exprimir para que aqueles que ouvem tenham a impressão de ver, com os próprios olhos, aquilo que se narra. E tanta força tem este jogo assim apresentado que às vezes enfeita e torna sumamente agradável uma coisa que em si mesma não será muito faceta nem engenhosa. E, embora essas narrativas requeiram os gestos e aquela eficácia que possui a viva voz, mesmo na escrita por vezes se reconhecem suas virtudes. Quem não ri quando, na oitava jornada de suas *Cento novelle*, Giovan Boccaccio narra quanto se esforça para cantar um *Kyrie* e um *Sanctus* o padre de Varlungo quando pressentia a Belcolore na igreja? Agradáveis narrativas encontram-se também naquelas de Calandrino e em muitas outras. Do mesmo gênero parece ser provocar o riso através de arremedos ou de imitações, como gostamos de dizer; coisas na qual até aqui não vi ninguém melhor que nosso dom Roberto de Bari.

[L.] – Isso não seria louvor de pouca monta, – disse dom Roberto – se fosse verdadeiro, porque eu certamente me esforçaria por imitar antes o bem que o mal e, caso pudesse assemelhar-me a algumas pessoas que conheço, considerar-me-ia muito feliz; mas receio só saber imitar as coisas que fazem rir, as quais há pouco haveis classificado de defeitos. – Respondeu dom Bernardo: – Defeito, sim, mas que não é um mal. E deveis saber que tal imitação de que falamos não pode ser destituída de inteligência: porque, além da maneira de acomodar as palavras, os gestos e colocar diante dos olhos dos ouvintes o rosto e a indumentária daquele de quem se fala, é preciso ser prudente em relação ao local, ao tempo e às pessoas com as quais se fala e não cair na bufonaria nem sair de certos limites; coisas que vós observais admiravelmente e por isso creio que todos o saibam. Pois na verdade a um fidalgo não conviria imitar os rostos de outrem, chorar e rir, imitar vozes, lutar corpo a corpo, como faz Berto, vestir-se de camponês na presença de qualquer um, como Strascino e coisas similares, que neles são muito adequadas por ser a profissão que exercem. Mas nós precisamos realizar essa imitação de passagem e dissimuladamente, conservando sempre a dignidade do gentil-homem, sem dizer palavrões ou praticar atos pouco honestos, sem distorcer o rosto ou o corpo sem compostura; mas fazer os movimentos de tal maneira que aquele que vê e ouve através de nossas palavras e gestos imagine muito mais do que aquilo que vê e ouve, portanto seja induzido a rir. Deve-se ainda evitar nessa imitação ser demasiado mordaz ao reproduzir em especial as deformidades do rosto ou do corpo; uma vez que os defeitos do corpo oferecem com freqüência boa matéria para rir a quem discretamente recorre a eles, e assim usar esse recurso demasiado acidamente é coisa não só de bufão, mas também de inimigo. Portanto, é necessário, embora seja difícil, manter a esse respeito, conforme disse, a maneira de nosso dom Roberto, que todos arremedamos, e não sem espicaçá-los em seus defeitos e na presença deles próprios. No entanto, ninguém se perturba com isso nem parece levar a mal; e não darei nenhum exemplo, porque diariamente todos vemos infinitos casos.

[LI.] Também provoca muito riso, embora se dissimule sob a narração, recitar com graça alguns defeitos dos outros, mas pequenos e indignos de maior suplício, como as tolices às vezes simples, outras vezes acompanhadas de um pouco de loucura ágil e mordaz; igualmente certas afetações extremas; por vezes uma grande e bem montada mentira. Como a bela historieta que contou há poucos dias nosso dom Cesare: encontrando-se na presença do podestade de Urbino, viu chegar um camponês que se lamentava por lhe terem roubado um burro; depois de falar de sua pobreza e do engano feito pelo ladrão, para tornar mais grave a perda, disse: "Senhor, se vós tivésseis visto meu burro, compreenderíeis quanta razão tenho em lamentar-me; pois quando carregava sua albarda parecia propriamente um Júlio." E um dos nossos, encontrando-se com um rebanho de cabras, em cuja frente havia um grande bode, deteve-se, e com uma expressão maravilhada gritou: "Olhai que lindo bode! Parece um São Paulo!"[36] O senhor Gasparo afirmou ter conhecido um outro que, por ser antigo servidor do duque Ercole de Ferrara, lhe oferecera dois de seus filhos pequenos como pajens; e estes, antes que pudessem servi-lo, morreram ambos: ao saber do que acontecera, o senhor se solidarizou afetuosamente com o pai, dizendo que lhe causava grande pesar pois, apesar de tê-los visto uma única vez, lhe haviam parecido filhos bonitos e discretos. O pai lhe respondeu: "Meu senhor, vós não vistes nada; pois de alguns dias para cá tinham ficado ainda mais lindos e virtuosos como eu nunca teria imaginado e já cantavam juntos como dois gaviões." E há poucos dias, um de nossos médicos, ao ver um condenado pela justiça chicoteado em praça pública, condoeu-se dele porque o desgraçado, embora com as costas sangrando, andava lentamente como se passeasse para distrair-se, e lhe disse: "Caminha, pobre homem, e sai logo desta angústia." Então o bom homem voltou-se, olhando-o admirado, ficou um pouco sem falar, depois disse: "Quando fores tu a levar chicotadas, andarás do teu modo, que eu agora quero andar do meu." Haveis de lembrar ainda da bobagem que há pouco contou o senhor duque sobre aquele abade, o qual, estando presente num dia em que o duque Federico discutia o que se deveria fazer com tão grande quantidade de terra que fora retirada para fazer as fundações deste palácio que ainda estava em construção, disse: "Meu senhor, pensai bem onde se pode colocá-la. Ordenai que façam uma grande fossa e ali será possível pôr tudo sem dificuldade." Respondeu o senhor duque sem conter o riso: "E onde haveremos de colocar a terra que for escavada dessa fossa?" Acrescentou o abade: "Fazei com que a cavem tão grande que caiba tudo dentro." Assim, embora o duque replicasse que, quanto mais se aumentasse a fossa, mais terra haveria, não conseguiu fazer entrar na cabeça dele que ela jamais seria grande o suficiente para pôr uma e outra terra dentro, e só conseguiu como resposta: "Maior ainda seja." Podeis ver que boa inteligência tinha esse abade.

[LII.] Disse então dom Pietro Bembo: – E por que não contai aquela do vosso comissário florentino? Ele estava assediado em Castellina pelo duque da Calábria e, tendo encontrado um dia certos projéteis envenenados que tinham sido lançados do campo, escreveu ao duque que, caso a guerra tivesse de ser feita de modo tão cruel, ele mandaria pôr veneno nas balas da artilharia e quem levasse a pior, azar seu. – Riu dom Bernardo e disse: – Dom Pietro, se não vos calais, contarei todas aquelas que eu mesmo vi e ouvi sobre vossos venezianos, que não são poucas, em especial quando querem bancar os cavaleiros. – Não conteis, por graça, – respondeu dom Pietro – que calarei duas outras belíssimas que sei de florentinos. – Disse dom Bernardo: – É mais fácil que sejam de senenses, que tantas vezes caem nessas. Como há poucos dias um que, ouvindo ler no conselho certas cartas, nas quais, para não repetir tantas vezes o nome daquele de quem se falava, utilizava-se o termo o *supracitado*, perguntou àquele que lia: "Interrompei-vos um momento para me explicar: esse Supracitado é um amigo de nosso município?" – Riu dom Pietro, depois disse: – Falo dos florentinos e não dos senenses. – Falai então livremente, – acrescentou dona Emilia – e não tenhais tantas cerimônias. – Continuou dom Pietro: – Quando os senhores florentinos guerreavam contra os pisanos, viram-se em certas ocasiões, por causa de muitas despesas, sem dinheiro: e um dia, discutindo no conselho como encontrá-lo para responder às necessidades, após muitas propostas, disse um cidadão dos mais velhos: "Pensei em dois modos, através dos quais sem maior embaraço logo poderemos obter uma boa soma de dinheiro; uma delas é que nós, por não termos haveres mais rentáveis que os tributos das portas de Florença, e como temos onze portas, façamos logo outras onze e assim duplicaremos a receita. O outro modo é dar ordens para abrir imediatamente, em Pistóia e Prato, casas da moeda iguais à de Florença e que ali não se faça outra coisa, dia e noite, senão cunhar moedas, e que sejam ducados de ouro; e esta proposta, em minha opinião, é a mais breve e de menor despesa".

[LIII.] Riu-se muito da sutil sagacidade daquele cidadão; e, acalmado o riso, disse a senhora Emilia: – Dom Bernardo, suportareis que dom Pietro provoque assim os florentinos sem vingar-vos? – Respondeu, sempre rindo, dom Bernardo: – Vou perdoá-lo por esta injúria, pois, se me desagradou ao troçar dos florentinos, agradou-me ao vos obedecer, o que eu também farei sempre. – Disse então dom Cesare: – Bela grosseria ouvi da boca de um bresciano, o qual, tendo ido este ano a Veneza para a festa da Ascensão, em minha presença narrava a alguns companheiros as coisas bonitas que lá havia visto; e quantas mercadorias, quantas pratarias, especiarias, panos e roupas se exibiam; depois, a Senhoria, com grande pompa, saiu para desposar o mar no Bucentauro, no qual havia tantos gentis-homens bem vestidos, tantos sons e cantos que parecia um paraíso; e tendo lhe perguntado um de seus companheiros que tipo de música mais lhe agradara de todas que ouvira, disse: "Todas eram boas; mas dentre outras vi alguém tocar um trombone estranho, que de vez em quando entrava mais de dois palmos na garganta, depois se levantava e de novo desaparecia; maravilha nunca vista." – Riram todos, percebendo a estranha idéia daquele que imaginava o músico enfiando na garganta aquela parte do trombone que se oculta ao entrar no instrumento.

[LIV.] Acrescentou então dom Bernardo: – As afetações menores aborrecem; mas, quando são desmesuradas, fazem rir muito, como às vezes se ouve da boca de alguns a respeito da grandeza, de ser valente, da nobreza; por vezes as mulheres a respeito da beleza, da delicadeza. Como há poucos dias fez uma grã-senhora, a qual, estando numa festa de má vontade e distante, perguntaram-lhe em que pensava, o que a fazia estar tão descontente; e ela respondeu: "Pensava numa coisa, a qual, sempre que dela me lembro, me dá imenso aborrecimento e não consigo tirá-la do coração; é ela que, no dia do juízo final, tendo de ressuscitar todos os corpos e devendo comparecer nus perante o tribunal de Cristo, não posso tolerar a ânsia que sinto ao pensar que também o meu venha a ser visto nu". Esse tipo de afetação, porque supera os limites, provoca mais riso que fastio. Agora todos sabeis como aquelas belas mentiras, tão bem montadas, provocam o riso. E aquele amigo nosso, que não nos deixa em falta, num dia desses me contou uma excelente.

[LV.] Disse então o magnífico Iuliano: – Como quer que seja, não pode ser nem mais excelente, nem mais sutil, do que aquela que outro dia contava como fato seguro um nosso toscano, comerciante de Lucca. – Contai-a! – acrescentou a senhora duquesa. Respondeu o magnífico Iuliano, rindo: – Esse comerciante, conforme disse ele, encontrando-se certa vez na Polônia, decidiu comprar uma quantidade de zibelinas, com o propósito de trazê-las para a Itália e fazer um grande negócio; e depois de muitas tentativas, não podendo ele próprio ir à Rússia por causa da guerra que havia entre o rei da Polônia e o duque de Moscóvia, ordenou, através de alguns habitantes do país, que num dia determinado alguns mercadores moscovitas com suas martas zibelinas viessem até a fronteira da Polônia e prometeu lá estar para concluir a operação. Assim, viajando o luquês rumo à Rússia, chegou a Boristene, que encontrou dura de gelo feito um mármore e viu que os russos, os quais por causa da guerra receavam os poloneses, já estavam na outra margem, porém não se aproximavam mais do que a largura do rio. Assim, tendo se identificado um ao outro, após alguns acenos, os russos começaram a falar alto e perguntar quanto queriam pagar pelas zibelinas, mas o rio era tão extremo que não eram ouvidos; porque as palavras, antes de chegar à outra margem, onde estavam os lugueses e seus intérpretes, congelavam no ar, e ali ficavam geladas e presas, de modo que os poloneses, que conheciam os costumes, resolveram fazer uma grande fogueira exatamente no meio do rio, pois, em sua opinião, aquele era o limite até onde chegava a voz ainda quente antes que ela fosse interceptada pelo gelo; e o rio ainda estava tão duro que podia suportar o fogo. Feito isso, as palavras, que durante uma hora haviam ficado congeladas, começaram a liqüefazer-se e a descer murmurando como as neves dos montes no mês de maio; e assim, logo foram bem entendidas, embora os homens do outro lado já tivessem partido; mas como lhe pareceu que aquelas palavras pediam um preço alto demais pelas zibelinas, não quis aceitar o negócio e assim voltou de mãos vazias.

[LVI.] Todos riram então e dom Bernardo: – Na verdade – disse – a que desejo contar-vos não é assim tão sutil; todavia é bela e é esta. Há poucos dias, falando-se dos países ou do mundo recentemente encontrado pelos marinheiros portugueses e dos inúmeros animais e outras coisas que de lá levaram para Portugal, aquele amigo, do qual vos falei, afirmou ter visto um macaco de forma totalmente diferente das que estamos acostumados a ver e que jogava xadrez muito bem; certa vez, estando perante o rei de Portugal o fidalgo que o trouxera e jogando xadrez com ele, o macaco fez alguns movimentos inteligentíssimos, de modo que o encurralou; por fim lhe deu xeque-mate. Perturbado como costumam ficar todos aqueles que perdem nesse jogo, o gentil-homem pegou a mão do rei, que era bastante grande, como é habitual entre os portugueses, e deu um belo tapa na cabeça do animal; este logo saltou de lado, lamentando-se muito, e parecia pedir justiça ao rei do que lhe fora feito. Depois, o fidalgo renovou o convite para jogar; o macaco, por meio de sinais, recusou-se a princípio mas acabou aceitando e, como da primeira vez, deixou-o de novo em má posição; por fim, quando o macaco percebeu que podia dar xeque-mate no gentil-homem, com outra malícia quis garantir não levar uma pancada; e quietinho, sem mostrar que lhe dizia respeito, colocou a mão direita sob o cotovelo esquerdo do fidalgo, que por delicadeza repousava numa almofada de tarefa; agilmente puxou-a e, ao mesmo tempo, com a mão esquerda avançou uma pedra para dar o xeque e com a direita pôs a almofada na cabeça para servir de escudo; depois, alegremente, deu um salto na frente do rei como para testemunhar sua vitória. Dizei-me se o macaco não é sábio, sagaz e prudente? – Então dom Cesare Gonzaga: – Quem sabe se dentre os demais macacos ele não era doutor e com grande autoridade; e penso que a República dos macacos indianos o mandou a Portugal para adquirir reputação num país desconhecido. – Aí todos riram da mentira e do acréscimo feito por dom Cesare.

[LVII.] Assim, continuando o raciocínio, disse dom Bernardo: – Portanto, ouvistes o que eu tinha a dizer sobre as facécias que se encontram no fato e no falar contínuo; por isso agora é bom falar daquelas que consistem num único dito e têm aquela pronta agudeza brevemente posta na sentença ou na palavra; e, assim como naquele primeiro tipo de falar festivo deve-se evitar, ao narrar e ao imitar, assemelhar-se aos bufões e parasitas e àqueles que induzem os outros a rir com suas bobagens, assim também neste falar breve o cortesão deve conter-se para não parecer maligno e venenoso, e dizer motes e argúcias somente para despeitar e ferir, porque tais homens, muitas vezes por defeito na língua, merecidamente recebem castigo no corpo inteiro.

[LVIII.] Das facécias curtas, que cabem num dito breve, algumas são agudíssimas e nascem da ambigüidade, embora nem sempre façam rir, porque são antes elogiadas como engenhosas do que como engraçadas; como há alguns dias disse o nosso dom Annibal Paleotto a alguém que lhe sugeria um professor para ensinar gramática a seus filhos e, depois de louvá-lo por ser muito douto, chegando ao salário disse que além de dinheiro queria um quarto mobiliado porque não tinha onde dormir; então dom Annibal logo respondeu: "E como pode ser douto se não leu?" Eis como bem se serviu do duplo significado daquele *non aver letto*[37]. Porém, como tais palavras ambíguas têm muita sutileza, por se poder entendê-las num sentido diferente daquele que a tomam outras pessoas, parece, como eu disse, que mais facilmente provocam admiração do que riso, exceto quando associados a outro tipo de ditos. Assim, aquele tipo de motes que mais se usa para fazer rir é quando esperamos ouvir uma coisa e a pessoa responde com uma outra, o que se chama de *fuor d'opinione* [fora de opinião]. E se a isso agregarmos a ambigüidade, o mote se torna muito mordaz. Como anteontem, discutindo a propósito de fazer um belo piso de tijolos [*mattonato*] na saleta da senhora duquesa, após muitas palavras, vós, Ioan Cristoforo, dissestes: "Se pudéssemos pegar o bispo de Potenza e achatá-lo, viria bem a propósito, porque ele é o mais completo louco nato (*matto nato*) que conheço." Todos riram muito, porque dividindo a palavra *mattonato* criastes a ambigüidade; e, falando em *achatar* um bispo, transformando-o em *chão* de uma saleta, foi inesperado para quem ouvia; assim, o mote resultou engenhoso e risível.

[LIX.] Mas os motes ambíguos são de muitos tipos; por isso é preciso estar alerta e andar astutamente à caça das palavras, evitando aquelas que reduzem a argúcia ou que pareçam forçadas; ou então, conforme aquilo que dissemos, que tenham aspereza em demasia. Como, achando-se alguns companheiros em casa de um amigo cego de um dos olhos e, tendo o cego convidado o grupo a jantar, todos se foram exceto um, o qual disse: "Ficarei porque vejo lugar vazio para um"; e com o dedo indicou aquela órbita vazia. Vedes que isso é áspero e excessivamente descortês, porque ofendeu aquela pessoa sem motivo e sem ter sido ofendido antes, e disse o que se poderia dizer a qualquer cego; e tais coisas genéricas não divertem, pois parecem ter sido premeditadas. E da mesma espécie foi aquele dito para uma pessoa sem nariz: "E onde é que apóias os óculos?" ou "Com que aspiras as rosas em cada primavera?"

[LX.] Mas, entre os outros motes, têm excelente acolhida aqueles que nascem quando, do raciocínio mordaz do companheiro, se tomam as mesmas palavras no mesmo sentido e contra ele se as dirigem, ferindo-o com suas próprias armas; como um litigante a quem seu adversário indagou perante o juiz: "Por que berras?", logo respondeu: "Porque vejo um ladrão." E da mesma espécie foi também, quando Galeotto da Narni, passando por Siena, parou numa rua para perguntar por uma pensão e, vendo-o tão corpulento, um senense disse rindo: "Os outros carregam a bolsa atrás e este, na frente." Galeotto respondeu no ato: "Assim se faz em terra de ladrões."

[LXI.] Um outro tipo ainda é o que chamamos de *bischizzi* e consiste em mudar, acrescentar ou diminuir uma letra ou sílaba; como aquele que disse: "Tu deves ser mais douto na língua *latrina* que na grega." E a vós, senhora, foi escrito no cabeçalho de uma carta: "À senhora Emilia Impia". Também é engraçado interpor um verso ou mais, tomando-o com um propósito diferente do autor ou qualquer outro dito conhecido; às vezes com o mesmo propósito, mas mudando algumas palavras; como disse um gentil-homem que tinha uma mulher feia e desagradável, ao ser perguntado como ela estava, respondeu: "Julga-o tu, pois *Furiarum maxima iuxta me cubat*" [a maior das Fúrias está ao meu lado]. E dom Ieronimo Donato, participando das Estações de Roma na Quaresma junto com vários outros fidalgos, cruzou com um grupo de belas mulheres romanas e, tendo dito um daqueles gentis-homens:

Quot coelum stellas, tot habet tua Roma puellas;
[Quantas estrelas tem o céu, tantas donzelas tem tua Roma];

logo replicou:

Pascua quotque haedos, tot habet tua Roma cinaedos;
[Quantos cabritos têm os pastos, tantos veados tem tua Roma],

indicando um grupo de jovens, que vinham do outro lado. Disse ainda dom Marc'Antonio dalla Torre ao bispo de Pádua: "Havia um convento de mulheres em Pádua, sob a responsabilidade de um religioso muito estimado, de vida direita e douto, mas aconteceu que o padre, freqüentando familiarmente o convento e confessando muitas vezes as freiras, cinco delas, e mais não havia, engravidaram; descoberto o fato, o padre quis fugir e não conseguiu; o bispo mandou detê-lo e ele logo confessou que, por tentação do diabo, engravidara as cinco monjas; de modo que o senhor bispo estava decidido a castigá-lo duramente. E, como ele era douto, possuía muitos amigos que envidaram esforços para ajudá-lo, e junto com os outros dom Marc'Antonio foi ao bispo para pedir-lhe perdão. O bispo não queria ouvi-los de modo nenhum; por fim, tendo eles muito insistido, recomendando o réu e desculpando-o pelas facilidades do local, pela fragilidade humana e por muitas outras causas, disse o bispo: 'Não quero fazer nada, pois tenho de prestar contas a Deus sobre isso'; e, tendo eles contestado, disse o bispo: 'Que responderei a Deus no dia do Juízo quando me perguntar: *Redde rationem villicationis tuae?* [Dá-me contas de tua administração].' Aí logo respondeu dom Marc'Antonio: 'Monsenhor, aquilo que diz o Evangelho: *Domine, quinque talenta tradisti mihi, ecce alia quinque superlucratus sum* [Senhor, confiaste-me cinco talentos; eis aqui outros cinco talentos que ganhei].' Então o bispo não pôde controlar o riso e atenuou sua ira e a pena preparada para o malfeitor."

[LXII.] É igualmente belo interpretar os nomes e fantasiar alguma coisa: por que aquele de quem se fala se chama assim ou então por que se faz alguma coisa. Como há poucos dias, tendo Proto da Lucca, que, como sabeis, é muito agradável, questionado o bispo de Caglio, o papa lhe respondeu: "Não sabes que *caglio* [callo] em espanhol quer dizer *eu me calo*? E tu és um falastrão; por isso não seria conveniente para um bispo jamais poder declinar o seu título sem dizer mentiras; assim *caglia* [calla]." Aqui Proto deu uma resposta que, embora não fosse desse tipo, não foi menos bela que a proposta; pois, tendo repetido a pergunta várias vezes e vendo que não adiantava, disse por fim: "Santo padre, se Vossa Santidade me concede esse bispado, não será sem vantagem porque vos deixarei dois ofícios." "E que ofícios terias para deixar-me?", perguntou o papa. Respondeu Proto: "Deixarei o ofício grande e o da *Madona*"[38]. Então não pôde o papa, embora fosse severíssimo, deixar de rir. Um outro em Pádua disse que Calfurnio assim se chamava porque costumava aquecer os fornos[39]. E, tendo eu perguntado certo dia a Fedra por que é que, fazendo a Igreja na Sexta-feira Santa orações não só para os cristãos, mas também para pagãos e judeus, não se fazia menção aos cardeais, bispos e outros prelados, respondeu-me que os cardeais se incluíam naquela oração que diz: "*Oremus pro haereticis et scismaticis* [Rezemos pelos heréticos e cismáticos]." E o nosso conde Ludovico disse que eu criticava uma senhora por usar cremes de beleza que brilhavam demais, pois naquele rosto, quando estava arrumado, eu podia me ver como num espelho; porém, por ser feio, não gostaria de me olhar. Desta espécie foi o mote de dom Camillo Palleotto a dom Antonio Porcaro, o qual, falando de um seu companheiro que, ao confessar, dizia ao sacerdote que jejuava de bom grado e ia às missas e aos ofícios divinos e fazia todas as boas ações do mundo, disse: "Este em vez de se acusar se elogia"; ao que respondeu dom Camillo: "Ao contrário, confessa tais coisas, pois pensa que fazê-las seja um grande pecado." Não vos lembrais como falou há dias o senhor Prefeito, quando Giovantomaso Galeotto se admirava de alguém que pedia duzentos ducados por um cavalo? Dizendo Giovantomaso que o cavalo não valia um tostão e que, dentre outros defeitos, fugia tanto das armas que não era possível fazê-lo aproximar-se, disse o senhor Prefeito (pretendendo criticá-lo por covardia): "Se o cavalo tem essa qualidade de fugir das armas, me admiro que ele não peça mil ducados."

[LXIII.] Às vezes se diz também uma mesma palavra com um fim diferente daquele habitual. Como, estando o senhor duque para atravessar um rio rapidíssimo e tendo dito a um trombeteiro: "Passa", o trombeteiro se virou com o gorro na mão e com um gesto de reverência disse: "Passe Vossa Senhoria." É também agradável maneira de gracejar quando se tomam as palavras ao pé da letra e não segundo valor atribuído por quem fala; como neste ano um alemão em Roma, ao encontrar certa noite o nosso dom Filippo Beroaldo, de quem era aluno, disse *"Domine magister, Deus det vobis bonum sero"*[40]. E Beroaldo respondeu: *"Tibi malum cito* [E a ti cedo o mal]". Estando à mesa, com o grande capitão Diego de Quiñones, disse um outro espanhol que também participava da refeição, pedindo bebida: *"Vino"*, respondeu Diego *"Y no lo conocistes"*[41], para provocá-lo como se fosse marrano[42]. Disse ainda dom Iacomo Sadoleto a Beroaldo, que afirmava querer ir de qualquer modo a Bolonha: "O que o leva a deixar agora Roma, onde existem tantos prazeres, para ir a Bolonha, que se acha mergulhada em problemas?" Respondeu Beroaldo: "Por três causas sou forçado a ir a Bolonha" e já levantara três dedos da mão esquerda para indicar três causas de sua viagem; aí dom Iacomo o interrompeu e disse: "As três causas [*conti*] que o fazem ir a Bolonha são, primeiro, o conde [*conte*] Ludovico da San Bonifacio, segundo, o conde Ercole Rangone e, terceiro, o conde de Pepoli." Todos riram, porque os três condes haviam sido discípulos de Beroaldo, e eram três belos jovens que estudavam em Bolonha. Desta maneira ainda se ri muito de motes, pois trazem consigo respostas contrárias ao que se espera ouvir e, naturalmente, divertem-nos em tais casos os nossos próprios erros, dos quais, quando nos vemos enganados em nossas expectativas, rimos.

[LXIV.] Mas os modos de falar e as figuras que têm graça nos discursos graves e severos quase sempre combinam com as facécias e jogos. Observai que as palavras contrapostas garantem maior força quando uma cláusula contrária se opõe a outra. O próprio modo muitas vezes é bastante chistoso. Como aquele genovês, que era muito pródigo em gastar, foi repreendido por um usurário particularmente avarento que lhe disse: "E quando deixarás de jogar fora teus cabedais?" "Quando tu deixares de roubar os dos outros." E pois que, conforme já dissemos, das coisas de que se extraem brincadeiras mordazes, muitas vezes podem ser sacados ditos graves que louvam, para um e outro efeito é maneira muito graciosa e delicada quando se consente ou confirma aquilo que diz quem fala, mas o interpreta diversamente do que ele entende. Como, há dias, um padre de aldeia que celebrava a missa para seus paroquianos, após ter anunciado as festas daquela semana, começou a confissão geral em nome da população; e dizia: "Pequei praticando más ações, dizendo coisas ruins e por maus pensamentos" e o que costuma se seguir, fazendo a lista de todos os pecados mortais; um compadre e muito íntimo do pároco, para provocá-lo disse aos presentes: "Sois testemunhas de tudo o que confessou com a própria boca, porque pretendo denunciá-lo ao bispo." Este mesmo recurso foi usado por Sallaza dalla Pedrada para honrar uma senhora com quem falava, depois de tê-la elogiado, não só por suas condições virtuosas, mas também por sua beleza, e tendo ela respondido que não merecia tantas loas por já ser velha, lhe disse: "Senhora, o que tendes de velho é assemelhar-se aos anjos, que foram as primeiras e mais antigas criaturas concebidas por Deus."

[LXV.] Assim como os ditos jocosos servem para espicaçar e os graves para louvar, também servem as metáforas adequadas, em especial se são respostas e se aquele que responde persiste na mesma metáfora dita pelo outro. Deste modo foi respondido a dom Palla de' Strozzi, que, tendo fugido de Florença, para lá mandou um seu preposto para tratar de negócios, a quem disse, quase ameaçando: "Dirás de minha parte a Cosimo de' Medici que a galinha choca." O emissário executou a embaixada e Cosimo, sem pensar muito, respondeu no ato: "E da minha parte dirás a dom Palla que as galinhas chocam mal fora do ninho." Com uma metáfora louvou também gentilmente dom Camillo Porcaro o senhor Marc'Antonio Colonna. Este, tendo sabido que dom Camillo celebrara numa oração alguns senhores italianos famosos nas armas e, dentre outros, dele fizera menção altamente honrosa, depois de ter-lhe agradecido, disse: "Vós, dom Camillo, fizestes com vossos amigos o que fazem com seu dinheiro alguns mercadores, os quais, quando calha terem algum ducado falso, para passá-lo adiante, colocam aquele único entre vários bons e de tal modo conseguem gastá-lo; assim vós, para honrar-me, embora eu valha pouco, me pusestes em companhia de tão virtuosos e excelentes senhores que, com o mérito deles, talvez eu passe por bom." Respondeu então dom Camillo: "Aqueles que falsificam os ducados costumam dourá-los tão bem que aos olhos parecem ainda mais belos que os verdadeiros; por isso, se houvesse alquimistas de homens como existem de ducados, haveria razão para suspeitar que fostes falso, sendo, como sois, de metal muito mais belo e lúcido que alguns dos outros." Eis aí que este lugar é comum a uma e outra espécie de motes, e assim são muitos outros, dos quais poderiam ser dados infinitos exemplos, em especial nos ditos sérios; como aquele do Grande Capitão, que, estando à mesa e tendo sido já ocupados todos os lugares, viu que haviam ficado de pé dois fidalgos italianos, os quais haviam servido muito bem na guerra; e logo ele próprio se levantou e obrigou todos os demais a segui-lo a fim de abrir espaço para aqueles dois, dizendo: "Deixai sentar para comer estes senhores, pois se não fossem eles, não estaríamos nós aqui para comer." Disse ainda a Diego Garzia, que o aconselhava a levantar-se de um lugar perigoso, que a artilharia atingia: "Uma vez que Deus não incutiu medo em seu espírito, não queirais incuti-lo no meu." E o rei Luís, que hoje é rei de França, tendo sido dito a ele, pouco depois de coroado rei, que era o momento de castigar os inimigos que tanto o haviam ofendido enquanto era duque de Orleans, respondeu que não cabia ao rei de França vingar as injúrias feitas contra o duque de Orleans.

[LXVI.] Muitas vezes, se provoca faceciosamente com uma certa gravidade, sem induzir ao riso, como disse Gein Ottomanni, irmão do Grão-Turco, estando prisioneiro em Roma, que os torneios, como praticamos na Itália, lhe pareciam muito para divertir-se e pouco para valer. E disse, quando lhe contaram quanto o rei Ferrando, o jovem, era ágil, tendo o corpo bem-disposto para correr, saltar, fazer volteios a cavalo e coisas semelhantes, que no seu país os escravos faziam tais exercícios, enquanto os senhores aprendiam em criança a generosidade e dela se orgulhavam. Quase no mesmo espírito, porém um pouco mais engraçado, foi o que disse o arcebispo de Florença ao cardeal alexandrino: que os homens não têm nada além dos bens, do corpo e da alma: os bens são ameaçados pelos jurisconsultos, o corpo pelos médicos e a alma pelos teólogos. – Respondeu então o magnífico Juliano: – Poder-se-ia acrescentar a isso o que dizia Nicoletto, que raramente se encontra jurisconsulto que litigue, médico que tome remédio e teólogo que seja bom cristão.

[LXVII.] Riu dom Bernardo, depois acrescentou: – Como estes existem inúmeros exemplos, ditos por grandes senhores e homens mui sérios. Mas também se ri freqüentemente das comparações, como escreveu o nosso Pistoia a Serafino[43]: "Man-

da de volta a grande valise que se parece contigo", pois, se bem lembrais, Serafino se assemelhava a uma valise. Existem ainda outros que se divertem ao comparar homens e mulheres com cavalos, pássaros e tantas vezes com caixas, bancos, carroças, candelabros, o que às vezes é engraçado e outras é friíssimo. Por isso, a esse respeito é preciso considerar o lugar, o tempo, as pessoas e as outras coisas de que já falamos tanto.
– Então o senhor Gaspar Pallavicino: – Agradável comparação – disse – foi aquela feita pelo senhor Giovanni Gonzaga, sobre Alexandre Magno, com o senhor Alexandre, seu filho. – Não conheço – respondeu dom Bernardo. Disse o senhor Gasparo: – Jogava o senhor Giovanni com três dados, perdera muitos ducados e continuava a perder; e o senhor Alexandre, seu filho, o qual, embora ainda criança, não joga com menos prazer que o pai, observava-o atentamente e parecia todo triste. O conde de Pianella, que se achava presente com vários outros fidalgos, disse: "Vede, senhor, que o senhor Alexandre está descontente com a vossa perda e se consome esperando que vençais, para ter algo da vitória; portanto, retirai-o dessa angústia e, antes de perder o restante, dai-lhe ao menos um ducado, para que ele possa ir jogar com os companheiros." Disse então o senhor Giovanni: "Equivocai-vos, pois Alexandre não se preocupa com coisas tão pequenas; mas como se escreveu que Alexandre Magno, enquanto era criança, ao saber que Filipe, seu pai, vencera uma grande batalha e conquistara um certo reino, começou a chorar e, quando lhe perguntaram por que chorava, respondeu que receava que seu pai conquistaria tantos países que não deixaria nada para ele conquistar; assim, agora Alexandre, meu filho, se magoa e está a ponto de chorar vendo que eu, seu pai, perco, pois receia que perca tanto que não deixe nada para ele perder."

[LXVIII.] E aqui, tendo rido todos, agregou dom Bernardo: – Também se deve evitar que as brincadeiras sejam ímpias; porque se passa depois a querer ser arguto no blasfemar, tratando de encontrar nisso novos modos; parece então que se busque a glória onde se merece não só crítica, mas também castigo pesado, o que é uma coisa abominável; por isso, estes que pretendem demonstrar ser engraçados com pouca reverência a Deus, merecem ser expulsos da convivência de qualquer fidalgo. E igualmente todos aqueles que são obscenos e chulos no falar e que, na presença de mulheres, não têm nenhum respeito, e parecem não ter outro prazer senão fazê-las enrubescer de vergonha e a partir daí vão buscando motes e argúcias. Como aconteceu este ano em Ferrara, onde, num banquete em que participavam muitas mulheres, encontraram-se um florentino e um senense, os quais, como sabeis, são inimigos; disse o senense para espicaçar o florentino: "Casamos Siena com o imperador e lhe demos Florença como dote"; e disse isso pois, naqueles dias, se comentara que os senenses tinham dado uma certa quantia ao imperador e ele retirara sua proteção. Respondeu logo o florentino: "Siena será em primeiro lugar montada (à francesa, mas disse o vocábulo italiano); depois se discutirá o dote à vontade." Vede que o mote foi engenhoso, mas, por ser na presença de mulheres, tornou-se obsceno e inconveniente.

[LXIX.] Então o senhor Gaspar Pallavicino: – As mulheres – disse – não sentem prazer em ouvir outra coisa; e vós quereis impedi-lo. E eu já me vi enrubescendo de vergonha com muito mais freqüência por palavras que me foram ditas por mulheres do que por homens. – Não falo desse tipo de mulheres, – disse dom Bernardo – mas das virtuosas, que merecem reverência e honra de todo gentil-homem. – Disse o senhor Gasparo: – Seria necessário encontrar uma regra sutil para conhecê-la porque na maioria dos casos elas, que na aparência são as melhores, de fato são o contrário. – Então, dom Bernardo disse rindo: – Se não estivesse aqui presente o nosso senhor Magnífico, que em todos os lugares é citado como protetor das mulheres, trataria de responder-vos; mas não quero criar problemas com ele. – Aqui, a senhora Emilia, sempre rindo, disse: – As mulheres não têm necessidade de nenhum defensor contra acusador de tão pouca autoridade; por isso deixai o senhor Gasparo com sua perversa opinião, provocada mais por não ter encontrado nunca uma mulher que tivesse preferência por ele do que por alguma falha das mulheres; e continuai a discussão sobre as facécias.

[LXX.] Então dom Bernardo: – De fato, senhora, – disse – creio ter falado das muitas coisas de que extrair motes provocatórios, que têm maior graça se forem acompanhados de uma bela narração. Muitos outros ainda poderiam ser citados; como quando, para aumentar ou diminuir, se dizem coisas que ultrapassam incrivelmente a verossimilhança; e desta espécie foi aquela que disse Mario da Volterra sobre um prelado: que se considerava tão grande homem que, quando entrava em São Pedro, se abaixava para não bater a cabeça na arquitrave da porta. Disse também aqui o nosso Magnífico que Golpino, seu servidor, era tão magro e seco que certa manhã, soprando sob o fogo para acendê-lo, fora transportado pela fumaça até o alto da chaminé; e, tendo ficado por sorte atravessado numa daquelas janelinhas, fora tão afortunado que não saíra voando com a fumaça. Disse ainda dom Augustino Bevazzano que um avarento, que não quisera vender o trigo enquanto estava caro, ao ver que o preço baixara muito, enforcou-se por desespero numa viga de seu quarto; e, tendo um empregado ouvido o estrépito, correu e viu o patrão enforcado, e rapidamente cortou a corda, livrando-o assim da morte; depois, tendo voltado a si, o avarento exigiu que o serviçal lhe pagasse a corda que lhe cortara. Do mesmo gênero foi o que disse Lorenzo de' Medici a um bufão sem graça: "Não me farias rir nem que me fizesses cócegas." E igualmente respondeu a um outro tolo, que certa manhã o encontrara na cama muito tarde e o recriminava por dormir tanto, dizendo-lhe: "Até agora já estive no Mercado Novo e Velho, depois fui para além da Porta de San

Gallo, ao redor das muralhas para fazer exercícios e fiz mil outras coisas; e vós dormis ainda?" Disse então Lorenzo: "Vale mais o que sonhei em uma hora do que aquilo que fizeste em quatro."

[LXXI.] Também é bonito, quando com uma resposta se retoma aquilo que parece não se querer retomar. Como o marquês Federico de Mântua, pai da nossa senhora, a duquesa, estando à mesa com muitos fidalgos, um deles, depois de ingerir toda uma sopeira, disse: "Senhor marquês, perdoai-me"; e tendo dito isso, começou a engolir a sopa que havia sobrado. Então o marquês respondeu cortante: "Pede desculpa aos porcos, porque a mim não ofendes em nada." Disse ainda dom Nicolò Leonico, para criticar um tirano que possuía falsa fama de generoso: "Pensai quanta generosidade tem este, que não só doa os seus bens como também os dos outros."

[LXXII.] Outro tipo bastante refinado de facécia é o que consiste numa certa dissimulação, quando se diz uma coisa e tacitamente se entende outra; não quero falar daquela maneira totalmente contrária, como chamar um anão de gigante e um negro de branco ou então alguém muito feio de belíssimo, pois são contrariedades demasiado evidentes, embora mesmo essas às vezes façam rir; mas quando, com um falar severo e grave, brincando, se diz de forma agradável aquilo que não se tem no pensamento. Como, ao dizer um fidalgo uma mentira deslavada a dom Augustin Foglietta e afirmando-a com eficácia, pois lhe parecia que muito dificilmente acreditasse nela, disse por fim dom Augustino: "Gentil-homem, se é que algum prazer espero de vós, faça-me o obséquio de mostrar-se contente com que eu não creia no que dizeis." Replicando ele, sob juramento, que dizia a verdade, disse por fim: "Uma vez que vós assim o quereis, vou acreditar por amar-vos, pois na verdade faria ainda mais por vós." Coisa parecida disse dom Giovanni di Cardona a propósito de alguém que queria ir embora de Roma: "Em minha opinião, ele pensa errado; porque é um celerado tamanho que, permanecendo em Roma, com o tempo poderia acabar cardeal." Do mesmo tipo é ainda o que disse Alfonso Santa Croce, o qual, tendo sido pouco antes ultrajado pelo cardeal de Pavia[44] e, passeando fora de Bolonha com alguns fidalgos perto do lugar onde se executam os condenados e vendo um homem que fora enforcado pouco antes, dirigiu-se a ele com um certo ar meditabundo e falou tão alto que todos o escutaram: "Feliz de ti, que não tens de te haver com o cardeal de Pavia!"

[LXXIII.] E este tipo de facécia que tem algo de irônico parece muito conveniente aos grandes homens, porque é grave e bem salgada, podendo ser usada nas coisas jocosas e também nas severas. Por isso muitos antigos, e dos mais estimados, a utilizaram, como Catão, Cipião, o Africano menor; mas nisso diz-se que foi excelente sobretudo o filósofo Sócrates, e em nossos tempos o rei Alfonso I de Aragão, o qual, preparando-se certa manhã para comer, retirou dos dedos anéis preciosos para não os molhar ao lavar as mãos, entregando-os ao primeiro que acorreu, quase sem olhar quem fosse. Esse serviçal pensou que o rei não tinha prestado atenção para quem os dera e que, devido aos pensamentos de maior importância, seria fácil que se esquecesse completamente do fato; maior certeza teve disso ao ver que o rei não os pedia de volta; e, ficando dias, semanas e meses sem ouvir uma palavra, pensou estar seguro. E, quando ia completar um ano que isso acontecera, numa outra manhã, também quando o rei se preparava para comer, tornou a apresentar-se e estendeu as mãos para pegar os anéis; então o rei, encostando-se no ouvido dele, disse-lhe: "Contenta-te com os primeiros, pois estes serão úteis para outro." Vede como o mote é salgado, engenhoso e grave, e realmente digno da magnanimidade de um Alexandre.

[LXXIV.] Semelhante a esta maneira que tende para o irônico é também um outro tipo, pelo qual com palavras honestas se nomeia uma coisa viciosa. Como disse o Grande Capitão a um gentil-homem que, após a jornada de Cirignola e quando as coisas já estavam garantidas, foi ao seu encontro armado a tal ponto que mais seria impossível, como se estivesse pronto para combater; e então o Grande Capitão, voltando-se para dom Ugo di Cardona, disse: "Não é mais preciso ter medo de tormenta de mar, pois Santo Ermo apareceu." E com aquela honesta palavra o espicaçou, porque sabeis que Santo Ermo sempre aparece aos marinheiros após as tempestades e dá sinal de tranqüilidade; e assim quis dizer o Grande Capitão que o aparecimento desse fidalgo era sinal de que o perigo estava completamente afastado. Estando ainda o senhor Ottaviano Ubaldino em Florença em companhia de alguns cidadãos de muita autoridade e, falando de soldados, um deles lhe perguntou se conhecia Antonello da Forli, o qual fugira então de Florença. Respondeu o senhor Ottaviano: "Não o conheço pessoalmente, mas sempre ouvi falar dele como sendo um soldado solícito." Disse então um outro florentino: "Vedes como ele é solícito, vai embora antes mesmo de pedir licença."

[LXXV.] Motes argutos são também aqueles em que do falar próprio do companheiro se extrai aquilo que ele não queria; e assim entendo que respondeu o senhor nosso duque àquele castelhano que perdeu San Leo, quando este estado foi tirado pelo papa Alexandre e entregue ao duque Valentino; e aconteceu que, estando o senhor duque em Veneza, naquele período que eu disse, vinham continuamente muitos de seus súditos para contar em segredo como decorriam as coisas no Estado, e dentre outros veio também esse castelhano; o qual, após ter se desculpado o melhor que pôde, atribuindo a culpa à sua desgraça, disse: "Senhor, não temais, pois ainda tenho ânimo suficiente para recuperar San Leo." Respondeu então o senhor duque: "Não te preocupes mais com isso; pois perdê-lo já foi um modo para que se possa recuperá-lo." Existem alguns outrou ditos pelos quais um homem, conhecido como engenhoso, diz uma coisa que provém de uma tolice. Como há dias disse dom Camillo Palleoto de alguém: "Este louco, assim que começou a enriquecer, morreu." E, parecida com isso, uma certa dissimulação salgada e cortante, quando um homem, prudente, mostra não entender aquilo que entende. Como disse o marquês Federico de Mântua, o qual, sendo incomodado por um impertinente, que se lamentava de que alguns vizinhos lhe caçavam com laços as aves do pombal e na mão trazia um pombo preso pelo pé com um laço, que assim encontrara morto, respondeu-lhe que tomaria providências. O impertinente, não só uma vez mas muitas, reiterava o seu prejuízo, mostrando sempre o pombo enforcado, e dizia: "E que vos parece, senhor, que se deva fazer neste caso?" O marquês por fim: "Parece-me" disse "que de modo nenhum pode esse pombo ser sepultado na igreja, porque, tendo se enforcado por si mesmo, é de se acreditar que estivesse desesperado". Quase igual foi o mote de Cipião Nasica para Ênio; pois, tendo ido Cipião à casa de Ênio para falar com ele e chamando-o da rua, uma empregada respondeu que ele não estava; mas Scipione ouvira claramente Ênio dizer à empregada para anunciar que não estava; assim, foi embora. Não muito depois foi Ênio à casa de Cipião e igualmente chamava de baixo; aí Cipião respondeu ele mesmo em alta voz que não estava em casa. Então Ênio: "Como? Não conheço eu" respondeu "a tua voz?" Disse Cipião: "Tu és demasiado descortês; há poucos dias acreditei em tua empregada que tu não estavas em casa e agora não queres acreditar em mim próprio."

[LXXVI.] Também é belo, quando alguém é espetado no mesmo ponto em que antes espetara o companheiro; como, estando Alonso Carillo na corte da Espanha e tendo cometido alguns erros juvenis e sem grande importância, por ordem do rei foi posto na prisão e lá deixado uma noite. No dia seguinte, foi solto e, indo ao palácio de manhã, chegou a um salão onde se achavam muitos cavaleiros e damas; e rindo-se daquela sua prisão, disse a senhora Boadilla: "Senhor Alonso, a mim muito me pesava esta vossa desventura, porque todos aqueles que o conhecem pensavam que o rei deveria mandar-vos enforcar."

Então Alonso rapidamente: "Senhora", disse, "também tive muito medo, mas tinha grande esperança de que me pedísseis como marido." Vede como isso é sutil e engenhoso, porque na Espanha, como também em muitos outro lugares, é costume que, quando se leva alguém para a forca, se uma meretriz o pede como marido, se lhe concede a vida. Desse modo respondeu o pintor Rafael a dois cardeais amigos, os quais, para provocá-lo, criticavam em sua presença uma pintura que ele fizera, retratando São Pedro e São Paulo, dizendo que aquelas duas figuras eram demasiado avermelhadas no rosto. Rafael respondeu sem hesitar: "Senhores, não vos maravilheis, fiz isso depois de muito refletir, porque é possível acreditar que São Pedro e São Paulo estejam, como podeis vê-los, no céu, vermelhos de vergonha por ser a igreja deles governada por homens como vós."

[LXXVII.] São também argutos aqueles motes que trazem uma certa intenção oculta de brincadeira; como, lamentando-se muito um marido e pranteando sua mulher que se enforcara numa figueira, um outro se aproximou e, puxando-o pela roupa, disse: "Irmão, poderia conceder-me a imensa graça de ter um pequeno ramo daquela figueira, para enxertá-lo em alguma árvore do meu pomar?" Existem alguns outros motes pacientes e ditos lentamente com uma certa gravidade; como, levando um camponês um baú nas costas, atingiu Catão com ele, depois disse: "Atenção." Respondeu Catão: "Carregas nas costas algo além deste baú?" Também se ri quando alguém, tendo cometido um erro, para remediá-lo diz uma coisa muito pensada, que parece idiota e contudo tende para aquele fim que ele se propõe, e dela se vale para não ficar embaraçado. Como há dias, no conselho de Florença, encontrando-se dois inimigos, como freqüentemente ocorre nas repúblicas de hoje, um deles, da família Altoviti, dormia; e aquele que se achava ao lado para rir, embora seu adversário, que pertencia à casa dos Alamanni, não estivesse falando nem tivesse falado, tocando-o com o cotovelo despertou-o e disse: "Não ouves o que disseram? Responde, pois a Senhoria solicita o teu parecer." Altoviti então, sonolento e sem mais pensar, levantou-se e disse: "Senhores, digo exatamente o contrário de tudo o que disse Alamanni." Replicou Alamanni: "Oh, eu não disse nada." Imediatamente emendou Altoviti: "Daquilo que dirás." Também desse modo falou mestre Serafino, vosso médico urbinense, a um camponês, o qual, tendo recebido uma forte pancada num olho, de sorte que na verdade este lhe fora arrancado, decidiu tratar-se com mestre Serafino; e este, ao vê-lo, embora soubesse ser impossível curá-lo, para arrancar-lhe dinheiro das mãos como a pancada lhe arrancara o olho da cabeça, prometeu curá-lo; e assim, todos os dias lhe pedia mais dinheiro, garantindo que dentro de cinco ou seis dias começaria a recuperar a visão. O pobre camponês lhe dava o pouco que possuía; porém, vendo que a coisa demorava, começou a queixar-se com o médico, dizendo que não sentia nenhuma melhora, nem enxergava com aquele olho mais do que veria se não tivesse nenhum. Por fim, verificando mestre Serafino que pouco mais poderia tirar-lhe, disse: "Meu irmão, é preciso ter paciência: perdeste o olho, não há mais nenhum remédio; e Deus queira que não percas também o outro." Ouvindo isso, o camponês se pôs a chorar e a condoer-se, dizendo: "Mestre, vós me assassinastes e roubastes o meu dinheiro; vou queixar-me ao senhor duque"; e dava os maiores gritos do mundo. Então mestre Serafino, furioso, e para safar-se daquela: "Ah, vilão traidor," disse "e ainda gostarias de ter dois olhos, como os citadinos e os homens de bem? Passa fora"; e essas palavras foram acompanhadas de tanta fúria que aquele pobre camponês se calou e, quieto, foi com Deus, pensando estar errado.

[LXXVIII.] Também é bonito quando se esclarece uma coisa ou ela é interpretada jocosamente. Como na corte da Espanha, indo certa manhã ao palácio um cavaleiro, feíssimo, acompanhado da belíssima esposa, ambos vestidos de damasco branco, disse a rainha a Alonso Carillo: "Que lhe parece, Alonso, destes dois?" "Senhora", respondeu Alonso "parece-me que esta é a *dama* e este o *asco*", que significa nojo. E ainda, quando Rafaello de' Pazzi viu uma carta do prior de Messina, que escrevera a uma de suas amigas, e em cujo endereçamento se lia: *Esta carta s'ha de dar a quien causa mi penar.* "Parece-me", disse, "que esta carta é dirigida a Paolo Tolosa." Imaginai quanto riram os presentes, pois todos sabiam que Paolo Tolosa emprestara dez mil ducados ao prior; e este, por ser um grande gastador, não encontrava meios de restituí-los. Parece-se com isso quando fazemos uma advertência confidencial, sob a forma de conselho, mesmo que dissimuladamente. Como disse Cosimo de' Medici a um amigo, que era muito rico, mas de não muito saber e que através de Cosimo obtivera certa missão fora de Florença; e tendo esse lhe perguntado como fazer para se sair bem em seu ofício, Cosimo lhe respondeu: "Veste-te de rosa e fala pouco." Do mesmo gênero foi o que disse o conde Ludovico a alguém que desejava passar incógnito por um certo lugar perigoso e não sabia como disfarçar-se e, ao ser perguntado, respondeu o conde: "Veste-te de médico ou com qualquer outra roupa de sábio." Disse ainda Giannotto de' Pazzi a alguém que pretendia fazer uma túnica militar com as cores mais diferentes que pudesse encontrar: "Imite palavras e obras do cardeal de Pavia."

[LXXIX.] Além disso, costuma-se rir de algumas coisas discrepantes, como eu disse há dias a dom Antonio Rizzo de um certo indivíduo de Forlivese: "Pensai se é louco, chama-se Bartolommeo." E um outro "Procuras um mestre Stalla [estala, cocheira] e não tens cavalos", e: "A esse não falta nada além de riqueza e inteligência." E rimos ainda de algumas outras coisas que parecem convenientes: como, há dias, tendo surgido a suspeita de que um amigo nosso tivesse feito um falsa renúncia a um benefício, ficando depois doente um outro padre, disse Antonio Torello a ele: "Que estás esperando? Por que não recorres logo ao teu tabelião e tratas de usufruir desse benefício?" Igualmente, costuma-se rir de coisas que não são consentâneas, como há dias, tendo o papa nomeado auditores dom Giovan Luca da Pontremolo e dom Domenico dalla Porta, os quais, como sabeis, são corcundas, declarando querer endireitar a Sacra Rota, disse dom Latin Iuvenale: "Nosso Senhor se engana, pretendendo endireitar a Rota com dois corcundas."

[LXXX.] Rimos também bastante quando alguém aceita o que se lhe diz, e até mais, porém demonstra entendê-lo diversamente. Como, tendo o capitão Peralta já entrado em campo para lutar contra Aldana e, tendo o capitão Molart, que era padrinho de Aldana, pedido a Peralta que jurasse não carregar santinhos ou encantamentos que o impedissem de ser ferido, Peralta jurou que não trazia santinhos, encantamentos, relíquias nem custódia de nenhum tipo em que tivesse fé. Aí Molart, para provocá-lo como se fosse marrano, disse: "Não vos preocupeis com isso, pois, sem jurar, creio que não tendes fé nem mesmo em Cristo." É igualmente sagaz usar as metáforas a tempo com tais objetivos; como o nosso mestre Marco Antonio, que disse a Botton da Cesena que o estimulava com palavras: "Botton, Botão, serás um dia o botão e a corda da forca, e a casa do botão." E tendo também mestre Marco Antonio escrito uma longa comédia de vários atos, disse o mesmo Botton ao mestre Marc'Antonio: "Para representar vossa comédia, a encenação vai exigir toda a madeira que houver na Eslovênia"; respondeu mestre Marc'Antonio: "E para o cenário da tua tragédia bastarão três ripas."

[LXXXI.] Freqüentemente se diz também uma palavra na qual se acha oculta uma significação distante daquilo que se parece querer exprimir. Como o senhor Prefeito aqui, ouvindo falar de um capitão, o qual em sua época fora um perdedor na maioria das vezes e enfim vencera por acaso; e, dizendo aquele que falava que na entrada que fizera naquela cidade trajava uma belíssima túnica de veludo escarlate, que passou a usar sempre depois das vitórias, disse o senhor Prefeito: "Deve ser nova." Igualmente se provoca o riso, quando às vezes se responde àquilo que não disse aquele com quem se fala ou então se demonstra acreditar que tenha feito aquilo que não fez e devia fazer. Como Andrea Coscia, indo visitar um gentil-homem, o qual descortesmente deixava-o de pé enquanto ele próprio permanecia sentado, disse: "Já que Vossa Senhoria ordena, sentar-me-ei para ser obediente", e assim, sentou-se.

[LXXXII.] Também se ri com vontade quando alguém acusa a si mesmo de algum erro; como há dias, dizendo eu ao capelão do senhor duque que meu Monsenhor tinha um capelão que celebrava a missa mais rápido que ele, me respondeu: "Não é possível", e chegando-se ao meu ouvido, disse: "Ficai sabendo que não digo nem um terço das secretas." Tendo morrido um padre em Milão, Biagin Crivello pediu o lugar ao duque, o qual pensara em concedê-lo a outro. Finalmente, quando Biagin viu que outros argumentos não valeriam: "Mas como?", exclamou. "Se mandei matar o padre, por que não me quereis dar o benefício?" Muitas vezes também é engraçado desejar as coisas que não podem ser desejadas: como há dias um dos nossos, ao ver todos esses senhores que exercitavam-se nas armas e ele se encontrava de cama, disse: "Oh, quanto me agradaria que ficar de cama fosse um exercício de homem valente e de bom soldado!" É também um modo bom e picante de falar, especialmente em pessoas sérias e com autoridade, responder o contrário daquilo que gostaria aquele com quem se fala, mas lentamente, dando a impressão de hesitar e reter a opinião. Como fez o rei Alfonso I de Aragão, tendo doado armas, cavalos e vestimentas a um servidor que lhe dizia ter sonhado na noite anterior que dele recebia tudo aquilo, e não muito depois lhe repetindo que naquela noite sonhara que o rei lhe dava uma boa quantidade de florins de ouro, respondeu-lhe: "Doravante, não acrediteis nos sonhos pois não são verdadeiros." Dessa forma respondeu também o papa ao bispo de Cervia, o qual, para provocá-lo, lhe disse: "Santo Padre, por toda Roma e também aqui no palácio se diz que Vossa Santidade há de me nomear governador." Então o papa: "Deixai-os falar", respondeu, "pois são velhacos; não acrediteis, pois nada é verdade."

[LXXXIII.] Talvez pudesse ainda, senhores, citar muitas outras coisas de que extrair motes risíveis; como as coisas ditas com timidez, com admiração, com ameaças, fora de propósito, com excesso de cólera; além disso, certos casos novos que provocam o riso por serem inesperados; outras vezes, a taciturnidade com um certo espanto; e até o próprio riso sem propósito. Mas creio já ter falado bastante, porque penso que as facécias que consistem em palavras não saem daqueles limites dentro dos quais discutimos. Quanto àqueles que consistem em fatos que são relatados, embora se dividam em partes infinitas, acabam se reduzindo a poucos elementos; mas tanto num caso como em outro, o principal é enganar a opinião e responder diversamente do que espera o ouvinte; e é necessário, se a facécia tiver de ser graciosa, que ela seja temperada com enganos, dissimulação, zombaria, críticas, comparações ou qualquer outro modo que se queira utilizar. E, embora todas as facécias levem ao riso, produzem efeitos diferentes também na maneira de rir; porque algumas têm em si uma elegância e afabilidade modesta, outras golpeiam às escondidas ou publicamente, outras têm algo de lascivo, algumas fazem rir assim que são ouvidas, outras quanto mais se pensa nelas, outras ainda junto com o riso provocam rubor e algumas geram um pouco de ira; mas em todos os casos é preciso considerar a disposição de espírito dos ouvintes, porque não raro as brincadeiras provocam maior aflição nos aflitos; e existem algumas enfermidades que, quanto mais remédio se usa, tanto mais pioram. Portanto, tendo o cortesão, ao motejar e dizer graças, respeito pela oportunidade, pelas pessoas e suas posições e não o fazendo com demasiada freqüência (pois na verdade aborrece estar o dia todo, em todas as conversas e sem propósito sempre fazendo-o), poderá ser chamado de brincalhão; tratando ainda de não ser tão ácido nem mordaz a ponto de se tornar conhecido como maligno, atingindo sem motivo ou com ódio manifesto ou então atingindo pessoas muito poderosas, o que constitui imprudência; ou demasiado miseráveis, o que é crueldade; ou excessivamente celeradas, o que é inútil; ou ainda dizendo coisas que ofendam aqueles que não gostaria de ofender, o que é ignorância; pois se encontram alguns que pensam ser obrigados a dizer e agredir sem respeito todas as vezes que podem, sem se preocupar com o que venha a acontecer. E dentre esses existem os que, para fazer um discurso picante, não hesitam em manchar a honra de uma nobre senhora; o que é coisa péssima e digna de mui grave castigo, pois nesse caso as mulheres se incluem no grupo dos miseráveis e por isso não merecem ser agredidas por não terem armas para defender-se. Mas, além dessas considerações, é preciso que aquele que há de ser agradável e brincalhão seja formado de uma certa natureza apta a todos os tipos de gracejos e a eles adapte os costumes, os gestos e expressão; a qual, quanto mais for grave, severa e forte, mais contribui para que as coisas ditas pareçam saborosas e argutas.

[LXXXIV.] Mas vós, dom Federico, que pensastes repousar sob esta árvore desfolhada e nos meus secos raciocínios, creio que vos arrependestes e vos parece ter entrado na mal-afamada estalagem de Montefiore: por isso seria aconselhável que, à semelhança do que faz um correio experiente para evitar uma estalagem de má reputação, acordásseis mais cedo que de costume e seguísseis vosso caminho. – Ao contrário, – respondeu

Federico – cheguei a uma taberna tão boa que penso nela ficar mais tempo do que imaginara; por isso, hei de repousar até que ponhais fim à discussão proposta, da qual deixastes de lado uma parte que a princípio citastes, ou seja, as *burlas*; e seria melhor que este grupo não fosse por vós defraudado desse tema. Mas como nos haveis ensinado coisas tão belas sobre facécias e nos tornado audazes ao usá-las, seguindo o exemplo de tantos singulares engenhos e grandes homens, de príncipes, reis e papas, creio igualmente que com as burlas nos dareis tanta ousadia que vamos adquirir segurança para engendrar alguma também contra vós. – Então dom Bernardo rindo: – Vós não sereis os primeiros, – disse – mas talvez não consigais atingir a meta, pois já levei tantas que me protejo de tudo, como os cães que, escaldados na água quente, têm medo da fria. Porém, como quereis que ainda fale disso, penso poder livrar-me com poucas palavras.

[LXXXV.] E me parece que a burla não passe de um engano amigável de coisas que não ofendem, ou quase não; e como nas facécias falar contra as expectativas provoca o riso, nas burlas atuar contra as expectativas produz o mesmo efeito. E estas agradam e são elogiadas quanto mais forem engenhosas e modestas; pois quem deseja burlar sem respeito muitas vezes ofende e daí nascem desordens e graves inimizades. Mas as coisas de onde podem ser tiradas as burlas são quase as mesmas das facécias. Por isso, para não as repetir, digo somente que há dois tipos de burlas, sendo que cada uma delas poderia ser dividida em várias partes. Uma é quando se engana alguém engenhosamente, de maneira elegante e agradável; outra, quando se estende quase uma rede e se joga uma isca, fazendo com que a pessoa se engane por si mesma. Exemplo do primeiro modo é a peça que pregaram há poucos dias em duas grandes senhoras, que não quero identificar, por meio de um espanhol chamado Castiglio. – A senhora duquesa: – E por que – disse – não quereis identificá-las? – Respondeu dom Bernardo: – Não gostaria que levassem mal a coisa. Replicou a senhora duquesa rindo: – Às vezes não é inconveniente pregar peças também em grandes senhores; e já ouvi contar muitas que envolveram o duque Federico, o rei Alfonso de Aragão, a rainha dona Isabel de Espanha e muitos outros grandes príncipes, e eles não só não as levaram a mal como até premiaram generosamente os burladores. – Respondeu dom Bernardo: – Nem com esta esperança irei identificá-las. – Fazei como vos aprouver – acrescentou a senhora duquesa. Continuou então dom Bernardo: – Há poucos dias, na corte de que falo, apareceu um camponês da região de Bérgamo a fim de trabalhar para um fidalgo cortesão, o qual foi vestido com librés tão boas e arrumado com tanta elegância que, embora só estivesse acostumado a cuidar de bois e não soubesse fazer mais nada, quem não o ouvisse falar poderia tomá-lo por um galante cavaleiro; e assim tendo sido dito àquelas senhoras que chegara um espanhol, servidor do cardeal Borgia, que se chamava Castiglio, assaz engenhoso, músico, dançarino, bailarino e o mais sagaz cortesão que havia na Espanha inteira, tiveram grande vontade de conversar com ele e logo mandaram chamá-lo; e, depois de honrosa acolhida, convidaram-no a sentar-se e começaram a dirigir-se a ele com enorme respeito na presença de todos; e poucos dos presentes ignoravam que se tratava de um vaqueiro bergamasco. Por isso, vendo que as damas o entretinham com tanto respeito e honras, as risadas foram fortes; tanto mais que o bom homem falava sempre em seu nativo e rústico bergamasco. Mas os fidalgos que promoviam a burla tinham antes dito às damas que aquele homem, dentre outras coisas, era um grande burlão e falava muitíssimo bem todas as línguas, especialmente o lombardo dos camponeses; de modo que sempre pensaram que fingisse; e várias vezes diziam entre si, maravilhadas: "Ouvi que beleza, como reproduz essa língua!" Em resumo, tanto durou esse jogo que todos sentiam dores nas costelas por causa das risadas; e foi necessário que ele próprio apresentasse firmes desmentidos de sua nobreza para que enfim as senhoras, mas com grande esforço, acreditassem que ele fosse quem era.

[LXXXVI.] Todos os dias vemos burlas deste gênero; mas dentre outras existem algumas agradáveis, que de início espantam, mas têm final feliz; porque a própria vítima ri de si mesma, verificando ter tido medo de nada. Como estando eu certa noite hospedado em Paglia, aconteceu que, na mesma estalagem onde me encontrava, havia três outros companheiros, dois de Pistóia, um outro de Prato, os quais depois do jantar, como freqüentemente se faz, começaram a jogar; assim, não demorou muito para que um dos pistoinenses, perdendo tudo o que tinha, ficou sem um centavo, de modo que começou a se desesperar, maldizer e xingar ferozmente; e assim blasfemando foi dormir. Os outros dois, tendo jogado bastante, decidiram pregar uma peça no que fora para a cama. Verificando que ele já dormia, apagaram todas as luzes e cobriram o fogo; depois começaram a falar alto e a fazer os maiores barulhos do mundo, demonstrando que brigavam por causa do jogo, dizendo um: "Puxaste a carta da manga"; o outro negava, afirmando: "E tu blefaste com o naipe; é preciso recomeçar o jogo"; e coisas semelhantes, com tamanho barulho que aquele que dormia acordou; e, ouvindo que eles jogavam e falavam como se vissem as cartas, abriu um pouco os olhos e, não vendo nenhuma luz no quarto, disse: "E onde diabos pensais chegar, berrando a noite inteira?" E logo voltou a deitar, como se fosse dormir. Os dois companheiros não lhe deram resposta, mas continuaram o que estavam fazendo; de modo que ele, meio acordado, começou a se maravilhar e, vendo que ali não havia fogo nem luz nenhuma e que mesmo assim eles jogavam e brigavam, disse: "E como podeis ver as cartas sem luz?" Respondeu um dos dois: "Deves ter perdido a visão junto com o dinheiro: não vês que aqui temos duas velas?" Ergueu-se apoiado nos braços aquele que estava na cama e a ponto de enfurecer-se, disse: "Estarei bêbado ou cego, ou então vós mentis." Os dois se levantaram e foram para a cama às apalpadelas, rindo e demonstrando acreditar que o outro troçasse deles; e ele replicava: "Insisto em que não vos vejo." Por fim, os dois começaram a mostrar grande admiração e um disse para o outro: "Ora, parece que ele fala seriamente: dai-me a vela e vejamos se não está com a vista turva." Então o coitado se convenceu de ter ficado cego e chorando sem parar disse: "Ó meus irmãos, estou cego"; e logo começou a invocar Nossa Senhora de Loreto, implorando que lhe perdoasse as blasfêmias e as maldições que proferira por ter perdido dinheiro. Os dois companheiros o confortavam e diziam: "Não é possível que não nos vejas; é uma fantasia que meteste na cabeça." "Ai de mim", replicava o outro, "isso não é fantasia, nem vos vejo de outro modo como se jamais tivesse tido olhos um dia". "Contudo tens a vista clara", responderam os dois e diziam um para o outro: "Observa como ele abre bem os olhos! E como são bonitos! E quem acreditaria que não pode ver?" Todavia o infeliz chorava mais alto e pedia misericórdia a Deus. Por fim, disseram-lhe: "Promete ir até Nossa Senhora de Loreto devotamente descalço e nu, pois este é o melhor remédio que existe; entretanto, iremos a Acqua Pendente e arredores para consultar algum médico, e te daremos todo o apoio possível." Aí o desgraçado logo se ajoelhou na cama e, com lágrimas intermináveis e amargas penitências por ter blasfemado, fez votos solenes de ir nu até Nossa Senhora de Loreto e oferecer-lhe dois olhos de prata e não comer carne às quartas-feiras nem ovos às sextas, e jejuar pão e água todos os sábados em honra de Nossa Senhora, caso lhe concedesse a graça de recuperar a visão. Os dois companheiros, tendo entrado em outro quarto, acenderam um lume e voltaram dando as maiores risadas do mundo, diante daquele infeliz; este, embora livre de tão grande inquietação, como podeis imaginar, achava-se tão atônito com o medo que sentira que não só não podia rir como tampouco falar; e os dois companheiros não faziam outra coisa além de provocá-lo, dizendo que era obrigado a pagar todos aqueles votos, pois obtivera a graça solicitada.

[LXXXVII.] Do outro tipo de burlas, quando alguém engana a si próprio, não darei outro exemplo além daquele que me aconteceu não faz muito tempo; porque, no carnaval passado, meu monsenhor de San Pietro in Vincoli, o qual sabe quanto me divirto, quando estou mascarado, em burlar frades, veio um dia com monsenhor de Aragão e alguns outros cardeais até certas janelas da rua dos Banchi, demonstrando querer ali ficar para ver passar as máscaras, como é costume em Roma. Eu, estando mascarado, passei e, vendo um frade num canto, incerto sobre o que fazer, pensei ter encontrado minha sorte e me atirei sobre ele como um falcão sobre a presa; tendo antes perguntado quem ele era, depois em resposta demonstrei conhecê-lo e, com muita conversa, comecei a induzi-lo a acreditar que o chefe de polícia o procurava por causa de más informações que circulavam sobre ele e tranqüilizá-lo para que viesse comigo até a Chancelaria[45], pois ali o salvaria. O frade, apavorado e trêmulo, parecia não saber o que fazer e dizia temer acabar preso, caso se afastasse da rua San Celso. Tratei de encorajá-lo até que consegui que montasse em minha garupa; então me pareceu ter atingido meu desígnio; assim, logo dirigi o cavalo para a rua dos Banchi, e ele ia saltando e dando coices. Imaginai agora que bela impressão dava um frade na garupa de um mascarado, com o manto ao vento e a cabeça sacudindo para a frente e para trás, parecendo que iria cair a qualquer momento. Com esse belo espetáculo começaram aqueles senhores a jogar ovos das janelas, depois todos os banqueiros e toda a gente que por ali andava; de modo que jamais caiu o granito do céu com maior ímpeto do que daquelas janelas caíam ovos, que em sua maioria vinham para cima de mim; e eu por estar mascarado não me preocupava, e parecia-me que aquelas risadas fossem todas para o frade e não para mim; por isso várias vezes fui para a frente e para trás pela rua dos Banchi, sempre com enorme algazarra pelas costas, apesar de o frade, quase chorando, me implorar que o deixasse descer e não permitisse aquela vergonha ao hábito; depois, às escondidas, o velhaco recebia ovos de alguns lacaios ali colocados de propósito e, fingindo manter-se agarrado a mim para não cair, esmagava-os em meu peito, às vezes na cabeça e até na testa, a tal ponto que fiquei em péssimo estado. Por fim, quando todos ficaram cansados de rir e jogar ovos, saltou da garupa e jogando o capuz para trás exibiu uma grande cabeleira e disse: "Dom Bernardo, sou um servo da estrebaria de San Pietro in Vincoli e sou aquele que cuida do vosso burro." Aí não sei o que mais senti: dor, raiva ou vergonha; para sofrer menos, fugi para casa e na manhã seguinte não ousava sair; porém, os risos de tal burla duraram não só o dia seguinte, mas até há pouco tempo.

[LXXXVIII.] E, tendo-se renovado o riso com este relato, acrescentou dom Bernardo: – Também é um modo de gracejar assaz agradável, de que igualmente se extraem facécias, quando se demonstra acreditar que se pretende fazer uma coisa, que de fato não se quer fazer. Como, certa noite após o jantar, estando na ponte de Lyon e caminhando junto com Cesare Beccadello, a brincar, começamos a agarrar-nos pelos braços como se quiséssemos lutar; e isso porque então, por sorte, parecia que naquela ponte não havia ninguém; nessa altura, apareceram dois franceses, que, ao verem nossa disputa, perguntaram o que havia e detiveram-se para nos separar, pensando que brigávamos para valer. Então, falei imediatamente: "Ajudem-me, senhores, pois este pobre fidalgo, influenciado pela lua, sofre de perturbações mentais; e eis que agora queria pular da ponte no rio." Aí os dois correram e comigo agarraram Cesare, segurando-o firmemente; e ele, sempre dizendo que eu era louco, fazia o maior esforço para livrar-se deles, que o apertavam cada vez mais; de maneira que gente começou a ver aquele tumulto e acorreu, e quanto mais o bom

Cesare batia mãos e pés, começando a ter um ataque de fúria, mais gente se aproximava; e, pela grande força que ele fazia, pensavam que decididamente pretendia saltar no rio e assim o apertavam cada vez mais; de modo que um grande grupo de homens o conduziu até a estalagem, todo despenteado e sem gorro, pálido de cólera e de vergonha, que nem importava mais o que dizia, seja porque os franceses não o entendiam, seja porque enquanto o conduzia à estalagem, eu queixava-me da desventura do coitado, que havia enlouquecido daquela maneira.

[LXXXIX.] Ora, como dissemos, poder-se-ia falar longamente de burlas; mas basta reiterar que as situações em que podem ser provocadas são as mesmas das facécias. Delas existem inúmeros exemplos, que vemos todos os dias; e, dentre outros, muitos e agradáveis encontram-se nas novelas de Boccaccio, como o que faziam Bruno e Buffalmacco com seu Calandrino e com mestre Simone, e muitas outras de mulheres, que são realmente engenhosas e belas. Lembro também ter conhecido em meus tempos muitos homens agradáveis desse tipo e dentre outros, em Pádua, um estudante siciliano, chamado Ponzio que, ao ver um camponês que possuía um par de grandes capões, fingindo querer comprá-los negociou com ele e disse que, além do preço, lhe ofereceria um almoço; e assim o conduziu até um campanário, separado da igreja, o que permite andar à sua volta; e justamente de uma das quatro faces do campanário partia uma ruazinha. Aqui Ponzio, tendo antes pensado no que pretendia fazer, disse ao camponês: "Apostei estes galos capões com um companheiro e ele diz que esta torre tem quarenta pés de diâmetro e eu digo que não; e justamente quando te encontrei havia comprado este barbante para medi-la; por isso, antes de irmos até minha casa, quero saber qual de nós ganhou." E, assim falando, tirou o barbante da manga e entregou uma ponta ao camponês, dizendo: "Dá-me os dois"; e pegou os capões, agarrando o barbante pela outra ponta; e, como se quisesse medir, começou a circundar a torre, tendo antes deixado o camponês firme no lugar e segurando o barbante da parte oposta ao lado que correspondia à pequena rua; chegando nesta, enfiou um prego na parede e ali amarrou o barbante. Deixando-o assim, bem quieto, foi embora pela ruela com os capões. Por bom tempo o camponês ficou parado esperando que ele terminasse de medir; por fim, depois de dizer várias vezes: "Por que demora tanto?", decidiu ir ver e descobriu que um prego enfiado na parede e não Ponzio segurava o barbante, único pagamento que lhe ficou pelos galos. Ponzio fez infinitas burlas deste gênero. Muitos outros também foram homens engraçados neste sentido, como Gonella e Meliolo naqueles tempos, e agora o nosso frei Mariano e frei Serafino aqui presente, e outros que todos conheceis. E na verdade isso é louvável em homens que não têm outra profissão; mas parece que as burlas do cortesão devem se afastar um pouco mais da vulgaridade. Deve-se igualmente cuidar para que as burlas não se tornem fraudes, como no caso de muitos homens que saem pelo mundo usando de astúcias para ganhar dinheiro, fingindo ora uma coisa ora outra, e que não sejam demasiado ácidas; e sobretudo manter respeito e reverência, nisso como em outras coisas, em relação às mulheres, em especial no que concerne à ofensa à honestidade.

[XC.] Então o senhor Gasparo: – Certamente, – disse – dom Bernardo, sois demasiado parcial com estas mulheres. E por que pretendeis que os homens devem ter mais respeito pelas mulheres do que estas por eles? Porventura não nos deve ser tão cara nossa honra quanto a elas? Por acaso pensais que as mulheres devem espicaçar os homens com palavras e burlas em todas as coisas e sem nenhuma reserva e que os homens têm de ficar mudos e ainda por cima agradecer a elas? Respondeu então dom Bernardo: – Não digo que nas burlas e facécias as mulheres devam ter pelos homens as considerações que já citamos; digo sim que elas podem com mais vantagem criticar os homens de pouca honestidade do que podem os homens fazer com elas; isso porque nós próprios fizemos uma lei segundo a qual, em nós, a vida dissoluta não é vício, nem erro, nem infâmia, enquanto nas mulheres é extremo opróbrio e vergonha, de modo que aquela de quem se fala mal uma vez, verdadeiro ou falso o que se afirma, fica para sempre vilipendiada. Por isso, sendo falar da honestidade das mulheres coisa tão perigosa que as ofende gravemente, digo que deveríamos atacar outros aspectos e abster-nos desse; porque, quando a facécia ou a burla pica demasiado acerbamente, sai dos limites que dissemos convir ao gentil-homem.

[XCI.] Aqui, dom Bernardo fazendo uma pequena pausa, disse o senhor Ottavian Fregoso a rir: – O senhor Gaspar poderia responder-vos que esta lei que alegais que nós próprios fizemos talvez não seja tão desprovida de razão como vos parece; porque, sendo as mulheres animais imperfeitíssimos, com pouca ou nenhuma dignidade em relação aos homens e dado que sozinhas não têm capacidade para realizar nenhum ato virtuoso, era necessário que, com a vergonha ou o receio da infâmia, se colocasse nelas um freio que quase à força nelas introduzisse alguma boa qualidade; e parece que a continência lhes seria mais útil que qualquer outra, para ter certeza sobre a legitimidade dos filhos; donde surgiu a necessidade de tornar as mulheres castas por meio de todos os engenhos, artes e vias possíveis, e quase lhes permitir que em todas as outras coisas tenham pouco valor e que sempre façam o contrário do que deveriam. Por isso, sendo-lhes lícito cometer todos os outros erros sem censura, se quisermos criticá-las por aqueles defeitos que, como dissemos, são todos concedidos a elas e que, por isso, nelas não são inconvenientes, nem elas se preocupam com eles, jamais provocaremos o riso; pois vós mesmos já dissestes que o riso surge de algumas coisas que são inconvenientes.

[XCII.] Então a senhora duquesa: – Deste modo, – disse – senhor Ottaviano, falei das mulheres; e despois vos lamentais de que elas não vos amam? – Disso não me lamento – respondeu o senhor Ottaviano. – Ao contrário, agradeço-lhes, pois, deixando de amar-me, não me obrigam a amá-las; não falo de minha opinião, mas digo que o senhor Gasparo poderia alegar tais razões. – Disse dom Bernardo: – Na verdade, grande benefício teriam as mulheres caso pudessem reconciliar-se com dois tão grandes inimigos como sois vós e o senhor Gasparo – Não sou inimigos delas, – respondeu o senhor Gasparo – mas vós sois bastante inimigo dos homens; pois, se quereis que as mulheres não sejam atingidas a propósito da honestidade, deveríeis criar uma lei também para elas, a fim de que não atingissem os homens naquilo que nos envergonha tanto quanto a incontinência envergonha as mulheres. E por que não foi tão conveniente para Alonso Cariglio a resposta que deu à senhora Boadiglia sobre a esperança que tinha de viver muito tempo para que ela se casasse com ele, quanto para ela a proposta de que todos que o conheciam pensavam que o rei o tinha mandado enforcar? E por que não foi tão lícito a Riciardo Minutoli elogiar a mulher de Filippello e fazê-la participar daquele banho, quanto a Beatriz retirar da cama Egano, seu marido, e fazer com que Anichino lhe desse bordoadas, depois de ter ficado um bom tempo deitada com ele? E aquela mulher que amarrou o barbante no dedo do pé e fez o marido acreditar não ser uma dessa espécie? Se dizeis que aquelas burlas de mulheres em Giovan Boccaccio são tão engenhosas e belas...

[XCIII.] Então dom Bernardo rindo: – Senhores, – disse – minha parte tendo sido somente discutir facécias, não pretendo ultrapassar esse limite; e penso já ter dito por que a mim não parece conveniente ser mordaz com as mulheres, nem nos ditos, nem nos fatos que concernem à honestidade, e tampouco criar regras impedindo que critiquem os homens onde lhes dói. Digo que dentre as burlas e motes que citastes, senhor Gasparo, o que disse Alonso à senhora Boadiglia, embora toque um pouco a honestidade, não me desagrada, pois vem de muito longe e é tão oculto que se pode compreender num sentido simples, de modo que ele podia dissimulá-lo e afirmar não o ter dito com aquela finalidade. Na minha opinião, um outro disse coisa muito mais inconveniente; aquele segundo o qual, passando também a rainha diante da casa da senhora Boadiglia, viu Alonso a porta pintada a carvão, com aqueles animais desonestos que são pintados de tantas maneiras nas estalagens; e aproximando-se da condessa de Castagneto, disse: "Aí estão, senhora, as cabeças das feras que a senhora Boadiglia mata nas caçadas todos os dias." Observai que isso, admitindo que seja engenhosa metáfora, e bem imitada dos caçadores que costumam vangloriar-se pondo muitas cabeças de animais em suas portas, não deixa de ser ordinário e vergonhoso; e além disso não teve resposta; pois responder tem muito mais cortesia porque parece que somos provocados; e é forçoso que seja de improviso. Porém, retomando as burlas das mulheres, não digo que ajam bem enganando os maridos, mas digo que alguns daqueles enganos que relata Giovan Boccaccio sobre as mulheres são belos e assaz engenhosos, principalmente aqueles que vós próprios contastes. Mas creio que a burla de Riciardo Minutoli supera os limites e é bem mais cruel que a de Beatrice, porque muito mais arrancou Riciardo Minutoli da mulher de Filippello do que Beatrice de Egano, seu marido. Pois com aquele engano Riciardo constrangeu-a e fez com que ela fizesse de si mesma o que não queria; e Beatrice enganou seu marido para fazer de si mesma o que desejava.

[XCIV.] Então o senhor Gasparo: – Por nenhuma outra causa – disse – se pode desculpar Beatrice, exceto por amor; o que se deve admitir tanto nos homens quanto nas mulheres. – Então dom Bernardo: – Na verdade, – respondeu – grandes escusas para cada erro trazem consigo as paixões de amor;

não obstante considero que um fidalgo de valor, quando ama, deve ser sincero e veraz; e, se de fato constitui covardia e falha tão abominável ser traidor mesmo contra um inimigo, pensai quanto se deve considerar grave tal erro contra uma pessoa que se ama; e creio que todo gentil namorado tolera tantas fadigas, tantas vigílias, se submete a tantos perigos, derrama tantas lágrimas, lança mão de tantos meios e vias para agradar à mulher amada, não para conquistar-lhe principalmente o corpo, mas para vencer a rocha daquele espírito, quebrar aqueles duríssimos diamantes, aquecer aqueles frios gelos, que freqüentemente se acham no delicado peito dessas mulheres; e isso creio que seja o verdadeiro e sólido prazer e o fim para o qual tende a intenção de um nobre coração; e, certamente, eu, estando apaixonado, preferiria saber claramente que aquela a quem eu servisse me amava de todo o coração e me entregaria a alma, sem nunca ter com isso outra satisfação, a desfrutá-la e a ter qualquer prazer contra sua vontade; pois nesse caso me pareceria ser dono de um corpo morto. Por isso, aqueles que satisfazem seus desejos por meio de tais burlas, que talvez fosse melhor chamar de traições que de burlas, causam danos a outros; mas nem assim conseguem aquela satisfação que se deve desejar no amor, possuindo o corpo sem a vontade. O mesmo digo de alguns outros que, no amor, recorrem a encantamentos, feitiços e, às vezes, também à força, soníferos e coisas semelhantes; e convém saber que os presentes diminuem bastante os prazeres do amor, porque o homem pode ficar em dúvida se é de fato amado, pois a mulher pode demonstrar amor só para obter vantagens. Por isso, observai que os amores de grandes mulheres são apreciados, pois parece não poderem proceder de outra causa que de amor verdadeiro, e não se deve acreditar que uma grande senhora alguma vez demonstre amar um inferior a ela, a não ser que o ame de fato.

[XCV.] Então o senhor Gaspar: – Não nego – respondeu – que a intenção, as fadigas e os perigos do apaixonado não devam ser voltados principalmente para a vitória sobre o espírito, muito mais que sobre o corpo da mulher amada; mas digo que tais enganos, que nos homens chamais de traição e nas mulheres, de burla, são meios ótimos para alcançar tal fim, porque sempre quem possui o corpo das mulheres é também senhor do espírito; e, se bem vos lembrais, a mulher de Filippello, após tanto amargor pelo engano praticado por Riciardo, sabendo quão mais saborosos eram os beijos do amante que os do marido, transformada sua dureza em doce amor para Riciardo, ternamente o amou desde aquele dia. Assim, aquele que não havia podido fazer as visitas solícitas, oferecer presentes e outras provas tão longamente reiteradas, em pouco mais de uma hora conseguiu estar com ela. Concluís assim que também esta burla ou traição, como preferirdes dizer, foi um bom caminho para conquistar a rocha daquele espírito. – Então dom Bernardo: – Vós – disse – partis de um pressuposto completamente falso; porque, se as mulheres entregassem sempre a alma a quem possui seu corpo, não se encontraria nenhuma que não amasse o marido mais que outra pessoa no mundo; mas o que se vê é o contrário. Porém, Giovan Boccaccio era, erradamente como vós também sois, inimigo das mulheres[46].

[XCVI.] Repondeu o senhor Gaspar: – Não sou inimigo delas; porém, poucos homens de valor existem que em geral tenham consideração pelas mulheres, se bem que às vezes por algum desígnio seu demonstram o contrário. – Respondeu então dom Bernardo: – Vós não apenas injuriais as mulheres como também todos os homens que as reverenciam; todavia, conforme disse, não quero por enquanto abandonar meu primeiro propósito das burlas e entrar numa empresa tão difícil, como seria defender as mulheres de vosso ataque, porque sois um guerreiro excepcional; por isso vou encerrar este discurso, que talvez tenha sido mais longo do que esperáveis. E como vejo as mulheres ficarem tão quietas e suportarem as vossas injúrias tão pacientemente como fazem, doravante hei de considerar verdadeira uma parte daquilo que disse o senhor Ottaviano, ou seja, que não se preocupam que se fale mal delas a qualquer propósito, desde que não sejam criticadas por terem pouca honestidade. – Então uma boa parte das mulheres, por ter recebido um sinal da senhora duquesa, levantou-se e lançou-se rindo na direção do senhor Gasparo, como se fossem espancá-lo e fazer como as Bacantes de Orfeu, dizendo: – Haveis de ver agora como nos importamos que falem mal de nós.

[XCVII.] Assim, um pouco pelas risadas, um pouco porque todos se levantaram, pareceu que o sono, que tomava conta dos olhos e dos espíritos de alguns, desaparecia; mas o senhor Gasparo começou a dizer: – Aí está, por não terem razão querem valer-se da força e assim encerrar a discussão, expulsando-nos violentamente. – Então: – Não será assim, – respondeu a senhora Emilia – pois, como vistes dom Bernardo cansado do longo discurso, haveis começado a falar tão mal das mulheres, presumindo que não houvesse ninguém para vos contradizer; mas colocaremos em campo um cavaleiro mais descansado, que combaterá contra vós, para que vosso erro não fique por muito tempo sem punição. – Assim, voltando-se para o magnífico Iuliano, que até então pouco havia falado, disse: – Sois considerado protetor da honra das mulheres; por isso é hora de demonstrar não terdes adquirido tal fama indevidamente; e, se pelos antecedentes de tal prática jamais tivestes qualquer remuneração, agora deveis pensar, reprimindo um tão cruel inimigo nosso, em vos tornar muito mais devedoras todas as mulheres, e tanto que, ainda que nada mais façam além de pagar-vos, mesmo assim a dívida sempre permanecerá viva e nunca se poderá terminar de pagá-la.

[XCVIII.] Então o magnífico Iuliano: – Minha senhora, – respondeu – parece-me que honrais demasiado vosso inimigo e pouquíssimo vosso defensor; pois certamente até aqui nada disse o senhor Gasparo contra as mulheres que dom Bernardo não tenha respondido muito bem; e creio que cada um de nós sabe que o cortesão deve manter elevada reverência às mulheres e que aquele que é discreto e cortês não deve nunca acusá-las de pouca honestidade, nem brincando nem a sério; por isso, discutir sobre verdade tão óbvia é quase pôr em dúvida as coisas claras. Creio que o senhor Ottaviano foi além dos limites, ao dizer que as mulheres são animais imperfeitos e incapazes de praticar qualquer ato virtuoso, e com pouca ou nenhuma dignidade em relação aos homens; e como freqüentemente se confia naqueles que têm muita autoridade, embora não digam a verdade de maneira tão consumada, e também quando falam através de burlas, o senhor Gasparo deixou-se induzir pelas palavras do senhor Ottaviano a dizer que os homens sábios não as tomam em consideração de nenhum modo; o que é completamente falso; ao contrário, conheci poucos homens de valor que não amassem e respeitassem as mulheres, cuja virtude e, conseqüentemente, dignidade, julgo que não é em nada inferior à dos homens. Todavia, caso se tivesse de chegar a tal contenda, a causa das mulheres teria enorme desfavor; porque esses senhores conceberam um cortesão tão excelso e com tantas e divinas características que, aquele que conseguir admiti-lo como tal, imaginará que os méritos das mulheres não poderão atingir aquele nível. Mas, se as coisas tivessem de ser paritárias, seria necessário que antes alguém tão engenhoso e eloqüente como o conde Ludovico e dom Federico moldasse uma dama palaciana com todas as perfeições relativas a tal mulher, assim, como moldaram o cortesão com as perfeições próprias do homem; e então se aquele que defendesse a causa delas fosse de engenho e eloqüência medianos, penso que, por ser ajudado pela verdade, demonstraria claramente que as mulheres são tão virtuosas quanto os homens. – Interveio a senhora Emilia: – Muito mais até; e que assim de fato é, basta ver que a virtude é feminina e o vício, masculino.

[XCIX.] Riu então o senhor Gasparo e, dirigindo-se a dom Nicolò Frigio: – O que pensais disso, Frigio? – perguntou. Respondeu ele: – Tenho compaixão do senhor Magnífico que, enganado pelas promessas e louvores da senhora Emilia, incorreu no erro de dizer aquilo de que eu, mesmo estando a seu serviço, me envergonho. – Respondeu a senhora Emilia, sempre rindo: – Bastante vos haveis de envergonhar de vós próprios quando virdes o senhor Gasparo, convencido, confessar o seu e o vosso erro, e pedir aquele perdão que não gostaríamos de lhe conceder. – A senhora duquesa: – Por ser muito tarde, desejo – disse – que adiemos tudo para amanhã; ainda mais porque me parece bom aceitar o conselho do senhor Magnífico: isto é, antes de entrar nessa discussão, que se crie uma dama palaciana com todas as perfeições, como conceberam estes senhores o perfeito cortesão. – Senhora, – disse então dona Emilia – Deus queira que não acabemos por entregar tal empresa a alguém conjurado com o senhor Gasparo, que nos molde uma cortesã que só saiba cozinhar e costurar[47]. Disse Frigio: – Este é justamente o ofício delas. – A senhora duquesa: – Quero – disse – confiar no senhor Magnífico, o qual, por ser engenhoso e judicioso como é, tenho a certeza de que há de imaginar a maior perfeição que se possa desejar numa mulher e expressá-la muito bem com palavras, e assim teremos o que contrapor às falsas calúnias do senhor Gasparo.

[C.] – Minha senhora, – respondeu o Magnífico – não sei quão adequada é vossa idéia de me atribuir empresa de tamanha importância para a qual na verdade não me sinto preparado: tampouco sou como o conde e dom Federico, os quais, com a eloqüência criaram um cortesão que jamais existiu, nem talvez possa vir a existir. Contudo, se vos agrada que eu assuma tal tarefa, seja pelo menos com aquelas condições que tiveram estes senhores; isto é, que cada um poderá me contradizer no que lhe aprouver e isso hei de considerar não um obstáculo, mas sim uma ajuda; e talvez, a corrigir meus erros, descobrir-se-á a perfeição que se busca numa dama palaciana. – Espero – respondeu a senhora duquesa – que vosso discurso seja tal que pouco haverá para contradizer-vos. Portanto, dedicai-vos só a esta idéia e apresentai-nos uma mulher tal que estes nossos adversários tenham vergonha de afirmar que ela não seja equivalente em virtudes ao cortesão; do qual seria conveniente que dom Federico não mais se ocupasse, pois já o adornou demasiado, tendo chegado ao extremo de compará-lo a uma mulher. – A mim, senhora, – disse então dom Federico – pouco ou nada resta a dizer sobre o cortesão; e o que havia pensado, por causa das facécias de dom Bernardo já me fugiu da mente. – Se assim é, – disse a senhora duquesa – amanhã, encontrando-nos de novo num horário conveniente, teremos tempo de atender a ambas as coisas. – E, dito isso, todos se levantaram; e, pedindo licença reverentemente à senhora duquesa, cada um foi para o seu quarto.

O Cortesão: Terceiro Livro

[I.] Lê-se que Pitágoras, com extrema sutileza e grande arte, encontrou a medida do corpo de Hércules deste modo: sabendo-se que o espaço onde a cada cinco anos se celebravam os jogos olímpicos em Acaia, perto de Élida, diante do templo de Júpiter Olímpico, fora medido por Hércules e que nele fora construído um estádio de seiscentos e vinte e cinco pés, dos seus; e que os demais estádios, que por toda a Grécia foram edificados pelos descendentes, mediam seiscentos e vinte e cinco pés, mas eram menores do que aquele, Pitágoras facilmente soube por aquela proporção que o pé de Hércules tinha sido maior que os demais pés humanos. Assim, conhecida a medida do pé, a partir desta deduziu que todo o corpo de Hércules havia sido proporcionalmente de grandeza superior aos dos outros homens, como aquele estádio em relação aos outros. Destarte, meu dom Alfonso, pela mesma razão, dessa pequena parte do corpo podeis claramente saber quanto a corte de Urbino era superior a todas as demais da Itália, considerando quanto os jogos, os quais foram inventados para recrear os espíritos fatigados pelas tarefas mais árduas, eram igualmente superiores aos que se encontram nas outras cortes italianas. E, se esses eram assim, imaginai como seriam as demais operações virtuosas, para as quais os espíritos se achavam voltados e dedicados por inteiro; e disso atrevo-me a falar confiantemente, na esperança de que acreditem em mim, não elogiando coisas tão antigas que me permitam fingir e podendo comprovar o que digo com o testemunho de muitos homens dignos de fé que ainda vivem e, pessoalmente, viram e conheceram a vida e os costumes que naquela casa[48] floresceram um dia; e me considero obrigado, até onde puder, a esforçar-me através de estudos a salvar do mortal oblívio essa clara memória e, escrevendo-a, fazê-la viver no espírito dos que vierem depois. E daí talvez não falte no futuro quem por isso sinta inveja de nosso século; pois não existe ninguém que leia as coisas maravilhosas dos antigos sem criar em seu espírito uma opinião mais favorável a respeito daqueles sobre os quais se escreve e que esses livros parecem não poder exprimir, embora divinamente escritos. Assim desejamos que todos aqueles, a cujas mãos chegará este nosso trabalho, se é que algum dia será digno de tanto favor que por nobres cavaleiros e valorosas damas mereça ser lido, presumam e tenham como evidência que a corte de Urbino foi muito mais esplendorosa e ornada de homens singulares do que somos capazes de exprimir ao escrever; e, se em nós houvesse tanta eloqüência quanto valor, não teríamos necessidade de outro testemunho para que às nossas palavras fossa dada plena fé por quem não a conheceu.

[II.] Destarte, tendo o grupo se reunido no dia seguinte no lugar habitual e se acomodado em silêncio, cada um dirigiu os olhos para dom Federico e para o magnífico Iuliano, aguardando qual deles daria início à discussão. E assim, a senhora duquesa, após ter ficado um tanto calada: – Senhor Magnífico, – disse – cada um deseja ver esta vossa dama bem ajaezada; e, se não a mostrardes de tal modo que se vejam todas as suas belezas, concluiremos que estais enciumado. – Respondeu o Magnífico: – Senhora, caso a considere bela, hei de mostrá-la sem outros ornamentos e daquele modo que Páris quis ver as três deusas; mas, se estas mulheres não me ajudarem a adorná-la, como também sabem fazê-lo, receio que não só o senhor Gasparo e Frigio, mas todos estes outros senhores terão justa causa para falar mal dela. Por isso, enquanto ela continua a manter alguma reputação de beleza, talvez seja melhor mantê-la oculta e ver o que resta a dom Federico para dizer sobre o cortesão, pois sem dúvida é muito mais belo do que possa ser a minha dama. – O que eu pretendia dizer – respondeu dom Federico – não é tão pertinente ao cortesão que não se possa deixar de lado sem prejuízo; ao contrário, é quase um tema diferente daquele que até aqui se tratou. – E o que seria? – perguntou a senhora duquesa. Respondeu dom Federico: – Havia decidido, no que me era possível, ilustrar as origens dessas companhias e ordens de cavaleiros criadas por grandes príncipes sob diversas insígnias: como é a de São Miguel na casa de França; a da Jarreteira, que se acha sob o nome de São Jorge, na casa da Inglaterra; o Tosão de Ouro, na da Borgonha; de que modo são concedidas tais dignidades e como delas são privados aqueles que o merecem; onde nasceram, quem foram seus autores e com que finalidades as instituíram, porque mesmo nas grandes cortes esses cavaleiros são sempre venerados. Pensava, ainda, se o tempo me bastasse, além da diversidade de costumes que existem nas cortes dos príncipes cristãos, para servi-los, festejar e apresentar-se nos espetáculos públicos, falar igualmente alguma coisa sobre a do Grão-Turco, e muito mais particularmente daquela de Sofi, rei da Pérsia; pois, tendo eu escutado de mercadores que por muito tempo estiveram naquele país, que os homens nobres de lá são muito valorosos e de hábitos gentis, que usam ao conversar um com o outro, ao servir às mulheres e em todas as suas ações muita cortesia e discrição e, quando necessário, nas armas, nos jogos e nas festas exibem muita grandeza, generosidade e elegância, procurei saber quais são nessas coisas os modos mais apreciados, em que consistem suas pompas e esmeros de roupas e armas; em que são diferentes e em que se parecem conosco; que tipos de entretenimento usam suas mulheres e com quanta modéstia favorecem quem as serve por amor. Mas na verdade não é a melhor hora para entrar nesta discussão, em especial havendo outras coisas para serem ditas, e muito mais conformes a nosso propósito do que isso.

[III.] – Ao contrário, – disse o senhor Gasparo – isso e muitas outras coisas vêm mais a propósito do que representar esta dama palaciana; admitindo que as mesmas regras estabelecidas para o cortesão servem também para a mulher, porque assim ela deve ter respeito pelos tempos e lugares e observar, pelo que implica sua fraqueza, todas aquelas outras maneiras sobre as quais tanto falamos, tal como o cortesão. Portanto, em vez disso, talvez não fosse mau ensinar alguma particularidade daquelas que dizem respeito ao serviço da pessoa do príncipe, que também é conveniente que o cortesão conheça e pratique com graça; ou falar com verdade sobre o modo de se comportar nos exercícios corporais, de cavalgar, manejar armas, lutar, e em que consiste a dificuldade de tais operações. – Disse então a senhora duquesa rindo: – Os senhores não utilizam os serviços pessoais de um cortesão tão excelente como este; quanto ao exercícios corporais, força e destreza pessoal, deixaremos que nosso dom Pietro Monte se encarregue de ensinar, quando lhe parecer mais conveniente; porque agora o Magnífico não falará de outra coisas além dessa mulher, a qual me parece que já começais a temer e por isso gostaríeis de mudar de tema. – Respondeu Frigio: – Certamente é uma impertinência e está fora de propósito falar agora de mulheres, em especial porque resta tanto a dizer do cortesão, sendo melhor não se misturar uma coisa com outra. – Enganai-vos completamente, – respondeu Cesar Gonzaga – pois nenhuma corte, por maior que seja, pode ter ornamento ou esplendor por si mesma, nem alegria sem mulheres, nem cortesão algum ser gracioso, agradável ou corajoso, nem jamais praticar um ato elegante de cavalaria, que não seja movido pela convivência, pelo amor e pelo prazer de mulheres; assim o discurso sobre o cortesão é sempre imperfeitíssimo se as mulheres, interpondo-se, não oferecem sua parte daquela graça com a qual tornam perfeita e enriquecem a cortesania. – Riu o senhor Ottaviano e disse: – Eis um pouco daquele chamariz que faz enlouquecer os homens.

[IV.] Então o senhor Magnífico, voltando-se para a senhora duquesa: – Senhora, – disse – dado que assim vos apraz, direi o que me vem à mente, mas com imenso receio de não agradar; e certamente trabalho bem menor me daria representar uma dama que merecesse ser rainha do mundo do que uma perfeita cortesã, pois desta não sei de quem seguir o exemplo; enquanto, para a rainha, não seria necessário ir muito longe, e só me bastaria imaginar as divinas condições de uma senhora que conheço e, contemplando-a, dirigir todos os meus pensamentos para exprimir claramente com palavras aquilo que muitos vêem com os olhos; e, se mais não pudesse, apenas dizendo seu nome, teria cumprido com a minha obrigação. – Disse então a senhora duquesa: – Não vos permitais sair dos limites, senhor Magnífico, mas sim executai a ordem dada, e modelai a dama palaciana, para que essa tão nobre senhora disponha de quem possa dignamente servi-la. – Prosseguiu o Magnífico: – Destarte, senhora, para que se veja que suas ordens podem induzir-me a tentar fazer aquilo que ainda não sei, direi sobre essa dama excelente como gostaria que fosse; e quando a tiver representado à minha maneira, não podendo depois ter outra, hei de torná-la minha à guisa de Pigmaleão. E, como o senhor Gaspar disse que as mesmas regras estabelecidas para o cortesão servem também para a dama, tenho opinião diferente; pois, embora algumas qualidades sejam comuns e, assim, necessárias tanto ao homem quanto à mulher, existem afinal algumas outras que mais se ajustam à mulher que ao homem, e algumas convenientes para o homem, às quais ela deve se manter alheia. O mesmo digo quanto aos exercícios corporais; mas sobretudo me parece que em suas atitudes, maneiras, palavras, gestos e procedimentos a mulher deve ser muito diferente do homem; dado que a ele convém demonstrar uma certa virilidade sólida e determinada, à mulher cai bem uma ternura suave e delicada, com modos, em cada movimento seu, de doçura feminina, pois ao andar, estar de pé e falar deve parecer mulher sem nenhuma semelhança com o homem. Acrescentando assim esta advertência às regras que esses senhores ensinaram ao cortesão, penso que de muitas dessas ela se deve valer e adornar-se de ótimas condições, como diz o senhor Gaspar; porque julgo que muitas virtudes de espírito são tão necessárias à mulher quanto ao homem; igualmente a nobreza, a recusa da afetação e o fato de possuir graça natural em todos os seus atos, ter bons costumes, ser engenhosa, prudente, não soberba, não invejosa, não maledicente, não fútil, não litigiosa, não inepta, saber ganhar e conservar a graça de sua senhora e de todos os demais, fazer bem e graciosamente os exercícios que convêm às mulheres. E tenho a convicção de que nela a beleza é mais necessária do que no cortesão, pois na verdade muito falta à mulher a quem falta beleza. Deve também ser mais circunspecta, ficar alerta para não dar oportunidade de que falem mal dela e agir de tal modo que não só não lhe atribuam culpas como tampouco suspeitas, pois a mulher não tem tantos meios para defender-se das falsas calúnias quanto o homem. Mas como o conde Ludovico explicou muito detalhadamente e exigiu que sejam as armas o ofício principal do cortesão, parece-me ainda conveniente dizer, em minha opinião, qual deve ser o de uma dama palaciana; coisa que, depois de concluída, penso que terei cumprido com a maior parte da minha incumbência.

[V.] Deixando portanto aquelas virtudes de espírito que partilha com o cortesão, como a prudência, a magnanimidade, a continência e muitas outras, assim como aqueles atributos que convêm a todas as mulheres, como ser boa e discreta, saber administrar os bens do marido, a casa e os filhos quando é casada, e todas aquelas qualidades que se exigem de uma boa mãe de família, digo que àquela que vive numa corte me parece convir acima de tudo uma certa afabilidade prazerosa, por meio da qual saiba gentilmente entreter qualquer tipo de homem com diálogos agradáveis, decorosos e adequados ao momento, ao lugar e à condição da pessoa com quem falará, acompanhando com costumes plácidos e modestos, e com aquela honestidade que sempre há de harmonizar todas as suas ações, uma inteligência vivaz, em que se mostre alheia a qualquer grosseria; e tudo isso com tal bondade que se faça considerar tanto pudica, prudente e humana quanto agradável, arguta e discreta; por isso, necessita manter uma certa mediania difícil e como que feita de coisas contrárias, e atingir determinados limites sem os superar. Logo, não deve essa mulher, por desejar ser considerada boa e honesta, ser esquiva e demonstrar que abomina a tal ponto as companhias e as conversas um pouco lascivas, que, em se apresentando estas, se afaste; facilmente se poderia pensar que ela fingia ser tão austera para ocultar a seu respeito aquilo que receava que outros pudessem vir a saber; e os costumes assim tão rudes são sempre odiosos. Não deve tampouco, para mostrar ser livre e agradável, dizer palavras grosseiras nem lançar mão de uma certa familiaridade excessiva e sem freio, nem modos que façam crer de si aquilo que talvez não seja; porém, defrontando-se com tais discursos, deve escutá-los com um pouco de rubor e vergonha. Deve igualmente evitar um erro, no qual vi cair muitas, que é falar mal e ouvir de bom grado quem fala mal de outras mulheres; pois aquelas que, ouvindo contar coisas desonestas de outras mulheres, se perturbam e demonstram não acreditar nisso e julgar quase uma monstruosidade que uma mulher seja impudica, fazem crer que, parecendo-lhes tão grave aquele defeito, não o cometem; mas aquelas que andam sempre investigando os amores das outras e os relatam tão minuciosamente e com tanta alegria, aparentam invejá-las e desejar que todos o saibam, para que o mesmo não lhes seja atribuído por engano; e assim se põem a rir, com certos modos que indicam sentirem imenso prazer. Daí resulta que os homens, embora pareçam escutá-las de boa vontade, na maioria das vezes possuem más opiniões sobre elas, consideram-nas realmente pouco, e lhes parece que com tais modos, são por elas convidados a ir mais longe, e, freqüentemente, acabam caindo em excessos que lhes dão merecida má reputação; e afinal desconsideram-nas tanto que sequer conversam com elas, ao contrário, acham-nas aborrecidas; por outro lado, não há homem tão impudente e insolente que não reverencie aquelas que são consideradas boas e honestas; porque aquela gravidade temperada de saber e bondade é quase um escudo contra a insolência e a bestialidade dos presunçosos; donde se deduz que uma palavra, um sorriso, um ato de benevolência, por mínimo que seja, de uma mulher honesta, é mais apreciado do que todas as demonstrações e carícias daquelas que sem reserva mostram pouca vergonha; e, mesmo que não sejam impudicas, com o riso desenfreado, com a loquacidade, a insolência e tais costumes ordinários aparentam sê-lo.

[VI.] E como as palavras, sob as quais não existe sujeito com alguma importância, são vãs e pueris, é necessário que a dama palaciana, além da capacidade de reconhecer a qualidade daquele com quem fala, para entretê-lo gentilmente esteja informada de muitas coisas; e saiba, ao falar, escolher coisas adequadas à condição daquele com quem fala e seja cautelosa em não dizer às vezes, involuntariamente, palavras que o ofendam. Esteja atenta, para não aborrecê-lo, louvando a si mesma com pouca discrição ou sendo muito prolixa. Evite misturar nas conversas agradáveis e leves, coisas graves, como tampouco nas conversas graves, facécias e burlas. Não demonstre de modo inepto saber aquilo que não sabe, mas com modéstia trate de ser honrada por aquilo que sabe, evitando, como foi dito, a afetação em todas as coisas. Destarte, será ela ornada de bons costumes; e os exercícios corporais convenientes para uma mulher serão executados com suprema graça, seus discursos serão prolíficos e cheios de prudência, honestidade e afabilidade, sendo ela não só amada como também reverenciada por todo mundo e talvez digna de ser igualada a esse grande cortesão, tanto pelas condições do espírito quanto pelas do corpo.

[VII.] Tendo falado até aqui, calou-se o Magnífico, como se houvesse encerrado sua intervenção. Disse então o senhor Gasparo: – Senhor Magnífico, haveis de fato adornado muito essa mulher e dotado-a de excelente condição, todavia, parece-me que vos ativestes muito ao geral, atribuístes a ela algumas coisas tão grandes que acredito vos sintais envergonhado de esclarecê-las; e muito mais as desejastes à semelhança daqueles que por vezes anseiam coisas impossíveis e sobrenaturais, do que explicastes. Por isso, gostaria que nos esclarecêsseis um pouco melhor quais são os exercícios corporais convenientes a uma dama palaciana, de que modo ela deva entreter as pessoas e quais são essas inúmeras coisas que dizeis convenha a ela ter conhecimento; e, se a prudência, a magnanimidade, a continência e as muitas outras virtudes que haveis indicado, pensais que sirvam somente para ajudá-la no governo da casa, dos filhos e da família (o que contudo não desejais que seja seu ofício principal), ou na verdade para divertir os outros e fazer graciosamente tais exercícios do corpo; e por vossa fé estejais atento para não inserir essas pobres virtudes em ofício tão vil que elas devam dele se envergonhar. – Riu o Magnífico e disse: – Não podeis fazer nada, senhor Gasparo, sem mostrar mau ânimo com as mulheres; mas na verdade, parecia-me ter dito bastante, principalmente a tais ouvintes; e não acredito que haja aqui alguém que desconheça, quanto aos exercícios corporais, que não convém à mulher terçar armas, cavalgar, jogar péla, lutar e muitas outras coisas que convêm aos homens. – Disse então o Único Aretino: – Entre os antigos, era costume que as mulheres lutassem nuas com os homens; mas perdemos este bom hábito junto com muitos outros. – Agregou dom Cesare Gonzaga: – E no meu tempo conheci mulheres⁴⁹ que jogavam péla, manejavam armas, cavalgavam, caçavam e faziam quase todos os exercícios de que um cavaleiro é capaz.

[VIII.] Respondeu o Magnífico: – Dado que posso representar essa mulher à minha maneira, não só não quero que ela pratique esses exercícios viris tão duros e pesados, como quero que os que são convenientes para uma mulher ela pratique com cuidado e com aquela suave delicadeza que indicamos ser-lhe mais adequada; por isso, ao dançar não gostaria de vê-la preferir movimentos demasiado galhardos e que exijam esforços, tampouco, ao cantar ou tocar, aqueles *diminuendos* fortes e repetidos que indicam mais técnica do que doçura; também os instrumentos musicais que ela usa, em minha opinião, devem adaptar-se a essa intenção. Imaginai que coisa terrível seria ver uma mulher tocar tambores, pífaros, trombetas ou instrumentos similares; e isso porque a rudeza deles oculta e retira aquela suave delicadeza tão condizente com cada ato de uma mulher. Por isso, quando ela dança ou faz música de qualquer tipo, deve ser induzida a isso deixando que insistam um pouco, e com uma certa timidez que demonstre aquela nobre vergonha que é o contrário do despudor. Deve também adequar as roupas a tais propósitos e vestir-se de maneira que não pareça fútil e leviana. Mas, como às mulheres é lícito e imperioso preocupar-se mais que os homens com a beleza, e existindo diversos tipos de beleza, deve essa mulher ter senso para saber quais são as roupas que lhe acrescentam graça e mais se adequam aos exercícios que pretende fazer naquele momento, e usá-las; e, conhecendo em si uma beleza amável e alegre, deve ajudá-la com os movimentos, com as palavras e as roupas, devendo tudo isso tender para o alegre; assim como uma outra, que sinta ter maneiras mansas e graves, deve também acompanhá-las de modos capazes de aumentar aquilo que é dom da natureza. Assim, se for um pouco mais gorda ou magra do que o razoável, de pele clara ou morena, valer-se das roupas, porém do modo mais dissimulado que seja possível; e, mantendo-se delicada e elegante, demonstrar sempre que a isso não dedica estudo nem esforços.

[IX.] E, como o senhor Gasparo também pergunta quais seriam as muitas coisas que ela deveria saber e de que modo distrair pessoas, e se as virtudes devem servir a esse entretenimento, desejo que tenha conhecimento daquilo que estes senhores exigiram que saiba o cortesão; e, daqueles exercícios que apontamos como inconvenientes para ela, pretendo que tenham pelo menos a idéia que podem ter das coisas aqueles que não as fazem; e isso para saber louvar e apreciar mais ou menos os cavaleiros, segundo seus méritos. E, para reiterar em parte e com poucas palavras o que já foi dito, desejo que essa mulher conheça um pouco de letras, de música, de pintura e saiba dançar e festejar; acompanhando também com discreta modéstia e com a boa opinião que oferecerá de si mesma as outras sugestões que foram dadas ao cortesão. E assim será ao conversar, ao rir, ao jogar, ao gracejar, em suma, muito graciosa em tudo; e há de entreter apropriadamente, com motes e facécias convenientes para ela, todas as pessoas que se lhe apresentarem. E, embora a moderação, a magnanimidade, a temperança, a força de ânimo, a prudência e outras virtudes pareçam não importar muito para entreter as pessoas, desejo que as tenha todas, não tanto para o entretenimento, embora também para isso possam servir, quanto para ser virtuosa e para que tais virtudes façam dela alguém que mereça ser honrada e que cada uma de suas ações seja baseada nelas.

[X.] Admira-me – disse então rindo o senhor Gaspar – que, atribuindo às mulheres as letras, a moderação, a magnanimidade e a temperança, não tenhais a pretensão de que elas também governem as cidades, façam as leis e conduzam os exercícios; e os homens fiquem na cozinha ou se ponham a tecer. – Respondeu o Magnífico, rindo igualmente: – Quem sabe isso não seria mal! – Depois acrescentou: – Não sabeis que Platão, que na verdade não era muito amigo das mulheres, lhes concede a custódia da cidade e todos os outros ofícios marciais entrega aos homens? Não acreditais que muitas há que saberiam muito bem governar as cidades e os ofícios porque estou representando uma dama palaciana, não uma rainha. Bem sei que gostaríeis de reiterar tacitamente aquela calúnia, que ontem o senhor Ottaviano dirigiu às mulheres: são elas animais imperfeitíssimos, incapazes de qualquer ato virtuoso, com muito pouco valor e nenhuma dignidade em relação aos homens; mas, na verdade, ele e vós incorreis em grande erro, se é que assim pensais.

[XI.] Disse então o senhor Gaspar: — Não quero repetir as coisas já ditas, mas bem que gostaríeis de induzir-me a dizer algumas palavras que ofendessem estas senhoras, para fazer delas minhas inimigas, assim como vós, elogiando-as falsamente, pretendeis obter suas graças. Mas elas possuem tão maior discernimento que as outras que preferem a verdade, mesmo quando não lhes é favorável, a ouvir falsos louvores; tampouco se ofendem se alguém diz que os homens têm maior dignidade, e admitirão que dissestes enormidades e atribuístes à dama palaciana coisas tão impossíveis que chegam a ser ridículas e tantas virtudes que Sócrates, Catão e todos os filósofos do mundo se reduzem a nada; pois, para dizer a verdade, surpreende-me que não tenhais sentido vergonha de ir tão longe. Com efeito, teria sido suficiente fazer essa dama palaciana bonita, discreta, honesta, afável e que soubesse entreter as pessoas, sem ser difamada, com danças, músicas, jogos, risos, gracejos e as demais coisas que todos os dias presenciamos nas cortes; mas pretender que conheça todas as coisas do mundo e atribuir-lhe aquelas virtudes, que tão raras vezes foram encontradas entre os homens nos séculos passados, é coisa que não se pode aceitar nem ouvir. Que as mulheres sejam agora animais imperfeitos e por conseguinte tenham menor dignidade que os homens e sejam incapazes das virtudes atribuídas somente a eles, não quero afirmar, pois o valor dessas senhoras bastaria para desmentir-me; insisto em dizer que homens sapientíssimos deixaram escrito que a natureza, porque sempre quer e se dispõe a fazer as coisas mais perfeitas, se pudesse, produziria continuamente homens; e, quando nasce uma mulher, trata-se de um defeito ou erro da natureza, contrário àquilo que ela gostaria de fazer; como sucede quando alguém nasce coxo, cego ou com qualquer outra deficiência e nas árvores há muitos frutos que jamais amadurecem. Assim, a mulher pode ser considerada um animal produzido pela sorte e pelo acaso; e, para comprová-lo, observai as ações do homem e da mulher e daí julgai sobre a perfeição de um e de outro. Contudo, sendo esses defeitos das mulheres culpa da natureza que assim as produziu, não devemos por isso odiá-las, nem deixar de ter por elas o respeito que lhes convém; porém, estimá-las mais do que de fato valem me parece um erro evidente.

[XII.] Esperava o Magnífico Iuliano que o senhor Gasparo fosse além; mas, ao ver que silenciava, disse: – Sobre a imperfeição das mulheres me parece que haveis apresentado uma prova débil; à qual, se bem que talvez não convenha agora entrar em tais sutilezas, respondo, segundo o parecer de quem sabe e conforme à verdade, que a substância em qualquer coisa não pode receber em si nem o mais nem o menos; pois, como nenhuma pedra pode ser mais perfeitamente pedra que uma outra quanto à essência da pedra, nem um pedaço de madeira mais perfeitamente madeira que outro, assim um homem não pode ser mais perfeitamente homem que outro e, conseqüentemente, não será o macho mais perfeito que a fêmea quanto à sua substância formal, porque um e outro se acham abrangidos pela espécie humana, e aquilo em que um difere do outro são coisas acidentais e não essenciais. Portanto, se me disserdes que o homem é mais perfeito que a mulher, se não quanto à essência pelo menos quanto aos acidentes, respondo que tais acidentes devem consistir no corpo ou no espírito. Se no corpo, por ser o homem mais robusto, mais ágil, mais leve ou mais tolerante às fadigas, digo que este é um argumento de pouquíssima perfeição, porque, entre os próprios homens, aqueles que têm essas qualidades mais que os outros, não são mais estimados por causa delas; e nas guerras, em que a maior parte das obras é cansativa e exige força, os mais galhardos não são, porém, os mais apreciados. Se no espírito, digo que todas as coisas que podem entender os homens podem igualmente ser entendidas pelas mulheres; e onde penetra o intelecto de um pode muito bem penetrar o da outra.

[XIII.] Aqui, tendo o magnífico Iuliano feito uma pequena pausa, acrescentou sorrindo: – Não sabeis que em filosofia existe este axioma: os que são delicados na carne, são ágeis na mente? Por isso não há dúvida de que as mulheres, sendo mais delicadas na carne, são ainda mais aptas na mente e com inteligência mais adequada às especulações que os homens. – Depois continuou: – Mas, deixando isso, como haveis dito que argumentasse sobre a perfeição de um e de outro a partir das obras, digo que, se considerardes os efeitos da natureza, concluireis que ela produz as mulheres tais como são, não casualmente, mas adequadas ao fim necessário; pois, embora as modele com corpos não galhardos e com espírito plácido, e com muitas outras qualidades contrárias às dos homens, as condições de um e de outro tendem a um único fim concernente à mesma utilidade. Pois, se por causa daquela frágil expressão as mulheres são menos ousadas, pela mesma razão são também mais cautelosas; por isso as mães nutrem os filhos, os pais os educam e com a força buscam fora aquilo que, com a diligência, as mulheres conservam em casa, o que não é menos digno de louvor. Se tomais em consideração as histórias antigas (embora os homens sempre tenham sido muito parcos no escrever elogios às mulheres) e as modernas, haveis de verificar que continuamente a virtude esteve tanto entre as mulheres quanto entre os homens; e que também houve algumas que promoveram guerras e obtiveram gloriosas vitórias, governaram reinos com suma prudência e justiça, e fizeram tudo aquilo que foi feito pelos homens. Quanto às ciências, não vos lembrais de ter lido sobre tantas que praticaram a filosofia? Outras que foram excelentes na poesia? Outras que assumiram causas, acusaram e defenderam de modo muito eloqüente perante juízes? Seria longo falar das obras manuais, mas nem é preciso invocá-las. Assim, se na substância essencial o homem não é mais perfeito que a mulher, nem nos acidentes (e sobre isso, além da razão, vejam-se os fatos), não sei em que consiste essa sua perfeição.

[XIV.] E, como dissestes que a intenção da natureza é produzir sempre as coisas mais perfeitas e, por isso, se pudesse, ela sempre produziria homens, e que produzir a mulher é antes um erro ou defeito da natureza do que uma intenção, respondo que isso não tem fundamento; e não sei como podeis dizer que a natureza não pretende produzir as mulheres, sem as quais a espécie humana não se pode conservar, o que, mais que tudo, essa mesma natureza deseja. Por isso, através da conjunção do macho e da fêmea produzem-se os filhos, os quais retribuem os benefícios recebidos na infância aos pais já velhos, porque os alimentam, depois os renovam ao gerar outros filhos, dos quais esperam receber na velhice aquilo que deram aos pais quando jovens; destarte a natureza, como se girasse em círculo, executa um movimento eterno e de tal maneira doa a imortalidade aos mortais. Portanto, sendo para isso tão necessária a mulher quanto o homem, não vejo por que razão um seja mais fruto da casualidade que o outro. É bem verdade que a natureza pretende sempre produzir as coisas mais perfeitas, por isso pretende produzir o homem como espécie, sem privilegiar o macho contra a fêmea; ao contrário, se produzisse sempre machos, faria uma imperfeição; porque, como do corpo e do espírito resulta um composto mais nobre que suas partes, que é o homem, assim da união do macho com a fêmea resulta um composto que preserva a espécie humana, sem o qual as partes se destruiriam. Por isso, macho e fêmea, por natureza, estão sempre juntos, não podendo existir um sem o outro; assim não se deve chamar macho aquele não tem a fêmea, segundo a definição de um e outro; nem fêmea aquela que não tem macho. E como um só sexo demonstra imperfeição, os antigos teólogos atribuem um e outro a Deus; daí Orfeu dizia que Júpiter era macho e fêmea, e se lê na Sagrada Escritura que Deus criou os seres macho e fêmea à sua semelhança, e freqüentemente os poetas, falando dos deuses, confundem os sexos.

[XV.] Então o senhor Gasparo: – Não gostaria – disse – que entrássemos em tais sutilezas, pois estas mulheres não nos entenderão; e, embora eu vos responda com ótimas razões, elas acreditarão, ou pelo menos demonstrarão acreditar, que eu estou errado e logo darão a sentença a seu modo. Contudo, já que entramos nisso, acrescento apenas: como sabeis ser opinião de homens sapientíssimos, o homem se assemelha à forma e a mulher à matéria; por isso, como a forma é mais perfeita que a matéria, ou melhor, lhe dá a existência, assim o homem é muito mais perfeito que a mulher. E lembro já ter ouvido que um grande filósofo, em certos *Problemas* seus diz: "De onde vem que naturalmente a mulher ama sempre aquele homem que foi o primeiro a receber dela amorosos prazeres? E, ao contrário, o homem odeia aquela mulher que foi a primeira a unir-se desse modo a ele?" E, acrescentando a causa, afirma que acontece isso porque em tal ato a mulher recebe do homem perfeição e o homem, imperfeição da mulher; por isso nenhum dos dois ama naturalmente a coisa que o faz perfeito e odeia a que o faz imperfeito. E, além disso, grande argumento da perfeição do homem e da imperfeição da mulher é que universalmente a mulher deseja ser homem por um certo instinto natural que a ensina a desejar sua perfeição.

[XVI.] Respondeu de imediato o magnífico Iuliano: – As mesquinhas não desejam ser homem para se tornarem mais perfeitas, mas para terem liberdade e fugirem daquele domínio que os homens usurparam delas por sua própria autoridade. E a similitude que atribuís a matéria e forma não se sustenta em nada; porque a mulher não é assim tornada perfeita pelo homem, como a matéria pela forma; pois a matéria recebe o ser da forma e não pode ficar sem ela; ao contrário, quanto mais matéria têm as formas, mais imperfeições têm e, separadas dela, são perfeitíssimas; mas a mulher não recebe o ser do homem, ao contrário, como ela é tornada perfeita por ele, ela também o faz perfeito; daí, uma e outro juntos são capazes de gerar, coisa que nenhum deles pode fazer sozinho. Quanto à causa do amor perpétuo da mulher em relação ao primeiro com quem tenha estado e do ódio do homem em relação à primeira mulher, não o atribuirei ao fato a que o atribui vosso filósofo em seus *Problemas*, mas à firmeza e estabilidade da mulher e à instabilidade do homem; não sem razão natural porque, sendo o macho quente, naturalmente dessa qualidade deriva a leviandade, o movimento e a instabilidade; e, ao contrário, a mulher tira da frieza a calma e a gravidade firmes, e as mais profundas impressões.

[XVII.] Então a senhora Emilia, dirigindo-se ao senhor Magnífico: – Pelo amor de Deus, – disse – abandonai de uma vez estas vossas *matérias* e *formas*, machos e fêmeas, e falai de modo que sejais entendido; porque ouvimos e compreendemos muito bem o mal que o senhor Ottaviano e o senhor Gasparo disseram a nosso respeito; mas agora já não entendemos de que modo nos defendeis. Portanto, parece-me que estais vos afastando do objetivo e deixando no espírito de cada um aquela má impressão que deram de nós esses inimigos. – Não nos deis este nome, senhora, – replicou o senhor Gasparo – que melhor cabe ao senhor Magnífico, o qual, ao conceder falsos louvores às mulheres, demonstra que para

elas não os há verdadeiros. – Acrescentou o magnífico Iuliano:
– Não duvideis, senhora, de que tudo será respondido; mas
não quero dizer infâmias aos homens sem razão, como fizeram
estes às mulheres; e, se por sorte houvesse aqui alguém que
escrevesse nossos discursos[50], não gostaria que no lugar em
que se ouvisse falar de *matérias* e *formas,* se vissem sem resposta
os argumentos e as razões que o senhor Gasparo apresenta
contra vós. – Não sei, senhor Magnífico, – disse então o
senhor Gasparo – como podeis negar que o homem, pelas
qualidades naturais, não é mais perfeito que a mulher, a qual é
fria por sua compleição e o homem quente; e muito mais
nobre e mais perfeito é o quente do que o frio, por ser ativo e
produtivo; e, como sabeis, os céus aqui entre nós infundem
somente o calor e não o frio, o qual não participa das obras da
natureza; por isso, o fato de as mulheres serem frias por compleição
creio que seja a causa da sua fraqueza e timidez.

[XVIII.] – Também quereis, – respondeu o magnífico Iuliano
– entrar nas sutilezas; mas vereis que as coisas hão de ficar
sempre piores para vós; e que assim seja, escutai. Confesso-vos
que a quentura em si é mais perfeita que a frieza; mas isso
não prevalece nas coisas mistas e compósitas, pois se assim
fosse, o corpo mais quente seria mais perfeito; o que é falso,
porque os corpos temperados são perfeitíssimos. Digo-vos
ainda que a mulher é de compleição fria se comparada ao
homem, o qual, por excesso de calor acha-se distante da temperança;
mas, em si mesma, ela é temperada ou, pelo menos,
mais próxima do equilíbrio do que o homem, pois tem nela
aquele úmido proporcionado ao calor natural que no homem,
pelo excesso de secura, logo se esvai e consome. Possui também
uma tal frieza que resiste e conforta o calor natural e o faz
mais próximo da temperança; e no homem, o calor supérfluo
logo reduz o calor natural ao último grau, o qual, faltando-lhe
a nutrição, igualmente se esvai; por isso, porque os homens ao
gerar se ressecam mais que as mulheres, freqüentemente acon-

tece que são menos vivazes que elas; daí, tal perfeição também se pode atribuir às mulheres, que, vivendo mais longamente que os homens, executam mais aquilo que é intenção da natureza que os homens. Do calor que difundem os céus acima de nós não se fala agora, porque é comum àquilo sobre o que discutimos; porque, sendo conservador de todas as coisas que se acham sob o globo da lua, tanto quente quanto frias, não pode ser contrário ao frio. Mas a timidez nas mulheres, embora demonstre algumas imperfeições, todavia tem causas louváveis, que são a sutileza e a destreza dos espíritos, os quais representam de imediato as imagens ao intelecto e por isso se perturbam facilmente com as coisas extrínsecas. Muitas vezes haveis de ver alguns que não têm medo da morte nem de nada, e nem assim podem se chamar de ousados, porque não conhecem o perigo, vão como insensatos onde vêem o caminho e não pensam mais; isso provém de uma certa grosseria de espíritos obtusos; por isso não se pode dizer que um louco seja corajoso; mas a verdadeira magnanimidade advém de uma deliberação própria; de uma vontade determinada de agir assim e de estimar mais a honra e o dever do que todos os perigos do mundo; e, embora saiba que a morte é inevitável, ser tão firme de coração e espírito, que os sentimentos não fiquem impedidos nem se assustem, mas façam seu trabalho quanto a discorrer e pensar, como se estivessem em repouso absoluto. Deste gênero vimos e ouvimos que foram muitos grandes homens; igualmente muitas mulheres, as quais, nos séculos passados e no presente, demonstraram grandeza de espírito e deram ao mundo exemplos dignos de infinitos louvores, tanto quanto fizeram os homens.

[XIX.] Então Frigio: – Aquelas ações exemplares – disse – começaram quando a primeira mulher, errando fez outrem errar contra Deus e como herança deixou à espécie humana as angústias, as dores e todas as misérias e calamidades que hoje existem no mundo. – Respondeu o magnífico Iuliano: – Dado que vos agrada tratar de questões religiosas, não sabeis que aquele erro foi igualmente corrigido por uma mulher, que nos trouxe muito mais benefícios do que os danos feitos pela primeira, de modo que a culpa que foi paga com tais méritos se chama felicíssima? Mas não quero agora dizer-vos quanto todas as criaturas humanas são inferiores em dignidade à Virgem Nossa Senhora para não misturar as coisas divinas com estes nossos loucos discursos; nem contar quantas mulheres com infinita constância se deixaram cruelmente matar por tiranos em nome de Cristo, nem aquelas que, discutindo cientificamente, puseram em crise tantos idólatras; e, se me dizeis que isso era milagre e graça do Espírito Santo, afirmo que nenhuma virtude merece maior louvor do que aquela que é aprovada pelo testemunho de Deus. Muitas outras também, das quais não se fala tanto, podeis ver por vós próprios, em especial lendo São Jerônimo, que celebra algumas de sua época com louvores tão maravilhosos que bem poderiam bastar a qualquer santíssimo homem.

[XX.] Pensai também em quantas outras existiram e às quais não se faz nenhuma menção, pois as infelizes estão encerradas, sem aquela pomposa soberba de buscar renome de santidade junto ao povo, como fazem hoje muitos homens hipócritas e malvados[51], os quais, esquecidos ou então fazendo pouco caso da doutrina de Cristo, o qual quis que, quando se jejue, se unte o rosto para não parecer que se está jejuando, e ordena que as orações, esmolas e outras boas ações não sejam feitas nem nas praças nem nas igrejas, mas em segredo, de modo que a mão esquerda não saiba o que a direita faz, afirmam que não existe maior bem no mundo do que dar bons exemplos. Assim, de pescoço inclinado e olhos baixos, apregoando a fama de não querer falar com mulheres nem comer nada além de ervas cruas, sujos, com as túnicas rotas, aqueles homens enganam as pessoas simples; e não têm escrúpulos para falsificar testamentos, provocar inimizades mortais entre marido e mulher e, feito veneno, recorrem a feitiços, encantamentos e todo tipo de patifarias, e depois citam uma certa máxima de seu chefe que diz *"Si non caste, tamen caute"* [Se não castamente, pelo menos cautelosamente], e acreditam com isso remediar todo grande mal e com boas razões persuadir quem não é bastante cauteloso de que todos os pecados, por mais graves que sejam, são perdoados por Deus, desde que permaneçam secretos e deles não derivem maus exemplos. Assim, com um véu de santidade e com este sigilo, freqüentemente todos os seus pensamentos se destinam a contaminar a casta alma de alguma mulher: muitas vezes a semear ódios entre irmãos, a governar Estados, exaltar um e humilhar outro, mandar decapitar, encarcerar e desterrar homens; ser ministro de criminosos e quase depositários dos roubos que praticam muitos príncipes. Outros, sem vergonha, se deleitam em exibir-se macios e frescos, com o focinho bem escanhoado e bem vestidos; e ao passear, erguem a batina para mostrar os calções esticados e quão à vontade se sentem ao fazer reverências. Outros adotam certos olhares e movimentos também quando celebram missa, pelos quais presumem se tornar mais graciosos e admirados. Homens maus e celerados, completamente alheios não só à religião, mas a todo bom costume; e, quando sua vida dissoluta lhes é recriminada, debocham e riem de quem lhes fala disso, e quase tornam seus vícios em objeto de louvor. – A senhora Emilia: – Tanto prazer – disse – tendes em falar mal dos padres, que sem nenhum propósito haveis entrado nesta discussão. Mas fazeis imenso mal em ficar murmurando contra os religiosos e sem nenhuma vantagem tornai vossa consciência pesada; pois, se não fossem aqueles que rogam a Deus por nós, teríamos flagelos bem maiores do que hoje temos. – Riu então o magnífico Iuliano e disse: – Senhora, como adivinhastes com tanta certeza que falava dos padres, não tendo eu pronunciado seu nome? Mas na verdade não murmuro, ao contrário, falo bem abeta e claramente; e não falo dos bons, mas dos maldosos e malfeitores, dos quais não digo a milésima parte daquilo que sei. – Não faleis mais contra os padres, – respondeu a senhora Emilia – pois julgo grave pecado escutar-vos e por isso, para não continuar a vos ouvir, retirar-me-ei.

[XXI.] – Fico contente – disse o magnífico Iuliano – em não falar mais disso. Porém, voltando aos louvores às mulheres, digo que o senhor Gasparo não me apontará nenhum homem egrégio que eu não lhe aponte a esposa, filha ou irmã, de igual mérito e talvez superior; além de muitas terem trazido infinitos bens para seus homens, algumas vezes corrigiram muitos de seus erros. Por isso, como demonstramos, sendo as mulheres naturalmente capazes das mesmas virtudes que os homens e tendo sido tantas vezes vistos seus resultados, não sei por que, dando-lhes eu aquilo que é possível que tenham e tantas vezes tiveram e ainda têm, se deveria considerar que digo absurdos, como objetou o senhor Gasparo; dado que sempre houve no mundo e ainda hoje existem, mulheres tão próximas às damas palacianas que representei, quanto homens próximos ao homem que aqueles senhores representaram. Disse então o senhor Gasparo: – As razões que têm a experiência contra si não me parecem boas; e certamente se eu vos perguntasse quais são ou foram essas grandes mulheres tão dignas de louvor quanto os grandes homens de quem foram esposas, irmãs ou filhas, ou que tenham sido causa de algum bem, ou tenham corrigido seus erros, penso que permanecereis impedido de responder.

[XXII.] – Na verdade, – respondeu o magnífico Iuliano – nenhuma outra coisa poderia deixar-me impedido, exceto a quantidade de exemplos a citar; e, caso o tempo me bastasse, haveria de contar-vos sobre isso a história de Otávia, mulher de Marco Antônio e irmã de Augusto; a de Porcia, filha de Catão e mulher de Bruto; a de Gaia Cecília, mulher de Tarquínio Prisco; a de Cornélia, filha de Cipião e de infinitas outras que são conhecidíssimas; e não somente das nossas, mas também das bárbaras, como Alexandra[52], mulher de Alexandre, rei dos judeus, a qual, após a morte do marido, vendo os súditos enfurecidos e armando-se para matar dois filhos dele que lhe haviam restado, por vingança contra a cruel e dura servidão na qual o pai sempre os mantivera, agiu de tal modo que logo mitigou aquele justo desdém e, com prudência, num instante tornou favoráveis aos filhos aqueles espíritos que o pai, com infinitas injustiças, ao longo de muitos anos transformara em grandes inimigos deles. – Dizei ao menos – respondeu a senhora Emilia – como ela agiu. – Disse o Magnífico: – Ao ver os filhos perante tamanho perigo, incontinenti mandou atirar o corpo de Alexandre no meio da praça; depois, convocados os cidadãos, disse que sabia que os espíritos deles estavam tomados de justíssimo desprezo contra seu marido, pois as injustiças praticadas por ele lhes dava razão e que assim como, enquanto estava vivo, sempre procurara afastá-lo de vida tão perversa, agora estava preparada a demonstrá-lo, ajudando-os a castigá-lo quanto fosse possível, mesmo morto; por isso, que agarrassem aquele corpo e o dessem de comer aos cães, e o destroçassem da maneira mais cruel que pudessem imaginar; mas rogava-lhes que tivessem compaixão daquelas inocentes crianças, as quais não podiam ser culpadas nem tampouco terem consciência dos maus feitos do pai. Tão eficazes foram tais palavras que o furor alimentado nos corações de todo o povo logo foi mitigado e convertido em tão grande sentimento de piedade, que não só aceitaram aquelas crianças como seus senhores, mas ainda deram honrada sepultura ao morto. – Aqui fez o Magnífico uma pausa; depois acrescentou: – Não sabeis que a mulher e as irmãs de Mitridates mostraram muito menos medo da morte que ele? E a mulher de Asdrúbal[53] também? Não sabeis que Harmonia, filha de Híeron de Siracusa, quis morrer durante o incêndio de sua pátria? – Então Frigio: – Onde se exige obstinação, certamente aí – disse – se encontram algumas mulheres que jamais mudariam de opinião; como aquela que não podendo mais dizer ao marido "tesoura" com as mãos continuava a fazer sinais.

[XXIII.] Riu o magnífico Iuliano e disse: – A obstinação que tende para um fim virtuoso deve ser chamada de constância; como foi a de Epicari, libertina romana, que, sabedora de uma grande conspiração contra Nero, teve tamanha constância que, submetida às mais duras torturas que se possa imaginar, não denunciou nenhum dos cúmplices; contudo, perante o mesmo perigo, muitos nobres cavaleiros e senadores covardemente acusaram irmãos, amigos e as mais caras e íntimas pessoas que tinham no mundo. Que diríeis daquela outra que se chamava Leona, em cuja honra os atenienses erigiram diante da porta do rochedo uma leoa de bronze sem língua, para representar nela a constante virtude da taciturnidade? Porque, sendo ela igualmente conhecedora de uma conjuração contra os tiranos, não se assustou com a morte de dois grandes homens seus amigos e, embora submetida a infinitas e crudelíssimas torturas, jamais denunciou nenhum dos conspiradores. – Disse então dona Margherita Gonzaga: – Creio que narrais com demasiada brevidade tais ações virtuosas praticadas por mulheres; pois, apesar de estes nossos inimigos terem escutado e lido, demonstram não as conhecer e gostariam que se perdesse sua memória; mas, se fazeis com que possamos ouvi-las, ao menos saberemos honrá-las.

[XXIV.] Então o magnífico Iuliano: – Com prazer – respondeu. – Agora quero falar-vos de uma, a qual fez algo que, creio até o senhor Gasparo há de confessar, pouquíssimos homens fariam. – E começou: – Em Marselha, houve um costume que se acredita ter sido trazido da Grécia e que consistia em, com patrocínio público, servir veneno temperado com cicuta e se autorizava tomá-lo quem provasse ao senado ter de ir-se desta vida por algum incômodo que nela sentisse ou por outra justa causa, de modo que, quem tivesse tido a fortuna contra si ou demasiado a seu favor, não perseverasse naquela ou não visse mudar esta. Encontrando-se destarte Sesto Pompeu... – Aqui, Frigio, sem esperar que o magnífico Iuliano fosse mais adiante: – Isso me parece – disse – o princípio de uma longa fábula. – Então o magnífico Iuliano, dirigindo-se risonho a dona Margherita: – Aí esta, – reclamou – Frigio não me deixa falar. Pretendia contar-vos a respeito de uma mulher que, tendo demonstrado ao senado que tinha razões para morrer, alegre e sem temor algum retirou, na presença de Sesto Pompeu, o veneno com tanta constância de espírito, tão prudentes e amorosas lembranças dos seus, que Pompeu e todos os outros, que viram numa mulher tanto saber e segurança no tremendo passo da morte, ficaram, não sem lágrimas, confusos e maravilhados.

[XXV.] Então o senhor Gasparo, a rir: – Ainda me recordo – disse – ter lido uma oração, na qual um infeliz marido pede licença ao senado para morrer e comprova ter justa razão de não poder tolerar o contínuo peso da tagarelice de sua mulher e preferiu beber aquele veneno, que dizeis era servido publicamente para tais efeitos, a ter de suportar as palavras da mulher. – Respondeu o magnífico Iuliano: – Quantas infelizes mulheres teriam justa causa para solicitar licença de morrer por não poder tolerar, não direi as más palavras, mas as péssimas ações dos maridos! Pois conheço algumas que neste mundo sofrem as penas que dizem existir no inferno. – Não acreditais – replicou o senhor Gasparo – que existem muitos maridos que suportam tais tormentos das mulheres que estão sempre a desejar a morte? – E que desprazer – disse o Magnífico – podem as mulheres causar aos maridos, que seja tão irremediável como aqueles que causam os maridos às mulheres? Estas, quando não por amor, ao menos por medo são obedientes aos maridos. – É verdade – disse o senhor Gaspar – que aquele pouco que às vezes fazem de bom procede do temor, uma vez que poucas existem no mundo que no segredo de seu âmago não sintam ódio pelo marido. – Ao contrário, – respondeu o Magnífico –; e, se bem vos recordais do que haveis lido, em todas as histórias se sabe que quase sempre as mulheres amam os maridos mais do que eles as mulheres. Quando vistes ou lestes que um marido oferecesse à mulher tal prova de amor como deu Camma[54] a seu marido? – Não sei – respondeu o senhor Gasparo – quem foi essa, nem o que demonstrou ao marido. – Nem eu – agregou Frigio. Respondeu o Magnífico: – Ouvi então, e vós, dona Margherita, cuidai para mantê-lo vivo na memória.

[XXVI.] Camma foi uma belíssima jovem, dotada de tanta modéstia e costumes gentis que era maravilhosa tanto por isso como por sua beleza; e acima de todas as coisas amava o marido, que se chamava Sinatos. Aconteceu que um outro gentil-homem, de condição bem mais elevada que Sinatos e uma espécie de tirano da cidade onde moravam, apaixonou-se pela jovem; e após ter insistentemente tentado possuí-la por todos os meios, e tudo em vão, persuadindo-se de que o amor que ela sentia pelo marido fosse o único obstáculo aos seus desejos, mandou matar Sinatos. Depois, continuando a insistir, não obteve frutos diferentes dos de antes; daí, crescendo aquele amor a cada dia, decidiu tomá-la como esposa, embora ela fosse de condição muito inferior à dele. Assim, tendo Sinorige (era o nome do enamorado) feito o pedido aos pais, começaram a persuadi-la a aceitá-lo, mostrando-lhe que o consentimento seria assaz útil e a negação perigosa para ela e para todos. Essa, depois de contradizê-los por algum tempo, por fim respondeu que ficaria contente. Os pais transmitiram a novidade a Sinorige, o qual, muito feliz, tratou de celebrar as núpcias imediatamente. Portanto, indo ambos para tal efeito solenemente ao templo de Diana, Camma fez com que levassem uma certa bebida doce, que ela havia preparado; assim, diante do simulacro de Diana, na presença de Sinorige bebeu a metade; com suas mãos, pois isso era costume nos casamentos, deu o restante ao esposo, que bebeu tudo. Tão logo viu seu propósito realizado, toda contente se ajoelhou ao pé da imagem de Diana e disse: "Ó deusa, tu que conheces o mais íntimo de meu coração, sirva-me como testemunho de quão dificilmente, após meu caro consorte ter morrido, me contive para não me dar o mesmo fim e com quanto esforço suportei a dor de permanecer nesta amarga vida, na qual não senti nenhum outro bem ou prazer, exceto a esperança de vingar-me, que agora satisfiz; por isso, alegre vou desfrutar a doce companhia daquela alma, que na vida e na morte mais que a mim própria sempre amei. E tu, celerado, que pensaste ser meu marido, em vez do leito nupcial dá ordens para preparar teu sepulcro, pois de ti faço sacrifício à sombra de Sinatos". Estarrecido com estas palavras e já sentindo a força do veneno que o perturbava, Sinorige procurou muitos remédios; de nada valeram; e Camma, antes de morrer, teve ainda a fortuna favorável, ou algo que o valha, de saber que Sinorige morrera. Ao ter a notícia, contentíssima, deitou-se com os olhos para o céu, chamando sempre o nome de Sinatos e dizendo: "Ó dulcíssimo consorte, agora que dei lágrimas e vingança como últimas oferendas à tua morte, nada mais vejo aqui para fazer, abandono o mundo e esta vida cruel sem ti, a qual somente por ti me foi cara. Assim, vem ao meu encontro, senhor meu, e acolhe de boa vontade esta alma como ela de bom grado a ti se dirige." E dizendo isso, de braços abertos, como se naquele momento quisesse abraçá-lo, morreu. Dizei agora, Frigio, que vos parece essa? – Respondeu Frigio: – Creio que desejais fazer chorar estas mulheres. Porém, admitindo que fosse tudo verdade, digo-vos que tais mulheres não se encontram mais no mundo.

[XXVII.] Disse o Magnífico: – Sim que se encontram e, para comprová-lo, escutai. Em meu tempo de estudante, havia em Pisa um fidalgo cujo nome era dom Tomaso, não me lembro qual família, embora da boca de meu pai, que foi seu grande amigo, tenha ouvido várias vezes recordá-la. Assim, esse dom Tomaso, indo um dia numa pequena embarcação de Pisa para a Sicília, a fim de tratar de negócios, foi surpreendido por algumas naves mouras que lhe caíram em cima tão imprevisivelmente, que os marinheiros não se deram conta; e, se bem que os homens que estavam dentro se defendessem vivamente, sendo eles poucos e os inimigos muitos, a embarcação e todos que nela viajavam caiu em poder dos mouros, com alguns feridos e outros sãos, conforme a sorte, inclusive dom Tomaso, que se portara valorosamente e matara o irmão de um dos capitães daquelas fustas. O capitão, como podeis imaginar, indignado com a perda do irmão, o quis como seu prisioneiro; e supliciando-o todos os dias, conduziu-o até a Barbária, onde decidira mantê-lo cativo até a morte, padecendo grandes misérias e sofrimentos. Todos os outros, de uma ou de outra maneira, ganharam a liberdade após certo tempo. De regresso a casa, relataram à mulher, dona Argentina era seu nome, e aos filhos a dura vida e a grande angústia em que dom Tomaso vivia, e era um viver sem esperança, se Deus miraculosamente não o ajudasse. Depois de ela e os filhos serem informados do que se passava, de feitas tentativas para libertá-lo e quando ele próprio já se resignara a morrer, aconteceu que uma forte piedade despertou tanto o engenho e a ousadia do seu filho que se chamava Paulo, que sem temer nenhum tipo de perigo, decidiu morrer ou libertar o pai. A coisa foi tão bem feita e com tanta cautela, que antes de saberem na Barbária que ele havia escapado, já havia chegado a Livorno. Daí, em segurança, escreveu à mulher, comunicando sua libertação e dizendo que esperava vê-la no dia seguinte. A boa e nobre mulher, surpresa com tanta e inesperada alegria em poder tão cedo, por piedade e virtude do filho, ver o marido, que amava tanto e já acreditava firmemente não tornar a ver, lida a carta, ergueu os olhos para o céu e, chamando o marido, caiu morta no chão; malgrado todos os esforços e remédios, a alma fugidia não retornou ao corpo. Cruel espetáculo, e suficiente para temperar as vontades humanas e refreá-las de desejar demasiado eficazmente alegrias excessivas!

[XXVIII.] Frigio disse então rindo: – Como podeis garantir que ela não morria de desgosto ao saber que o marido voltava para casa? – Respondeu o Magnífico: – Porque o restante da vida dela não combinava com isso; ao contrário, penso que aquela alma, não podendo suportar a demora em vê-lo com os olhos do corpo, abandonou-o e, dominada pelo desejo, voou imediatamente para onde, ao ler a carta, voara o pensamento. – Disse o senhor Gasparo: – Pode ser que essa mulher fosse demasiado amorosa, pois as mulheres sempre levam as coisas aos extremos, o que é um erro; e vede que por ser amorosa em excesso fez mal a si mesma, ao marido e aos filhos, convertendo em amargura o prazer daquela perigosa e desejada libertação. Por isso, não deveis incluí-la no grupo de mulheres que causaram tantos benefícios. – Respondeu o Magnífico: – Eu a incluo como uma daquelas que testemunham existirem mulheres que amam os maridos; pois daquelas que foram causa de muitos benefícios no mundo poderia apresentar-vos um número infinito, e narrar-vos casos tão antigos que parecem fábulas, e outras que junto aos homens inventaram coisas que mereceram ser tratadas como deusas, como Paladas e Ceres; e as Sibilas, por cujas bocas Deus tantas vezes falou e revelou ao mundo as coisas que estavam por acontecer; e aquelas que ensinaram a grandes homens, como Aspásia e Diotima, que, por meio de sacrifícios adiou por dez anos uma peste que deveria se abater sobre Atenas. Poderia falar-vos de Nicostrata, mãe de Evandro, que mostrou as cartas aos latinos; e também de uma outra mulher, que foi mestra do lírico Píndaro; e de Corina[55] e de Safo, que foram excelentes na poesia. Mas não quero buscar coisas tão distantes. Asseguro-vos, deixando o restante de lado, que da grandeza de Roma talvez as mulheres não tenham sido menor causa que os homens. – Isso – disse o senhor Gasparo – seria bom escutar.

[XXIX.] Respondeu o Magnífico: – Escutai então. Depois da queda de Tróia, muitos troianos que escaparam da ruína fugiram de um ou de outro modo; e uma parte deles, batidos por muitas procelas, aportaram na Itália, na região onde o Tibre desemboca no mar. Destarte, tendo descido a terra para juntar o que necessitavam, começaram a percorrer o país; as mulheres, que haviam permanecido nos navios, combinaram entre si uma boa estratégia, que pusesse fim à perigosa e longa errância marítima e no lugar da pátria perdida uma nova conseguissem; e, depois de confabularem, ausentes os homens, deitaram fogo às embarcações; e a que iniciou a operação se chamava Roma. Mesmo temendo a ira dos homens que retornavam, foram ao encontro deles; algumas puseram-se a abraçar e beijar os maridos e outras, os parentes, em sinal de benevolência, mitigando aquele primeiro ímpeto; depois, explicaram-lhes calmamente a causa de seu prudente pensamento. Daí os troianos, seja pela necessidade, seja para serem bem aceitos pelos habitantes da terra, ficaram contentíssimos com o que as mulheres haviam feito e aqui passaram a viver com os latinos, no local que veio a ser Roma. Daí provém o antigo costume dos romanos, segundo o qual as mulheres beijam os parentes ao encontrá-los. Podeis ver agora quanto essas mulheres influíram na fundação de Roma.

[XXX.] Quanto ao crescimento da cidade, as sabinas não fizeram menos que as troianas no início; pois, tendo Rômulo provocado a inimizade geral de todos os vizinhos pela rapina de mulheres que promoveu, foi cercado de guerras por todas os lados; e sendo homem valoroso, logo se livrou de todos com vitórias, exceto aquela contra os sabinos, que foi longa porque Tito Tácio, rei dos sabinos, era muito valente e sábio; assim, tendo havido um choque violento entre romanos e sabinos, com gravíssimos danos para ambas as partes, e preparando-se nova e cruel batalha, as mulheres sabinas, vestidas de negro, com os cabelos desgrenhados e arrancados, chorando, aflitas, sem recear as armas que estavam a ponto de ferir, colocaram-se no meio, entre seus pais e maridos, rogando que não manchassem as mãos com o sangue de sogros e genros; e, se estivessem descontentes com aquele parentesco, virassem as armas contra elas, pois seria muito melhor morrer do que viver viúvas ou sem pais e irmãos, lembrando que seus filhos haviam nascido de quem lhes matara os pais ou que elas tivessem nascido de quem lhes matara os maridos. Com tais gemidos e prantos, muitas delas carregavam nos braços os filhos pequenos, dos quais alguns começavam a mover a língua e pareciam querer chamar e fazer festa aos avós; a quem as mulheres mostravam os netos e, chorando: "Eis o vosso sangue, que com tanto ímpeto e furor pretendeis derramar com vossas mãos." Tanta força teve nesse caso a piedade e a prudência das mulheres, que não somente entre os dois reis inimigos foi selada indissolúvel amizade e confederação, como também, e coisa mais maravilhosa, os sabinos vieram morar em Roma e daqueles dois povos se fez um único. Assim essa concórdia muito contribuiu para o aumento das forças de Roma, graças às sábias e magnânimas mulheres, as quais foram por Rômulo honradas quando, dividindo o povo em trinta cúrias, deu-lhes os nomes das mulheres sabinas.

[XXXI.] Aqui, tendo o magnífico Iuliano se calado um momento e vendo que o senhor Gasparo não falava: — Não vos parece — disse — que estas mulheres eram causadoras de benefícios para seus homens e contribuíam para a grandeza de Roma? — Respondeu o senhor Gasparo: — Na verdade, elas foram dignas de grandes louvores; mas se pretendeis apontar tanto os erros das mulheres como suas boas ações, não haveis silenciado que nessa guerra de Tito Tácio uma mulher traiu Roma e ensinou o caminho aos inimigos para ocupar o Capitólio, donde pouco faltou para que todos os romanos fossem destruídos? — Respondeu o magnífico Iuliano: — Mencionais uma única mulher malvada e eu cito uma infinidade de boas; e além das já referidas, poderia acrescentar ao meu propósito mil outros exemplos de benefícios trazidos a Roma pelas mulheres, e dizer-vos por que foi edificado um templo para Vênus Armada e um outro para Vênus Calva, e como foi instituída a festa das Ancilas, em honra de Juno, porque as servas livraram Roma das emboscadas de seus inimigos. Mas, deixando tudo isso, aquele magnânimo feito de ter descoberto a conspiração de Catilina, por que tanto se elogia Cícero, não teve origem principalmente numa mulher de má vida? Poder-se-ia dizer que foi ela a causa de todo o bem que Cícero se vangloria de ter feito à república romana. E, se o tempo me bastasse, haveria de mostrar-vos talvez também as mulheres que, freqüentemente, corrigiram muitos erros dos homens; mas receio que este meu discurso já se tenha tornado demasiado longo e cansativo; porque tendo, segundo minhas possibilidades, cumprido a tarefa de que me incumbiram estas senhoras, penso dar espaço a quem conte coisas mais dignas de serem ouvidas do que possa eu relatar.

[XXXII.] Então a senhora Emilia: – Não defraudai – disse – as mulheres dos verdadeiros louvores que lhes são devidos; e recordai-vos de que se o senhor Gasparo e também talvez o senhor Ottaviano vos escutam aborrecidos, nós e todos os outros senhores vos escutamos com prazer. – O Magnífico ainda assim queria encerrar, mas todas as mulheres começaram a rogar que prosseguisse; daí, ele a rir: – Para não ganhar como inimigo o senhor Gasparo mais do que ele já é, falarei brevemente de algumas que me vêm à memória, deixando de lado tantas outras que poderia citar. – Depois agregou: – Estando Filipe, filho de Demétrio, ao redor de Quios e tendo-a assediado, mandou um edital garantindo que todos os escravos que fugissem da cidade e viessem ter com ele obteriam a liberdade, e as esposas, de seus amos. Foi tamanho o desprezo das mulheres por tão ignominiosa proclamação que foram armadas para as muralhas e tão ferozmente combateram que em pouco tempo expulsaram Filipe com vergonha e danos, o que os homens não haviam conseguido fazer. Estas mesmas mulheres, estando com seus maridos, pais e irmãos, que iam para o exílio, chegando à Leucônia, praticaram uma ação não menos gloriosa do que esta; pois os eritreus, que ali se achavam com seus confederados, fizeram guerra contra esses homens de Quios, os quais, não podendo resistir, aceitaram um acordo que lhes impunha sair da cidade trajando apenas gibão e camisa. Sabendo as mulheres de tão vergonhoso acordo, lamentaram-se, recriminando-os porque, deixando as armas, saíam como se estivessem nus no meio dos inimigos; e, respondendo eles já terem firmado o pacto, disseram-lhes que carregassem o escudo e a lança e deixassem as roupas, respondendo aos inimigos que esta era a roupa deles. E, agindo assim segundo o conselho de suas mulheres, cobriram em parte a vergonha que não podiam evitar totalmente. Tendo também Ciro, numa batalha, provocado a derrota de um exército persa, os soldados deste, em fuga rumo à cidade, encontraram suas mulheres fora das portas, as quais, indo ao encontro deles, disseram: "Para onde fugis, homens covardes? Quem sabe quereis esconder-vos dentro de nós, de onde saístes?" Estas e outras palavras semelhantes ouvindo os homens e sabendo quanto eram inferiores a elas na coragem, envergonharam-se de si mesmos e, retornando na direção dos inimigos, de novo os combateram e os derrotaram.

[XXXIII.] Tendo falado até aqui, o magnífico Iuliano interrompeu-se e, dirigindo-se à senhora duquesa, disse: – Agora, senhora, haveis de me dar licença para calar-me. – Respondeu o senhor Gasparo: – Era hora de calar-se, pois já não sabeis mais o que dizer. – Disse o Magnífico rindo: – Vós me estimulais de tal modo que correis o risco de ter de ouvir a noite inteira louvações às mulheres[56]; e escutar sobre muitas espartanas, que pagaram caro a morte gloriosa dos filhos; e a respeito daquelas que os recusaram como filhos ou mataram-nos elas próprias, quando os viram comportar-se covardemente. Depois, como as mulheres de Sagunto, na ruína da pátria, pegaram em armas contra as tropas de Aníbal; e como, tendo sido o exército dos germanos superado por Mario, suas mulheres, não podendo obter a graça de viver livres em Roma a serviço das Virgens Vestais, mataram-se junto com seus pequenos filhos; e de mil outras, das quais todas as histórias antigas estão cheias. – O senhor Gasparo: – Bem, senhor Magnífico, – disse – Deus sabe como se passaram aquelas coisas; pois aqueles séculos acham-se tão distantes de nós, que muitas mentiras podem ser ditas e não há quem as refute.

[XXXIV.] Disse o Magnífico: – Se em todos os tempos quiserdes comparar o valor das mulheres com o dos homens, descobrireis que elas jamais tiveram nem hoje têm virtudes inferiores aos homens; porque, deixando os mais antigos, se chegardes ao tempo em que os godos reinaram na Itália, encontrareis entre eles uma rainha, Amalasunta, que governou longamente com maravilhosa prudência; depois Teodelinda, rainha dos longobardos, dotada de singulares virtudes; Teodora, imperatriz grega; e, na Itália, dentre muitas outras foi mui singular senhora a condessa Matilda[57], de cujas glórias deixarei falar o conde Ludovico, pois pertenceu à sua casa. – Ao contrário, – replicou o conde – cabe a vós fazê-lo, pois bem sabeis que não convém que se louvem suas próprias coisas. – Acrescentou o Magnífico: – E quantas mulheres famosas nos tempos passados encontrais nesta nobilíssima casa de Montefeltro! Quantas da casa Gonzaga, da casa d'Este, da família dos Pios! Se quiséssemos falar dos tempos presentes, não nos será necessário buscar exemplos muito longe, pois os temos dentro de casa. Mas não quero valer-me daquelas em cuja presença nos encontramos, para que não mostreis conceder-me por cortesia aquilo que não me podeis negar de maneira nenhuma. E, para sair da Itália, lembrai-vos que em nossos dias vimos Ana, rainha da França, excelsa senhora, tanto nas virtudes quanto pela posição, pois se, quanto à justiça e clemência, generosidade e santidade de vida, quiserdes compará-la aos reis Carlos e Ludovico, casada que foi com um e outro, não podereis julgá-la inferior a eles. Considerai dona Margherita, filha do imperador Maximiliano, a qual, com suma prudência e justiça governou e até hoje governa seu Estado.

[XXXV.] Mas, deixando de lado todas as demais, dizei-me, senhor Gaspar, qual rei ou príncipe existe em nossos dias e também nos tempos recentes na Cristandade que mereça ser comparado à rainha Isabel de Espanha? – Respondeu o senhor Gasparo: – O rei Ferrando, seu marido. – Acrescentou o Magnífico: – Isso não hei de negar; pois, dado que a rainha considerou-o digno de ser seu marido e tanto o amou e respeitou, não se pode dizer que ele não mereça a comparação; estou convencido de que a reputação que ele recebeu dela é um dote não menor que o reino de Castela. – Ao contrário, – respondeu o senhor Gaspar – creio que por muitas obras do rei Fernando fosse louvada a rainha Isabel. – Então o Magnífico: – Se os povos da Espanha, – disse – os senhores, os próximos do rei, os homens e as mulheres, pobres e ricos, não se puseram de acordo para mentir a favor dela, não houve em nosso tempo, no mundo inteiro, mais claro exemplo de verdadeira bondade, de grandeza de espírito, de prudência, de religião, de honestidade, de cortesia, de generosidade, enfim, de todas as virtudes, do que a rainha Isabel; e, se bem que a fama dessa senhora em todo lugar e junto a todas as nações seja imensa, os que conviveram com ela e acompanharam suas ações, todos afirmam que tal fama nasceu das virtudes e méritos dela. E quem quiser considerar suas obras facilmente saberá que assim é, de fato: porque, deixando infinitas coisas que atestam isso e poderiam ser contadas, fosse esse nosso propósito, todos sabem que, quando ela começou a reinar, encontrou a maior parte de Castela ocupada pelos grandes; porém, recuperou tudo de modo tão sensato e com tais atitudes, que os próprios feudatários que foram despojados permaneceram afeiçoados a ela e contentes em deixar aquilo que possuíam. Coisa muito notória é também com quanta energia e prudência defendia seus reinos contra poderosos inimigos; e igualmente só a ela se pode conceder a honra da gloriosa conquista do reino de Granada; pois, em tão longa e difícil guerra contra inimigos obstinados que combatiam por seus bens, pela vida, pela sua religião e, na opinião deles, por seu Deus, demonstrou sempre, com a ponderação e com a própria pessoa, tanta virtude que talvez em nossos tempos poucos príncipes tenham tido a ousadia, não de imitá-la, mas até mesmo de invejá-la. Além disso, afirmam todos que a conheceram ter possuído ela maneira tão divina de governar, que parecia que somente sua vontade bastava, para que sem maiores protestos todos fizessem aquilo que deviam; tanto que a gente mal ousava, na própria casa e em segredo, fazer coisas que imaginava pudessem desagradar-lhe: e isso decorria em grande parte do maravilhoso discernimento que ela teve para conhecer e escolher os ministros adequados às atividades em que pretendia empregá-los; e tão bem soube conjugar o rigor da justiça com a mansuetude da clemência e a generosidade, que em seus dias não houve quem se lamentasse de ser pouco remunerado nem os maus de serem excessivamente castigados. Daí nasceu entre o povo uma enorme reverência para com ela, composta de amor e temor; e que até hoje é tão forte no espírito de todos que até parecem aguardar que do céu ela os observe e lá de cima lhes mande louvores ou críticas; por isso com seu nome e com os métodos estabelecidos por ela ainda se governam aqueles reinos, de maneira que, embora a vida se tenha extinto, vive a autoridade como uma roda que, longamente movida com força, gira ainda bastante por si mesma, apesar de ninguém mais movimentá-la. Considerai além disso, senhor Gasparo, que, hoje, todos os grandes homens da Espanha e famosos em qualquer campo foram nomeados pela rainha Isabel; e o grão-capitão Gonsalvo Ferrando orgulhava-se muito mais disso do que de todas as suas famosas vitórias e daquelas egrégias e virtuosas obras, que na paz e na guerra o tornaram tão famoso e ilustre, pois, se a fama não é muito ingrata, sempre há de divulgar ao mundo seus louvores imortais e há de atestar que em nossa época poucos reis ou grandes príncipes tivemos que não tenham sido superados por ele em magnanimidade, saber e todo gênero de virtudes.

[XXXVI.] Voltando à Itália, repito que aqui não nos faltam mulheres de suma excelência; pois em Nápoles tivemos duas rainhas singulares[58]; e há pouco, sempre em Nápoles, morreu uma outra rainha da Hungria, tão magnífica senhora quanto sabeis e digna de ser comparada ao invencível glorioso rei Matias Corvino, seu marido. Igualmente, a duquesa Isabel de Aragão, digna irmã do rei Fernando de Nápoles a qual, como ouro no fogo, também nas adversidades da fortuna demonstrou valor e virtude. Se virdes Lombardia, aí tereis a senhora Isabel, marquesa de Mântua, cujas excelsas virtudes se veriam diminuídas se fossem tratadas tão sobriamente como seria necessário aqui para quem quisesse falar delas. Lamento ainda que nem todos tenham conhecido a duquesa Beatriz de Milão, sua irmã, a fim de que não tenhais nunca que vos maravilhar com a inteligência de uma mulher. E a duquesa Eleonora de Aragão, duquesa de Ferrara e mãe destas duas senhoras que citei, foi tão formidável que suas extraordinárias virtudes não só atestavam a todo o mundo que era digna filha de um rei, mas que merecia ser rainha de um Estado muito maior do que todos os seus antecessores haviam possuído. E para falar-vos de uma outra, quantos homens conheceis no mundo, que teriam suportado os amargos golpes da fortuna tão serenamente quanto a rainha Isabel de Nápoles? Esta, após a perda do reino, o exílio e morte do rei Federico, seu marido, e de dois filhos, e a prisão do duque da Calábria, seu primogênito, ainda assim demonstra ser rainha e de tal modo suporta os desastrosos incômodos da mísera pobreza que reafirma a todos que, embora tivesse mudado de fortuna, não mudara sua condição. Deixo de citar inúmeras outras senhoras e também mulheres de baixa condição, como muitas pisanas, que, na defesa de sua pátria contra os florentinos, exibiram aquela generosa coragem, sem nenhum temor de morte, que poderiam mostrar os mais invencíveis espíritos que houvessem existido no mundo; por isso algumas delas foram celebradas por muitos nobres poetas. Poderia falar-vos de algumas, excelentes nas letras, em música, em pintura, em escultura; mas não quero insistir com estes exemplos, que conheceis tão bem. Basta que, se em vosso interior pensardes nas mulheres que vós próprios conheceis, não vos será difícil compreender que a maioria delas não tem valores ou méritos inferiores aos pais, irmãos e maridos e que muitas trouxeram para os homens e freqüentemente corrigiram muitos erros deles; e, se agora não se encontram no mundo aquelas grandes rainhas que vão subjugar países distantes e constroem magníficos edifícios, pirâmides e cidades como Tomíris, rainha dos massagetas, Ártemis, Zenóbia, Semíramis ou Cleópatra, não existem tampouco homens como César, Alexandre, Cipião, Lúculo e os outros imperadores romanos.

[XXXVII.] – Não falai assim, – respondeu então Frigio a rir – porque agora mais que nunca se encontram mulheres como Cleópatra ou Semíramis; e, se já não possuem tantos Estados, forças e riquezas, não lhes falta a vontade de imitá-las, pelo menos no que concerne a entregar-se a prazeres e satisfazer o mais que possam todos os seus apetites. – Disse o magnífico Iuliano: – Frigio, pretendeis ultrapassar os limites; mas se algumas Cleópatras são encontradas, não faltam infinitos Sardanapalos, o que é bem pior. – Não façais – disse então o senhor Gasparo – estas comparações, nem acreditai que os homens sejam menos moderados que as mulheres; e, mesmo que o fossem, não seria pior, porque da incontinência das mulheres nascem infinitos males que não nascem daquela dos homens; por isso, conforme dito ontem, foi prudentemente instituído que a elas seja lícito sem censura falhar em todas as outras coisas a fim de que possam dedicar todas as forças para entregar-se a esta única virtude da castidade, sem a qual os filhos seriam incertos e aquela ligação, que une todo o mundo pelo sangue e por amar naturalmente cada um o que produziu, se dissolveria; por isso, a vida dissoluta é mais nociva para as mulheres do que para os homens, os quais não carregam os filhos no corpo durante nove meses.

[XXXVIII.] Então o Magnífico: – Na verdade, – respondeu – estes que apresentais são belos argumentos e não sei por que não os colocais por escrito. Mas dizei-me por que razão não se instituiu que entre os homens a vida dissoluta seja tão vergonhosa quanto entre as mulheres, visto que, se eles são por natureza mais virtuosos e têm mais valor, mais facilmente ainda poderiam manter essa virtude da continência, e os filhos não seriam nem mais nem menos certos; pois, mesmo que as mulheres fossem lascivas, contanto que os homens fossem castos e não permitissem a lascívia das mulheres, sozinhas e sem mais ajuda elas não poderiam mais procriar. Mas, se quereis dizer a verdade, também sabeis que com nossa autoridade, nos arrogamos uma licença, pela qual quisemos que os mesmos pecados em nós sejam levíssimos e às vezes até dignos de louvor, enquanto nas mulheres não podem ser devidamente castigados, senão com uma morte ignominiosa ou, no mínimo, com a perpétua infância. Por isso, dado que tal opinião se afirmou, creio ser conveniente castigar também duramente aqueles que com mentiras difamam as mulheres; e considero que todo nobre cavaleiro está obrigado a defender sempre com as armas, onde for necessário, a verdade, em especial quando sabe que uma mulher foi falsamente caluniada por falta de honestidade.

[XXXIX.] – E eu – respondeu rindo o senhor Gasparo – não só afirmo ser obrigação de todo nobre cavaleiro aquilo que dizeis, mas considero grande cortesia e gentileza encobrir qualquer erro em que, por desgraça ou por excesso de amor, uma mulher tenha incorrido; e assim podeis ver que defendo mais a parte das mulheres, até onde a razão me permite, do que fazeis vós. Não nego que os homens tenham tomado um pouco de liberdade; e isso porque sabem que, segundo a opinião universal, a vida dissoluta não lhes traz tanta infâmia quanto às mulheres; e estas, pela fraqueza do sexo, são muito mais inclinadas aos apetites do que os homens e, se às vezes se abstêm de satisfazer seus desejos, fazem-no por vergonha, não porque a vontade não seja vivíssima; por isso os homens impuseram-lhes o temor da infâmia como um freio que as mantenha virtuosas à força, sem o que, para dizer a verdade, seriam de pouco apreço; pois o mundo não precisa das mulheres, exceto para gerar filhos. Mas isso não acontece aos homens, que governam cidades, comandam exércitos e fazem tantas outras coisas de importância; o que, dado que assim o desejais, não quero discutir quanto saberiam fazer as mulheres; basta que não o façam. E, quando foi necessário aos homens fazer exemplo de castidade, superaram as mulheres nesta virtude como nas outras, embora vós não o aceiteis. E a respeito disso não quero relatar-vos tantas histórias ou fábulas como fizestes, e refiro-vos somente à continência de dois grandes jovens senhores, no próprio momento da vitória, que costuma tornar insolentes até os homens de baixa categoria: uma é a de Alexandre Magno em relação às mulheres belíssimas de Dario, inimigo derrotado; a outra é a de Cipião, que, com vinte e quatro anos, tendo subjugado uma cidade na Espanha, foi-lhe conduzida uma bela e nobilíssima jovem, tomada dentre várias outras, e, sabendo que se tratava da esposa de um jovem senhor do país, não só se absteve de qualquer ato desonesto para com ela, mas imaculada devolveu-a ao marido, oferecendo-lhes ainda um rico presente. Poderia falar-vos ainda de Xenócrates, que foi tão casto a ponto de uma belíssima mulher, colocada nua ao seu lado e fazendo-lhe todas as carícias e usando todos os recursos que conhecia, matéria em que era grande mestra, não conseguir que mostrasse sequer um mínimo sinal de impudicícia, embora ela dedicasse uma noite inteira a isso;

e de Péricles, que ouvindo alguém que louvava com muito ardor a beleza de um rapaz, repreendeu-o asperamente; e de muitos outros castíssimos por decisão própria e não por vergonha ou medo de castigo, por que são levadas a maior parte das mulheres que cultivam tal virtude; as quais, apesar de tudo, merecem ser bastante elogiadas, e quem lhes atribui falsamente a infâmia da impudicícia é digno, como haveis dito, de grave punição.

[XL.] Então dom Cesare, que se calara por bom tempo: – Imaginai – disse – de que modo fala o senhor Gasparo censurando as mulheres, quando estas são as coisas que diz para louvá-las. Mas, se o senhor Magnífico me permitir responder-lhe em seu lugar algumas poucas coisas a respeito do que ele, em minha opinião disse falsamente contra as mulheres seria bom para uns e outros; pois ele descansará um momento e depois poderá prosseguir ainda melhor definindo outras qualidades da dama palaciana; e eu me sentirei muito grato por ter ocasião de praticar junto com ele este ofício de bom cavaleiro, que é defender a verdade. – Ao contrário, rogo-vos, – respondeu o senhor Magnífico – pois já me parecia ter respondido, segundo minhas forças, ao que precisava e que este discurso agora estava fora de meu propósito. – Acrescentou dom Cesare: – Não quero falar da utilidade que têm para o mundo as mulheres, além de gerar filhos, pois já se demonstrou bastante quanto elas são necessárias não apenas à nossa existência como também ao nosso bem-estar; mas digo, senhor Gasparo, que, se elas são, como dizeis, mais inclinadas aos apetites que os homens e apesar disso se abstêm mais que eles (coisa com que concordais), são ainda mais dignas de louvor dado que o sexo delas é menos forte para resistir aos apetites naturais; e, se dizeis que o fazem por vergonha, parece-me que em vez de uma única virtude lhes concedeis duas; pois, se nelas pode mais a vergonha que o apetite, e por isso se abastêm das coisas malfeitas, considero que tal vergonha, que afinal não é outra coisa senão temor de infâmia, é uma raríssima virtude que pouquíssimos homens possuem. E se eu pudesse, sem infinita desonra para os homens, dizer como muitos deles se acham imersos na impudência, que é o vício contrário a essa virtude, contaminaria estes santos ouvidos que me escutam; e em sua maioria, estes que injuriam a Deus e à natureza são homens já velhos, tendo como profissões o sacerdócio, a filosofia, as santas leis; e governam as repúblicas com aquela severidade catoniana na face, que promete toda integridade do mundo; e sempre alegam ser o sexo feminino assaz incontinente; e nada lhes dói mais do que lhes faltar o vigor natural para poderem satisfazer aos seus abomináveis desejos, os quais ainda permanecem em seu espírito quando a natureza já lhes nega ao corpo; por isso muitas vezes encontram soluções em que as forças não são necessárias.

[XLI.] Mas não quero ir mais adiante; basta que me consintais que as mulheres se abstêm mais da vida impudica que os homens; e certamente não são contidas por outro freio além daquele que elas mesmas se colocam; e, se isso for verdade, a maior parte daquelas que são vigiadas com estreitos controles ou que apanham dos maridos ou pais, são menos pudicas que aquelas que têm alguma liberdade. Mas, em geral, grande freio para as mulheres é o amor pela virtude e pelo desejo de honradez, que muitas, que em meus dias conheci, estimam mais que a própria vida; e, se quiserdes dizer a verdade, cada um de nós viu jovens nobilíssimos, discretos, sábios, valentes e belos que passaram muitos anos amando sem nada negligenciar em matéria de solicitude, de dons, de súplicas, de lágrimas, em suma, daquilo que se pode imaginar; e tudo em vão. E, se a mim não se pudesse dizer que minhas qualidades jamais mereceram que eu fosse amado, citaria meu próprio testemunho, que mais de uma vez pela imutável e demasiado severa honestidade de uma mulher estive próximo da morte. – Respondeu o senhor Gasparo: – Não vos maravilheis com isso, porque as mulheres a quem se suplica sempre se negam a satisfazer àquele que lhes implora; e aquelas a quem não se suplica, imploram a outros.

[XLII.] Disse dom Cesare: – Jamais conheci nenhum desses a quem as mulheres imploram; mas sim muitos que, verificando ter tentado em vão e gasto tempo tolamente, recorrem a essa nobre vingança e dizem ter tido abundância daquilo que somente imaginaram; e lhes parece que falar mal e inventar coisas, para que a respeito de alguma nobre mulher se difundam entre o vulgo histórias desonrosas, é uma espécie de cortesania. Mas esses, que se vangloriam covardemente às custas de uma nobre dama, digam a verdade ou a mentira, merecem castigo ou suplício gravíssimo; e, se às vezes lhes é aplicado, não se pode dizer quão louváveis são os que realizam tal ofício. Pois, se dizem mentiras, que crime pode ser maior que privar através do engano uma valorosa dama daquilo que ela mais estima na vida, e não por outra causa além daquela que deveria fazê-la celebrada por infinitos louvores? Se falam a verdade, que pena poderia bastar para quem é tão pérfido que dá tanta ingratidão como prêmio a uma mulher, a qual, vencida por falsas lisonjas, por lágrimas falsas, por rogos contínuos, por lamentos, artes, insídias e perjúrios, deixou-se levar a amar demasiado, depois, sem reservas, entregou-se incautamente como presa a um espírito tão maligno? Mas para responder-vos também a essa inédita continência de Alexandre e de Cipião que haveis citado, digo que não quero negar que um e outro não praticassem ato digno de muitas loas; todavia, para que não possais dizer que para contar-vos coisas antigas eu vos relate fábulas, quero referir-me a uma mulher de nosso tempo, de baixa condição, e que demonstrou muito maior continência que os dois grandes homens.

[XLIII.] Destarte digo que conheci uma bela e delicada jovem, cujo nome não vos digo, para não dar margem a maledicências a muitos ignorantes, os quais, assim que ouvem falar de uma mulher apaixonada, pensam mal dela. Assim, sendo esta longamente amada por um nobre e rico jovem, começou a amá-lo de todo o coração; e sobre isso, não somente eu, a quem ela de livre vontade dizia tudo em confiança, como se mais que um irmão, eu fosse uma irmã muito íntima, mas todos aqueles que a observavam na presença do jovem amado percebiam claramente sua paixão. Deste modo, amando ela com todo o fervor com que um espírito muito amoroso é capaz de amar, suportou dois anos em tanta continência que jamais deu sinal algum ao jovem de que o amava, exceto aqueles que não podia ocultar; jamais quis falar-lhe, nem aceitar cartas dele, nem presentes, quando não passava um dia em que ela não fosse solicitada a aceitá-los; e quanto o desejasse, bem o sei; e se, às vezes, ocultamente podia ter alguma coisa que tivesse pertencido ao jovem, esta causava-lhe tanto prazer que daí parecia nascer-lhe a vida e todo o seu bem; entretanto, durante tanto tempo, não quis comprazer-se com nada mais além de vê-lo e deixar-se ver e, em certas ocasiões, participando de festas públicas, dançar com ele, como com os outros. E, dado que as condições de um e de outro eram assaz convenientes, ela e o jovem desejavam que tanto amor terminasse de maneira feliz e se tornassem marido e mulher. O mesmo desejavam todos os demais homens e mulheres daquela cidade, exceto seu cruel pai; este, por uma perversa e estranha opinião, pretendeu casá-la com um outro mais rico; e nisso não foi contrariado pela infeliz donzela senão com mui amargas lágrimas. E, tendo sucedido tão desventurado matrimônio, com grande pesar do povo e desespero dos pobres amantes, não bastou aquele raio do azar para extirpar tão arraigado amor dos corações de ambos; e durou ainda pelo espaço de três anos embora com extrema prudência ela o dissimulasse e por todos os meios tratasse de cortar aqueles desejos que não tinham mais esperança. Nesse período prosseguiu sua obstinada vontade de continência; e, vendo que honestamente não poderia ter quem ela mais amava no mundo, decidiu não o querer de nenhum modo e manteve o costume de não aceitar embaixadas, nem presentes, nem sequer olhares dele; e com essa decidida vontade, a infeliz, vencida pela cruel angústia e muito enfraquecida pela longa paixão, depois de três anos morreu; e preferiu recusar as alegrias e prazeres tão desejados, a própria vida por fim, a abandonar a honestidade. E não lhe faltavam modos e vias para se satisfazer secretamente, sem perigo de opróbrio ou de qualquer outra perda; contudo se absteve daquilo que tanto desejava e a que era tão continuamente estimulada por aquela pessoa, única no mundo a quem desejava comprazer; e não foi o medo nem outro tipo de consideração que a moveu, mas apenas o amor pela verdadeira virtude. Que diríeis de uma outra que, durante seis meses, deitou-se com seu querido enamorado; não obstante, num jardim abundante de dulcíssimos frutos, convidada por seu próprio e ardente desejo, e pelas súplicas e lágrimas de quem lhe era mais caro que a própria vida, se absteve de saboreá-los; e, apesar de prisioneira e nua na estreita cadeia daqueles braços amados, jamais se deu por vencida, conservando imaculada a flor de sua honestidade?

[XLIV.] Parece-vos, senhor Gasparo, que esses sejam atos de continência iguais aos de Alexandre? Este, tão ardentemente apaixonado, não pelas mulheres de Dario, mas por aquela fama e grandeza que o esporeava com os estímulos da glória a suportar fadigas e perigos para se tornar imortal, desprezando, além de outras coisas, a própria vida para adquirir fama acima de todos os homens; e surpreende-os que, com tais pensamentos no coração, se abstivesse de uma coisa que não desejava muito? Porque, como jamais vira aquelas mulheres, não é possível que as amasse de repente, mas talvez as abominasse por causa de Dario, seu inimigo; nesse caso, cada ato lascivo de sua parte em relação a elas teria sido injúria e não amor; por isso não é grande feito que Alexandre, o qual, não menos com a magnanimidade do que com as armas venceu o mundo, se abstivesse de causar injúria a mulheres. Já a continência de Cipião deve ser assaz louvada; todavia, se ponderardes bem, não pode ser igualada à dessas duas mulheres; pois ele igualmente se absteve de coisa não desejada, achando-se num país inimigo, capitão novo, no início de uma empresa importantíssima; tendo na pátria deixado tantas expectativas sobre si e tendo ainda de prestar contas a juízes muito severos, os quais freqüentemente castigavam não só os grandes, mas também os ínfimos erros; e dentre eles sabia ter inimigos; sabendo ainda que, se tivesse agido diversamente, por pertencer aquela mulher à alta nobreza e casada com outro grande senhor, podia angariar tantos e tão fortes inimigos que teria adiado e talvez impedido a vitória. Assim, por tantas causas e de tamanha importância, absteve-se de um leviano e danoso apetite, demonstrando continência e uma generosa integridade, a qual, como se escreveu, conquistou-lhe todos os espíritos daqueles povos e lhe valeu um outro exército para expugnar com benevolência corações que, talvez, pela força das armas seriam inexpugnáveis. De modo que isso poderia ser considerado antes um estratagema militar do que mera abstinência; embora a fama do episódio não seja muito sincera, pois alguns escritores autorizados afirmam que a mesma jovem fora desfrutada por Cipião em amorosas delícias; mas do que vos digo, nenhuma dúvida existe.

[XLV.] Disse Frigio: — Deveis tê-lo encontrado nos Evangelhos. — Eu mesmo o vi, — respondeu dom Cesare — e por isso tenho muito mais certeza do que podeis ter vós e os outros de que Alcibíades se levantava do leito de Sócrates não diversamente do que fazem os filhos do leito de seus pais; pois a cama e a noite eram um estranho lugar e hora para contemplar aquela pura beleza, que, segundo consta, Sócrates amava sem nenhum desejo desonesto; sobretudo amando Sócrates mais a beleza do espírito que a do corpo, mas nos jovens e não nos velhos, embora sejam mais sábios. E certamente não se podia encontrar melhor exemplo para louvar a castidade nos homens do que o de Xenócrates; pois, sendo versado nos estudos, constrangido e obrigado por sua profissão (que é a filosofia, a qual consiste nos bons costumes e não nas palavras), velho, exausto do vigor natural, não podendo nem mostrando sinal de poder, se absteve de uma mulher pública, que só por este nome podia causar-lhe fastio. E acreditaria mais que tivesse sido casto se tivesse dado algum sinal de ressentimento e, então, preferido a continência, ou então se abstido daquilo que os velhos desejam mais que as batalhas de Vênus, isto é, o vinho; mas, para atestar bem a continência senil, se escreve que de bebida ele andava repleto. E o que se pode considerar mais alheio à continência de um velho do que a embriaguez? Acaso o fato de abster-se das coisas de Vênus naquela preguiçosa e fria idade merece tantas loas quantas deve merecer numa terna jovem, como aquelas duas de quem vos falei antes? Das quais, uma impunha leis duríssimas a todos os seus sentidos, não somente aos olhos negava a luz, mas extirpava do coração aqueles pensamentos, que sozinhos e durante tanto tempo haviam sido mui doce alimento para mantê-lo vivo; a outra, ardente apaixonada, encontrando-se tantas vezes sozinha nos braços daquele que mais que tudo no mundo amava, contra si mesma e contra aquele que mais do que ela própria lhe era caro, combatendo, vencia aquele ardoroso desejo que tantas vezes derrotou e segue derrotando tantos homens sábios. Não vos parece agora, senhor Gasparo, que deveriam envergonhar-se os escritores de nutrir a memória de Xenócrates neste caso, chamando-o de casto? Porque, se tivéssemos como averiguar, apostaria que ele, a noite inteira e até o dia seguinte, dormiu feito um morto, sepulto no vinho; e que, por mais que aquela mulher o roçasse, nunca poderia ter aberto os olhos, como se estivesse entorpecido pelo ópio.

[XLVI.] Aqui riram todos os homens e mulheres; e a senhora Emilia, também rindo: – Na verdade, – disse – senhor Gasparo, se pensardes um pouco melhor, creio que haveis de encontrar algum outro belo exemplo de continência semelhante a esse. – Replicou dom Cesare: – Não vos parece, senhora, que bom exemplo de castidade é aquele outro que ele apresentou, o de Péricles? Admira-me que não tenha ainda lembrado a continência e aquele espirituoso dito que se escreve de um homem a quem uma mulher pediu um preço muito elevado por uma noite, e ele respondeu que não comprava tão caro assim o arrependimento. – Continuaram a rir e, dom Cesare, tendo permanecido calado algum tempo: – Senhor Gasparo, – disse – perdoai-me se digo a verdade, porque afinal são essas as milagrosas abstinências que sobre si mesmos escrevem os homens, acusando as mulheres de incontinência, nas quais todos os dias se vêem infinitos sinais de continência; pois certamente, se bem considerais, não há fortaleza tão inexpugnável nem tão bem defendida que, sendo combatida com a milésima parte das máquinas e insídias adotadas para vencer o ânimo constante de uma mulher, não se rendesse ao primeiro assalto. Quantos premiados por senhores e por estes enriquecidos e postos em grande estima, tendo nas mãos suas praças-fortes e fortalezas, das quais dependia todo o Estado e a vida e os bens deles, sem nenhuma vergonha ou receio de serem chamados de traidores, perfidamente entregaram-nas por avareza a quem não deviam? E permitisse Deus que em nossos dias houvesse tanta carência desses tipos que não tivéssemos maiores dificuldades de encontrar alguém que, em tais circunstâncias, fizesse o que devia, do que de dar cargos àqueles que falharam. Não vemos tantos outros que passam o tempo matando homens nas selvas e navegando somente para roubar dinheiro? Quantos padres vendem as coisas da igreja de Deus? Quantos jurisconsultos falsificam testamentos? Quantos perjúrios cometem? Quantos falsos testemunhos, só para ter dinheiro? Quantos médicos envenenam doentes pela mesma causa? E quantos, com receio da morte, fazem coisas abjetas? Todavia, a todas essas tão eficazes e duras batalhas freqüentemente resiste uma terna e delicada jovem; porque muitas houve que preferiram a morte a perder a honestidade.

[XLVII.] Então o senhor Gasparo: – Essas, dom Cesare, – disse – creio que não existem hoje no mundo. – Respondeu dom Cesare: – Não quero agora alegar-vos as antigas; digo-vos claramente que muitas se encontrariam e se encontram, que em tal caso não se preocupam em morrer. E agora me ocorre que, quando Cápua foi saqueada pelos franceses, e não faz tanto tempo para que o tenhais cancelado de vossa memória, uma bela e jovem fidalga capuana, sendo conduzida fora de casa onde fora agarrada por uma companhia de gascões, quando chegou ao rio que passa pela cidade, fingiu querer amarrar um sapato, de modo que aquele que a conduzia deixou-a um instante e ela logo se jogou no rio. Que diríeis de uma pobre camponesa que, há poucos meses, em Gazuolo in Mantoana, tendo ido com uma irmã colher espigas nos campos, vencida pela sede entrou numa casa para beber água; aí, o dono da casa, um jovem, vendo-a tão bela e sozinha, tomou-a pelo braço, primeiro com boas palavras, depois com ameaças tratou de forçá-la a satisfazer seus prazeres; mas, reagindo ela cada vez mais obstinadamente, por fim, com muitas pancadas e pela força, venceu-a. Toda desgrenhada e chorando, voltou ao campo junto da irmã; porém, por mais que a irmã insistisse, não quis contar que desgosto sofrera naquela casa; todavia, andando rumo à casa e conseguindo serenar pouco a pouco e falar sem nenhuma perturbação, deu-lhe algumas incumbências; depois, tendo alcançado a margem do Oglio, o rio que passa ao lado de Gazuolo, afastou-se um pouco da irmã, que não sabia nem imaginava o que ela pretendia fazer, e imediatamente se atirou na água. A irmã, aflita e chorando, acompanhou-a o mais que podia ao longo do rio, que assaz velozmente a levava para baixo; e todas as vezes que a infeliz emergia, a irmã lhe jogava uma corda que trazia consigo para amarrar as espigas e, embora a corda mais de uma vez lhe passasse entre as mãos, pois continuava perto da margem, a perseverante e decidida jovem sempre a recusava e a afastava de si; assim, evitando todo socorro que podia lhe dar a vida, em pouco tempo encontrou a morte; não foi movida pela nobreza do sangue, nem pelo medo de morte mais cruel ou de infâmia, mas somente pela dor da virgindade perdida. Daí podeis agora compreender quantas outras mulheres praticam ações digníssimas de memória que se desconhecem, pois tendo essa, há três dias, pode-se dizer, dado tão grande testemunho de virtude, não se fala dela e tampouco se sabe o seu nome. Mas se não tivesse ocorrido naquele tempo a morte do bispo de Mântua, tio de nossa duquesa, bem estaria agora aquela margem do Oglio, no lugar onde ela se jogou, enfeitada com um belíssimo sepulcro em memória de tão gloriosa alma, que merecia tanto maior fama depois da morte, quanto em menos nobre corpo residira em vida.

[XLVIII.] Aqui dom Cesare fez um momento de pausa; depois acrescentou: – No meu tempo, em Roma, também houve um caso similar; aconteceu com uma bela e nobre jovem romana, tendo sido longamente cortejada por um homem que demonstrava amá-la, não quis jamais satisfazê-lo sequer com um olhar; de modo que ele, com o poder do dinheiro, corrompeu-lhe uma serva; esta, desejosa de contentá-lo para receber mais dinheiro, persuadiu a patroa a ir visitar a igreja de São Sebastião[59] num dia não muito concorrido; e, tendo comunicado tudo ao apaixonado e lhe indicado o que devia fazer, conduziu a jovem a uma daquelas grutas escuras que costumam visitar quase todos os que se dirigem a São Sebastião; e lá se escondera previamente o jovem; ao se encontrar a sós com aquela que tanto amava, lançou mão de tudo, rogando-lhe o mais docemente que sabia, pedindo-lhe que tivesse compaixão e transformasse sua dureza passada em amor, mas, após ver a inutilidade de todas as suas súplicas, recorreu a ameaças; nem estas funcionando, começou a bater nela ferozmente; por fim, com a firme disposição de obter o que desejava até usando a força, auxiliado pela malvada mulher que ali a conduzira, por mais que fizesse não conseguiu que ela cedesse; ao contrário, com palavras e gestos, embora tivesse poucas forças, a infeliz jovem se defendia quanto lhe era possível; de modo que, tanto pelo desprezo que nasceu ao se ver impedido de obter o que desejava, quanto pelo medo de que os parentes dela soubessem da coisa e o fizessem pagar, o celerado, ajudado pela serva, que já tinha medo dele, estrangulou a desventurada jovem e ali a deixou; fugindo, tratou de não ser encontrado. A serva, cega pela culpa, não soube fugir e, detida por causa de certos indícios, confessou tudo, sendo castigada conforme o merecido. O corpo da firme e nobre mulher com grandes honras foi retirado daquela gruta e sepultado em Roma com uma coroa de louros na cabeça, acompanhado por um sem-número de homens e mulheres, dentre os quais não houve um sequer que voltasse para casa com os olhos sem lágrimas. E assim, de modo unânime, foi aquela rara alma pranteada e louvada por todo o povo.

[XLIX.] Mas, para falar-vos daquelas que vós próprios conheceis, não vos lembrais de ter ouvido que, indo a senhora Felice dalla Rovere a Saône e receando que algumas velas que se haviam descoberto pertencessem a naus do papa Alexandre e que a estivessem perseguindo, decidiu firmemente que, se sua embarcação fosse abordada e não houvesse meios de fugir, lançar-se-ia ao mar; e não se pode acreditar que fizesse isso por leviandade, porque vós sabeis melhor que ninguém quanto engenho e prudência acompanhava a singular beleza daquela senhora. Tampouco posso silenciar uma passagem da duquesa nossa senhora, a qual, tendo vivido quinze anos em companhia do marido como viúva[60], não somente foi constante em não falar disso com ninguém, mas, sendo estimulada pelos próprios parentes a sair daquela viuvez, preferiu sofrer logo o exílio, a pobreza e todo tipo de infelicidade a aceitar aquilo que a todos parecia grande graça e prosperidade. – E, prosseguindo dom Cesare a respeito disso, pronunciou-se a senhora duquesa: – Falai de outras coisas e não toqueis mais neste assunto, pois muitas outras coisas tendes para argumentar. – Acrescentou dom Cesare: – Estou convencido de que não me haveis de negar isso, senhor Gasparo, nem vós, Frigio. – Certamente não, – respondeu Frigio – mas uma só não conta.

[L.] Disse então dom Cesare: – É bem verdade que tão grandes exemplos se verificam em poucas mulheres. Contudo, também aquelas que resistem às batalhas do amor são todas dignas de admiração, e aquelas que, às vezes derrotadas, são dignas de muita compaixão; pois certamente os estímulos dos amantes, as artes que utilizam, os laços que armam são tantos e tão contínuos, que muito surpreendente é que uma terna donzela possa deles escapar. Que dia, que hora passa sem que aquela decidida jovem seja solicitada pelo amante com dinheiro, com presentes e com todas aquelas coisas que tem a certeza de que haverão de agradar-lhe? Em que momento pode se debruçar à janela sem ver passar o obstinado amante com silêncio de palavras, mas com os olhos que falam, com o rosto aflito e lânguido, com profundos suspiros e não raro com lágrimas copiosas? Quando é que sai de casa para ir à igreja ou a outro lugar, que ele não apareça sempre pela frente e a cada esquina não se apresente com aquela triste paixão pintada nos olhos que parecem então aguardar a morte? Nem comento tantas roupas elegantes, invenções, expressões espirituosas, sentenças, festas, bailes, jogos, máscaras, justas, torneios, coisas que sabe serem feitas expressamente para ela. À noite, não pode nunca despertar sem ouvir música, ou pelo menos aquele espírito inquieto ao redor dos muros da casa, suspirando ou se lamentando. Se por acaso quer falar com uma de suas serviçais, essa, já corrompida, logo vem com um presentinho, uma carta, um soneto ou qualquer outra coisa que lhe é entregue da parte do apaixonado; e, aí entrando no assunto, lhe faz entender quanto pena o infeliz, que não se preocupa com a própria vida para servi-la; que não lhe pede nada que não seja honesto, que deseja somente falar-lhe. Aqui, para todas as dificuldades se encontram remédios, chaves falsificadas, escadas de corda, soníferos; a coisa é pintada como de poucas conseqüências; são dados exemplos de muitas outras que fazem bem pior; de modo que cada coisa se torna tão fácil que ela não precisa de outro esforço além de dizer: "Estou contente"; e se mesmo assim a desgraçada resiste ainda, tantos estímulos se somam, tantas coisas inventam que, à força de insistir, superam o obstáculo. E muitos existem que, vendo que os mimos não têm resultado, servem-se de ameaças e declaram querer denunciá-las pelo que não fizeram aos seus maridos. Outros pactuam ousadamente com os pais e freqüentemente com os maridos, os quais, por dinheiro ou para obter favores, entregam as próprias filhas e esposas como presas, contra a vontade delas. Outros buscam com encantamentos e feitiços retirar-lhes aquela liberdade que Deus concedeu às almas, de que se vêem efeitos admiráveis. Mas eu não seria capaz de narrar em mil anos todas as insídias que os homens levam a cabo para submeter as mulheres às suas vontades; e, além daquela que cada um encontra por si mesmo, não faltou ainda quem tenha engenhosamente escrito livros e estudado com afinco para ensinar de que modo as mulheres podem ser enganadas[61]. Pensai agora como essas singelas pombas podem ser presas por tantas redes, atraídas por tão suaves armadilhas. Destarte, o que há de espantoso se uma mulher, vendo-se tão amada e adorada muitos anos por um belo, nobre e bem-educado jovem, o qual, mil vezes por dia se expõe a perigos mortais para servi-la, e não pensa em outra coisa senão agradá-la, com aquele contínuo bater que faz com que a água fure os duríssimos mármores, passa finalmente a amá-lo e, derrotada por tal paixão, o satisfaz com aquilo que vós dizeis que ela, pela fraqueza do sexo, naturalmente deseja muito mais do que o amante? Parece-vos ser esse erro tão grave que a infeliz, que foi capturada com tantas lisonjas, não merece ao menos aquele perdão que se concede tantas vezes aos ladrões, assassinos e traidores? Pretendeis que isso seja um vício tão grande que, por haver algumas mulheres que nele incorrem, o sexo delas deve ser desprezado em tudo e universalmente visto como impossibilitado de abstinência, sem considerar que muitas são castíssimas, que aos contínuos estímulos do amor, são mais adamantinas e sólidas em sua infinita constância do que os rochedos às ondas do mar?

[LI.] Então o senhor Gasparo, tendo dom Cesare parado de falar, começava a responder, mas o senhor Ottaviano rindo: – Bem, pelo amor de Deus, – disse – admiti a derrota, pois sei que haveis de ter poucos frutos; e me parece que conquistareis não só todas essas mulheres como inimigas, mas também a maior parte dos homens. – Riu o senhor Gasparo e disse: – Ao contrário, boas razões têm as mulheres para me agradecer; porque se não tivesse questionado o senhor Magnífico e dom Cesare, não teriam sido ouvidas tantas loas quantas as que lhes foram dirigidas. – Dom Cesare: – Os louvores – disse – que o senhor Magnífico e eu fizemos às mulheres, e também muitos outros, eram mais que notórios, por isso foram supérfluos. Quem não sabe que sem as mulheres não se pode sentir nenhuma alegria ou satisfação nesta vida, que sem elas não teria graça, careceria de qualquer ternura e seria mais selvagem que as feras alpinas? Quem não sabe que somente as mulheres retiram de nossos corações todos os pensamentos vis e baixos, as angústias, as misérias e aquelas dolorosas tristezas que tão freqüentemente os acompanham? E se quiséssemos considerar bem a verdade, veríamos ainda que, a respeito do conhecimento das grandes coisas, elas não desviam as inteligências, ao contrário, despertam-nas; e, na guerra, tornam os homens sobretudo sem medo e sobremaneira ousados[62]. E certamente é impossível que no coração do homem, no qual tenha uma vez entrado a chama do amor, venha a reinar a covardia; pois quem ama deseja sempre fazer-se o mais amável possível, e teme que não suceda alguma vergonha que o faça ser pouco estimado por quem ele deseja ser muito estimado;

tampouco preocupa-o ir mil vezes por dia ao encontro da morte, para mostrar ser digno daquele amor; por isso, quem pudesse organizar um exército de enamorados que combatessem na presença das mulheres amadas venceria o mundo inteiro, exceto se contra ele não combatesse um outro exército igualmente apaixonado. E certamente podeis acreditar que Tróia ter combatido toda a Grécia durante dez anos só foi possível porque alguns apaixonados, quando iam entrar em campo, se armavam na presença de suas mulheres, e freqüentemente elas próprias os ajudavam e, ao partir, diziam-lhes algumas palavras que os inflamavam e os tornava mais que homens; depois, durante os combates, sabiam ser observados por suas mulheres das muralhas e das torres; e assim, parecia-lhes que toda coragem que demonstravam, toda prova que superavam, trouxesse louvores da parte delas, o que constituía o maior prêmio que podiam receber no mundo. São muitos os que consideram que a vitória dos reis de Espanha, Fernando e Isabel, contra o rei de Granada, se deveu em grande parte às mulheres; porque, na maioria das vezes, quando o exército espanhol saía para enfrentar os inimigos, saía também a rainha Isabel com todas as suas damas e ali se encontravam muitos nobres cavaleiros enamorados, os quais, até chegar ao local em que se defrontariam com os inimigos, iam sempre falando com suas mulheres; depois, pedindo licença a cada uma, na presença delas iam encontrar os inimigos com aquele ímpeto feroz que lhes dava o amor e o desejo de mostrar a suas damas que eram servidos por homens valorosos; daí, aconteceu muitas vezes que um pequeno número de cavaleiros espanhóis pôs em fuga e matou um número enorme de mouros graças às gentis e amadas damas. Por isso não sei, senhor Gasparo, que perverso juízo vos terá induzido a censurar as mulheres.

[LII.] Não podeis ver que todos os exercícios graciosos e que agradam ao mundo só podem ser atribuídos às mulheres? Quem aprende a dançar com elegância senão para agradar às mulheres? Quem procura a suavidade da música por alguma razão diferente dessa? Quem compõe versos, ao menos na língua vulgar, senão para exprimir os efeitos que são produzidos pelas mulheres? Imaginai de quantos excelentes poemas teríamos sido privados, em grego e latim, se as mulheres tivessem sido pouco estimadas pelos poetas. Mas, deixando de lado todos os demais, não seria imensa perda se dom Francesco Petrarca, que tão divinamente escreveu nesta nossa língua seus amores, tivesse se dedicado somente às coisas latinas, como teria feito se o amor de dona Laura às vezes não o tivesse desviado? Não vos nomeio os altos engenhos que hoje existem no mundo e aqueles aqui presentes, que todos os dias geram algum nobre fruto e que têm como tema somente as belezas e virtudes das mulheres. Observai que Salomão, pretendendo descrever misticamente coisas excelsas e divinas, para envolvê-las num véu gracioso representou um ardente e afetuoso diálogo de um apaixonado com a sua amada, parecendo-lhe não poder encontrar aqui entre nós nenhuma similaridade mais conveniente e adequada às coisas divinas do que o amor às mulheres; assim, quis oferecer-nos um pouco do aroma daquela divindade que ele, por ciência e graça, conhece melhor do que outros. Mas não era necessário, senhor Gasparo, discutir sobre isso, ou gastar tantas palavras; porém, ao contradizerdes a verdade, haveis impedido que não sejam entendidas mil outras coisas belas e importantes a respeito da perfeição de uma dama palaciana. – Respondeu o senhor Gasparo: – Creio que não se possa dizer outra coisa; contudo, se vos parece que o senhor Magnífico não a adornou o suficiente de boas qualidades, a falha não é dele, mas de quem impediu que mais virtudes houvesse no mundo; porque ele lhe concedeu todas as que existem. – Disse a senhora duquesa rindo: – Logo vereis que o senhor Magnífico há de encontrar alguma outra. – Respondeu o Magnífico: – Na verdade, senhora, parece-me já ter dito o suficiente e, no que me diz respeito, contendo-me com esta minha dama; e, caso estes senhores não a queiram assim, deixem-na para mim.

[LIII.] Aqui, tendo todos se calado, disse dom Federico: – Senhor Magnífico, para estimular-vos a dizer algo mais, quero fazer-vos uma pergunta sobre aquilo que definistes como a principal atividade de uma dama palaciana, e que é esta: desejo saber como ela deve se comportar acerca de um detalhe que me parece importantíssimo; porque, embora as excelentes qualidades que atribuístes a ela incluam engenho, saber, discernimento, destreza, modéstia e tantas outras virtudes pelas quais ela deve razoavelmente ser capaz de entreter cada pessoa sobre diferentes temas, considero porém que mais que outra coisa lhe seja necessário saber o que concerne aos discursos do amor; porque, dado que todo gentil cavaleiro utiliza como meio para conquistar a graça das mulheres aqueles nobres exercícios, roupas elegantes e belos costumes que citamos, para tal fim adota igualmente as palavras, e não só quando é forçado pela paixão, mas tantas vezes para honrar aquela dama com quem fala; parecendo-lhe que demonstrar amá-la é um testemunho do qual ela seja digna e que a beleza e seus méritos são tantos que cada um se esforça para servi-la. Por isso, gostaria de saber como deve essa mulher comportar-se convenientemente a tal propósito e como responder a quem a ama de fato, e como agir com quem faz demonstrações falsas de amor; se deve fingir entender, ou corresponder, e recusar, enfim, como governar-se.

[LIV.] Então o senhor Magnífico: – Primeiro seria necessário – disse – ensinar-lhes a conhecer aqueles que fingem amar e os que amam de fato; depois, sobre a correspondência ou não no amor, creio que não se deva governar pela vontade de outros além de si mesma. – Disse dom Federico: – Ensinai-lhe então quais são os indícios mais certos e seguros para discernir o amor falso do verdadeiro, e com que testemunho ela tenha de se contentar para estar bem certa do amor que lhe for demonstrado. – Respondeu rindo o Magnífico: – Não sei, porque hoje os homens são tão astutos que fazem infinitas demonstrações falsas e às vezes choram quando têm grande vontade de rir; por isso, seria preciso enviá-los para a Ilha Firme, sob o arco dos amantes leais[63]. Mas para que esta minha dama, à qual me convém dar particular proteção por ser minha criatura, não incorra naqueles erros em que vi outras caírem, diria que ela não deveria acreditar facilmente ser amada; nem fazer como algumas, que não só demonstram não entender quem lhes fala de amor, ainda que reservadamente, mas à primeira palavra aceitam todos os louvores que lhes são feitos ou então negam-nos de um modo que antes é um convite de amor àqueles com quem falam, do que uma retração. Por isso, a maneira para se entreter nos discursos de amor, que desejo que use minha dama palaciana, será recusar acreditar, contanto, porém, que quem lhe fala de amor a ame de fato; e se o fidalgo for, como existem muitos, presunçoso e se dirigir a ela com pouco respeito, dar-lhe-á tal resposta que ele saberá claramente que lhe provoca desagrado; se também for discreto e usar termos modestos e palavras de amor veladamente, com aquela maneira gentil que imagino utilizaria o cortesão moldado por esses senhores, a mulher mostrará não o entender e dará às palavras outro significado, procurando sempre modestamente, com aquele engenho e prudência que se disse que lhe convêm, sair daquele tema. Se o discurso for tal que ela não possa dissimular não entender, tomará tudo como burla, mostrando saber que aquilo lhe é dito como uma forma de homenageá-la mais do que por ser verdade, atenuando seus méritos e atribuindo à cortesia daquele gentil-homem as loas que ele lhe fizer; passará assim por discreta e estará mais protegida dos enganos. Desse modo me parece que tenha de comportar-se a dama palaciana quanto aos discursos de amor.

[LV.] Então dom Federico: – Senhor Magnífico, – disse – vós discorreis sobre isso como se fosse necessário que todos aqueles que falam de amor com mulheres dizem mentiras e procuram enganá-las, e se assim fosse, diria que vossos ensinamentos são bons; mas se esse cavaleiro que a entretém ama de verdade e sente aquela paixão que por vezes aflige os corações humanos, não imaginais em que sofrimento, em que calamidade e morte o colocais, querendo que a mulher não acredite nunca no que ele diga a esse respeito? Portanto as súplicas, as lágrimas e tantos outros sinais não devem ter nenhuma força? Tomai cuidado, senhor Magnífico, para que não se considere que, além da natural crueldade que trazem consigo muitas dessas mulheres, vós lhes ensinais outras. – Respondeu o Magnífico: – Não falei de quem ama, mas de quem entretém com discursos amorosos, campo em que uma das condições mais necessárias é que jamais faltem palavras; e os verdadeiros amantes, assim como têm o coração ardente, têm a língua fria pelas interrupções e silêncios repentinos; por isso talvez não fosse uma proposição falsa dizer: quem muito ama fala pouco. Contudo, não acredito que acerca disso possam ser criadas regras, devido à diversidade dos costumes dos homens; tampouco saberia dizer mais, exceto que a mulher seja cautelosa e tenha sempre na memória que com muito menor perigo podem os homens demonstrar amar do que as mulheres.

[LVI.] Disse o senhor Gasparo rindo: – Não quereis, senhor Magnífico, que esta vossa mulher tão extraordinária também ame, pelo menos quando reconhece ser verdadeiramente amada? Pois, se o cortesão não fosse correspondido, já não é crível que continuasse a amá-la; e assim faltar-lhe-iam muitas graças, principalmente, aquela servidão e reverência, por meio da qual os amantes honram e quase adoram a virtude das mulheres amadas. – Sobre isso – respondeu o Magnífico – não quero aconselhá-las; afirmo que amar como entendei vós, só convém às mulheres não casadas[64]; porque, quando esse amor não pode terminar em matrimônio, é forçoso que a mulher tenha sempre aquele remorso e estímulo que se tem pelas coisas ilícitas e corra o risco de macular a fama de honestidade que é tão importante para ela. – Respondeu então dom Federico rindo: – Essa vossa opinião, senhor Magnífico, me parece muito rigorosa e penso que a tenhais aprendido com algum pregador, daqueles que repreendem as mulheres apaixonadas por laicos porque estes desfrutam da melhor parte; e me parece que estais impondo leis demasiado duras às casadas, pois muitas existem cujos maridos, sem razão, têm por elas imenso ódio e as ofendem gravemente, amando outras mulheres ou então fazendo-lhes todas as grosserias que sabem imaginar; os próprios pais forçam algumas a casar com velhos doentes, horríveis e nojentos, que as fazem viver em contínua miséria. E, se lhe fosse lícito pedir o divórcio e separar-se daqueles com os quais estão mal-casadas, talvez não se pudesse admitir que elas amassem outros além do marido; mas quando, pelas estrelas inimigas, pela diversidade das compleições físicas ou por qualquer outro acidente, acontece que na cama, que deveria ser um ninho de concórdia e amor, a maldita fúria infernal espalha a semente de seu veneno que depois produz o desprezo, a suspeita e os pungentes espinhos do ódio que atormentam aqueles espíritos infelizes, ligados cruelmente pela indissolúvel corrente até a morte, por que não quereis que a essa mulher seja lícito buscar algum conforto a tão duro flagelo e dar a outros aquilo que o marido não só despreza, mas também abomina? Penso que aquelas que têm maridos com quem se entendem bem e são por eles amadas não devem penalizá-los; mas as outras, sem amar quem as ama, ofendem-se a si próprias. – Ao contrário, agridem-se a si mesmas amando outros além do marido – retrucou o Magnífico. – Mas, como muitas vezes não amar não depende de nosso arbítrio, se ocorrer à dama palaciana o infortúnio de que o ódio do marido ou o amor de outros levem-na a amar, quero que ela não conceda ao amante nada exceto o espírito; tampouco lhe faça nenhuma demonstração inequívoca de amor, nem com palavras, nem com gestos, nem de outro modo lhe dê a certeza de ser amado.

[LVII.] Então dom Roberto de Bari, rindo: – Eu, senhor Magnífico, – disse – apelo contra essa vossa sentença, e penso que muitos me acompanharão; porém, como quereis também ensinar essa rigidez, digamos assim, às casadas, pretendeis que as não-casadas sejam igualmente tão cruéis e descorteses? E que não agradem pelo menos em alguma coisa aos seus amantes?

– Se a minha dama palaciana – respondeu o senhor Magnífico – não for casada, tendo de amar, desejo que ela ame alguém com quem possa casar-se; e não hei de reputar um erro que ela lhe dê provas de amor, coisa sobre a qual quero ensinar-lhe uma regra universal com poucas palavras, a fim de que ela possa com pouco esforço mantê-la na memória: que ela faça todas as demonstrações de amor a quem ama, exceto aquelas que poderiam provocar no espírito do amante a esperança de conseguir dela algo desonesto. E é preciso estar muito atenta para isso, pois é um erro que inúmeras mulheres cometem, as quais, em geral, não desejam nada além de serem belas; e, como ter muitos amantes lhes parece um testemunho de beleza, esforçam-se para terem mais do que podem; por isso, acabam assumindo condutas pouco moderadas, deixando de lado aquela modéstia equilibrada que tanto lhes convém, recorrem a certos olhares provocantes, com palavras chulas e atitudes cheias de impudência, parecendo-lhes que assim sejam vistas e ouvidas de bom grado e que com tais modos se façam amar; o que é falso, porque as demonstrações que lhes fazem nascem de um apetite movido pela impressão de facilidade, não de amor. Por isso, não quero que a minha dama palaciana pareça, com modos desabridos, quase se oferecendo a qualquer um e atraia exageradamente os olhares e o desejo de quem a observa, mas sim que com méritos e virtuosos costumes, com a beleza digna, com a graça provoque no espírito de quem a vê aquele amor verdadeiro que se deve a todas as coisas amáveis e aquele respeito que elimina sempre a esperança de quem pensa em coisas desonestas. Portanto, aquele que vier a ser amado por tal mulher terá de contentar-se com demonstrações mínimas e apreciar mais da parte dela um único olhar com demonstração de amor do que ser em tudo senhor de uma outra; e eu a uma mulher assim não saberia acrescentar coisa alguma, exceto que ela fosse amada por um cortesão tão excelente como o que foi imaginado por esses senhores e que ela também o amasse, para que um e outra tivessem plenamente a perfeição deste.

[LVIII.] O senhor Magnífico, tendo falado até aqui, calouse; interveio o senhor Gasparo, rindo: – Ora não podereis mais lamentar-vos de que o senhor Magnífico não tenha modelado uma excelente dama palaciana doravante e, se uma igual for encontrada, afirmo que ela bem merece ser tão estimada quanto o cortesão. – Respondeu a senhora Emilia: – Comprometo-me a encontrá-la, desde que encontreis o cortesão. – Acrescentou dom Roberto: – Na verdade não se pode negar que a mulher imaginada pelo senhor Magnífico não seja perfeitíssima; contudo, nestas últimas qualidades concernentes ao amor creio que ele a fez demasiado austera, em especial pretendendo que, com palavras, gestos e maneiras próprias, ela retire todas as esperanças do amante e o encerre o mais que puder no desespero; pois, como todos sabem, os desejos humanos não se estendem àquelas coisas em relação às quais não se tem alguma esperança. E, embora já tenham sido encontradas algumas mulheres que, talvez soberbas por sua beleza e seu valor, a primeira palavra que disseram a quem lhes falou de amor foi que não pensasse em obter dela o que pretendiam, mas com a expressão e com a acolhida foram um pouco mais graciosas com eles, de modo que com atos benévolos temperaram em parte as palavras soberbas; mas se esta mulher, com ações, palavras e maneiras retirar toda a esperança, creio o nosso cortesão, se for sábio, jamais haverá de amá-la, e assim ela terá sempre essa imperfeição, de encontrar-se sem amante.

[LIX.] Então o senhor Magnífico: – Não quero – disse – que minha dama palaciana mate a esperança de todas as coisas, mas sim das coisas desonestas, as quais, se o cortesão for tão educado e discreto como o moldaram estes senhores, não somente não há de esperá-las como sequer as desejará; porque se a beleza, os costumes, a inteligência, o saber, a modéstia e tantas outras virtuosas condições que atribuímos à mulher forem a causa do amor do cortesão em relação a ela, necessariamente o fim desse amor será virtuoso; e se a nobreza, o valor nas armas, nas letras, na música, a gentileza, ser dotado de tantas graças no falar e no conversar, forem os meios pelos quais o cortesão conquistará o amor da mulher, será preciso que o fim daquele amor tenha a qualidade que têm os meios que conduzem a ele; além do que, assim como se encontram no mundo diferentes formas de beleza, igualmente se encontram diferentes desejos nos homens; e assim acontece que muitos, ao verem uma mulher com aquela grave beleza que, ao andar, ao estar parada, ao motejar, ao brincar, ao fazer qualquer coisa, tempera sempre tão bem todas as suas maneiras que provoca uma certa reverência em quem a observa, se assustam e não ousam servi-la; e, por terem perdido a esperança, preferem amar aquelas volúveis e fáceis de lisonjear, tão delicadas e ternas que nas palavras, nos atos e no olhar exibem uma certa paixão langorosa, que promete poder facilmente desabrochar e converter-se em amor. Alguns, para se defenderem dos enganos, amam outras mulheres, tão livres em seus olhos, palavras e movimentos, que fazem aquilo que primeiro lhes vem à cabeça, com uma certa simplicidade que não oculta seus pensamentos. Tampouco faltam muitos outros espíritos generosos, os quais, acreditando que a virtude consiste em lutar contra as dificuldades e que é vitória muito especial vencer aquilo que a outros parece impossível, dedicam-se facilmente a amar a beleza daquelas mulheres, que nos olhos, nas palavras e nas maneiras demonstram uma severidade mais austera que outras, para testemunhar que seu valor pode dobrar um espírito obstinado e induzir a amar mesmo os corações arredios e rebeldes ao amor. Por isso, esses homens tão confiantes em si mesmos, pois têm a certeza de que não se deixam enganar, também amam facilmente certas mulheres, que com sagacidade e arte parecem encobrir mil astúcias com a beleza; ou então algumas outras, que exibem junto com a beleza um tom desdenhoso de poucas palavras, poucos risos, com ares de pouco apreciar quem as admira ou serve. Há ainda alguns outros que só se dignam amar mulheres que na aparência, no falar e em todos os seus movimentos mostrem toda a elegância, todos os gentis costumes, todo o saber e todas as graças reunidas, como uma só flor imposta de todas as boas qualidades do mundo. Assim, se minha dama palaciana vier a carecer desses amores causados por esperanças equivocadas nem por isso ficará sem amante; porque não lhe faltarão aqueles que serão motivados pelos méritos dela e pela confiança no valor de si mesmos, por meio do qual se reconhecerão dignos de serem amados por ela.

[LX.] Dom Roberto insistia em contrariar, mas a senhora duquesa declarou estar ele errado, confirmando os argumentos do senhor Magnífico; depois acrescentou: – Não temos razão para queixar-nos do senhor Magnífico, pois na verdade considero que a dama palaciana por ele ideada pode equivaler ao cortesão e ainda levar vantagem; porque ensinou-lhe a amar, o que estes senhores não fizeram com o seu cortesão. – O Único aretino: – Convém, – disse – ensinar às mulheres a amar, porque raras vezes vi uma que soubesse fazê-lo; quase sempre todas acompanham sua beleza de crueldade e ingratidão para com aqueles que mais fielmente as servem e que, por nobreza, gentileza e virtude, mereceriam o prêmio de seus amores; e tantas vezes acabam se entregando a homens completamente tolos, covardes e de pouco valor, que não só não as amam como as odeiam. Por isso, para evitar erros tão graves, talvez fosse bom ensinar-lhes primeiro a escolher quem deve ser amado e depois como amá-lo; o que não é necessário para os homens, que sabem o suficiente por conta própria; e disso posso ser boa testemunha porque o amar não me foi ensinado, senão pela divina beleza de uma Senhora, a tal ponto que estava fora de meu arbítrio não a adorar, de modo que não precisei nisso de arte nem de mestre nenhum; e creio que o mesmo acontece com todos aqueles que amam de fato; por isso antes seria conveniente ensinar ao cortesão fazer-se amar do que amar.

[LXI.] Então a senhora Emilia: – Assim, agora disso haveis de tratar, senhor Único. – Respondeu o Único: – O razoável, parece-me, seria que, servindo e agradando às mulheres, se obtivesse a sua graça; mas aquilo em que elas se consideram servidas e satisfeitas, penso que seja necessário saber delas próprias, as quais freqüentemente desejam coisas tão estranhas que não existe quem as imaginasse, e por vezes nem elas mesmas sabem o que desejam; por isso, é bom que vós, senhora, que sois mulher e com mais razão deveis saber aquilo que apraz às mulheres, assumais essa tarefa para prestar um auxílio ao mundo. – A senhora Emilia: – O fato de agradardes universalmente às mulheres é um bom argumento para que conheçais todos os meios pelos quais se conquistam seus favores; por isso também é conveniente que os ensineis. – Senhora, – respondeu o Único – não saberia dar conselho mais útil a um amante do que conseguir que vós não tenhais autoridade junto à mulher cujos favores ele busca; pois algumas qualidades que o mundo acreditou ver em mim e o amor mais sincero que jamais houve não tiveram tanto poder para me fazer amar quanto vós tivestes para me fazer odiado.

[LXII.] Respondeu então a senhora Emilia: – Senhor Único, Deus me livre de pensar, quanto mais de fazer, o que quer que fosse para vos fazer odiado; pois, além de fazer o que não deveria, seria vista como tendo pouco juízo, por tentar o impossível; mas eu, dado que deste modo me estimulais a falar do que agrada às mulheres, falarei; e caso vos desagrade, assumi vós mesmo a culpa. Destarte, penso que aquele que tiver de ser amado deve amar e ser amável e que estas duas coisas bastam para obter a graça das mulheres. Agora, para rebater vossa acusação contra mim, digo que cada um sabe e verifica que sois amabilíssimo; mas que amais tão sinceramente conforme dizeis, duvido bastante, e talvez também os outros; pois o fato de serdes amável em demasia levou a que fôsseis amado por tantas mulheres; e os grandes rios divididos em várias partes se tornam pequenos riachos; igualmente o amor, dividido em mais de um objeto, tem pouca força; porém, esses vossos lamentos contínuos e acusações de ingratidão às mulheres que haveis servido, o que não é verossímil, vistos os vossos tantos méritos, constituem uma certa espécie de subterfúgio para ocultar os favores, as satisfações e prazeres obtidos por vós no amor e proteger aquelas mulheres que vos amam e a vós se entregaram, uma vez que não as tornais públicas. Por isso elas ainda se contentam com que demonstreis falsos amores com outras para encobrir os verdadeiros por elas; daí, se as mulheres que agora mostrais amar não acreditam nisso tão facilmente como gostaríeis, é porque essa vossa arte no amor começa a ser conhecida, não porque eu vos faça odiado.

[LXIII.] Então o senhor Único: – Não pretendo absolutamente refutar vossas palavras, pois já me parece uma fatalidade que não creiam na verdade dita por mim, assim como acreditam nas vossas mentiras. – Dizei logo, senhor Único, – respondeu a senhora Emilia – que vós não amais como gostaríeis que se acreditasse; porque se amásseis de fato, todos os vossos desejos seriam de satisfazer à mulher amada e querer o mesmo que ela; pois esta é a lei do amor; mas vossas queixas contra ela denotam algum engano, como afirmei, ou então indicam que quereis o que ela não quer. – Pelo contrário, – disse o senhor Único – desejo exatamente o mesmo que ela, o que é a prova de que a amo; mas dói-me que ela não queira aquilo que eu quero, o que é sinal de que não me ama, segundo a mesma lei que haveis alegado. – Respondeu a senhora Emilia: – Quem começa a amar deve também começar a agradar e adaptar-se totalmente às vontades da coisa amada, e com elas governar as suas e fazer com que os próprios desejos sejam submissos e que seus próprios desejos sejam servos e sua alma, uma espécie de serva obediente, sem nunca pensar em outra coisa além de transformar-se, se possível fosse, na serva da coisa amada e considerar isso sua felicidade suprema; pois assim fazem aqueles que amam de verdade. – Justamente, a minha felicidade suprema – disse o senhor Único – seria que uma só vontade governasse a alma dela e a minha. – Cabe a vós consegui-lo – respondeu a senhora Emilia.

[LXIV.] Então dom Bernardo, interrompendo: – O certo é que – disse – quem ama de fato dirige todos os seus pensamentos, sem que ninguém lhe precise indicar, a servir e agradar a mulher amada; porém, dado que às vezes tais servidões amorosas não são bem conhecidas, creio que, além de amar e servir, é necessário dar ainda alguma outra demonstração desse amor, clara o bastante para que a mulher não possa fingir não saber que é amada; mas com tanta discrição que não indique pouca consideração por ela. E por isso vós, senhora, que haveis começado a dizer como o espírito do amante deve tornar-se um obediente serviçal da amada, ensinai também, generosamente, este segredo, que me parece importantíssimo. – Riu dom Cesare e disse: – Se o amante é tão modesto que tem vergonha de se declarar, que lhe escreva. – Acrescentou a senhora Emilia: – Ao contrário, se é tão discreto como convém, antes de se declarar à mulher, deve ter a certeza de não a ofender. – Disse então o senhor Gasparo: – Todas as mulheres gostam que lhe supliquem o amor, mesmo que tenham a intenção de negar aquilo que lhes é pedido. – Replicou o magnífico Iuliano: – Muito vos enganais, e eu aconselharia o cortesão a jamais usar esse termo, a menos que tivesse a certeza de não ser recusado.

[LXV.] E o que deve ele fazer então? – perguntou o senhor Gasparo. Respondeu o Magnífico: – Se quiser mesmo escrever ou falar, há de fazê-lo com tanta modéstia e tão cautelosamente que suas primeiras palavras atraiam o espírito e toquem com tanta ambigüidade a vontade dela, que lhe deixe uma certa possibilidade de poder simular não entender que aquelas propostas implicam amor, de modo que, caso encontre dificuldades, possa retroceder e demonstrar ter falado ou escrito com outra finalidade, para desfrutar com segurança aquelas carícias familiares e acolhidas favoráveis que freqüentemente as mulheres concedem a quem parece lhes dedicar amizade; e em seguida recusam-nas, tão logo percebem que são recebidas como demonstração de amor. Daí, aqueles que são demasiado precipitados e se aventuram de maneira presunçosa com uma certa obstinação impaciente, muitas vezes as perdem, merecidamente; pois toda mulher nobre julga sempre ser pouco estimada por quem sem respeito procura o seu amor antes de servi-la[65].

[LXVI.] Por isso, em minha opinião, o caminho que deve seguir o cortesão para manifestar seu amor à mulher é mostrá-lo antes com atos do que com palavras, pois na verdade, em certos casos, se vê mais amor num suspiro, numa atenção, num temor do que em mil palavras; e fazer dos olhos fiéis mensageiros que transportem embaixadas do coração; porque freqüentemente mostram com maior eficácia aquilo que existe de paixão na alma do que a própria língua, as cartas e outras mensagens, de modo que não só revelam os pensamentos, mas não raro despertam o amor no coração da pessoa amada; pois aqueles vivos espíritos que saem pelos olhos, por serem gerados junto ao coração, entrando também nos olhos, para os quais são dirigidos, como flecha ao alvo, naturalmente penetram no coração como se fosse sua casa e aí se confundem com aqueles outros espíritos e com aquela mui sutil qualidade de sangue que possuem, contagiam o sangue perto do coração, onde chegaram, e o aquecem, tornando-o semelhante a si mesmo e apto a receber a impressão daquela imagem que transportaram; graças a isso, pouco a pouco, esses mensageiros que vão e vêm pelo caminho que vai dos olhos ao coração, e carregam consigo a isca e o fuzil[66] de beleza e graça, acendendo com o vento do desejo aquele fogo que tanto arde e nunca acaba de se consumir, pois sempre lhe trazem matéria de esperança para alimentá-lo. Por isso, bem se pode dizer que os olhos são guias no amor, especialmente se são graciosos e delicados; negros com aquela clara e doce negritude, ou então azuis, alegres e sorridentes, e tão graciosos e penetrantes no olhar como alguns, nos quais parece que aquelas vias que permitem a saída dos espíritos são tão profundas que deixam ver até o coração. Assim, os olhos acham-se ocultos como na guerra soldados insidiosos armando uma cilada; e, se a forma de todo o corpo é bela e bem composta, atrai e seduz quem de longe a admira, até se avizinhar; e logo que se acha próximo, os olhos dardejam e enfeitiçam como venenos; em especial quando mandam seus raios em linha reta nos olhos da coisa amada, no instante em que estes fazem o mesmo; porque os espíritos se encontram e naquele suave choque um capta as qualidades do outro, como se vê num olho doente que, ao olhar fixamente para um saudável, lhe transmite a enfermidade; assim, creio que o nosso cortesão pode deste modo exprimir em grande parte o amor por sua mulher. É verdade que os olhos, se não são governados com arte, muitas vezes revelam os desejos amorosos mais do que se gostaria, pois através deles brilham de forma quase explícita aquelas ardentes paixões que o amante gostaria de revelar somente para a coisa amada, mas que, assim, revela também a quem mais desejaria ocultá-las. Por isso, quem não perdeu o freio da razão se orienta cautelosamente e observa os tempos, os lugares e, quando necessário, se abstém daquele olhar intenso, embora constitua este um alimento dulcíssimo; pois coisa muito desagradável é um amor público.

[LXVII.] Respondeu o conde Ludovico: – Às vezes, tornar-se público não é nocivo, pois nesse caso freqüentemente considera-se que esses amores não tendem ao fim que todo amante deseja, vendo-se que pouco cuidado se põe em encobri-los e nenhuma importância se dê a que sejam conhecidos ou não; por isso, ao não negar, reivindica-se uma certa liberdade de poder falar publicamente deles e de estar com a coisa amada sem suspeitas; o que não acontece com aqueles que buscam manter segredo, porque parecem esperar e estar próximos de algum grande prêmio, do qual gostariam que ninguém soubesse. Também vi nascer um amor muito ardente no coração de uma mulher e por um homem que não lhe despertava antes a menor afeição, somente por ouvir dizer que era opinião corrente que eles se amavam; e creio que a causa disso era que aquela opinião unânime lhe parecia razão suficiente para fazê-la acreditar que ele fosse digno de seu amor, parecendo até que a notoriedade lhe trouxesse embaixadas do amante, muito mais verdadeiras e dignas de crédito do que ele mesmo poderia ter feito com cartas e palavras, ou outra pessoa em nome dele. Por isso, às vezes, essa notoriedade pública não é nociva, mas sim favorável. – Replicou o Magnífico: – Os amores, dos quais a fama é preposta, trazem em si o risco de fazer que o homem seja apontado e comentado; destarte, quem caminhar com cautela por essa estrada necessita demonstrar ter no ânimo muito menor fogo do que de fato tem e satisfazer-se com o que lhe parece pouco, dissimulando desejos, ciúmes, ansiedades e prazeres, rindo muitas vezes com a boca quando o coração chora, mostrando ser pródigo naquilo em que é excessivamente avaro; e tais coisas são tão difíceis de levar a cabo que fazem fronteira com o impossível. Por isso, se o nosso cortesão quisesse seguir um conselho, dir-lhe-ia para manter seus amores em segredo.

[LXVIII.] Então dom Bernardo: – É preciso, pois, que vós lhe ensineis isso e não me parece ser coisa de pequena importância; porque, além dos sinais que por vezes alguns fazem tão às escondidas que, quase sem movimento algum aquela pessoa que desejam pode ler no rosto e nos olhos seus aquilo que eles trazem no coração, ouvi em certas ocasiões entre dois apaixonados um longo e livre discurso de amor, do qual os circunstantes não podiam entender claramente nenhuma particularidade, nem ter a certeza de que se tratava de amor; e isso pela discrição e prudência de quem falava, pois, sem nenhuma demonstração de desagrado por serem ouvidos, diziam secretamente apenas as palavras que importavam e em voz alta todas as outras que podiam adequar-se a diferentes propósitos. – Então dom Federico: – Falar tão detalhadamente desses códigos de segredo seria como ir em direção ao infinito; por isso, gostaria antes que se discutisse um pouco sobre como deve o amante manter o favor de sua dama, o que me parece muito mais necessário.

[LXIX.] Respondeu o Magnífico: – Creio que os meios que valem para conquistá-la valham igualmente para mantê-la; e tudo isso consiste em comprazer à mulher amada sem nunca ofendê-la; mas seria difícil dar-lhe uma regra rígida, porque de mil maneiras quem não é bastante discreto comete erros que parecem pequenos e todavia ofendem o coração da mulher; e isso ocorre, mais do que com outros, com aqueles que se acham dominados pela paixão, como alguns que, sempre que conseguem falar com a mulher amada, se lamentam e se queixam tão amargamente e desejam muitas vezes coisas tão impossíveis que, pelo caráter inoportuno, acabam por aborrecer. Outros, se são picados por algum ciúme, se deixam de tal forma dominar pela dor que, sem maior cautela põem-se a falar mal daquele de quem suspeitam, às vezes sem que este tenha culpa, nem tampouco a mulher, e não querem que ela fale com ele nem dirija os olhos para onde se encontra; e muitas vezes, com tais atitudes, não só ofendem aquela mulher, mas podem induzi-la a amar o outro; porque o receio que mostra de que ela tenha um amante, de que sua mulher o abandone por aquele outro, demonstra que ele se reconhece inferior àquele nos méritos e valor, e com essa opinião a mulher começa a amar aquele e, percebendo que para colocá-lo em situação desfavorável fala mal dele, mesmo que seja verdade ela não acredita, e o ama ainda mais.

[LXX.] Então dom Cesare rindo: – Eu confesso não ser tão sábio a ponto de abster-me de falar mal de um rival, exceto se me ensinais algum outro modo melhor de arruiná-lo. – Respondeu rindo o senhor Magnífico: – Há um provérbio que diz: quando um inimigo tem água até a cintura, deve-se estender-lhe a mão e salvá-lo; quando estiver mergulhado até o queixo, convém meter-lhe o pé na cabeça e submergi-lo imediatamente. Por isso, existem alguns que fazem isso com os rivais e, enquanto não têm um modo bem seguro para arruiná-los, vão dissimulando, e aparentam ser amigos, em vez de outra coisa; depois, se a ocasião se apresenta para poder, com segurança, lançá-los na ruína, dizendo-lhes todos os males, verdadeiros ou falsos que sejam, fazem-no sem reserva, com arte, enganos e tudo o que puderem imaginar. Porém, como a mim não agradaria que o nosso cortesão se valesse de nenhum engano, gostaria que anulasse o favor da amiga pelo rival não com outra arte além de amar, servir e mostrar-se virtuoso, valente, discreto e modesto; em suma, tornando-se mais merecedor que o outro, sendo sagaz e prudente em todas as coisas, evitando algumas tolices indevidas nas quais caem freqüentemente muitos ignorantes e por diferentes vias, pois até conheci alguns que, escrevendo e falando com mulheres, utilizam sempre palavras de Polifilo[67] e tanto abusam das sutilezas da retórica que elas desconfiam de si próprias, julgando-se ignorantíssimas, e uma hora lhes parece mil anos até acabar aquele discurso e tirá-los da frente; outros se vangloriam sem medida; outros dizem muitas vezes coisas que se tornam censura e prejuízo contra si mesmos, como alguns, dos quais costumo rir, que se declaram apaixonados e dizem na presença das mulheres: "Jamais encontrei uma mulher que me amasse"; e nem se dão conta de que aquelas que os ouvem logo imaginam que isso só pode ter uma causa: que não merecem nem ser amados, nem tampouco a água que bebem, e os consideram homens de pouco valor a quem não amariam por todo o ouro do mundo; parecendo-lhes que, se os amassem, valeriam menos que todas as demais que não os amaram. Outros, para provocar ódio em seus rivais, são tão tolos que, mesmo na presença de mulheres, afirmam: "Fulano é o homem mais felizardo do mundo; pois não é bonito, nem discreto, nem valente, não sabe fazer ou falar melhor que os outros e mesmo assim as mulheres o amam e correm atrás dele"; assim, demonstrando invejá-lo por essa felicidade, embora ele não se mostre amável nem no aspecto nem nas obras, permitem acreditar que ele tenha em si algo de secreto que o faça merecedor do amor de tantas mulheres; daí, aquelas que ouvem falar desse modo dele, por essa mesma crença ainda mais se dispõem a amá-lo.

[LXXI.] Riu então o conde Ludovico e disse: – Posso garantir-vos que tais grosserias não serão jamais utilizadas pelo cortesão discreto para obter o favor de uma mulher. – Respondeu dom Cesare Gonzaga: – Tampouco aquela outra que no meu tempo usou um fidalgo muito estimado, o qual não quero nomear em consideração aos homens. – Replicou a senhora duquesa: – Dizei ao menos o que fez ele. – Acrescentou dom Cesare: – O gentil-homem, sendo amado por uma grande senhora, a pedido dela, foi secretamente à cidade em que ela se achava; e, depois de encontrá-la e conversar quanto ela e o tempo permitiram, preparando-se para partir com muitas lágrimas amargas e suspiros, como testemunho da extrema dor que sentia por tal partida, suplicou-lhe que não se esquecesse dele; e depois agregou que mandasse pagar a hospedagem porque, tendo sido chamado por ela, parecia-lhe justo que não gastasse nada naquela viagem. – Aí todas as mulheres se puseram a rir, dizendo que ele era assaz indigno de ser chamado de gentil-homem; e muitos partilharam da vergonha que ele seguramente teria sentido, se em algum momento tivesse sido inteligente o bastante para perceber uma falha tão desonrosa. Voltou-se então o senhor Gaspar para dom Cesare e disse: – Teria sido melhor deixar de relatar esse fato em consideração pelas mulheres do que não dizer o seu nome para honrar os homens; pois bem podeis imaginar que bom juízo tinha essa grande senhora, amando um animal tão irracional, e, talvez, dentre tantos os que a serviam tenha escolhido aquele como o mais discreto, deixando de lado e desfavorecendo alguém do qual este não teria sequer sido um digno camareiro. – Riu o conde Ludovico e disse: – Quem sabe não era ele discreto nas outras coisas, pecando somente quanto às hospedarias? Porém, muitas vezes por excesso de amor os homens fazem grandes tolices; e, se quiserdes falar a verdade, quem sabe a vós nunca ocorreu fazer mais de uma dessas?

[LXXII.] Respondeu rindo dom Cesare: – Por vossa fé, não revelemos nossos erros! – É preciso revelá-los, – respondeu o senhor Gasparo – para saber corrigi-los. – Depois acrescentou: – Vós, senhor Magnífico, agora que o cortesão sabe conquistar e manter o favor de sua dama, e tomá-la de seu rival, sois obrigado a ensiná-lo a manter seus amores em segredo. – Respondeu o Magnífico: – Creio já ter falado bastante; por isso, fazei agora que um outro comente essa coisa de segredos. – Então dom Bernardo e todos os demais puseram-se de novo a instá-lo; e o Magnífico rindo: – Vós, – disse – quereis tentar-me; sois todos mestres em amor; contudo, se pretendeis saber ainda mais, convém ler Ovídio. – E como – disse dom Bernardo – devo esperar que seus preceitos valham no campo do amor se conforta e diz ser excelente que, na presença da amada, o homem finja estar embriagado? (Vede que bela maneira de conquistar favores!) E cita como uma boa forma de fazer uma mulher entender, estando ambos num banquete, que está por ela apaixonado é mergulhar um dedo no vinho e escrever isso na mesa. – Replicou Magnífico a rir: – Naquele tempo não era errado. – No entanto, – disse dom Bernardo – não desagradando aos homens daquela época uma coisa tão sórdida, é de se acreditar que não tinham maneiras tão gentis como nós de servir às mulheres no amor; mas não abandonemos nosso propósito inicial, de ensinar a manter o amor em segredo.

[LXXIII.] Então o Magnífico: – Em minha opinião, – disse – para manter o amor em segredo é preciso evitar as causas que o tornam público, que são muitas, mas a principal é desejar ser secreto em demasia e não confiar nada a ninguém, pois todo amante quer manifestar seus sofrimentos à mulher amada e, estando sozinho, é forçado a fazer muito mais demonstrações e ainda mais eficazes do que se fosse ajudado por algum amável e fiel amigo. Porque as demonstrações que o próprio amante faz provocam maiores suspeitas do que as que são feitas por intermediários; e, como os animais humanos são naturalmente curiosos por saber, logo que um estranho começa a suspeitar esforça-se tanto que descobre a verdade e, conhecendo-a, não tem escrúpulos em torná-la pública: ao contrário, às vezes isso lhe agrada. Coisa que não sucede com o amigo, o qual, além de ajuda, favores e conselhos, freqüentemente remedia aqueles erros cometidos pelo apaixonado cego e sempre procura o segredo, provendo muitas coisas que ele não pode prover, além do enorme conforto que se experimenta ao confessar as paixões e desafogá-las com um amigo cordial, pois igualmente o fato de poder comunicá-las aumenta em muito os prazeres.

[LXXIV.] Disse então o senhor Gasparo: – Uma outra causa torna os amores mais públicos do que essa. – Qual? – perguntou o Magnífico. Respondeu o senhor Gasparo: – A vã ambição conjugada com a loucura e a crueldade das mulheres, as quais, como vós próprios haveis dito, se esforçam para ter o maior número de apaixonados, e que gostariam, se possível fosse, que todos se consumissem no fogo e, uma vez cinzas,

depois da morte revivessem para morrer de novo. E, embora
elas amem, também se alegram com o tormento dos amantes,
pois julgam que a dor, as aflições e o chamar a morte a todo
instante é o verdadeiro testemunho de que são amadas, e crêem
que com sua beleza podem fazer com que os homens sejam
miseráveis e felizes, e dar-lhes morte e vida como lhes aprouver; assim, somente desse alimento se nutrem e tão ávidas se
tornam dele que, para não lhes faltar, não satisfazem nem de-
sesperam completamente os amantes; mas, para mantê-los continuamente na ansiedade e no desejo, recorrem a uma certa imperiosa austeridade de ameaças misturadas com esperança e querem que uma palavra delas, um olhar, um sinal seja considerado
por eles uma imensa felicidade; e, para serem consideradas
pudicas e castas, não só pelos amantes, mas também por todos os demais, tratam de tornar conhecidos os seus modos ásperos e descorteses, para que cada um pense que, dado que
maltratam quem é digno de ser amado, muito pior devem tratar os indignos; e, muitas vezes, valendo-se dessa crença e julgando-se seguras com tal arte da infâmia, dormem todas as noites com homens assaz desprezíveis e que acabaram de conhecer,
de modo que, para deleitarem-se com as desgraças e contí-
nuas lamentações de algum nobre cavaleiro amado por elas,
negam a si mesmas aqueles prazeres que talvez com algumas
desculpas poderiam obter; e são a causa de ser o pobre amante, por verdadeiro desespero, forçado a tornar conhecido aquilo
que, com todo cuidado, deveria manter secretíssimo. Algumas
outras são daquelas que, com enganos, podem induzir muitos a
acreditar que são amados por elas, alimentam ciúmes entre eles
fazendo carícias e favores a um na presença do outro; e, quando vêem que aquele a quem mais amam já acredita ser amado
pelas demonstrações que lhe fizeram, freqüentemente com palavras ambíguas e desdém simulado deixam-no em dúvida e
cortam-lhe o coração, demonstrando não se interessar por ele e
pretender entregar-se a um outro; daí nascem ódios, inimizades,
inúmeros escândalos e catástrofes manifestas, dado que é força-
so mostrar a extrema paixão que em tal caso o homem sente,

mesmo que isso traga censura e desonra para a mulher. Outras, insatisfeitas apenas com o tormento do ciúme, depois de o amante ter dado todos os testemunhos de amor e de fiel servidão e elas os terem recebido com algum sinal de benevolência, sem nenhum propósito e quando menos se espera, começam a manifestar distância, demonstram acreditar que ele reduziu seu ardor e, fingindo novas suspeitas de não serem amadas, indicam de algum modo querer afastar-se dele; e, como resultado desse inconveniente, o infeliz é obrigado a recomeçar do zero e repetir todas as demonstrações, como se só então iniciasse a cortejá-la; e todos os dias passear pelos arredores e, quando a mulher sai de casa, acompanhá-la à igreja e a qualquer lugar onde ela vá, sem voltar os olhos noutra direção; e aí volta ela aos prantos, aos suspiros e aos maus humores; e quando consente em conversar, às exprobrações, imprecações, desesperos e todos aqueles furores aos quais os infelizes apaixonados são conduzidos por essas feras, que têm mais sede de sangue que os tigres.

[LXXV.] Essas dolorosas demonstrações já são bastante vistas e conhecidas, e muitas vezes mais pelos outros do que por quem as causa; assim, em poucos dias tornam-se tão notórias que não se pode dar um passo ou fazer um mínimo sinal sem ser observado por mil olhos. E acontece que, muito antes de usufruírem dos prazeres do amor, já são estes dados por verdadeiros e julgados por todo o mundo, pois quando elas vêem que o amante, já à beira da morte, vencido pela crueldade e pelos suplícios sofridos, decide firme e verdadeiramente retirar-se, então começam a demonstrar amá-lo com todo o coração, a fazer-lhe todas as vontades e entregar-se a ele para que, tendo ele perdido aquele ardente desejo, o fruto do amor lhe seja também menos agradável e tenha para com elas menor obrigação de bem fazer tudo. E como esse amor já é notório, todos os efeitos que dele procedem são igualmente conhecidos naquele momento; assim, elas se vêem desonradas e o amante perdeu seu tempo, cansou-se inutilmente e abreviou a vida em ansiedade sem nenhum fruto ou prazer por não ter consumado seus desejos quando eles lhe teriam sido tão gratos que o teriam tornado num homem felicíssimo, mas somente quando pouco ou nada poderia apreciá-los, pois trazia o coração tão mortificado por aquelas amargas paixões que já nem tinha sentimentos para desfrutar prazeres ou alegrias que se lhe oferecessem.

[LXXVI.] Então o senhor Ottaviano rindo: – Haveis permanecido algum tempo calado e evitando falar mal das mulheres; depois, vos ocupastes tão bem delas que parece terdes necessitado recuperar forças, como aqueles que recuam para dar maior força ao impacto; e de fato estais errado, e agora deveríeis estar aplacado. – Riu a senhora Emilia e, dirigindo-se à senhora duquesa: – Pronto, senhora, – disse – eis que os nossos adversários começam a dividir-se e a dissentir. – Não me deis este nome, – respondeu o senhor Ottaviano – pois não sou vosso adversário; desagradou-me bastante essa contenda, não porque lamentasse ver a vitória tender para as mulheres, mas por ter induzido o senhor Gasparo a caluniá-las mais do que devia, e o senhor Magnífico e dom Cesare a elogiá-las mais do que o devido; além disso, pela demora da argumentação, deixamos de ouvir muitas outras belas coisas, que faltavam ser ditas sobre o cortesão. – Aí está, – replicou a senhora Emilia – permaneceis como nosso adversário, por isso vos desagrada a discussão que tivemos e não que se tenha ideado uma dama palaciana com tantas qualidades, não porque houvesse algo a dizer sobre o cortesão (pois estes senhores disseram tudo o que sabiam, não podendo vós nem outros acrescentar mais nada), mas sim pela inveja que tendes à honra das mulheres.

[LXXVII.] – O certo é que – respondeu o senhor Ottaviano – além das coisas já ditas sobre o cortesão, gostaria de ouvir muitas outras; mas, pois que todos se contentem com que ele seja assim, também me dou por satisfeito. Não o alteraria noutro aspecto, senão fazê-lo um pouco mais amigo das mulheres do que é o senhor Gaspar, mas talvez não tanto quanto alguns destes senhores. – A senhora duquesa: – Carece – disse – de algum modo verificar se vosso engenho é tamanho, que possa dar ao cortesão maior perfeição do que lhe deram estes senhores. Portanto, comprazei-vos em dizer aquilo que tendes no espírito; caso contrário, pensaríamos que ainda não sabeis acrescentar-lhe algo além do que foi dito, mas que pretendestes detrair as qualidades de uma dama palaciana, parecendo-vos que ela seja igual ao cortesão, o qual, por isso mesmo, gostaríeis que pudesse tornar-se muito mais perfeito do que aquele que idearam estes senhores. – Riu o senhor Ottaviano e disse: – As loas e censuras feitas às mulheres, mais que o devido, ocuparam tanto os ouvidos e os espíritos de quem as ouve, que não deixaram espaço para mais nada; além disso, parece-me, já é muito tarde. – Portanto, – disse a senhora duquesa – se esperarmos até amanhã teremos mais tempo; e aquelas loas e censuras, que afirmais terem sido feitas em excesso às mulheres, entrementes sairão do espírito destes senhores de modo que também serão sensíveis àquela verdade que vós haveis de apresentar. – Assim dizendo, levantou-se e, dando cortesmente licença a todos, retirou-se para seu quarto e todos foram dormir.

O Cortesão: Quarto Livro

[I.] Ao pensar em escrever as discussões que tiveram lugar na quarta noite depois daquelas narradas nos livros precedentes, sinto entre os vários discursos um pensamento amargo que repercute em meu espírito e me faz relembrar das misérias humanas e de nossas esperanças falazes; e sinto como freqüentemente a fortuna, durante o percurso, às vezes rompe nossos frágeis e vãos desígnios perto do fim, às vezes os submerge antes que possam eles ver o porto, mesmo a distância. Assim, volta-me à memória que, não muito depois de tais conversações terem tido lugar, a morte inoportuna privou nossa casa de três excepcionais fidalgos, quando, em próspera idade e tantas honras prometendo alcançar, mais floresciam. O primeiro deles foi o senhor Gaspar Pallavicino, o qual, vítima de uma doença brutal e mais de uma vez tendo chegado próximo do fim, embora o coração tivesse tanto vigor que durante algum tempo manteve o espírito no corpo apesar das investidas da morte, em tenra idade seguiu seu curso natural: imensa perda não apenas para nossa casa, amigos e parentes, mas também para a Itália, em especial para a Lombardia. Não muito depois se foi dom Cesare Gonzaga, que deixou amarga e dolorosa memória de sua morte em todos que o conheciam, porque, produzindo a natureza tão raramente homens assim, parecia justo que não nos privasse deles tão cedo; pois com certeza podemos dizer que dom Cesare nos foi arrancado quando começava a mostrar de si mais do que meras esperanças e a ser estimado o quanto faziam-no merecer suas ótimas qualidades, pois com muitos e virtuosos trabalhos já testemunhara seu valor, o qual resplandecia, além da nobreza do sangue, também do ornamento das letras, das armas e de todos os outros campos louváveis, de tal modo que, por sua bondade e inteligência, por seu espírito e saber, não havia nada que não se pudesse esperar dele, por mais grandioso que fosse. Não passou muito tempo e morreu também dom Roberto da Bari, o que provocou enorme desgosto em toda a casa; porque parecia razoável que todos sentissem a morte de um jovem de bons costumes, agradável, com um rosto belo e corpo harmonioso, dotado de uma compleição tão sadia e galharda quanto se poderia desejar.

[II.] Portanto, se ainda fossem vivos, creio que teriam alcançado tal nível, que todos que os conhecessem teriam neles um claro argumento a demonstrar quanto a corte de Urbino era digna de louvores e ornada de nobres cavaleiros; o que fizeram quase todos os demais que nela foram formados; pois na verdade nem do cavalo troiano saíram tantos senhores e capitães como dessa casa saíram homens de virtudes singulares e por todos sumamente apreciados. Pois, como sabeis, dom Federico Fregoso foi feito arcebispo de Salerno; o conde Ludovico, bispo de Bayeux; o senhor Ottaviano, doge de Gênova; dom Bernardo Bibiena, cardeal de Santa Maria in Portico; dom Pietro Bembo, secretário do papa Leão X; o senhor Magnífico, duque de Nemours, tendo ascendido à grandeza em que agora se encontra; o senhor Francesco Maria Rovere, prefeito de Roma, tornou-se mais tarde também duque de Urbino, embora muito maior louvor se possa atribuir à casa em que foi educado, por ter produzido tão raro e excelso senhor em todas a qualidades de virtude, como agora se vê por ter assumido o ducado de Urbino; tampouco creio que para isso tenha sido secundária a nobre companhia, na qual sempre viu e ouviu louváveis exemplos em seguidas conversações. Por isso[68], creio que aquela casa, seja por acaso ou pelo favorecimento das estrelas, que por tanto tempo concedeu ótimos senhores a Urbino, dure muito ainda e produza os mesmos efeitos; e assim se pode esperar que a boa sorte favoreça tanto essas obras virtuosas que a felicidade da casa e do Estado não só não venha a faltar, mas logo venha a crescer diariamente; e já se entrevêem disso claros sinais, o principal dos quais considero nos ter sido concedida pelo céu uma senhora como é Eleonora Gonzaga, a nova duquesa; pois, se algum dia foram reunidos um só corpo saber, graça, beleza, inteligência, maneiras perspicazes, humanismo e todos os demais costumes gentis, nela acham-se tão unidos que daí resulta uma corrente que compõe e adorna cada um de seus movimentos, com todas essas qualidades juntas. Destarte, continuemos a cogitar sobre nosso cortesão, na esperança de que depois de nós não faltem aqueles que da atual corte de Urbino tomem claros e honrados exemplos de virtude, como hoje fazemos em relação à anterior.

[III.] Segundo o que o senhor Gasparo Pallavicino costumava contar, parece que no dia seguinte, após as discussões reunidas no Livro precedente, o senhor Ottaviano tenha sido pouco visto; e muitos concluíram que ele tivesse se retirado para poder, sem nenhum impedimento, pensar bem no que havia de dizer: por isso, tendo o grupo se dirigido ao salão da senhora duquesa, na hora habitual, foi preciso procurar diligentemente o senhor Ottaviano, que não compareceu por um bom tempo; de modo que muitos cavaleiros e jovens damas da corte puseram-se a dançar, entregando-se também a outros prazeres, imaginando que naquela noite não teriam de discutir sobre o cortesão. E todos já estavam ocupados, com vários tipos de coisas, quando o senhor Ottaviano chegou, quase não sendo mais esperado; ao ver que dom Cesare Gonzaga e o senhor Gaspar dançavam, tendo reverenciado a senhora duquesa, comentou rindo: – Esperava ouvir ainda esta noite o senhor Gaspar falar mal das mulheres; porém, ao ver que dança com uma, presumo que tenha feito as pazes com todas; e fico satisfeito que o litígio, ou melhor, o debate a respeito do cortesão tenha terminado assim. – Terminado ainda não está, – respondeu a senhora duquesa – pois não sou tão inimiga dos homens quanto sois das mulheres; e por isso não quero que o cortesão seja defraudado de sua merecida honra e das qualidades que vós mesmo lhe prometestes. – E, assim falando, ordenou que todos, terminada aquela dança, se sentassem da maneira habitual: o que foi feito e, estando cada um bem atento, disse o senhor Ottaviano: – Senhora, pois que o fato de eu ter desejado muitas outras boas qualidades no cortesão é tido como promessa de que deva eu dizer quais são, apraz-me falar delas, não com a pretensão de dizer tudo o que se poderia, mas apenas o suficiente para eliminar de vosso espírito aquilo que ontem à noite me foi criticado, isto é, que teria assim me manifestado antes para diminuir os atributos de uma dama palaciana, fazendo acreditar falsamente que outras qualidades possam ser atribuídas ao cortesão e, com este artifício, fazê-lo superior a ela, do que por ser de fato assim; por isso, para acomodar-me à hora, que já vai além da habitual para se dar início à conversação, serei breve.

[IV.] Assim, retomando a argumentação destes senhores, que aprovo e confirmo em tudo, digo que dentre as coisas que consideramos boas, há aquelas que simplesmente e por si mesmas sempre são boas, como a temperança, a determinação, a saúde e todas as virtudes que trazem tranqüilidade aos espíritos; outras, que sob diversos aspectos e para o fim a que se destinam, são boas, como as leis, a generosidade, as riquezas e similares. Destarte, penso que o cortesão perfeito, segundo foi descrito pelo conde Ludovico e dom Federico, pode de fato ser coisa boa e digna de louvores, entretanto não simplesmente nem por si mesmo, e sim em relação à finalidade para a qual pode ser orientado[69]; pois, na verdade, se com o ser nobre, gracioso, afável e ágil em tantas atividades o cortesão não produzisse outro fruto além de o ser para si mesmo, eu não julgaria que para conseguir tal perfeição de cortesania valesse a pena dedicar tanto estudo e trabalho quanto é necessário para quem deseja conquistá-la; ao contrário, diria que muitos dos atributos que dele são exigidos, como dançar, festejar, cantar e jogar, são coisas superficiais e vãs, e num homem de certa posição mereceriam antes críticas do que louvores; porque esses refinamentos no vestir, essas adivinhações, motes e coisas semelhantes, que pertencem a entretenimentos de mulheres e jogos de amor, embora talvez pareça o contrário a muitos outros, freqüentemente não fazem mais que efeminar os espíritos, corromper a juventude e reduzi-la a uma vida extremamente lasciva, disso resultando os seguintes efeitos: o nome italiano é reduzido a opróbrio e só encontramos poucos que ousem, não diria morrer, mas enfrentar um perigo. E certamente existem outras coisas que, se nelas fossem aplicadas dedicação e estudo, haveriam de gerar muito maior utilidade na paz e na guerra do que esta cortesania por si só; todavia, se as ações do cortesão são voltadas para aquela boa finalidade que devem almejar e que julgo ser a melhor, parece-me que não apenas não são danosas e inúteis, mas utilíssimas e dignas de infinito louvor.

[V.] Portanto, creio que o objetivo do cortesão, do qual não se falou até aqui, é ganhar a tal ponto, por meio dos atributos que lhe foram conferidos por estes senhores, a benevolência e o espírito do príncipe a quem serve, que possa lhe dizer sempre a verdade sobre cada coisa que lhe convenha saber, sem temor ou perigo de desagradar-lhe. E, sabendo a mente dele inclinada a fazer coisas inconvenientes, se atreva a contradizê-lo e com maneiras gentis valer-se da graça adquirida com suas boas qualidades para demovê-lo de qualquer intenção equivocada e induzi-lo ao caminho da virtude; e assim, tendo o cortesão a bondade em si, como lhe atribuíram estes senhores, acompanhada com inteligência ágil, a afabilidade, a prudência, os conhecimentos literários e de tantas outras coisas, a qualquer propósito saberá habilmente mostrar a seu príncipe quanta honra e benefícios advêm para ele e seus aliados da justiça, da generosidade, da magnanimidade, da mansuetude e de outras virtudes convenientes a um bom príncipe e, ao contrário, quanta desonra e prejuízo derivam dos vícios opostos a elas. Por isso, estimo que, assim como a música, as festas, os jogos e outras qualidades agradáveis são a flor da cortesania, assim também induzir ou ajudar o príncipe na prática do bem e afastá-lo do mal constitui seu verdadeiro fruto. E como o mérito das boas ações consiste precipuamente em duas coisas, sendo a primeira escolher uma finalidade para a qual se dirige nossa intenção, que seja de fato boa, e a outra saber encontrar meios oportunos e adequados para atingir a meta designada, certamente o espírito daquele que pensa impedir que seu príncipe seja enganado por alguém, dê ouvidos aos aduladores, aos maledicentes e mentirosos, que conheça o bem e o mal, que ame um e odeie o outro, tende a um ótimo fim.

[VI.] Creio também que as qualidades atribuídas ao cortesão por estes senhores podem constituir um bom meio para atingir tal objetivo; e isso porque dentre os muitos erros que hoje vemos em nossos príncipes os maiores são a ignorância e a presunção; e a raiz desses males não é outra senão a mentira, vício merecidamente odioso a Deus e aos homens e mais nocivo aos príncipes do que a qualquer outro; pois estes mais do que qualquer outra coisa carecem daquilo que mais que tudo necessitariam ter em abundância, isto é, de quem lhes diga a verdade e lhes recorde o bem; porque os inimigos não são motivados pelo amor a fazer tais coisas, pelo contrário, têm prazer em que vivam desonestamente e nunca se corrijam; por outro lado, não ousam caluniá-los em público por receio de serem castigados. Quanto aos amigos, poucos têm livre acesso aos príncipes e esses poucos hesitam em repreendê-los por seus erros tão livremente como repreendem os particulares e, muitas vezes, para obter graças e favores, só se preocupam em propor coisas que agradam e lhes dão prazer, embora sejam más e desonestas; de modo que, de amigos passam a aduladores e, para obterem vantagens dessa relação estreita, falam e agem sempre de modo complacente e, em geral, abrem caminho com mentiras que, no espírito do príncipe, geram não só a ignorância das coisas extrínsecas, mas também sobre si próprios; e esta pode ser considerada a maior mentira de todas, porque o espírito ignorante engana a si mesmo e mente dentro de si próprio.

[VII.] Disso decorre que os senhores, além de nunca ouvirem a verdade sobre coisa nenhuma, inebriados por aquela licenciosa liberdade que a dominação traz consigo e pela abundância das delícias, submersos nos prazeres, tanto se enganam e tanto se corrompem, ao se verem sempre obedecidos e quase adorados com tanta reverência e louvores, sem nunca serem repreendidos nem contrariados, que dessa ignorância passam a uma presunção extrema, a tal ponto que não admitem mais conselhos nem opiniões alheias; e, por acreditarem que saber reinar é coisa facílima e que, para tanto, não é necessária outra arte ou disciplina além da força, dirigem o espírito e todos os pensamentos para a manutenção desse poderio de que dispõem, presumindo que a verdadeira felicidade é poder fazer aquilo que se quer. Por isso alguns odeiam a razão e a justiça, parecendo-lhes que elas constituem um freio e um meio para reduzi-los à servidão e diminuir o prazer e a satisfação que têm em reinar, se quisessem conservá-las; e que seu domínio não seria perfeito nem íntegro se fossem obrigados a obedecer ao que é justo e honesto, pois pensam que aquele que obedece não é verdadeiramente um senhor. Por isso, seguindo tais princípios e deixando-se levar pela presunção, tornam-se soberbos e, com a expressão imperiosa e costumes austeros, com vestes pomposas, ouro e gemas, e quase nunca se deixando ver em público, acreditam conquistar autoridade entre os homens e quase ser considerados deuses; e creio que eles são como os colossos que no ano passado foram construídos em Roma, no dia da festa da Praça d'Agone[70] e que, do lado de fora, assemelhavam-se a grandes homens e a cavalos triunfantes, mas dentro estavam cheios de estopa e trapos. Os príncipes deste tipo são porém muito piores, pois os colossos se mantêm de pé graças ao seu enorme peso, enquanto eles, sendo mal equilibrados por dentro e postos sem medidas precisas sobre bases desiguais, ruem devido ao próprio peso e um erro os conduz a inúmeros outros, porque sua ignorância, acompanhada pela falsa opinião de não poderem errar e de que o poder que têm deriva de seu saber, os leva por todas as vias, justas ou injustas, a ocupar territórios audaciosamente, desde que possam.

[VIII.] Porém, se decidissem saber e fazer aquilo que devem, empenhar-se-iam em não reinar assim como se empenham em reinar; porque perceberiam quão grave e pernicioso é os súditos, que devem ser governados, serem mais sábios que os príncipes, os quais hão de governar. Certamente, não conhecer música, não dançar e não cavalgar, não prejudica ninguém; contudo, quem não é músico se envergonha e não ousa cantar na presença de terceiros, o mesmo acontecendo em relação à dança e aos cavalos; mas não saber governar os povos gera tantos males, mortes, destruições, incêndios, ruínas que se pode dizer que isso é a peste mais mortífera que existe na terra e, mesmo assim, alguns príncipes ignorantíssimos das artes de governo não se envergonham de meter-se a governar, não diria na presença de quatro ou de seis homens, mas na presença de todo o mundo; porque sua posição é tão elevada que todos os olhos admiram-nos, portanto não só os grandes, mas também seus defeitos mais ínfimos sempre são notados. Por isso se escreve que Címon era acusado de apreciar o vinho, Cipião, o sono, e Lúculo, os banquetes. Mas quisera Deus que os príncipes de hoje acompanhassem seus pecados de tantas virtudes como os antigos; estes, embora errassem em algumas coisas, não evitavam as lembranças e os ensinamentos de quem lhes parecia capaz de corrigir esses erros, ao contrário, tentavam por todos os meios pautar sua vida pela norma de homens singulares, como Epaminondas por Lísias, o pitagórico; Agesilau por Xenofonte, Cipião por Panézio e inúmeros outros. Mas, se alguns de nossos príncipes encontrassem pela frente um severo filósofo ou quem quer que seja, o qual abertamente e sem arte nenhuma quisesse mostrar-lhes aquela horrenda face da verdadeira virtude e ensinar-lhes o bons costumes e que vida deveria levar um bom príncipe, tenho a certeza de que seria abominado à primeira vista, como uma serpente, ou então zombariam dele como se fosse desprezível.

[IX.] Assim, digo que, como hoje os príncipes são tão corrompidos[71] pelos maus costumes, pela ignorância e falsa presunção sobre si mesmos, tendo se tornado tão difícil falar-lhes a verdade e induzi-los à virtude, e como os homens com as mentiras, adulações e com maneiras tão viciadas tentam conquistar-lhes os favores, o cortesão, por meio daquelas gentis qualidades que lhe foram atribuídas pelo conde Ludovico e por dom Federico, pode facilmente e deve tentar conquistar a benevolência e influenciar a tal ponto o espírito de seu príncipe, que tenha livre e seguro acesso para falar-lhe de qualquer coisa sem molestá-lo. E, se ele for tal como foi dito, cumprirá sua função com pouco esforço e, assim, sempre lhe poderá dizer a verdade sobre todas as coisas sem dificuldades; além disso, pouco a pouco haverá de incutir-lhe no espírito a bondade e ensinar-lhe a continência, a força, a justiça, a temperança, fazendo com que aprecie quanta doçura é encoberta por um certo amargor que, à primeira vista, se apresenta a quem combate os vícios; e estes sempre são nocivos, desagradáveis, fazendo-se acompanhar de infâmia e censura da mesma maneira que as virtudes são úteis, jocosas e atraem louvações; e a tudo isso haverá de incitá-lo com o exemplo dos celebrados capitães e de outros homens extraordinários, para os quais os antigos costumavam construir estátuas de bronze e mármore ou até de ouro, colocando-as em lugares públicos, para honrá-los e estimular os demais, que, por uma inveja saudável, fariam esforços para alcançar aquela mesma glória.

[X.] Destarte, pela austera estrada da virtude poderá conduzi-lo, como se a engalanasse de copas frondosas e a salpicasse com leves flores, para suavizar a monotonia do exaustivo caminho de quem é frágil; e ora com música, ora com armas e cavalos, ora com versos, ora com discursos amorosos e com todos aqueles modos que indicaram estes senhores, manter-lhe o espírito continuamente ocupado em prazeres honestos, mas inculcando-lhe sempre, conforme disse, junto com esses atrativos, alguns costumes virtuosos e lubridiando-o com enganos salutares; como os médicos cautelosos que, freqüentemente, querendo dar a crianças doentes e demasiado delicadas remédios de sabor amargo, circundam a borda do recipiente com algum doce licor. Assim, se o cortesão adotar com igual escopo o mesmo véu de prazer em todos os momentos, lugares e atividades, atingirá o seu fim, vindo a merecer muito maior louvor e prêmios do que qualquer outra boa obra que pudesse realizar no mundo; pois não existe nenhum bem que seja tão benéfico universalmente quanto um bom príncipe, e tampouco nenhum mal tão nocivo quanto um príncipe ruim. Por isso, também não existe penalidade tão atroz e cruel que fosse castigo suficiente para aqueles cortesãos iníquos que se valem das maneiras gentis e agradáveis, e das boas condições, para maus fins, e por meio delas buscam os favores de seus príncipes para corrompê-los e desviá-los do trajeto da virtude, induzindo-os ao vício; porque deles se pode dizer que infectam com veneno mortal não uma taça onde só uma pessoa há de beber, mas sim a fonte pública que será utilizada por todo o povo.

[XI.] Silenciava o senhor Ottaviano, como se não quisesse mais falar; porém, o senhor Gasparo: – Creio, senhor Ottaviano, que esta boa disposição de espírito, a moderação e as demais virtudes que pretendeis que o nosso cortesão mostre ao seu senhor, podem ser aprendidas; mas penso que os homens que as possuem receberam-nas da natureza e de Deus. E tanto é assim que, se observardes, não existe ninguém tão celerado e ruim no mundo, nem tão descontrolado e injusto que, quando indagado, admita sê-lo; ao contrário, qualquer um, por pior que seja, tem prazer em ser considerado justo, casto e bom, o que não aconteceria se estas virtudes pudessem ser aprendidas; pois não é vergonha não saber aquilo que não se estudou, mas é censurável não ter aquilo de que deveríamos ser dotados por natureza. Por isso, todos se esforçam para ocultar os defeitos naturais, tanto os do espírito quanto os do corpo; o que se verifica nos cegos, coxos, corcundas e outros aleijados ou feios; porque embora tais falhas possam ser imputadas à natureza, ninguém gosta de senti-las em si mesmo, pois parece que, por manifestação da própria natureza, tem-se esse defeito quase como um selo e um sinal de sua maldade. Também confirma minha opinião aquela história que se conta de Epimeteu, que distribuiu tão mal os dons da natureza aos homens, que os deixou mais necessitados de toda espécie de coisas do que todos os animais; por isso Prometeu roubou a artificiosa sabedoria de Minerva e Vulcano, com a qual os homens encontram os meios de viver; contudo, não tinham a sabedoria civil para reunir-se nas cidades e viver moralmente, porque ela se achava na fortaleza de Júpiter, vigiada por guardas muito sagazes, que assustavam tanto Prometeu que ele não ousava aproximar-se; então Júpiter, compadecendo-se da miséria dos homens, que não conseguiam se manter unidos por falta da virtude civil e eram dilacerados pelas feras, enviou Mercúrio à terra para levar a justiça e a vergonha, para que estas duas coisas organizassem as cidades e unificassem os cidadãos; e desejou que lhes fossem dadas, não como as outras artes, nas quais um perito basta para muitos ignorantes, como é o caso da medicina, mas que fossem impressas em cada homem; e criou uma lei pela qual quem não tivesse justiça e vergonha seria, como pestífero para a cidade, exterminado e morto. Eis por que, senhor Ottaviano, tais virtudes são concedidas por Deus aos homens e não se aprendem, pois são naturais.

[XII.] Então o senhor Ottaviano, quase rindo: – Assim, senhor Gasparo, – perguntou – pretendeis que os homens sejam tão infelizes e tenham um juízo tão perverso, que tenham encontrado com sua indústria a arte de amansar os temperamentos das feras, ursos, lobos, leões e poder com ela ensinar um belo pássaro a voar segundo o arbítrio do homem e voltar das selvas e de sua liberdade natural voluntariamente aos laços e à servidão? E com a mesma indústria não possam ou não queiram descobrir artes com as quais se beneficiem e, com diligência e estudo, tornem melhor seu espírito? Isso, em minha opinião, seria como se os médicos estudassem com todo empenho para aprender somente a curar unhas encravadas e o lactume das crianças, abandonando o tratamento das febres, da pleurisia e de outras doenças graves. Quão insensato isso seria qualquer um pode perceber. Considero, assim, que as virtudes morais em nós não dependam totalmente da natureza, porque nada pode se acostumar ao que lhe é naturalmente contrário; como se verifica no caso de uma pedra, a qual, mesmo que fosse jogada para cima dez mil vezes, não se habituaria a subir sozinha; por isso, se as virtudes fossem tão naturais para nós como a gravidade para a pedra, jamais nos acostumaríamos ao vício. Igualmente, tampouco os vícios são naturais, pois não poderíamos nunca ser virtuosos; e seria excessiva iniqüidade e tolice castigar os homens por aqueles defeitos que proviessem da natureza sem culpa nossa; e este erro cometeriam as leis, as quais não punem os malfeitores pelo erro passado, pois não se pode impedir que o que foi feito não seja feito, mas levam em consideração o futuro, a fim de que aquele que errou não erre mais, ou, então, com o mau exemplo, não possa levar outros a errar. Portanto, julgamos que as virtudes também podem ser aprendidas, o que é assaz verdadeiro, porque nascemos preparados para recebê-las, e igualmente aos vícios, sendo por isso que, com o tempo, nos habituamos a ambos, de modo que, conforme praticarmos primeiro as virtudes ou os vícios, depois seremos virtuosos ou viciosos. O contrário se verifica nas coisas que nos são dadas pela natureza, pois antes temos a capacidade de agir, depois agimos; como acontece com os sentidos, pois primeiro vemos, ouvimos, tateamos, embora muitas dessas operações se organizem com a educação. Daí, os bons pedagogos não só ensinam as letras às crianças, mas também boas maneiras para comer, beber, andar, com determinados gestos convencionais[72].

[XIII.] Por isso, como nas outras artes, também em relação às virtudes é preciso ter um mestre que, com doutrina e boas lembranças suscite e desperte em nós aquelas virtudes morais cujas sementes se encontram inseridas e enterradas em nosso espírito e, como bom agricultor, as cultive e lhes abra o caminho, retirando ao nosso redor os espinhos e o joio dos instintos, os quais com tanta freqüência obscurecem e sufocam nossos espíritos, não permitindo que floresçam nem produzam aqueles felizes frutos, os únicos que deveríamos desejar que nascessem nos corações humanos. Assim, é natural em cada um de nós a justiça e a vergonha, que afirmais ter Júpiter mandado para todos os homens na terra; mas, como um corpo sem olhos, por mais robusto que seja, se se dirige a algum objetivo, muitas vezes falha, também a raiz dessas virtudes potencialmente inatas em nossos espíritos, se não é ajudada pela disciplina, freqüentemente se resolve em nada; porque, se deve reduzir-se a ato e a seu hábito perfeito, não se satisfaz, conforme foi dito, só com a natureza, mas necessita do costume gerado pelo artifício e da razão, para purificar e elucidar aquela alma, retirando-lhe o tenebroso véu da ignorância, de que procedem quase todos os erros dos homens: pois, se o bem e o mal fossem bem conhecidos e entendidos, cada um escolheria sempre o bem e evitaria o mal. Por isso, a virtude pode ser considerada quase uma prudência, um saber, a escolha do bem, e o vício, uma imprudência e uma ignorância que induz a julgar falsamente; porque jamais os homens escolhem o mal pensando que seja mal, mas se enganam por uma certa semelhança com o bem.

[XIV.] Respondeu então o senhor Gasparo: – Contudo, existem muitos que têm plena consciência de praticar o mal e continuam a fazê-lo; e isso porque apreciam mais o prazer que sentem do que o castigo que receiam poder receber algum dia; como os ladrões, os homicidas e assemelhados. – Disse o senhor Ottaviano: – O verdadeiro prazer é sempre bom e a verdadeira dor, má; por isso, eles se enganam tomando o falso prazer pelo verdadeiro e a verdadeira dor pela falsa; em conseqüência, muitas vezes, pelos falsos prazeres incorrem nos verdadeiros desprazeres. Assim, aquela arte que ensina a discernir essa verdade do falso também pode ser aprendida; e a virtude, através da qual escolhemos aquilo que é de fato bom, não aquilo que falsamente parece que o é, se pode chamar de verdadeira ciência e é mais favorável à vida humana que qualquer outra, porque elimina a ignorância, da qual, conforme disse, nascem todos os males.

[XV.] Então dom Pietro Bembo: – Não sei, senhor Ottaviano, como o senhor Gasparo poderia admitir que da ignorância nascem todos os males; e que não sejam muitos aqueles que, ao pecar, sabem de fato que pecam, nem se enganam de algum modo quanto ao verdadeiro prazer, tampouco quanto à verdadeira dor; pois é certo que os incontinentes julgam com razão e diretamente, e sabem que aquilo a que são estimulados pela cupidez e contra o dever constitui um mal e por isso resistem e contrapõem a razão ao instinto, daí nascendo a batalha do prazer e da dor contra o juízo; por fim, a razão, vencida pelo instinto demasiado forte, se abandona, tal nave que por algum tempo se defende das tempestades do mar, e termina, batida por violentas ventanias, quebradas a âncora e as enxárcias, deixando-se levar ao sabor do acaso, sem recorrer ao timão ou às indicações de qualquer bússola para salvar-se. Assim, os incontinentes cometem erros com um certo remorso ambíguo e quase a contragosto; coisa que não fariam, caso soubessem que aquilo que fazem está errado, mas sem resistência racional se entregariam totalmente ao instinto e, então, não seriam incontinentes, mas intemperantes, o que é muito pior; por isso diz-se que a incontinência é um vício menor, pois tem em si uma parte de razão; e igualmente a continência, virtude imperfeita, pois tem em si uma parte de paixão: por isso não creio que se possa dizer que os erros dos incontinentes procedem da ignorância ou que eles se enganam e não pecam, sabendo que de fato pecam.

[XVI.] Respondeu o senhor Ottaviano: – De fato, dom Pietro, vosso argumento é bom; contudo, creio que é mais aparente do que verdadeiro, porque, embora os incontinentes pequem com aquela incerteza e no espírito deles a razão contrarie o instinto e lhes pareça que aquilo que é mau é de fato mau, não têm perfeito conhecimento disso, nem o sabem tão inteiramente quanto seria necessário; por isso, há neles muito mais uma opinião frágil do que uma certa ciência, e daí permitem que a razão seja sobrepujada pela paixão; mas, se disso tivessem verdadeira ciência, sem dúvida não errariam, pois o que sempre move o apetite a vencer a razão é a ignorância, não podendo jamais a verdadeira ciência ser superada pela paixão, que deriva do corpo e não do espírito; e, se for bem regida e governada pela razão, torna-se virtude; caso contrário, torna-se vício; mas tanta força possui a razão, que sempre se faz obedecer pelo sentido, e com maravilhosos modos e meios penetra, desde que a ignorância não ocupe o espaço que deveria ser dela; de maneira que, embora os espíritos, os nervos e os ossos não tenham razão em si mesmos, quando nasce dentro de nós aquele movimento do espírito, parece que o pensamento acicata e sacode as rédeas do espírito, todos os membros se retesam, os pés para a corrida, as mãos para agarrar ou fazer aquilo que o espírito pensa; e isso se observa bem em muitos que, sem saber, às vezes ingerem um alimento nauseante e asqueroso, mas tão bem preparado que lhes parece delicadíssimo; depois, ao saber do que se tratava, não só sentem dores e perturbação no espírito, mas o corpo, captando aquele pensamento, forçosamente vomita o alimento.

[XVII.] Continuava o senhor Ottaviano sua reflexão, mas o magnífico Iuliano o interrompeu: – Senhor Ottaviano, se entendi bem, dissestes que a continência é uma virtude imperfeita, pois tem em si uma parte de paixão; e a mim parece que a virtude que, por existir em nosso espírito divergência entre a razão e o instinto, combate e dá a vitória à razão deve ser considerada mais perfeita do que aquela que vence sem ter nenhum desejo ou cupidez que se lhe oponha; pois parece que aquele espírito não se abstém do mal por virtude, mas deixa de cometê-lo por falta de vontade. – O senhor Ottaviano: – Qual – perguntou – consideraríeis mais valoroso: aquele que, combatendo abertamente, se expõe ao perigo e consegue vencer os inimigos, ou aquele que, por virtude e saber próprios, retira-lhes as forças, impossibilitando-os de poder combater e assim, sem batalha nem perigo, os vence? – Aquele, – respondeu o magnífico Iuliano – que vence com mais segurança, sem dúvida merece maiores louvores, mesmo que tal vitória tão certa proceda de inépcia dos inimigos. – Respondeu o senhor Ottaviano: – Haveis julgado bem; e por isso vos digo que a continência pode ser comparada a um capitão que combate virilmente e, embora os inimigos sejam fortes e poderosos, mesmo assim os derrota, não sem dificuldades e perigo; mas a temperança livre de toda perturbação é semelhante àquele capitão que vence e reina sem oposição, e tendo, naquele estado de espírito em que se encontra, não apenas aplacado, mas extinto completamente o fogo da cobiça, como bom príncipe em guerra civil, destrói os sediciosos inimigos internos e oferece o cetro e o domínio inteiro à razão. Assim, esta virtude, não forçando o espírito, mas infundindo-lhe por vias muito tranqüilas uma veemente persuasão que o inclina à honestidade, torna-o plácido e sereno, equânime, comedido em tudo e sob todos os aspectos composto de uma certa harmonia consigo próprio, que lhe dá tamanha tranqüilidade que jamais se perturba e se torna em tudo obediente à razão, pronto a dirigir no sentido desta cada movimento seu e segui-la onde o queira conduzir sem nenhuma recusa; como terno cordeiro que corre, sempre agarrado à mãe e só se movimenta junto com ela. Destarte, essa virtude é assaz perfeita e convém grandemente aos príncipes, pois dela nascem várias outras.

[XVIII.] Então dom Cesar Gonzaga: – Não sei – disse – que virtudes convenientes a um senhor possam nascer dessa temperança, dado que ela rechaça as paixões do espírito, conforme dizeis; o que talvez conviesse a algum monge ou eremita, mas não sei como a um príncipe magnânimo, generoso e valente nas armas seria conveniente não sentir nunca, não importando o que lhe fizessem, nem ira, nem ódio, nem benevolência, nem cobiça, nem desejo nenhum, e como sem isso poderia ter autoridade entre o povo e os soldados. – Respondeu o senhor Ottaviano: – Não afirmei que a temperança retire totalmente ou arranque as paixões dos espíritos humanos, nem seria bom fazê-lo, pois nas paixões ainda existem algumas partes boas; mas aquilo que nas paixões é perverso e resiste ao honesto leva a obedecer à razão. Por isso, não é conveniente, para eliminar as perturbações, extirpar de todo as paixões, pois isso equivaleria a procurar impedir a embriaguez com um edito proibindo que todos bebessem vinho, ou, porque às vezes o homem cai, a proibir todos de correr. Eis por que aqueles que domam os cavalos não os impedem de galopar e saltar, mas querem que o façam no momento certo e obedecendo ao cavaleiro. Portanto, as paixões, os desejos, modificados pela temperança, são favoráveis à virtude como a ira que ajuda a força, como o ódio aos celerados ajuda a justiça e como as demais virtudes são auxiliadas pelos desejos; estes, se fossem todos eliminados, deixariam a razão assaz débil e frouxa, de modo que pouco poderia fazer, como um comandante de navio abandonado pelos ventos numa calmaria. Assim, não vos admireis, dom Cesare, que eu tenha dito que da temperança nascem muitas outras virtudes, pois, quando um espírito atinge essa harmonia, por meio da razão depois recebe facilmente a verdadeira força, a qual o torna intrépido e seguro contra qualquer perigo e quase acima das paixões humanas; recebe igualmente a justiça, virgem incorrupta, amiga da modéstia e do bem, rainha de todas as outras virtudes, porque ensina a fazer aquilo que se deve e afastar-se do que deve ser evitado; e por isso é perfeitíssima, pois graças a ela se realizam as outras virtudes e é útil para quem a possui, tanto para si próprio como para os outros; sem ela, como se diz, o próprio Júpiter não poderia governar bem o seu reino. A magnanimidade vem depois dessas virtudes e torna maiores todas elas; mas ela não pode ficar sozinha, pois quem não tem outra virtude, não pode ser magnânimo. De todas essas é guia a prudência, que consiste num certo juízo para escolher bem. E dessa feliz cadeia também são elos a generosidade, a magnificência, o desejo de honras, a mansuetude, a simpatia, a afabilidade e muitas outras que ainda não é hora de dizer. Mas, se o nosso cortesão fizer aquilo que dissemos, todas elas há de encontrar no espírito de seu príncipe e todos os dias verá nascer tantas delicadas flores e frutos quantas não existem nos mais deliciosos jardins do mundo; e consigo mesmo sentirá grande alegria, lembrando ter-lhe oferecido não o que dão os tolos, que é ouro e prata, vasos, roupas e coisas assim, que fazem falta para quem as oferece e sobram para quem as recebe, mas aquela virtude que dentre as coisas humanas talvez seja a maior e mais rara, isto é, a maneira e o modo de governar e reinar como se deve; o que bastaria para tornar os homens felizes e trazer de volta ao mundo aquela idade de ouro que se diz ter existido quando reinava Saturno.

[XIX.] Aqui, tendo o senhor Ottaviano feito uma pequena pausa como se precisasse descansar, comentou o senhor Gaspare: – O que julgais, senhor Ottaviano, domínio mais feliz e capaz de trazer de volta ao mundo a idade de ouro que haveis mencionado: o reinado de um príncipe tão bom ou o governo de uma boa república? – Respondeu o senhor Ottaviano: – Colocaria sempre em primeiro lugar o reinado de um bom príncipe porque se trata de um domínio mais consoante com a natureza e, se é lícito comparar as coisas pequenas com as infinitas, mais semelhante ao de Deus, que único e sozinho governa o universo. Mas, deixando isso, observai que o que se faz com arte humana, como exércitos, grandes navios, edifícios e coisas semelhantes, todo o conjunto tem um só como referência, que governa a seu modo; igualmente, em nosso corpo, todos os membros trabalham e obedecem à vontade do coração. Além disso, parece conveniente serem os povos governados por um príncipe, como muitos animais, a que a natureza ensina tal obediência como coisa salubérrima. Observai os cervos, os grous e muitas outras aves quando passeiam, sempre escolhem um chefe, que seguem e ao qual obedecem, e as abelhas obedecem ao seu rei[73] quase racionalmente, reverenciando-o como os mais respeitosos povos do mundo. Tudo isso, portanto, é um forte argumento em favor de que o domínio dos príncipes é mais conforme à natureza do que o das repúblicas.

[XX.] Então dom Pietro Bembo: – E a mim parece – disse – que, existindo a liberdade concedida por Deus como dom supremo, não é razoável que ela seja eliminada, nem que um homem mais do que outro dela participe, o que acontece sob o domínio dos príncipes, os quais em geral mantêm os súditos em duríssima servidão; mas nas repúblicas bem instituídas se conserva essa liberdade; além disso, nos julgamentos e nas deliberações, ocorre freqüentemente ser a opinião de um só tão falsa quanto a de muitos; porque a perturbação, por fúria, desdém ou cobiça, entra mais facilmente no espírito de um único do que no da multidão, a qual, à semelhança de uma grande quantidade de água, é menos sujeita à corrupção do que a pequena. Devo ainda dizer que o exemplo dos animais não me parece válido; pois os cervos, os grous e os outros nem sempre se dispõem a seguir e obedecer a um mesmo chefe; ao contrário, mudam bastante, atribuindo o comando ora a um, ora a outro, e desse modo vivem mais sob a forma de república do que de reino; e pode-se chamar de liberdade verdadeira e igualitária esta em que aqueles que ocasionalmente comandam também obedecem depois. O exemplo das abelhas tampouco me parece adequado, pois seu rei não é da mesma espécie delas; por isso, quem quisesse dar aos homens um senhor de fato digno necessitaria encontrá-lo em outra espécie e com uma natureza melhor que a humana, caso os homens quisessem obedecê-lo racionalmente, como os rebanhos, que não obedecem a um animal semelhante a eles, mas sim a um pastor, que é o homem, e de uma espécie mais digna que a deles. Por tais razões, senhor Ottaviano, creio que o governo da república é mais desejável que o do rei.

[XXI.] Então o senhor Ottaviano: – Contrariando vossa opinião, dom Pietro, quero apenas acrescentar um argumento, que é o seguinte: formas de governar bem os homens só existem três[74]. Uma é a monarquia, outra é o governo dos bons, que os antigos chamavam de *optimates*; outra é a administração popular. A transgressão e o vício opostos, digamos assim, em que cada um desses governos incorre, desgastando-se e corrompendo-se, se dão quando a monarquia se torna tirania, quando o governo dos bons se transforma no de poucos poderosos e não bons e quando a administração popular é ocupada pela plebe, a qual confundindo a ordem, permite o governo da totalidade, a arbítrio da multidão. Desses três maus governos certamente a tirania é o pior de todos, como se poderia provar por tantas razões; portanto, conclui-se que dos três bons a monarquia é o melhor, pois é contrário ao péssimo, pois, como sabeis, os efeitos das causas contrárias são também contrários entre si. Ora, quanto ao que haveis dito a respeito da liberdade, respondo que não se pode afirmar que a verdadeira liberdade é viver como se quer, mas viver segundo as boas leis, e é tão natural, útil e necessário obedecer quanto comandar; e algumas criaturas nasceram tão diferenciadas e predestinadas pela natureza para comandar, como outras para obedecer. É verdade que existem dois modos de praticar a dominação: um é imperioso e violento, como o dos senhores de escravos, e é dessa maneira que a alma comanda o corpo; o outro, mais suave e moderado, como o dos bons príncipes, por meio das leis aos cidadãos, e aí a razão comanda os instintos. E ambos são úteis, porque o corpo tem aptidão natural para obedecer à alma como o instinto à razão. Existem ainda muitos homens que só se ocupam do uso do corpo; e estes são tão diferentes dos virtuosos quanto a alma do corpo, e por serem animais racionais participam da razão somente porque a conhecem, mas não a possuem nem desfrutam dela. Por conseguinte são inelutavelmente servos, e mais lhes convém obedecer do que comandar.

[XXII.] Disse então o senhor Gaspar: – Os discretos e virtuosos, que não são servis por natureza, de que modo deveriam ser comandados? – Respondeu o senhor Ottaviano: – Com aquele plácido comando real e civil; e a eles é por vezes conveniente entregar a administração daquelas funções públicas de que são capazes, a fim de que possam comandar também e governar os menos sábios que eles, mas de modo que o governo principal dependa todo do supremo príncipe. E como haveis dito que é mais fácil que se corrompa a mente de um só do que a de muitos, digo que é ainda mais fácil encontrar um bom e sábio do que muitos; e bom e sábio deve-se considerar possa ser um rei de nobre estirpe, inclinado às virtudes por seu instinto natural e pela memória cheia de fama de seus antecessores e educado com bons costumes; e se não for de uma espécie mais que humana, como no caso das abelhas a que haveis aludido, sendo auxiliado pelos ensinamentos, a educação e a arte do cortesão, figurado tão prudente e bom por estes senhores, será mui justo, casto, moderado, forte e sábio, cheio de generosidade, magnificência, religião e clemência; em resumo, será assaz glorioso e querido pelos homens e por Deus, por cuja graça há de adquirir aquela virtude heróica que lhe permitirá exceder os limites da humanidade e poderá ser chamado de semideus mais do que homem mortal; porque Deus aprecia e protege aqueles príncipes que desejam imitá-lo, não mediante a ostentação de grande poder e fazendo-se adorar pelos homens, mas aqueles que, além do poder pelo qual podem imitá-lo se esforçam por se tornar semelhantes também com a bondade e a sabedoria, através da qual queiram e saibam agir bem e ser seus ministros, distribuindo os bens e os dons que dele recebem em favor do bem-estar dos mortais. Por isso, assim como no céu o sol, a lua e as outras estrelas mostram ao mundo, quase como num espelho, uma certa semelhança com Deus, também na terra, imagem de Deus muito mais semelhante são aqueles bons príncipes que o amam, o reverenciam e mostram aos povos a esplêndida luz de sua justiça, acompanhada de uma sombra daquela razão e inteligência divina; e Deus, com eles, participa da sua honestidade, eqüidade, justiça e bondade e daqueles outros felizes bens que eu não saberia citar, os quais representam para o mundo um testemunho muito mais claro de divindade do que a luz do sol ou o contínuo movimento do céu com o curso variado das estrelas.

[XXIII.] Destarte, são os povos confiados por Deus à custódia dos príncipes, os quais devem se dedicar a eles diligentemente para prestar contas como bons intendentes ao seu senhor; devem amá-los e partilhar todo bem e mal que advenha a seus povos, buscando acima de tudo a felicidade deles. Por isso, o príncipe não só tem de ser bom, mas também fazer com que os outros sejam bons; como aquele esquadro que utilizam os arquitetos, que não apenas é reto e preciso, mas também retifica e torna justas todas as coisas a que é aplicado. E poderoso argumento é que o príncipe é bom quando os povos são bons, pois a vida do príncipe é lei e mestra para os cidadãos, sendo forçoso que dos costumes dele dependam todos os demais; como não é conveniente que um ignorante ensine, tampouco o é que um desordenado ordene, como também quem cai não pode levantar os outros. Por isso, para o príncipe realizar bem essas tarefas, é preciso que dedique muito estudo e empenho a saber; depois, que ele construa dentro de si mesmo e observe imutavelmente em cada coisa a lei da razão, não escrita em papel ou em metal, mas esculpida em seu próprio espírito[75], de modo que lhe seja, além de familiar, intrínseca, fazendo como que parte dele; para que dia e noite, em todo tempo e lugar, alerte-o e lhe fale ao coração, eliminando aquelas perturbações que sentem os espíritos desmedidos, os quais, por serem de um lado oprimidos pelo profundo sono da ignorância e, de outro, pelo tormento que lhes causam seus desejos perversos e cegos, são agitados por um furor que provoca inquietude, como às vezes quem dorme o é por estranhas e horríveis visões.

[XXIV.] Se for acrescentada maior força a uma vontade maléfica, os danos serão ainda maiores; e, quando o príncipe pode o que quer, é grande o perigo de que queira aquilo que não deve. Por isso, bem disse Biante que o exercício das funções públicas demonstra quem são os homens: pois, como os vasos enquanto estão vazios, embora tenham algumas fissuras, não podem ser bem avaliados, se for colocado um líquido dentro deles logo mostram onde está a falha; igualmente os espíritos corruptos e viciados raras vezes revelam seus defeitos, exceto quando se enchem de autoridade; porque aí não são capazes de suportar o grave peso do poder e por isso se abandonam e vazam por toda parte a cobiça, a soberba, a ira, a insolência e aqueles costumes tirânicos que trazem dentro de si; daí, sem escrúpulos, perseguem os bons e os sábios e exaltam os maus, não admitem que nas cidades existam amizades, grupos, camaradagens entre os cidadãos, mas estimulam os espiões, delatores, sicários, para que assustem e tornem os homens pusilânimes, e disseminam a discórdia para mantê-los divididos e fracos; e desses procedimentos resultam depois inúmeros danos e desastres para os míseros povos e, freqüentemente, morte cruel ou pelo menos temor contínuo para os próprios tiranos; pois os bons príncipes temem não por si, mas por aqueles a quem comandam, enquanto os tiranos temem aqueles mesmos que comandam; por isso, quanto maior número de pessoas comandam e quanto mais poderosos, mais temem e mais possuem inimigos. Como pensais que se assustasse e ficasse com o fôlego suspenso aquele Clearco[76], tirano do Ponto, todas as vezes que ia ao teatro, a algum banquete ou a qualquer local público, pois, como se conta, dormia fechado numa caixa? Ou então aquele outro, Aristodemo Argivo? Este fizera do próprio leito quase uma prisão, pois no seu palácio tinha um pequeno quarto suspenso no ar, tão alto que exigia uma escada; e ali dormia com uma mulher, cuja mãe retirava a escada de noite, trazendo-a de volta pela manhã. Vida totalmente contrária a essa deve ser a do bom príncipe, livre e segura, e tão cara aos cidadãos quanto a dele própria, organizada de modo que participe tanto da vida ativa quanto da contemplativa, em benefício do povo.

[XXV.] Então o senhor Gaspar: – E qual desses dois tipos de vida, senhor Ottaviano, vos parece mais adequada ao príncipe? – Respondeu o senhor Ottaviano, rindo: – Talvez pensais que eu esteja persuadido de ser aquele excelente cortesão que deve saber tantas coisas e valer-se delas para aquele fim que mencionei; mas lembrai-vos de que estes senhores figuraram-no com muitas qualidades que não existem em mim; por isso, procuremos primeiro encontrá-lo, pois a ele me reporto quanto a isso e a todas as outras coisas que concernem ao bom príncipe. – O senhor Gaspar: – Penso que, se vos faltam algumas das qualidades atribuídas ao cortesão, é mais fácil que sejam a música, a dança e outras de pouca importância do que aquelas que concernem à educação do príncipe e a essa finalidade da cortesania. – Respondeu o senhor Ottaviano: – Não têm pouca importância todas as coisas que servem para ganhar o favor do príncipe, o que é necessário, conforme dissemos, antes que o cortesão se aventure a querer ensinar-lhe a virtude; esta, creio ter-vos demonstrado que se pode aprender e que é tão benéfico conhecê-la quanto é prejudicial ignorá-la, daí nascendo todos os pecados e principalmente aquela falsa presunção que se adquire de si mesmo; portanto, creio ter dito o suficiente e talvez mais do que havia prometido. – Então a senhora duquesa: – Ficaremos – disse – mais gratos à vossa cortesia quanto mais a satisfação superar a promessa; por isso não vos recuseis a dizer aquilo que pensais sobre a pergunta do senhor Gaspar; e, por vossa fé, dizei-nos ainda tudo o que haveríeis de ensinar ao vosso príncipe, caso ele precisasse de lições e pressupondo terdes conquistado completamente seus favores, a ponto de lhe dizer francamente tudo o que vier ao vosso espírito.

[XXVI.] Riu o senhor Ottaviano e disse: – Se tivesse o favor de qualquer príncipe que conheço e lhe dissesse livremente minha opinião, receio que logo o perderia; além do mais, para ensinar-lhe seria necessário que aprendesse primeiro. Contudo, dado que vos apraz que eu responda sobre isso ao senhor Gaspar, digo que a mim parece que os príncipes devem se dedicar aos dois estilos de vida, principalmente à contemplativa, pois para eles esta se acha dividida em duas partes: uma consiste em conhecer bem e julgar; a outra, em ordenar com retidão e de maneira conveniente coisas razoáveis e sobre as quais têm autoridade, e ordenar a quem razoavelmente há de obedecer, nos lugares e tempos adequados; e disso falava o duque Federico quando dizia que aquele que sabe ordenar sempre é obedecido; e ordenar é a tarefa primordial dos príncipes, devendo eles também ver com os olhos e presenciar a execução das ordens, conforme os tempos e as necessidades, e, às vezes, eles próprios realizam-nas. Tudo isso faz parte da ação; mas o escopo da vida ativa deve ser a contemplação, como o da guerra, a paz e o dos trabalhos, o repouso[77].

[XXVII.] Assim, também cabe ao bom príncipe educar de tal modo seus povos, com tais leis e ordens que lhes permitam desfrutar do ócio e da paz, sem perigos e com dignidade, fruindo honradamente essa meta de suas ações que deve ser a tranqüilidade; porque houve muitas repúblicas e príncipes que, durante a guerra, sempre foram Estados florescentes e grandes e, tão logo obtiveram a paz, se arruinaram e perderam a grandeza e o esplendor, como a espada não utilizada; e isso aconteceu precisamente pela ausência de uma boa organização da vida num período de paz e por não se saber desfrutar o ócio. E não é justo ficar sempre em guerra, sem buscar atingir a paz; mesmo que alguns príncipes considerem que sua intenção principal deva ser dominar seus vizinhos, mantendo por isso os povos numa belicosa ferocidade de rapinas, homicídios e tais coisas, dando-lhes prêmios para provocá-la e chamando-a virtude. Outrora, entre os citas, era costume que aquele que não tivesse morto um inimigo, não podia beber, nos banquetes, da taça que circulava entre os companheiros. Em outras regiões, era hábito levantar ao redor do túmulo um número de obeliscos igual aos inimigos que matara o guerreiro ali sepultado; e todas essas coisas e outras semelhantes se faziam para tornar os homens belicosos, somente para dominar os outros; o que era quase impossível, por ser uma tarefa infinita, até que não se tivesse subjugado todo o mundo; e pouco razoável, segundo a lei da natureza, que não quis que apreciemos nos outros aquilo que nos desagrada em nós. Por isso, devem os príncipes tornar os povos belicosos não pela ganância de dominar, mas para poderem defender a si mesmos e a seus povos contra quem quisesse reduzi-los à servidão, ou fazer-lhes algum mal, ou para expulsar os tiranos e governar bem os povos que fossem maltratados, ou para reduzir à servidão os que fossem de tal natureza que merecessem ser subjugados, com a intenção de governá-los bem e dar-lhes ócio, repouso e paz; e para o mesmo fim devem ser orientadas as leis e todas as disposições da justiça para punir os maus, não por ódio, mas para que não sejam maus e não impeçam a tranqüilidade dos bons; pois na verdade é uma coisa grave e digna de censura, na guerra que em si é ruim, os homens mostrarem-se valorosos e sábios; e, na paz e sossego que são bons, mostrarem-se ignorantes e tão mesquinhos que nem saibam desfrutar o bem. Assim como na guerra os povos devem cultivar as virtudes úteis e necessárias para atingir seu fim, que é a paz, também na paz, para conseguir seu fim, que é a tranqüilidade, devem cultivar as virtudes honestas as quais são a finalidade das virtudes úteis; destarte os súditos serão bons e o príncipe terá muito mais a louvar e premiar do que a castigar; e o domínio para os súditos e para o príncipe será felicíssimo, não imperioso, como do patrão sobre o servo, mas doce e plácido, como do bom pai sobre o bom filho.

[XXVIII.] Então o senhor Gaspar: – Gostaria muito – disse – de saber quais são essas virtudes úteis e necessárias na guerra e quais as honestas na paz. – Respondeu o senhor Ottaviano: – Todas são boas e profícuas, pois tendem a um bom fim; mesmo na guerra vale principalmente aquela verdadeira força, que torna o espírito isento das paixões, a tal ponto que não só não teme os perigos como nem sequer se preocupa com eles;

valem igualmente a constância e aquela paciência tolerante[78], com o espírito firme e não perturbado por todas as variações da fortuna. Convém ainda, na guerra e sempre, cultivar todas as virtudes que tendem à honestidade, como a justiça, a continência, a temperança; porém, muito mais na paz e no ócio, pois freqüentemente os homens, alcançando a prosperidade e o repouso, quando a fortuna lhes sorri, se tornam injustos, desregrados e se deixam corromper pelos prazeres; porque, aqueles que se encontram em tal situação têm enorme necessidade dessas virtudes, por isso o ócio propicia muito facilmente maus costumes nos espíritos humanos. Donde dizia antigamente um provérbio que aos servos não se deve dar espaço para ócio; e acredita-se que as pirâmides do Egito foram construídas para manter o povo em exercício, pois é muito útil que cada um esteja habituado a tolerar trabalhos duros. Existem ainda várias outras virtudes profícuas, mas bastam aquelas que indicamos até aqui; pois, se eu soubesse ensinar ao meu príncipe e instruí-lo conforme a tão virtuosa educação que desenhamos, ao fazê-lo, acreditaria ter tido êxito na moldagem do bom cortesão.

[XXIX.] Então o senhor Gaspar: – Senhor Ottaviano, – disse – como haveis elogiado tanto a boa educação e demonstrado quase certeza de que esta seja a causa principal para fazer o homem virtuoso e bom, gostaria de saber se a formação que há de proporcionar o cortesão a seu príncipe deve começar pelo hábito, e até diríamos pelos costumes cotidianos, os quais, sem que ele se dê conta, o familiarizam com o bem fazer; ou se deve começar mostrando-lhe com razão a qualidade do bem e do mal e fazendo com que conheça, antes de se pôr a caminho, qual a melhor via a seguir e qual a ser evitada: em suma, se naquele espírito se deve primeiro introduzir e sedimentar as virtudes com a razão e a inteligência ou com os hábitos. – Disse o senhor Ottaviano: – Vós me obrigais a uma argumentação demasiado longa; contudo, para que não vos pareça que não quero responder às vossas questões, digo que, assim como o espírito e o corpo são duas coisas em nós, também a alma está dividida em duas partes, das quais uma tem dentro de si a razão e a outra, o instinto. E como na geração o corpo precede a alma, assim a parte irracional da alma precede a racional; o que se compreende claramente nas crianças, nas quais quase logo que nascem se evidencia a ira e a concupiscência, mas com o tempo surge a razão. Por isso, devemos primeiro cuidar do corpo e depois da alma; a seguir, primeiro do instinto e depois da razão; mas cuidando do corpo em sintonia com a alma e do instinto em sintonia com a razão, pois, assim como a virtude intelectiva se aperfeiçoa com a doutrina, também a moral se aperfeiçoa com o hábito. Portanto, deve-se antes instruir com o costume, o qual pode governar os instintos ainda não passíveis de razão e com aquele bom uso voltá-los para o bem; depois consolidá-los com a inteligência, a qual, embora só mais tarde mostre o seu brilho, permite fruir mais perfeitamente as virtudes para quem educou o espírito através dos costumes, nos quais creio consistir tudo.

[XXX.] Disse o senhor Gaspar: – Antes que prossigais, gostaria de saber que cuidados se deve ter com o corpo, pois dissestes que primeiro devemos ocupar-nos dele e só depois da alma. – Indagai – respondeu o senhor Ottaviano rindo – a estes, que o alimentam bem e são roliços e saudáveis; porque o meu, como vedes, não é muito bem cuidado. Também sobre isso se poderia falar amplamente, como da idade conveniente para se casar, a fim de que os filhos não fiquem nem muito longe, nem muito perto da idade do pai; dos exercícios e da educação logo após o nascimento e no resto da vida, para torná-los bem dispostos, robustos e galhardos. – Replicou o senhor Gaspar: – O que mais agradaria às mulheres para criar filhos bem dispostos e bonitos, em minha opinião, seria aquela comunidade que Platão pretendeu impor-lhes na *República* e daquele modo. – A senhora Emilia disse rindo: – Não consta das regras que recomeceis a falar mal das mulheres. – Eu –

respondeu o senhor Gaspar – presumo fazer-lhes um grande elogio, ao dizer que desejam que se introduza um costume proposto por tão grande homem. – Disse rindo dom Cesare Gonzaga: – Vejamos se entre os ensinamentos do senhor Ottaviano, que não sei se já foram todos enunciados, isso poderia encontrar espaço e se não seria o caso de o príncipe criar uma lei a propósito. – Os poucos que enunciei – respondeu o senhor Ottaviano – talvez bastassem para instruir um bom príncipe, como podem ser aqueles hoje em uso; se bem que quem quisesse discutir as coisas com mais detalhe teria ainda muito a dizer. – Acrescentou a senhora duquesa: – Dado que não nos custa nada além de palavras, dizei-nos, por vossa fé, tudo aquilo que pensaríeis ensinar ao vosso príncipe.

[XXXI.] Respondeu o senhor Ottaviano: – Muitas outras coisas, senhora, haveria de ensinar-lhe se soubesse; e, dentre outras, que escolhesse entre seus súditos um certo número de gentis-homens, dos mais nobres e sábios, com os quais discutisse a respeito de tudo, e lhes desse autoridade e licença para que opinassem sem reservas sobre todas as coisas; e com eles se comportasse de modo que todos percebessem que exigia a verdade de cada um, odiando qualquer mentira; e além desse conselho de nobres, sugeriria que fossem eleitos entre o povo outros de menor grau, com os quais formaria um conselho popular, que comunicaria ao conselho de nobres os acontecimentos da cidade relativos ao público e ao privado; e, tendo o príncipe como chefe, os nobres e os representantes do povo como membros, funcionaria como um único corpo, emanando o governo principalmente do príncipe, não obstante os outros dele participassem; e assim teria esse Estado a forma dos três governos bons que são a monarquia, os *optimates* e o povo.

[XXXII.] A seguir, mostrar-lhe-ia que, dentre os cuidados que cabem ao príncipe, a justiça é o mais importante; para sua preservação devem ser eleitos magistrados sábios e homens exemplares, cuja prudência seja verdadeira prudência acompanhada de bondade, caso contrário não é prudência, mas astúcia; e, quando falta essa bondade, a arte e sutileza dos causídicos não é outra coisa senão ruína e calamidade das leis e dos julgamentos, e a culpa de cada erro deles há de ser atribuída a quem os colocou naquele cargo. Dir-lhe-ia como da justiça depende também aquela piedade para com Deus, que é obrigação de todos, principalmente dos príncipes, os quais devem amá-lo acima de todas as coisas e voltar para ele todas as suas ações como verdadeiro fim; e, conforme dizia Xenofonte, honrá-lo e amá-lo sempre, porém muito mais quando estão em boa situação, para poderem mais razoavelmente permitir-se pedir-lhe favores quando passam por alguma adversidade; pois é impossível governar bem a si próprio e aos outros sem o auxílio de Deus. Este, às vezes, manda aos bons a fortuna favorável como sua mensageira, para livrá-los de graves perigos; outras vezes, envia-lhes a fortuna madrasta para não deixar que adormeçam com a prosperidade, a ponto de se esquecerem dele ou da prudência humana, a qual freqüentemente corrige a má sorte, como o bom jogador faz com os maus lances de dados, manobrando com habilidade o jogo. Tampouco deixaria de lembrar ao príncipe que fosse de fato religioso e não supersticioso nem dado às vaidades de encantamentos e vaticínios; porque, acrescentando à prudência humana a piedade divina e a verdadeira religião, teria o príncipe também a boa fortuna e Deus protetor, o qual lhe concederia sempre prosperidade, na paz e na guerra.

[XXXIII.] Dir-lhe-ia depois como deveria amar a pátria e seus povos, não os mantendo em grande servidão para não ser odiado por eles, o que gera as sedições, as conjurações e mil outros males; tampouco em liberdade excessiva, para não ser desprezado: daí procedem a vida licenciosa e dissoluta dos povos, as rapinas, os furtos, os homicídios sem nenhum receio pelas leis, com freqüência a ruína e a destruição total das cidades e dos reinos. Em seguida, dir-lhe-ia como teria de amar seus próximos, de várias condições, conservando entre todos, em determinadas coisas, como na justiça e liberdade, uma igualdade efetiva e noutras, uma razoável desigualdade, como no ser generoso, no remunerar, na distribuição de honras e dignidades segundo a diferença dos méritos, que não devem nunca superar as recompensas, mas ser superados por elas; e desse modo seria não só amado, mas quase adorado pelos súditos; e não seria preciso que para defender sua vida dependesse de forasteiros, pois os seus, no próprio interesse, o defenderiam com a própria vida, e todos obedeceriam às leis de bom grado, quando vissem que ele mesmo as respeitava e era uma espécie de guardião e executor incorruptível delas. Desse modo, transmitiria a esse respeito uma impressão tão firme de si que, embora às vezes precisasse transgredi-las em algo, todos saberiam que o fazia por uma boa finalidade e teriam pela sua vontade o mesmo respeito e reverência que pelas leis. Assim, os espíritos dos cidadãos seriam tão bem dosados, que os bons não tentariam ter nada além do necessário e os maus não se atreveriam; porque muitas vezes as riquezas excessivas são causa de grande ruína; como na pobre Itália, que foi e todavia continua exposta a gente estranha, tanto pelo desgoverno quanto pelas inúmeras riquezas de que está cheia. Por isso, seria bom que a maior parte dos cidadãos fosse nem muito rica, nem muito pobre, pois os muito ricos freqüentemente se tornam soberbos e temerários; os pobres, vis e fraudulentos; mas os medianos[79] não enganam os outros e vivem com a certeza de não serem enganados: e sendo os medianos em maior número, são também mais poderosos; por isso nem os pobres nem os ricos podem conspirar contra o príncipe ou então contra os outros, nem promover sedições; daí, para evitar este mal, é coisa muito saudável manter a mediania generalizada.

[XXXIV.] Sugeriria enfim utilizar esses e muitos outros remédios oportunos, para que na mente dos súditos não nascessem desejos de coisas novas e mudanças do Estado; o que na maioria das vezes fazem para obter vantagens, por honrarias que esperam, por prejuízos ou por vergonha que temem; e tais movimentos nos espíritos deles são provocados ora pelo ódio e desdém que os conduz ao desespero, pelos erros e ofensas contra eles, provocados por avareza, soberba, crueldade ou cobiça dos superiores; ora pelo desprezo que nasce no espírito dos súditos pela negligência, covardia e inépcia dos príncipes. A esses dois erros deveria remediar conquistando o amor e a autoridade dos povos; o que se faz beneficiando e honrando os bons, prevenindo-se prudentemente, às vezes com severidade, para que os maus e sediciosos não se tornem poderosos, sendo mais fácil impedir antes que se tornem do que retirar-lhes as forças depois que as conquistaram; e diria também que, para evitar que os povos incorram nesses erros, não existe melhor caminho que protegê-los contra os maus costumes, em especial aqueles que entram em uso pouco a pouco; pois são pestilências secretas, que corrompem as cidades antes que se possam não só remediá-las, mas até mesmo percebê-las. Lembraria desse modo ao príncipe que procurasse conservar seus súditos numa situação tranqüila, oferecendo-lhes os bens do espírito, do corpo e da fortuna; mas os do corpo e da fortuna para poderem praticar os do espírito, os quais, quanto maiores e excessivos, mais úteis são, o que não ocorre com os do corpo nem com os da fortuna. Portanto, se os súditos fossem bons, valorosos e bem voltados para o fim da felicidade, seria aquele príncipe um grande senhor; pois é um verdadeiro e grande domínio aquele sob o qual os súditos são bons, bem governados e bem comandados.

[XXXV.] Comentou então o senhor Gaspar: – Penso – disse – que pequeno senhor seria aquele sob o qual todos os súditos fossem bons, porque em qualquer lugar são poucos os bons. – Respondeu o senhor Ottaviano: – Se uma Circe qualquer transformasse em feras todos os súditos do rei de França, não vos pareceria ser ele um pequeno senhor, embora dominasse tantos milhares de animais? E, ao contrário, se somente os rebanhos que vão pastando por estes nossos montes acima se tornassem homens sábios e cavaleiros valorosos, não pensaríeis que os pastores que os governam e a quem eles obedeceriam, de pastores teriam sido transformados em grandes senhores? Destarte, observai que não é a quantidade de súditos, mas o valor, que faz os grandes príncipes.

[XXXVI.] Durante um bom tempo, a senhora duquesa, a senhora Emilia, e todos os outros tinham ficado muito atentos às argumentações do senhor Ottaviano; mas tendo ele feito um pequena pausa como sinal de ter concluído seu discurso, disse dom Cesare Gonzaga: – Certamente, senhor Ottaviano, não se pode negar que vossos argumentos são bons e válidos; contudo, diria que se com eles figurastes vosso príncipe, mereceríeis mais o nome de mestre-escola do que de bom cortesão e ele, de bom governante que de bom príncipe. Não vou dizer que não devem os senhores preocupar-se com que os povos sejam governados com justiça e bons costumes; todavia, creio que lhes basta escolher bons ministros para cumprir essas tarefas e que o verdadeiro ofício deles é muito maior. Por isso, caso me sentisse como o excelente cortesão que moldaram estes senhores e contando com o favor do meu príncipe, certamente não o induziria a nenhuma prática desonesta; mas para alcançar aquele bom escopo que dizeis e confirmo que deva ser o fruto das fadigas e ações do cortesão, tratarei de imprimir-lhes no espírito uma certa grandeza, com aquele esplendor real e com uma presteza de ânimo e valor invencível nas armas que o fizesse amado e reverenciado por todos, de tal modo que principalmente por isso fosse famoso e ilustre no mundo. Diria ainda que deveria equilibrar a grandeza com uma certa mansuetude doméstica, com aquela civilidade suave e amável e aquela boa maneira de tratar os súditos e os estrangeiros discretamente, mais e menos conforme os méritos, mas conservando sempre a majestade conveniente à sua posição, que não lhe deixasse diminuir a autoridade em nenhuma parte por se curvar demasiado, nem lhe provocasse ódio por excesso de severidade; deveria ser assaz generoso e magnífico, distribuindo dons a todos sem reservas, pois Deus, como se diz, é o tesoureiro dos príncipes liberais; oferecer lautos banquetes, festas, jogos, espetáculos públicos; possuir grande número de cavalos excelentes para usá-los na guerra e divertir-se na paz; falcões, cães e todas as outras coisas que fazem parte dos prazeres dos grandes senhores e povos, como em nossos dias vimos fazer o senhor Francesco Gonzaga, marquês de Mântua, o qual, neste campo, parece mais rei da Itália do que senhor de uma cidade[80]. Procuraria também induzi-lo a construir grandes edifícios que o honrassem durante sua vida e deixassem boa memória sua à posteridade, como fez o duque Federico neste nobre palácio e agora faz o papa Júlio no templo de São Pedro, e aquela estrada que vai do Palácio ao Belvedere, e muitos outros edifícios; como faziam também os antigos romanos, conforme vemos tantas relíquias em Roma, em Nápoles, em Pozzuoli, em Baia, em Città Vecchia, em Porto e igualmente fora da Itália, em tantos outros lugares que testemunham o grande valor daqueles espíritos divinos. Assim também agiu Alexandre Magno, que, não contente com a fama merecidamente conquistada por ter dominado o mundo com as armas, edificou Alexandria no Egito, Bucefália na Índia e outras cidades noutros países; e pensou dar forma de homem ao monte Atos, construindo-lhe na mão esquerda uma grande cidade e na direita uma grande taça para onde confluiriam todos os rios que nele nascem e que dali desembocariam no mar, idéia de fato grande e digna de Alexandre Magno. Senhor Ottaviano, são estas as coisas convenientes a um nobre e verdadeiro príncipe, que o cobrem de glória na paz e na guerra; e não a preocupação com tantas minúcias e só cuidar de combater para dominar e vencer aqueles que merecem ser dominados ou para trazer benefícios aos súditos, ou expulsar do governo aqueles que governam mal; pois, se os romanos, Alexandre, Aníbal e os outros tivessem tido tais preocupações, não teriam atingido aquela plenitude de glória de que desfrutaram.

[XXXVII.] Rindo, respondeu o senhor Ottaviano: – Os que não tiveram tais preocupações, teriam agido melhor se as tivessem tido, embora, se examinardes bem, haveis de concluir que muitos tiveram-nas, principalmente os primeiros antigos, como Teseu e Hércules. Não penseis que Procusto, Círon, Caco, Diomedes, Anteu, Gerião, contra os quais combateram perpétua e mortalmente esses magnânimos heróis, fossem outra coisa que tiranos cruéis e ímpios. Assim, por ter libertado o mundo de monstros tão intoleráveis (pois os tiranos não podem ser chamados de outro modo), a Hércules foram erguidos templos, feitos sacrifícios e dadas honras divinas; porque o benefício de eliminar tiranos é tão profícuo para o mundo[81] que quem o faz merece prêmio muito maior do que tudo que convém a um mortal. E, dentre os que haveis mencionado, não vos parece que Alexandre com suas vitórias favoreceu aos vencidos, tendo instituído tão bons costumes para aqueles povos bárbaros que derrotou, que de fera os transformou em homens? Edificou tantas belas cidades em países nunca dantes habitados, ali introduzindo a vida moral e quase reunindo a Ásia e a Europa com o vínculo da amizade e das santas leis, de modo que mais felizes foram os vencidos por ele do que os outros; pois a alguns ensinou o matrimônio, a outros a agricultura, a outros a religião e a outros mais a nutrir em vez de matar os pais já velhos; a outros, absterem-se de unirem-se às mães e mil outras coisas que se poderiam dizer como prova do benefício que suas vitórias trouxeram ao mundo.

[XXXVIII.] Mas, deixando os antigos, que empresa mais nobre, gloriosa e profícua poderia existir do que os cristãos dirigirem suas forças para subjugar os infiéis? Não vos pareceria que tal guerra, tendo bons resultados e sendo capaz de retirar da falsa seita de Maomé para a luz da verdade cristã tantos milhares de homens, serviria tanto aos vencidos quanto aos vencedores? E de fato, como já Temístocles, ao ser expulso de sua pátria, acolhido pelo rei da Pérsia e por ele afagado e honrado com inúmeros e riquíssimos presentes, disse aos seus: "Amigos, sem nossa ruína, estaríamos arruinados"; poderíamos também dizer o mesmo em relação aos turcos e mouros, pois na perda estaria a salvação deles. Portanto, espero que ainda vejamos tal felicidade, se Deus nos permitir viver até a coroa de França ser entregue a monsenhor de Angoulême, o qual tão grandes esperanças dá de si quanto disse o senhor Magnífico há quatro noites, e a da Inglaterra ao senhor dom Henrique, príncipe de Gales, que agora cresce sob os cuidados do magno pai com toda a sorte de virtudes, como tenro rebento à sombra de uma grande árvore carregada de frutos, para renová-la dando-lhe maior beleza e facúndia, em sua hora e vez; pois, como de lá nos escreve o nosso Castiglione e com mais detalhes promete contar em sua volta, parece que neste senhor a natureza tenha querido afirmar-se, colocando num só corpo tantas maravilhas quantas bastariam para adornar infinitos. – Disse então dom Bernardo Bibiena: – Enormes esperanças promete dom Carlos, príncipe de Espanha, o qual, não tendo ainda completado dezoito anos, já demonstra tanta inteligência e apresenta tão evidentes indícios de bondade, prudência, modéstia, magnanimidade e todas as virtudes, que, caso o império cristão, como se estima, venha a ficar entre suas mãos, é possível esperar que obscureça o nome de muitos imperadores antigos e se iguale na fama aos mais famosos que reinaram neste mundo.

[XXXIX.] Acrescentou o senhor Ottaviano: – Creio, portanto, que tão divinos príncipes sejam mandados por Deus à terra e por ele feitos semelhantes na idade juvenil, na força das armas, no Estado, na beleza e compleição, a fim de que sejam igualmente concordes nessa boa intenção; e, se alguma inveja ou emulação tivesse de existir entre eles, que fosse apenas no desejo de cada um ser o primeiro, o mais ardoso e animado em tão glorioso empreendimento. Mas deixemos este discurso e retornemos ao nosso. Digo então, dom Cesare, que as coisas que pretendeis que faça o príncipe são excelsas e dignas de muito louvor; mas deveis compreender que, se ele não sabe aquilo que eu disse que deve saber e não formou o espírito daquele modo, orientado no caminho da virtude, dificilmente saberá ser magnânimo, generoso, justo, corajoso, prudente ou ter algumas outras qualidades que dele se esperam; de resto, não gostaria eu que assim fosse apenas por saber exercer essas qualidades, pois, do mesmo modo que nem todos os que constroem são bons arquitetos, também aqueles que doam não são todos generosos; porque a virtude nunca prejudica ninguém e existem muitos que roubam para dar e são generosos com o que é dos outros; alguns dão a quem não devem e deixam no abandono e miséria aqueles aos quais devem obrigações; outros dão de má vontade e quase com despeito, podendo-se ver que o fazem forçados; outros, além de não serem discretos, chamam testemunhas e quase apregoam sua generosidade; outros esvaziam loucamente num instante aquela fonte da generosidade a tal ponto que não mais podem recorrer a ela.

[XL.] Portanto, nisso como em outras coisas, é preciso saber se conduzir com prudência, necessária companheira de todas as virtudes, as quais, por serem medianas acham-se próximas dos extremos, que são os vícios; daí, quem não sabe, facilmente se deixa levar por eles, porque, assim como no círculo é difícil encontrar o ponto central, que é o meio, assim também é difícil encontrar o ponto da virtude colocada no meio dos dois extremos, defeituosos um pelo excesso, o outro por falta, e somos inclinados ora para um, ora para outro; e isso se identifica pelo prazer e desprazer que em nós sentimos, pois por um deles fazemos aquilo que não devemos e pelo outro deixamos de fazer aquilo que deveríamos; embora o prazer seja muito mais perigoso porque facilmente o nosso pensamento se deixa corromper por ele. Mas, como é difícil saber quanto se está distante do centro da virtude, devemos retirarnos pouco a pouco de nós próprios até a parte oposta daquele extremo para o qual sabemos estar inclinados, como fazem aqueles que endireitam as madeiras tortas; pois de tal modo nos aproximaremos da virtude, a qual, conforme disse, consiste naquele ponto médio; daí resulta que erramos de várias maneiras e de uma só cumprimos nosso ofício e dever, como fazem os arqueiros, que numa só direção acertam na mosca e em muitas erram o alvo. Por isso, um príncipe, pretendendo ser humano e afável, não raro faz inúmeras coisas fora das regras e tanto se avilta que é desprezado; outro, para conservar aquela grave majestade com autoridade conveniente, se torna austero e intolerável; outro, para ser considerado eloqüente, entra em mil maneiras estranhas e longos circuitos de palavras afetadas, ouvindo tanto a si próprio que os demais, por aborrecimento, não podem ouvi-lo.

[XLI.] De modo que, dom Cesare, não considerai insignificância uma coisa que possa de alguma forma tornar um príncipe melhor, por ínfima que ela seja; tampouco pensai que eu estime que censurais meus ensinamentos, dizendo que com eles mais facilmente se moldaria um bom governante do que um bom príncipe; pois talvez não se possa fazer elogio maior nem mais conveniente a um príncipe do que chamá-lo de bom governante. Por isso, se a mim coubesse instruí-lo, gostaria que ele se ocupasse não só de governar bem as coisas já referidas como também as muito menores, e intendesse todas as questões particulares concernentes aos seus povos tanto quanto fosse possível, e que jamais acreditasse ou confiasse tanto num de seus ministros, que lhe entregasse totalmente as rédeas e a condução de todo o governo. Pois não existe ninguém apto a todas as coisas, e prejuízo muito maior advém da credulidade dos senhores do que da incredulidade, a qual não só às vezes não é nociva como freqüentemente é muito proveitosa. Também aqui é necessário o bom julgamento do príncipe para saber quem merece crédito e quem não. Gostaria que se ocupasse de intender as ações e ser censor de seus ministros; de dirimir e abreviar os litígios entre os súditos; de promover a paz entre eles e uni-los pelo matrimônio; de fazer com que a cidade seja toda unida e harmoniosa na amizade, como uma casa particular: populosa, não pobre, tranqüila, cheia de bons artífices; de favorecer os comerciantes e até ajudá-los com dinheiro; de ser generoso e honrado na hospitalidade aos forasteiros e religiosos; de temperar tudo o que for supérfluo, porque muitas vezes os erros cometidos neste campo, embora pareçam pequenos, levam as cidades à ruína; por isso é razoável que o príncipe coloque um limite às construções excessivamente suntuosas dos particulares, aos banquetes, aos dotes exagerados das mulheres, ao luxo, às pompas nas jóias e roupas; que não é outra coisa senão uma prova da loucura delas; pois é muito freqüente, por causa da ambição e inveja que sentem umas das outras, dissiparem os bens dos maridos e, às vezes por uma pequena jóia ou qualquer outro capricho semelhante, venderem seu pudor a quem quiser comprá-lo.

[XLII.] Rindo, disse então dom Bernardo Bibiena: – Senhor Ottaviano, começais a assumir o papel do senhor Gaspare e do Frigio. – Respondeu o senhor Ottaviano, rindo também: – A discussão terminou, e não quero reacendê-la; por isso, não falarei mais sobre as mulheres, retornando ao meu príncipe. – Replicou o Frigio: – Bem que poderíeis deixá-lo agora e contentar-vos com que ele seja tal como o haveis figurado; pois sem dúvida seria mais fácil encontrar uma mulher com as condições exigidas pelo senhor Magnífico do que um príncipe com vossas condições; por isso, receio que seja como a República de Platão e que não iremos ver nunca um como ele, salvo talvez no céu. – Respondeu o senhor Ottaviano: – As coisas possíveis, embora sejam difíceis, até se pode esperar que venham a acontecer; por isso, talvez o vejamos ainda em nossa passagem pela terra, pois, embora os céus sejam tão avarentos em produzir príncipes excelentes que mal se vê um em vários séculos, esta sorte bem que poderia nos tocar. – Disse então o conde Ludovico: – Tenho boas esperanças disso porque, além dos três grandes que citamos[82], dos quais se pode esperar o que se disse convir ao supremo grau de perfeito príncipe, também na Itália, hoje, se encontram alguns filhos de senhores, os quais, embora não venham a dispor de tanto poder, talvez o venham suprir com suas virtudes; e aquele que dentre todos se mostra de melhor índole e promete de si maior esperança que alguns outros, parece-me ser o senhor Federico Gonzaga, primogênito do marquês de Mântua, sobrinho da senhora duquesa, aqui presente; pois, além da nobreza dos costumes e da discrição que demonstra em tão tenra idade, aqueles que o educam dizem dele coisas maravilhosas, como ser inteligente, ambicioso de honras, magnânimo, cortês, generoso, amigo da justiça, de tal modo que de tão bom começo só se pode esperar um ótimo final. – Comentou Frigio: – Roguemos agora mesmo a Deus para que se cumpra esta vossa esperança.

[XLIII.] Aqui o senhor Ottaviano, dirigindo-se à senhora duquesa, aparentando ter encerrado sua argumentação: – Senhora, – disse – eis o que me ocorre dizer a propósito do cortesão; se nisso eu não vos houver satisfeito de tudo, ao menos me bastará ter demonstrado que algum aperfeiçoamento ainda lhe poderia ser acrescentado, além das coisas ditas por estes senhores, os quais considero terem omitido tanto isso como tudo o que eu poderia dizer, não porque não o soubessem mais que eu, mas para evitar esforços; por isso, deixarei que continuem, caso lhes reste algo para dizer. – A senhora duquesa: – Além de ser tão tarde que logo será hora de encerrar por hoje, não me parece que devamos mesclar outra discussão a esta;

nela, haveis reunido tantas e tão belas coisas que se podem dizer acerca das finalidades da cortesania, que não apenas sois aquele perfeito cortesão que buscamos e preparado para instruir o vosso príncipe, mas, se a fortuna vos for propícia, poderíeis ser também um ótimo príncipe, o que seria de grande utilidade para vossa pátria. – Riu o senhor Ottaviano e disse: – Talvez, senhora, se eu me visse nessa posição aconteceria comigo aquilo que sói acontecer com tantos outros, que mais sabem dizer do que fazer.

[XLIV.] Aqui, tendo-se replicado confusamente com uma pequena discussão entre todo o grupo, com algumas refutações, mas louvando o que fora dito, e insistindo-se em que ainda não era hora de ir dormir, disse rindo o magnífico Iuliano: – Senhora, sou tão inimigo dos equívocos que me vejo obrigado a contrariar o senhor Ottaviano, o qual, por ter, conforme receio, confabulado secretamente com o senhor Gaspar contra as mulheres, incorreu em dois erros que julgo gravíssimos: um deles é que, para antepor este cortesão à dama palaciana e fazê-lo exceder os limites que ele pode alcançar, igualmente o antepôs ao príncipe, o que é assaz inconveniente; o outro, é que lhe atribuiu tal escopo, que é sempre difícil e talvez impossível que o alcance, e, mesmo que o faça, não deveria ser chamado de cortesão. – Não entendo – disse a senhora Emilia – como é tão difícil ou impossível que o cortesão atinja tal escopo, nem tampouco como o senhor Ottaviano o antepôs ao príncipe. – Não lhe permitais essas coisas, – respondeu o senhor Ottaviano – porque não antepus o cortesão ao príncipe; e a respeito do escopo da cortesania presumo não ter incorrido em nenhum erro. – Respondeu então o magnífico Iuliano: – Não podeis afirmar, senhor Ottaviano, que a causa, pela qual o efeito é o que é, não é sempre mais do que é o efeito. Assim o cortesão, cuja ação educativa tornará o príncipe tão excelso, deve ter mais qualidades que o príncipe; e desse modo terá dignidade ainda maior que a do próprio príncipe, o que é assaz inconveniente. A propósito do escopo da cortesania, o que haveis dito pode ocorrer quando a idade do príncipe é pouco diferente daquela do cortesão, mas não sem dificuldades, porque, onde há pouca diferença de idades, é razoável também que haja pouca de saber; mas, se o príncipe é velho e o cortesão, jovem, convém que o príncipe velho saiba mais que o cortesão jovem e, se isso não sucede sempre, às vezes sim; e então o escopo que haveis atribuído ao cortesão é impossível. Se o príncipe é jovem e o cortesão, velho, dificilmente o cortesão pode ganhar a mente do príncipe com aquelas qualidades que lhe atribuístes; pois, para dizer a verdade, terçar armas e os outros exercícios corporais são adequados aos jovens e não se harmonizam com os velhos, sendo a música, as danças, festas, jogos e amores naquela idade coisas ridículas; e me parece que um instrutor da vida e dos costumes do príncipe deve ser alguém sério e com autoridade, maduro nos anos e na experiência e, se possível, bom filósofo, bom capitão, e saber quase tudo. Por isso, quem instrui o príncipe considero que não se deva chamar de cortesão, merecendo um nome maior e mais honrado. Assim, senhor Ottaviano, perdoai se revelei esta vossa falácia, mas sou obrigado a agir deste modo pela honra de minha dama, a qual gostaríeis que tivesse menor dignidade do que este vosso cortesão, e isso não posso tolerar.

[XLV.] Riu o senhor Ottaviano e disse: – Senhor Magnífico, seria maior louvor para a dama palaciana exaltá-la tanto que ela fosse semelhante ao cortesão, do que rebaixar tanto o cortesão que ele fosse semelhante à dama palaciana; pois não seria proibido à dama instruir sua senhora e tender com ela àquele escopo da cortesania que afirmei convir ao cortesão com seu príncipe; contudo, procurais muito mais censurar o cortesão do que louvar a dama palaciana; por isso, a mim seria também lícito tomar o partido do cortesão. Destarte, para responder às vossas objeções digo que não afirmei que a instrução do cortesão deva ser a única causa pela qual o príncipe seja como tal considerado; porque se ele não fosse inclinado por natureza e apto a poder sê-lo, todo cuidado e lembrança do cortesão seria inútil; como igualmente em vão trabalharia qualquer bom agricultor que se pusesse a cultivar e semear com ótimo trigo a areia estéril do mar, pois a esterilidade naquele lugar é natural; mas, quando à boa semente em terra fértil, com a temperatura do ar e chuvas convenientes às estações, se soma ainda a diligência do cultivo humano, vemos sempre nascer frutos abundantes; nem por isso o agricultor é a única razão daqueles, embora sem ele pouco ou nada valeriam todas as demais coisas. Assim, há muitos príncipes que seriam bons, caso seus espíritos fossem bem cultivados; e a esses me refiro, não àqueles que são como a região estéril e tão alheios à natureza dos bons costumes que não basta nenhuma disciplina para colocar seu espírito no caminho certo.

[XLVI.] E, conforme já dissemos, como os hábitos se formam em nós segundo nossas ações e como em agir consiste a virtude, não é impossível nem surpreendente que o cortesão dirija o príncipe no sentido de muitas virtudes, como a justiça, a generosidade, a magnanimidade, as obras que ele, visando sua grandeza, pode facilmente efetuar e delas fazer um hábito; coisa que não o pode o cortesão, por não dispor dos meios de efetuá-las; e assim o príncipe, induzido à virtude pelo cortesão, pode se tornar mais virtuoso que o cortesão. Deveis saber ainda que a pedra de amolar, que não corta, torna o ferro agudo; por isso, creio que mesmo que o cortesão instrua o príncipe, nem por isso alguém há de dizer que ele tem mais dignidade do que o príncipe. Que o escopo dessa cortesania é difícil e às vezes impossível e que, quando o cortesão o alcança, não deve ser chamado de cortesão, merecendo nome maior; é uma dificuldade que não nego, pois não é menos difícil encontrar tão excelente cortesão do que alcançar tal escopo; creio que a impossibilidade tampouco exista naquele caso que haveis citado, porque, se o cortesão é tão jovem que não sabe aquilo que se definiu que deve saber, não é preciso falar a esse respeito, pois não é aquele cortesão que pressupomos, como não é possível que, quem saiba tantas coisas seja jovem. E, se acontecer de o príncipe ser tão sábio e bom por si mesmo que não precise de advertência nem de conselhos de ninguém (coisa que é muito difícil, como se sabe), bastará que o cortesão seja de tal modo que, se o príncipe dele necessitasse, poderia fazê-lo virtuoso; e, depois, sob sua efetiva influência, poderá satisfazer àquela outra parte, que é não deixá-lo ser enganado, fazer que sempre saiba a verdade de toda coisa e se opor aos aduladores, aos maledicentes e a todos aqueles que pretendessem corromper seu espírito com prazeres desonestos; de tal modo alcançará em grande parte seu objetivo, ainda que não o realize totalmente, o que não será razão suficiente para recriminá-lo, já que deixará de fazê-lo por tão boa causa; pois, se um excelente médico se encontrasse num lugar onde todos fossem saudáveis, não se poderia dizer que esse médico, embora não curasse os doentes, deixava de cumprir sua missão; por isso, assim como a intenção do médico deve ser a saúde dos homens, a do cortesão tem de ser a virtude de seu príncipe; e a ambos basta ter essa finalidade intrínseca em potencial, quando o fato de não efetuá-la extrinsecamente decorre do sujeito ao qual se destina tal escopo. Mas, se o cortesão fosse tão velho que não lhe conviesse executar música, participar de festas, jogos, torneios e outras proezas corporais, não se pode dizer que lhe seja impossível ganhar o favor do seu príncipe por aquela via; porque, se a idade impede de executar essas coisas, não impede de entendê-las e, tendo-as praticado na juventude, faz ter delas noção tanto mais perfeita e sabê-las ensinar tão mais perfeitamente ao seu príncipe, quanto maior conhecimento das coisas trazem consigo os anos e a experiência; e deste modo o velho cortesão, embora não exercite as qualidades que lhe são atribuídas, mesmo assim alcançará seu escopo de bem instruir o príncipe.

[XLVII.] E, se não quiserdes chamá-lo de cortesão, isso não me aborrece; porque a natureza não colocou tal limite às dignidades humanas que não se possa ascender a uma outra. Por isso, tantas vezes os simples soldados se tornam capitães, os homens privados, reis, os sacerdotes, papas, e os discípulos, mestres; e, junto com a dignidade adquirem também o nome; daí, talvez se pudesse dizer que se tornar instrutor do príncipe seria a finalidade do cortesão. Mas não sei quem há de recusar esse nome de perfeito cortesão que, em minha opinião, é digno de grande louvor; e creio que Homero, que formou dois homens excelentes como modelos da vida humana, um nas ações, que foi Aquiles, e outro nas paixões e tolerância ao sofrimento, que foi Ulisses, quis também dar forma a um perfeito cortesão, que foi Fênix, o qual, após ter narrado seus amores e muitas outras coisas juvenis, diz ter sido mandado a Aquiles por Peleu, seu pai, para acompanhá-lo e ensinar-lhe a falar bem e a comportar-se, o que constitui exatamente o escopo que definimos para o nosso cortesão. E não creio que Aristóteles e Platão teriam desdenhado o nome de perfeito cortesão, porque se vê claramente que praticaram a cortesania e buscaram esse fim, o primeiro com Alexandre Magno e o outro com os reis da Sicília. Já que é ofício do bom cortesão conhecer a natureza do príncipe e suas inclinações, e assim, segundo as necessidades e as oportunidades, com destreza conseguir seu favor, conforme dissemos, por aquelas vias que permitem o acesso seguro para induzi-lo à virtude, Aristóteles conheceu tão bem a natureza de Alexandre e habilmente tão bem a secundou que foi por ele amado e honrado mais do que um pai. E dentre muitos outros testemunhos de benevolência que lhe deu, determinou Alexandre que Estagira, sua pátria destruída, fosse reedificada; e Aristóteles, além de orientá-lo para aquele fim glorioso, que foi pretender que o mundo se tornasse uma só pátria universal e todos os homens, como um único povo, vivessem na amizade e na concórdia sob um único governo e uma só lei que resplandecesse para todos como a luz do sol, educou-o nas ciências naturais e nas virtudes do espírito, de tal modo que o fez sapientíssimo, fortíssimo, casto e verdadeiro filósofo moral, não só nas palavras mas nos atos; pois não se pode imaginar mais nobre filosofia que induzir à convivência civil povos tão ferozes como aqueles que habitavam a Bactriana e o Cáucaso, a Índia e a Cítia, ensinando-lhes as leis do matrimônio, a agricultura, a honrar os pais, a abster-se das rapinas e dos homicídios e outros maus costumes, a edificar tantas cidades belíssimas em países distantes, de modo que inúmeros homens passaram da vida selvagem à humana através daquelas leis; e Aristóteles foi o autor dessas coisas em Alexandre, usando os modos do bom cortesão, o que não soube fazer Calístenes, embora Aristóteles lhe tivesse mostrado; pois, por desejar ser um filósofo puro e, assim, austero ministro da nua verdade sem misturar a ela a cortesania, perdeu a vida e não serviu a Alexandre, ao contrário, desonrou-o. Com o mesmo recurso da cortesania Platão formou Díon de Siracusa; e tendo depois encontrado Dionísio, tirano como um livro cheio de emendas e erros, e mais necessitado de um cancelamento geral do que de mudança ou qualquer correção, por não ser possível retirar-lhe aquela mancha da tirania, com a qual tanto tempo já se maculara, não quis aplicar a ele os modos da cortesania, parecendo-lhe que eram de todo inúteis. O que também deve fazer o nosso cortesão, se por acaso se encontrar a serviço de um príncipe de natureza tão má que seja inveterado nos vícios, como os tísicos na enfermidade; pois nesse caso deve abandonar essa servidão para não receber críticas pelas más ações de seu senhor e para não sentir aquele incômodo que sentem todos os bons que servem aos maus.

[XLVIII.] Aqui, tendo silenciado o senhor Ottaviano, disse o senhor Gaspar: – Não esperava que o nosso cortesão tivesse tamanhas honras; mas, dado que Aristóteles e Platão são meus companheiros, penso que ninguém mais pode desdenhar este nome. Contudo, não tenho a certeza de que Aristóteles e Platão tenham dançado ou sido músicos, algum dia, ou tivessem outros costumes de cavalaria[83]. – Respondeu o senhor Ottaviano: – Não é muito justo imaginar que esses dois espíritos divinos[84] não soubessem fazer de tudo; por isso, pode-se acreditar que praticassem o que concerne à cortesania, pois quando lhes é necessário, escrevem de tal modo sobre o tema que os próprios artifícios das coisas escritas por eles indicam que as conheciam até a medula e às mais íntimas raízes. Daí, não se pode dizer que o cortesão ou instrutor do príncipe, como queirais chamá-lo, que tenda àquele bom escopo a que nos referimos, não comporte todas as qualidades que lhe foram atribuídas por estes senhores, mesmo que fosse um seveííssimo filósofo e santíssimo de costumes, porque tais qualidades não se opõem à bondade, à discrição, ao saber, ao valor, em todas as épocas, tempo e lugar.

[XLIX.] Então o senhor Gaspar: – Lembro – disse – que estes senhores, em noites passadas, discutindo sobre as qualidades do cortesão, pretenderam que ele fosse apaixonado; e já que, resumindo o que foi dito até aqui, poder-se-ia tirar a conclusão de que o cortesão, o qual com seu valor e autoridade há de conduzir o príncipe à virtude, quase se exige que seja velho, pois raríssimas vezes o saber vem antes da maturidade, em especial naquelas coisas que são aprendidas com a experiência, não sei como, sendo de idade provecta, a paixão pode se coadunar com ele, dado que, conforme foi dito hoje, o amor entre os velhos não floresce e aquelas coisas que nos jovens são delícias e cortesias, elegâncias tão gratas às mulheres, neles são loucuras e inépcias ridículas, e quem as adota provoca ódio nas mulheres e gracejos nos outros. Por isso, se esse vosso Aristóteles, velho cortesão, estivesse enamorado e fizesse aquelas coisas que fazem os jovens apaixonados, como alguns que vimos em nosso tempo, receio que se esqueceria de ensinar ao seu príncipe e talvez os jovens zombassem dele e outro prazer não daria às mulheres além do de escarnecê-lo.

– Respondeu o senhor Ottaviano: – Dado que todas as demais qualidades atribuídas ao cortesão são compatíveis mesmo com a velhice, não creio que devamos privá-lo dessa capacidade de amar. – Ao contrário, – disse o senhor Gaspar – retirar-lhe o potencial de amar é uma perfeição a mais e lhe permite viver feliz longe da miséria e da infelicidade.

[L.] Disse dom Pietro Bembo: – Não vos lembrais, senhor Gaspar, que o senhor Ottaviano, embora sendo pouco entendido em questões de amor, demonstrou outra noite em seu jogo saber que existem alguns apaixonados que consideram doces os desdéns, as fúrias, as guerras e os tormentos que sofrem com as mulheres, e então pediu que lhe explicassem a causa dessa doçura? Por isso, se o nosso cortesão, embora velho, se incendiasse com aqueles amores que são doces sem amarguras, não sentiria nenhuma tristeza ou miséria; e, sendo sábio, como pressupomos, não se enganaria pensando que lhe convém tudo aquilo que é adequado para os jovens; contudo, ao amar, talvez o fizesse de um modo que não só não lhe traria nenhuma censura, mas sim muitas loas e imensa felicidade, não acompanhada de nenhum aborrecimento, o que raras vezes e quase nunca ocorre entre os jovens; e assim não deixaria de ensinar ao seu príncipe, nem faria coisas que merecessem zombarias dos jovens. – Então a senhora duquesa: – Fico feliz, – disse – dom Pietro, com que esta noite tenhais feito pouco esforço em nossas discussões, pois agora com mais segurança vos obrigaremos a falar e a ensinar ao cortesão esse amor tão feliz, que não traz consigo críticas nem desprazer de nenhum tipo; que talvez venha a ser uma das mais importantes e úteis qualidades que até então lhe foram atribuídas. Por isso, dizei tudo aquilo que sabeis a respeito. – Riu dom Pietro e disse: – Não gostaria, senhora, que minha assertiva de que é lícito que os velhos amem fosse um motivo para ser considerado velho por estas damas; assim, dai esta incumbência a um outro. – Respondeu a senhora duquesa: –

Não deveis vos esquivar de ser considerado velho no saber, embora sejais jovem na idade; destarte, falai e não vos desculpeis mais. – Disse dom Pietro: – Francamente, senhora, tendo de falar sobre tal matéria, teria de ir aconselhar-me com o eremita do meu Lavinello. – A senhora Emilia, meio zangada: – Dom Pietro, – disse – não existe nenhum outro neste grupo mais desobediente que vós; por isso, seria bom que a senhora duquesa vos castigasse. – Disse dom Pietro, rindo: – Não vos zangueis comigo, pelo amor de Deus; pois falarei o que pedis. – Pois então comece – respondeu a senhora Emilia.

[LI.] Então dom Pietro, tendo primeiro se calado por instantes, depois se acomodado um pouco como se fosse falar de coisa importante, assim se pronunciou[85]: – Senhores, para demonstrar que os velhos não só podem amar sem problemas, mas até com maior felicidade que os jovens, ser-me-ia necessário discorrer brevemente sobre o que é o amor e em que consiste a felicidade que podem ter os apaixonados; portanto, eu vos peço que me ouçam com atenção, pois espero fazer-vos entender que não existe homem a quem seja inconveniente estar enamorado, mesmo que tivesse quinze ou vinte anos mais que o senhor Morello. – E, aqui, tendo-se produzido alguns risos, agregou dom Pietro: – Assim, digo que, conforme definido pelos sábios antigos, o amor nada mais é que um certo desejo de fruir a beleza; e, dado que o desejo só é despertado pelas coisas conhecidas, é sempre necessário que a cognição preceda o desejo, o qual, por natureza, quer o bem, mas por si é cego e não o conhece. Por isso, a natureza determinou que a cada virtude adquirida pelo conhecimento se conjugue uma virtude instintiva; e, como em nossa alma existem três modos de conhecer, isto é, pelo sentido, pela razão e pela inteligência, do sentido nasce o instinto, que temos em comum com os animais brutos; da razão nasce a escolha, que é própria do homem; do intelecto, por meio do qual o homem pode se comunicar com os anjos, nasce a vontade. Portanto, assim, como o sentido conhece apenas as coisas sensíveis, o instinto apenas deseja essas mesmas coisas; e, assim como o intelecto não se destina a nada mais que à contemplação de coisas inteligíveis, a vontade só se nutre de bens espirituais. O homem, de natureza racional, colocado no meio destes dois extremos, pode, por escolha pessoal, inclinando-se para o sentido ou elevando-se para o intelecto, acercar-se dos desejos, ora num, ora noutro extremo. Destarte, pode-se desses modos desejar a beleza, cujo nome universal convém a todas as coisas naturais ou artificiais que são compostas com a boa proporção e o devido equilíbrio que comporta sua natureza.

[LII.] Mas, falando da beleza que percebemos, que é aquela que só aparece nos corpos e principalmente nos rostos humanos e provoca esse ardente desejo que chamamos de amor, diremos que é um influxo da bondade divina, a qual, embora se derrame sobre todas as coisas criadas como a luz do sol, mesmo quando encontra um rosto bem proporcionado e composto com uma certa e agradável harmonia de cores diferentes valorizadas por luzes e sombras e por uma ordenada distância e delimitação de linhas, nele se infunde e exibe toda sua beleza. E aquele sujeito, quando reluz, adorna e ilumina com uma graça e um esplendor admiráveis, à guisa de raio de sol que bate num belo vaso de ouro polido e salpicado de gemas preciosas; donde atrai agradavelmente para si os olhos humanos e penetrando por eles imprime-se na alma e com uma nova suavidade comove-a e alegra-a inteiramente e, excitando-a, por ela se faz desejar. Estando então a alma tomada pelo desejo de fruir essa beleza como coisa boa, se se deixa guiar pelo juízo do sentido incorre em erros gravíssimos e considera que o corpo, no qual se vê a beleza, é a causa principal desta; daí, para fruí-la, estima ser necessário unir-se intimamente, o mais que puder, com aquele corpo; o que é falso. Por isso, quem pensa fruir a beleza possuindo o corpo se engana e é movido, não pelo verdadeiro conhecimento, oriundo da escolha racional, mas sim pela falsa opinião provocada pelo instinto do sentido; em conseqüência, o prazer que daí resulta é necessariamente falso e imperfeito. E por isso num destes dois males incorrem todos os amantes que satisfazem seus desejos equívocos com as mulheres que amam: ou, tão logo alcançam o fim desejado, não só sentem saciedade e enfado, mas passam a odiar a coisa amada, como se o instinto se arrependesse do erro e reconhecesse o engano provocado pelo falso juízo do sentido, devido ao qual acreditara que o mal fosse o bem; ou permanecem com o mesmo desejo e avidez, como aqueles que não chegaram de fato ao fim que buscavam, e, embora inebriados por uma cega opinião, acreditam naquele momento sentir prazer como os doentes que sonham beber em alguma fonte límpida e, apesar disso, não se contentam nem se acalmam. E como a posse do bem desejado gera sempre calma e satisfação no espírito do possuidor, se aquele fosse o verdadeiro e bom escopo de seu desejo, ao possuí-lo ficariam calmos e satisfeitos; coisa que não ocorre: ao contrário, enganados por aquela semelhança, logo retornam ao desejo desenfreado e, com a mesma perturbação que antes sentiam, vêem-se de novo com a furiosa e ardente sede daquilo que em vão esperam possuir completamente. Portanto, tais enamorados amam com infelicidade, pois, ou não conseguem nunca aplacar seus desejos, o que é uma grande infelicidade, ou, quando o conseguem, verificam ter conseguido o seu mal e põem fim às misérias com outras maiores ainda; porque também no princípio e no meio desse amor não se sente nada além de ansiedades, tormentos, dores, dificuldades, fadigas; de modo que ficar pálido, aflito, chorar e suspirar continuamente, estar triste, sempre calado ou se lamentando, desejar morrer, em suma, ser muito infeliz, é o que se diz caber aos apaixonados.

[LIII.] Portanto, a causa dessa calamidade nos espíritos humanos é principalmente o sentido, que é muito forte na juventude, pois o vigor da carne e do sangue naquela estação lhe dá tanta força quanto lhe reduz a razão e, por isso, induz facilmente a alma a acompanhar o instinto; porque, encontrando-se ela submersa na prisão terrena e, por ser aplicada ao ofício de governar o corpo, privada da contemplação espiritual, não pode entender claramente a verdade por conta própria; em conseqüência, para ter o conhecimento das coisas, é preciso que vá mendigando as primeiras noções aos sentidos, por isso acredita neles, submete-se a eles, deixa-se guiar por eles, em especial quando têm tanto vigor que quase a forçam; e, como são falazes, enchem-na de erros e de opiniões falsas. Daí, quase sempre acontece serem os jovens tomados por esse amor sensual, em tudo rebelde à razão, tornando-se por isso indignos de fruir as graças e os bens que o amor oferece aos seus vários súditos, e não sentem prazeres no amor, fora aqueles que experimentam os animais irracionais, mas passando por sofrimentos bem maiores. Assim, estabelecido esse pressuposto, o qual é assaz verdadeiro, digo que o contrário acontece com aqueles que se encontram na idade mais madura; porque se estes, quando a alma já não é tão oprimida pelo peso do corpo e quando o fervor natural começa a esmorecer, inflamam-se com a beleza e para ela dirigem o desejo conduzido pela escolha racional, não se deixam enganar e possuem perfeitamente a beleza; por isso, a posse desta sempre lhes traz o bem; pois a beleza é boa[86] e, conseqüentemente, o verdadeiro amor por ela é muitíssimo bom e santo, e sempre produz efeitos salutares nos espíritos daqueles que, com o freio da razão, corrigem a perversidade dos sentidos; coisa que os velhos podem fazer com muito maior facilidade que os jovens.

[LIV.] Destarte, não é muito disparatado afirmar que os velhos podem amar sem censura e com maior felicidade que os jovens; tomando-se velho, porém, não no sentido de decrépito, nem de quando os órgãos do corpo se acham tão debilitados que a alma não pode praticar suas virtudes, mas sim de quando o saber em nós se encontra na plenitude. Não vou silenciar tampouco sobre outra coisa: considero que, embora o amor sensual seja ruim em qualquer idade, merece desculpa nos jovens e talvez seja lícito de algum modo; pois, apesar de lhes provocar ansiedades, perigos, fadigas e aquelas infelicidades citadas, existem muitos que para obter o favor das mulheres amadas executam ações valorosas, as quais, mesmo não estando voltadas para um bom fim, são boas em si próprias; e assim, daquele cúmulo de amargor extraem um pouco de doçura e pelas adversidades que enfrentam por fim reconhecem seu erro. Da mesma forma que considero que os jovens que dosam os apetites e amam com a razão são inspirados por nobres ideais, desculpo igualmente quem se deixa vencer pelo amor sensual, ao qual tanto se inclinam pela fraqueza humana, desde que nele demonstrem gentileza, cortesia, valor e as outras nobres qualidades que foram exigidas por estes senhores; e, quando se vai a juventude, abandonem-no completamente, afastando-se desse desejo sensual, como do degrau mais baixo da escada pela qual se pode ascender ao verdadeiro amor. Mas se ainda, depois de velhos, no frio coração mantêm o fogo dos apetites e submetem a razão vigorosa ao sentido frágil, não se pode dizer quanto têm de ser censurados; pois, como insensatos, merecem com perpétua infâmia ser incluídos entre os animais irracionais, pois as idéias e os comportamentos do amor sensual são demasiado inconvenientes à idade madura.

[LV.] Aqui, Bembo fez uma ligeira pausa como se precisasse descansar; e, permanecendo todos calados, disse o senhor Morello da Ortona: – E, caso houvesse um velho mais disposto, galhardo e com melhor aparência que muitos jovens, por que não permitiríeis que lhe fosse lícito amar com o mesmo amor dos jovens? – Riu a senhora duquesa e disse: – Se o amor dos jovens é tão infeliz, por que pretendeis, senhor Morello, que os velhos também amem com aquela infelicidade? Mas se fôsseis velho, como dizem aqui, não buscaríeis assim o mal dos velhos. – Respondeu o senhor Morello: – Creio ser dom Pietro Bembo quem busca o mal dos velhos, ao pretender que amem de um certo modo que não compreendo; e me parece que possuir tal beleza, que ele tanto louva, sem o corpo não passa de um sonho. – Acreditais, senhor Morello, – disse então o conde Ludovico – que a beleza é sempre tão boa como diz dom Pietro Bembo? – Eu não – respondeu o senhor Morello. – Ao contrário, lembro ter visto muitas mulheres lindas, extremamente más, cruéis e despeitadas; e parece que é quase sempre assim, pois a beleza faz com que sejam soberbas e a soberba, cruéis. – Rindo, disse o conde Ludovico: – Talvez vos pareçam cruéis porque não vos satisfazem naquilo que desejaríeis; mas pedi a dom Pietro Bembo que vos ensine de que modo os velhos devem considerar a beleza, o que buscar nas mulheres e com que contentar-se; e, não saindo vós desses limites, haveis de ver que não serão nem soberbas nem cruéis, havendo de satisfazer-vos no que desejardes. – Pareceu então que o senhor Morello se tivesse perturbado um pouco; e disse: – Não quero saber aquilo que não me concerne; mas fazei com que vos ensinem como devam considerar tal beleza os jovens menos aptos e menos vigorosos que os velhos.

[LVI.] Aqui, dom Federico, para acalmar o senhor Morello e mudar de assunto, não deixou o conde Ludovico responder e interrompeu-o dizendo: – Talvez o senhor Morello não esteja totalmente errado ao dizer que a beleza nem sempre é boa, pois freqüentemente as belezas das mulheres provocam no mundo infinitos males, inimizades, guerras, mortos e destruições, coisa de que a ruína de Tróia constitui um bom exemplo; e em geral as mulheres são soberbas e cruéis ou então, conforme foi dito, impudicas; mas isso não pareceria um defeito ao senhor Morello. Existem ainda muitos celerados que são beneficiados por uma bela aparência e parece que a natureza os fez assim para serem mais aptos a enganar e que essa aparência atraente seja como a isca escondida sob o anzol[87]. – Dom

Pietro Bembo: – Não acrediteis que a beleza não seja sempre boa. – Aqui, o conde Ludovico, para voltar ao propósito inicial, interrompeu e disse: – Dado que o senhor Morello não se preocupa em saber aquilo que tanto lhe importa, ensinai a mim e mostrai-me como os velhos adquirem essa felicidade no amor, que não me preocuparei em ser considerado velho desde que isso me beneficie.

[LVII.] Riu dom Pietro e disse: – Antes, quero eliminar o erro do espírito destes senhores; depois, tratarei de satisfazê-los. – E recomeçou: – Senhores, – disse – não gostaria que, ao falar mal da beleza, que é coisa sagrada, algum de nós incorresse na ira de Deus como profano ou sacrílego; por isso, a fim de que o senhor Morello e dom Federico sejam advertidos e não percam a vista como Estesícoro, que é penalidade assaz conveniente para quem despreza a beleza, afirmo que a beleza emana de Deus e é como um círculo do qual a bondade é o centro; e assim como não pode haver círculo sem centro, não pode existir beleza sem bondade: daí, raras vezes uma alma ruim habita um belo corpo e, por isso, a beleza extrínseca é um verdadeiro signo da bondade intrínseca; e nos corpos se acha impressa essa graça mais ou menos como uma característica da alma, pela qual ela se dá a conhecer externamente, como nas árvores, em que a beleza das flores testemunha a bondade dos frutos. E o mesmo acontece nos corpos, como se verifica com os fisionomistas que, através do rosto, muitas vezes conhecem os costumes e até os pensamentos dos homens; e, o que é melhor, nos animais, se percebe também pela expressão a qualidade do espírito, que no corpo se exprime o máximo que pode. Pensai quão claramente na cara do leão, do cavalo e da águia se conhece a ira, a ferocidade e a soberba; nos carneiros e nas pombas, uma pura e simples inocência; a malícia astuta nas raposas e nos lobos, e assim, quase em todos os animais.

[LVIII.] Em conseqüência, em sua maioria, os feios são também maus e os belos, bons: e poder-se-ia dizer que a beleza é a face agradável, alegre, gratificante e desejável do bem; e a feiúra, a face obscura, perturbadora, desagradável e triste do mal; e, se considerardes todas as coisas, descobrireis que todas as que são boas e úteis têm também a graça da beleza. Eis o estado dessa grande máquina do mundo[88], a qual, para saúde e conservação de toda coisa criada foi produzida por Deus. O céu redondo, adornado com tantos lumes divinos e no centro, a terra circundada pelos elementos e sustentada por seu próprio peso; o sol, que girando ilumina tudo e, no inverno, se acerca do signo mais baixo, depois, pouco a pouco ascende do outro lado; a lua, que dele retira sua luz, conforme se aproxima ou se afasta; e as outras cinco estrelas, que seguem o mesmo curso de maneiras diferentes. Estas coisas têm tanta força pela harmonia de uma ordem composta de maneira tão determinante que, se fossem mudadas num ponto, não poderiam ficar juntas e levariam o mundo à ruína; têm ainda tanta beleza e graça que as inteligências humanas não podem imaginar coisa mais linda. Pensai também na figura do homem, que pode ser considerado um pequeno mundo, no qual se vê cada parte do corpo ser composta necessariamente com arte e não ao acaso, e todo o conjunto resulta por fim belíssimo; a tal ponto que seria difícil julgar que utilidade ou graça possam dar ainda ao rosto e ao restante do corpo todos os membros, os olhos, o nariz, a boca, a orelha, os braços, o peito e as demais partes. O mesmo se pode dizer de todos os animais. Vejam-se as penas nos pássaros, as folhas e ramos nas árvores, que lhes foram dados pela natureza para conservar seu ser e além disso também possuem enorme formosura. Deixai a natureza e vinde para o campo da arte. O que é tão necessário nos navios quanto a proa, os costados, as vergas, o mastro, as velas, o leme, os remos, as âncoras e o cordame? Porém, todas essas coisas têm tamanha beleza que, ao olhá-las, se pode pensar que ali estão tanto por prazer quanto por utilidade. As colunas e as arquitraves sustentam altos pórticos e palácios, nem por isso são menos agradáveis aos olhos de quem as admira do que úteis aos edifícios. Quando os homens começaram a construir, puseram nos templos e nas casas aquela cumeeira não para dar maior graça aos edifícios, mas para que as águas pudessem correr livremente dos dois lados; todavia, logo se associou a utilidade à beleza, de modo que, se abaixo daquele céu onde não cai granizo nem chuva se erigisse um templo, não pareceria que sem o teto em forma de aresta pudesse ter alguma dignidade ou beleza.

[LIX.] Destarte, louva-se muito o mundo, sem falar de outros temas, dizendo que ele é bonito: belo céu, bela terra, belo mar, belos rios, belas regiões, selvas, árvores, jardins; belas cidades, belos templos, casas, exércitos. Em suma, essa graciosa e sacra beleza proporciona supremo ornamento a cada coisa; e pode-se dizer que o bom e o belo, de certo modo, são a mesma coisa, em especial nos corpos humanos, de cuja beleza creio ser a causa mais próxima a beleza da alma, que, como partícipe daquela verdadeira beleza divina, ilustra e torna belo tudo o que toca, especialmente se o corpo que ela habita não é de matéria tão vil que ela não possa lhe imprimir sua qualidade; por isso a beleza é o verdadeiro troféu da vitória da alma, quando ela, com a virtude divina, domina a natureza material e com seu lume vence as trevas do corpo. Portanto, não se deve dizer que a beleza faça as mulheres soberbas ou cruéis, embora assim pense o senhor Morello; nem tampouco se deve imputar às mulheres belas as inimizades, mortes, destruições, causadas pelos apetites imoderados dos homens. Não negarei que no mundo não seja possível encontrar também belas mulheres impudicas, mas não é a beleza que as inclina para a impudicícia; ao contrário, afasta-as, e as induz ao caminho dos costumes virtuosos, pela conexão que a beleza tem com a bondade; mas às vezes a má educação, os contínuos estímulos dos amantes, os dons, a pobreza, a esperança, os enganos, o temor e mil outras causas vencem a constância também das belas e boas mulheres; e por estas causas ou similares os homens belos também podem se tornar uns celerados.

[LX.] Então dom Cesar: — Se é verdade — disse — aquilo que ontem afirmou o senhor Gaspar, não há dúvida de que as belas são mais castas que as feias. — E o que afirmei? — perguntou o senhor Gaspar. Respondeu dom Cesare: — Se bem me lembro, dissestes que as mulheres a quem se suplica sempre se negam a satisfazer aquele que suplica; e aquelas que não são suplicadas suplicam a outros. O certo é que as mulheres belas sempre são mais suplicadas e solicitadas para o amor do que as feias; e como as belas sempre negam, em conseqüência são mais castas que as feias, as quais, por falta de súplicas, vão suplicar a outrem. — Bembo riu e disse: — Não se pode contestar tal argumento. — Depois acrescentou: — Da mesma forma, freqüentemente acontece que, como os outros sentidos, também nossa vista se engana e considera belo um rosto que não o é; e, como nos olhos e em toda expressão de algumas mulheres se vê às vezes uma certa lascívia pintada com blandícias desonestas, muitos, a quem tais maneiras agradam, pois lhes prometem facilidade de conseguir aquilo que desejam, chamam-na de beleza; mas na verdade é uma impudência falsificada, indigna de tão honrado e santo nome. — Calava-se dom Pietro Bembo, mas aqueles senhores o estimulavam falar mais desse amor e do modo de fruir verdadeiramente a beleza; e ele por fim: — Creio — disse — ter demonstrado com bastante clareza que os velhos podem amar com maior felicidade do que os jovens, o que foi o meu pressuposto; por isso, não me convém prosseguir. — Replicou o conde Ludovico: — Demonstrastes melhor a infelicidade dos jovens do que a felicidade dos velhos, aos quais ainda não haveis ensinado que caminho devem seguir nesse seu amor, mas somente dito que se deixem conduzir pela razão; e por muitos é considerado impossível que o amor ande junto com a razão.

[LXI.] Bembo tratava de encerrar a discussão, mas a senhora duquesa pediu-lhe que falasse; e ele assim recomeçou: – Assaz infeliz seria a natureza humana, se nossa alma, na qual facilmente pode nascer tão ardente desejo, fosse forçada a nutri-lo só com o que possui em comum com os animais e não pudesse orientá-lo para aquela parte nobre que lhe é própria; por isso, dado que assim vos agrada, não quero evitar discutir esse nobre tema. E como me reconheço indigno de falar dos santíssimos mistérios do Amor, rogo a ele que me inspire o pensamento e a língua para que possa mostrar a esse excelente cortesão como amar fora dos costumes do vulgo profano; e como eu, desde a infância, lhe dediquei toda a minha vida, que minhas palavras sejam conformes a essa intenção e em seu louvor. Portanto, digo que, sendo a natureza humana tão inclinada aos sentidos na juventude, pode-se permitir ao cortesão, enquanto for jovem, amar sensualmente; mas, se na maturidade por acaso de deixa incendiar pelo desejo amoroso, deve ter muita cautela e tratar de não enganar a si mesmo, deixando-se arrastar naquelas desgraças que nos jovens merecem mais compaixão que censura e, ao contrário, nos velhos, mais censura que compaixão.

[LXII.] Por isso, quando alguma graciosa figura de uma bela mulher se lhe apresentar junto com costumes elegantes e maneiras gentis, de modo que ele, como perito no amor, veja que seu sangue combina com aquele, tão logo perceber que seus olhos captam aquela imagem e a levam ao coração e que a alma começa a contemplá-la com prazer e a sentir dentro de si aquele influxo que a comove e pouco a pouco a aquece e que aqueles espíritos vivos que cintilam olhos afora acrescentam novas chamas ao fogo, deverá neste início providenciar de imediato um remédio, despertar a razão e com ela armar a fortaleza de seu coração; e de tal modo bloquear o caminho aos sentidos e aos instintos que nem à força nem por engano aí possam penetrar. Assim, se a chama se extingue, igualmente se extingue o perigo; mas, se ela persevera ou cresce, deve então o cortesão, sentindo-se preso, decidir evitar completamente toda feiúra do amor vulgar e assim entrar no divino caminho do amor guiado pela razão e considerar primeiro que o corpo, onde aquela beleza resplandece, não é a fonte onde ela nasce, mas que a beleza, sendo coisa incorpórea e, como dissemos, um raio divino, perde muito de sua dignidade ao se encontrar unida àquele sujeito vil e corruptível; pois, quanto menos participa da natureza dele mais é perfeita e, totalmente separada, é perfeitíssima; e então, assim como não se pode ouvir com o paladar, nem cheirar com o ouvido, tampouco se pode de algum modo fruir a beleza nem satisfazer o desejo que ela excita em nossos espíritos com o tato, mas sim com o sentido do qual essa beleza constitui o verdadeiro objeto, que é a virtude visual. Portanto, afaste-se do cego juízo do sentido e desfrute-se com os olhos aquele esplendor, aquela graça, aquelas faíscas amorosas, os risos, os modos e todos os outros agradáveis ornamentos da beleza; igualmente, aprecie-se com o ouvido a suavidade da voz, o concerto das palavras, a harmonia da música (se for musicista a mulher amada); e assim, deleitar-se-á a alma com alimento dulcíssimo por meio destes dois sentidos, os quais pouco têm a ver com o corporal e são ministros da razão, sem passar, com o desejo pelo corpo, a nenhum apetite pouco honesto. Em seguida, respeite, satisfaça e honre com toda reverência a sua dama, queira-a mais que a si mesmo, ponha o conforto e os prazeres dela antes dos seus, e ame as belezas de sua alma tanto quanto as do corpo; por isso, trate de não a deixar incorrer em nenhum erro, mas com admoestações e bons avisos procure sempre induzi-la à modéstia, à temperança, à verdadeira honestidade e faça com que nela não haja lugar senão para pensamentos cândidos e alheios a todo tipo de feios vícios; e, assim semeando virtude no jardim daquele belo espírito, também há de colher frutos de belíssimos costumes e saboreá-los com enorme prazer; e isso será a verdadeira geração e expressão da beleza na beleza, o que alguns garantem ser a finalidade do amor. De tal modo o nosso cortesão será mui apreciado por sua dama, e ela haverá de se mostrar sempre obsequiosa, doce e afável e tão desejosa de agradá-lo quanto de ser por ele amada; e os desejos de ambos serão honestos e concordes; e, conseqüentemente, serão felicíssimos.

[LXIII.] Aqui o senhor Morello: – Com efeito, gerar a beleza na beleza seria gerar um belo filho numa bela mulher; e creio que ela daria um sinal muito mais claro de seu amor pelo amante agradando-o dessa maneira do que com aquela afabilidade de que falais. – Bembo riu e comentou: – Senhor Morello, não é preciso sair dos limites; a mulher não oferece ínfimos indícios de amor, ao doar sua beleza ao amante, que é coisa tão preciosa e quando, pelas vias que garantem o acesso à alma, isto é, a vista e os ouvidos, envia os olhares de seus olhos, a imagem do rosto, a voz, as palavras, que penetram dentro do coração do amante e lhe testemunham seu amor. – Disse o senhor Morello: – Os olhares e as palavras podem ser e muitas vezes são testemunhos falsos; por isso, em minha opinião, quem não tem melhor garantia de amor, tem pouca segurança; e na verdade eu esperava que fizésseis essa vossa dama um pouco mais cortês e generosa em relação ao cortesão do que fez o senhor Magnífico; mas creio que ambos estejais na mesma condição daqueles juízes que dão a sentença contra os seus próprios sábios pareceres.

[LXIV.] Disse Bembo: – Certamente quero que essa dama seja mais cortês com meu cortesão não jovem do que a do senhor Magnífico com o cortesão jovem; e isso sensatamente, pois o meu só deseja coisas honestas, e por isso a dama pode conceder-lhe tudo sem ser criticada; porém, a dama do senhor Magnífico, que não tem tanta certeza da modéstia do jovem, deve conceder-lhe somente as coisas honestas e negar-lhe as desonestas; por isso, mais feliz é o meu, a quem se concede o que ele pede, do que o outro, a quem se concede uma parte e se nega outra. E para que possais saber melhor que o amor racional é mais feliz que o sensual, digo que as mesmas coisas às vezes devem ser negadas no amor sensual e concedidas no racional, pois naquele são inaceitáveis e nesse, aceitáveis; por isso, a mulher, para satisfazer ao seu amante bom, além de lhe conceder os sorrisos agradáveis, os argumentos íntimos e secretos, o motejar, brincar, tocar a mão, pode chegar de forma aceitável, sem críticas, até o beijo, coisa que no amor sensual, segundo as regras do senhor Magnífico, não é lícito; pois, por ser o beijo conjunção do corpo e da alma, é perigoso que o amante sensual se incline mais para a parte do corpo que da alma, mas o amante racional sabe que, embora a boca seja parte do corpo, por ela saem as palavras que são intérpretes da alma e aquele sopro interior que também se chama alma; e por isso se deleita em unir sua boca à da mulher amada num beijo, sem ser movido por nenhum desejo pouco honesto, mas por sentir que aquela junção significa permitir o acesso às almas que, conduzidas pelo desejo de uma pela outra, fundem-se alternadamente uma no corpo da outra e de tal modo se misturam que cada um tem duas almas, mas somente uma assim composta governe os dois corpos; daí, o beijo pode ser considerado mais união de alma que de corpo, porque naquela existe tanta força que a puxa para si e quase a separa do corpo; por isso, todos os enamorados castos desejam o beijo como conjunção da alma, donde o divinamente apaixonado Platão diz que, ao beijar, a alma lhe vem aos lábios para sair do corpo. E, dado que a separação da alma das coisas sensíveis e sua união total com as coisas inteligíveis pode ser gerada pelo beijo, diz Salomão em seu divino livro dos *Cantares*[89] "Beija-me com os beijos de tua boca", para demonstrar o desejo de que sua alma seja conduzida pelo amor divino à contemplação da beleza celeste, de tal modo que, unindo-se intimamente com ela, abandone o corpo.

[LXV.] Estavam todos extremamente atentos ao discurso de Bembo; e ele, tendo feito uma pequena pausa e vendo que ninguém mais falava, disse: – Dado que me fizestes mostrar o amor feliz ao nosso cortesão não jovem, quero conduzi-lo um pouco mais adiante; pois permanecer neste ponto é assaz perigoso, dado que, conforme foi dito várias vezes, a alma é muito inclinada aos sentidos; e, embora a razão por meio do raciocínio escolha bem, saiba que a beleza não nasce do corpo e, por isso, ponha freio aos desejos não honestos, o fato de contemplá-la sempre naquele corpo com freqüência perverte o verdadeiro juízo; e, ainda que daí não adviesse outro mal, estar distante da coisa amada traz consigo muita paixão, porque o influxo daquela beleza ao amante e, avivando-lhe o coração, desperta e liquefaz algumas virtudes soterradas e congeladas na alma. Estas, nutridas com o calor amoroso se difundem, vão pululando ao redor do coração e enviam pelos olhos afora aqueles espíritos, que são vapores sutilíssimos, feitos da mais pura e clara parte do sangue, os quais recebem a imagem da beleza e formam-na com milhares de ornamentos variados; e então a alma se delicia e com um certo maravilhamento se assusta, mas mesmo assim goza e, quase estupefata, junto com o prazer sente aquele temor e aquela reverência que se costuma experimentar pelas coisas sagradas, e lhe parece estar em seu paraíso.

[LXVI.] Destarte, o amante que considera a beleza apenas no corpo perde esse bem e essa felicidade tão logo a dama amada, ausentando-se, deixa os olhos dele sem o seu esplendor e, conseqüentemente, a alma viúva de seu bem; porque, estando a beleza distante, aquele influxo amoroso não aquece o coração como fazia com sua presença e, em conseqüência, os canais permanecem áridos e secos; contudo a memória da beleza revolve um pouco aquelas virtudes da alma, a tal ponto que elas procuram difundir seus fluidos; e estes, encontrando as vias impedidas, ficam sem saída, mas insistem em sair e, assim, com aqueles estímulos refreados atormentam a alma, provocando-lhe sofrimentos atrozes, como as crianças, quando das gengivas tenras começam a nascer os dentes. Daí procedem as lágrimas, os suspiros, os anseios e os tormentos dos amantes, pois a alma sempre se aflige e pena, quase se torna furiosa, até que aquela cara beleza se lhe apresenta de novo; e então, logo se acalma e respira, e, completamente voltada para ela, nutre-se de um alimento dulcíssimo, e não gostaria de abandonar nunca tão suave espetáculo. Para fugir do tormento dessa ausência e desfrutar da beleza sem paixão, é preciso que o cortesão, com a ajuda da razão, troque totalmente o desejo do corpo pelo da beleza somente e, quanto mais puder, a contemple em si mesma, simples e pura, e na imaginação a construa isolada de toda matéria, tornando-a uma amiga querida de sua alma; então, desfrute-a e a tenha consigo dia e noite, em todo tempo e lugar, sem receio de algum dia perdê-la; lembrando sempre que o corpo é coisa muito diferente da beleza e que não apenas não acrescenta, mas diminui sua perfeição. Deste modo, o nosso cortesão não jovem há de estar isento de todas as amarguras e desgraças que os jovens sentem quase sempre, como os ciúmes, as suspeitas, os desprezos, as fúrias, os desesperos e certos furores cheios de raiva que os induzem a tantos erros, que alguns não somente batem nas mulheres que amam, mas acabam tirando a vida a si próprios; não há de injuriar marido, pai, irmãos ou parentes da mulher amada; não há de desonrá-la; não lhe faltarão, ocasionalmente, forças para refrear, às vezes com dificuldade, os olhos e a língua para não revelarem seus desejos a outrem; não será obrigado a suportar os sofrimentos das partidas nem das ausências, pois fechado no coração carregará sempre consigo um precioso tesouro; e ainda graças à imaginação, figurará dentro de si aquela beleza muito mais bela do que é na realidade.

[LXVII.] Mas dentre esses bens o amante há de encontrar também um outro muito maior, se quiser se valer desse amor como de um degrau para ascender a um outro muito mais sublime; o que lhe acontecerá se considerar consigo mesmo quanto é restritivo ficar sempre limitado a contemplar somente a beleza de um corpo; assim, para escapar de tão estreito limite, pouco a pouco, acrescentará em seu pensamento tantos adornos que, reunindo todas as belezas, obterá um conceito universal e reduzirá toda a variedade delas à unidade daquela única que, em geral, se expande sobre a natureza humana; e assim, há de contemplar não a beleza particular de uma mulher, mas a beleza universal que embeleza todos os corpos; daí, ofuscado por essa luz maior, não se ocupará da menor e, ardendo numa chama ainda mais forte, terá pouca consideração pelo que antes tanto apreciara. Esse grau de amor, embora seja tão nobre que poucos o alcancem, nem por isso pode ser chamado de perfeito, pois a imaginação, por ser uma potência orgânica e só ter conhecimentos pelos princípios que lhe são passados pelos sentidos, não está totalmente expurgada das trevas materiais; e por isso, embora considere aquela beleza universal abstrata e apenas em si mesma, não a discerne claramente, nem sem alguma ambigüidade por causa das afinidades que possuem as imagens com o corpo; destarte, aqueles que atingem tal amor são como os ternos anjos que começam a vestir-se de plumas e que, embora alcem vôo com as frágeis asas, não ousam afastar-se muito do ninho nem confiar nos ventos e no céu aberto.

[LXVIII.] Quando enfim o nosso cortesão atingir este limite, embora possa ser considerado um amante assaz feliz em comparação àqueles mergulhados na miséria do amor sensual, nem por isso quero que se satisfaça, mas sim com ousadia vá em frente, seguindo pela sublime estrada atrás do guia que o conduz ao termo da verdadeira felicidade; e assim, em vez de sair de si mesmo por meio do pensamento, como deve fazer quem quer considerar a beleza corporal, volte-se para si mesmo a fim de contemplar aquela beleza que se vê com os olhos da mente, os quais começam então a se tornar agudos e perspicazes, quando os do corpo perdem a flor de sua beleza. Eis por que a alma, distante dos vícios, purificada pelos estudos da verdadeira filosofia, versada na vida espiritual e exercitada nas coisas do intelecto, dirigindo-se à contemplação de sua própria substância, como que desperta de um sono profundo, abre aqueles olhos que todos têm e poucos usam, e vê em si mesma um raio daquela luz que é a verdadeira imagem da beleza angélica que lhe é comunicada, da qual ela depois comunica ao corpo uma pálida sombra; então, ficando cega às coisas terrestres, capta muito intensamente as coisas celestes e, às vezes, quando as virtudes motoras do corpo são afastadas da assídua contemplação ou dominadas pelo sono, não estando mais impedidas por elas, sente um certo odor oculto da verdadeira beleza angélica e, levada pelo esplendor daquela luz, começa a inflamar-se e a segue tão avidamente que quase se embriaga e sai de si mesma, pelo desejo de se unir a ela, parecendo-lhe ter encontrado vestígios de Deus, em cuja contemplação bem como em seu bem-aventurado fim procura repousar. Destarte, ardendo nessa chama tão feliz, se eleva à sua parte mais nobre, que é o intelecto; e ali, não mais obscurecida pela noite das coisas terrenas, vê a beleza divina; todavia, ainda não a desfruta completamente, pois só a contempla em seu intelecto pessoal, o qual não pode ser capaz de abranger a imensa beleza universal. Daí, não satisfeito com esse benefício, o amor dá à alma felicidade maior; pois, dado que da beleza particular de um corpo ele a conduz até a beleza universal de todos os corpos, igualmente, no último grau da perfeição, do intelecto particular ele a conduz ao intelecto universal. Assim a alma, inflamada no santíssimo fogo do verdadeiro amor divino, voa para unir-se com a natureza angélica e não só abandona totalmente o sentido, como não têm mais necessidade do discurso da razão; pois, transformada em anjo, compreende todas as coisas inteligíveis e, sem nenhum véu ou nuvem, distingue o amplo mar da pura beleza divina, recebe-o em si e desfruta daquela suprema felicidade que é incompreensível de parte dos sentidos.

[LXIX.] Se então as belezas, que vemos todos os dias com nossos olhos imperfeitos nos corpos sujeitos à corrupção, mas que não passam de sonhos e sombras mui tênues de beleza, parecem-nos tão belas e graciosas que, freqüentemente, acendem dentro de nós um fogo ardentíssimo e com tanto prazer que achamos que nenhuma felicidade é capaz de igualar-se àquela que às vezes sentimos com um só olhar que nos venha dos amados olhos de uma mulher, que feliz maravilhamento, que bem-aventurada embriaguez, pensamos, é aquela que toma as almas que alcançam a visão da beleza divina! Que doce chama, que incêndio suave deve nascer da fonte da suprema e verdadeira beleza, que constitui o princípio de qualquer outra beleza, que jamais cresce nem diminui! Sempre bela e, por si mesma, em qualquer de seus aspectos, simplíssima; similar apenas a si própria e sem participar de nenhuma outra; mas tão bela que todas as outras coisas são belas porque participam de sua beleza. Esta é a beleza indistinta da suma bondade, que com a sua luz atrai e puxa para si todas as coisas; e não somente aos intelectuais oferece o intelecto, aos racionais a razão, aos sensuais o sentido e o apetite de viver, mas também às plantas e às pedras comunica, como um vestígio de si mesma, o movimento e aquele instinto natural de suas propriedades. Assim, esse amor é tanto maior e mais feliz que os outros, quanto mais excelente a causa que o move; por isso, como o fogo material afina o ouro, igualmente esse fogo santíssimo nas almas destrói e consome aquilo que aí existe de mortal, vivificando e embelezando aquela parte celeste, que nelas era antes mortificada e sepulta pelo sentido. Essa é a fogueira na qual, conforme os poetas, Hércules ardeu no topo do monte Oeta e, graças a esse fogo, depois da morte, se tornou divino e imortal; esse é o ardente roubo de Moisés, as línguas de fogo distribuídas[90], o ardente carro de Elias, que duplica a graça e a felicidade nas almas de quem é digno de vê-lo, quando, partindo destas misérias terrestres, voa rumo ao céu. Dirigimos então todos os pensamentos e as forças de nossa alma a esse santíssimo lume que nos mostra a via que conduz ao céu; e atrás dele, despojando-nos dos desejos com os quais nos vestíramos ao descer, subimos pela escada que tem em seu mais baixo degrau a sombra de beleza sensual até a sublime morada onde reside a celeste, amável e verdadeira beleza, que está oculta nas profundezas secretas de Deus, a fim de que olhos profanos não a possam ver; e aqui encontraremos final mui feliz para nossos desejos, verdadeiro repouso para as fadigas, remédio seguro nas misérias, medicamento salubérrimo nas enfermidades, porto assaz seguro nas tempestades ameaçadoras do tempestuoso mar desta vida.

[LXX.] Que língua mortal, ó Amor santíssimo, poderá louvar-te dignamente? Tu, belíssimo, boníssimo, sapientíssimo, derivas da união da beleza, da bondade e da sapiência divinas, nela habitas e para ela, através dela, retornas como num círculo. Tu, tão doce vínculo do mundo, meio entre as coisas celestes e as terrenas, com equilíbrio benfazejo inclinas as virtudes superiores ao governo das inferiores e, trazendo as mentes dos mortais ao seu princípio, consegues conjugá-las com aquele. Através da concórdia, unes os elementos, motivas a natureza a produzir e o que nasce a perpetuar a vida. Tu juntas as coisas separadas, dás a perfeição às imperfeitas, a semelhança às dessemelhantes, a amizade às inimigas, os frutos à terra, a tranqüilidade ao mar, a luz vital ao céu. És o pai dos verdadeiros prazeres, das graças, da paz, da mansuetude e benevolência, inimigo da rude ferocidade e da indolência, em suma, princípio e fim de todas as coisas. E, como aprecias habitar a flor dos belos corpos e das belas almas, e dali, às vezes, mostrar-te um pouco aos olhos e às mentes daqueles que são dignos de ver-te, penso que agora tua morada é aqui entre nós. Por isso, digna-te, Senhor, ouvir nossas súplicas, penetra em nossos corações e, com o esplendor de teu santíssimo fogo, ilumina nossas trevas e, como guia confiável neste labirinto cego, mostra-nos o verdadeiro caminho. Corrige a falsidade dos sentidos e, depois de nossas longas divagações, dá-nos o bem verdadeiro e duradouro; faz-nos sentir o perfume da espiritualidade que revitaliza as virtudes do intelecto e ouvir a harmonia celeste tão concordante que nenhuma discórdia de paixão tenha lugar entre nós; embriaga-nos naquela fonte inexaurível de contentamento que sempre deleita e jamais sacia, e a que bebe de suas vivas e límpidas águas dá o gosto de verdadeira beatitude; expurga nossos olhos da tenebrosa ignorância com os raios de tua luz, para que não valorizem em excesso a beleza mortal e saibam que as coisas que antes pensavam ver não existem e aquelas que não viam existem de fato; aceita nossas almas, que a ti se oferecem em sacrifício; queima-as naquela chama viva que consome toda feiúra material para que, totalmente separadas do corpo, com perpétuo e dulcíssimo elo se unam à beleza divina, e nós, livres de nós mesmos, como verdadeiros amantes possamos transformar-nos no ser amado e, afastando-nos da terra, ser admitidos no banquete dos anjos, onde, nutridos de ambrosia e néctar imortal, por fim, possamos morrer de mui feliz e vital morte, conforme morreram os antigos patriarcas, cuja alma tu, com ardentíssima virtude de contemplação, arrancaste do corpo e uniste com Deus.

[LXXI.] Tendo Bembo até aqui falado com tanta veemência que parecia enlevado e fora de si, deixou-se ficar calado e imóvel, erguendo os olhos para o céu, como extasiado; quando a senhora Emilia, que, junto com os demais seguira o discurso atentamente, segurou-lhe as abas da vestimenta e, sacudindo-o um pouco, disse: – Cuidado, dom Pietro, pois com tais pensamentos vossa alma ainda se separa do corpo. – Senhora, – respondeu dom Pietro – não seria esse o primeiro milagre que o amor provocou em mim. – Então a senhora duquesa e todos os outros começaram de novo a insistir com Bembo para que prosseguisse a argumentação; e cada um parecia sentir na alma uma certa centelha daquele amor divino a estimulá-los, e todos desejavam ouvir algo mais; contudo,

Bembo: – Senhores, – acrescentou – disse aquilo que o sagrado furor amoroso[91] imprevistamente me ditou; agora que parece não mais me inspirar, não saberia o que dizer. E penso que Amor não queira que mais adiante sejam descobertos seus segredos, nem que o cortesão ultrapasse aquele limite que lhe agradou fosse por mim indicado; destarte, talvez não seja lícito falar mais dessa matéria.

[LXXII.] – Com efeito, – disse a senhora duquesa – se o cortesão não jovem for capaz de seguir o caminho que haveis traçado para ele, sem dúvida deverá alegrar-se com tanta felicidade e não invejar o jovem. – Então dom Cesare Gonzaga: – A estrada – disse – que conduz a tal felicidade me parece tão íngreme que exigirá grandes esforços para caminhar por ela. – Acrescentou o senhor Gaspar: – Creio que é difícil aos homens trilhá-la e impossível às mulheres. – A senhora Emilia riu e disse: – Senhor Gaspar, se tantas vezes voltai a caluniar-nos, prometo-vos que não sereis perdoado. – Respondeu o senhor Gaspar: – Não constitui calúnia dizer-vos que as almas das mulheres não são tão purgadas das paixões quanto as dos homens, nem dedicadas a contemplações, como disse dom Pietro ser necessário para aquelas que hão de apreciar o amor divino. Por isso não se lê que nenhuma mulher tenha tido tal graça, mas sim tantos homens como Platão, Sócrates, Plotino e muitos outros; e dentre nossos santos padres, como São Francisco, a quem um ardente espírito amoroso imprimiu o sacratíssimo selo dos cinco estigmas; e tão-somente a virtude amorosa podia levar São Paulo apóstolo à visão daqueles segredos sobre os quais não é lícito aos homens falar; e mostrar a Santo Estêvão os céus abertos. – Aqui respondeu o magnífico Iuliano: – Não serão nisso as mulheres de nenhum modo superadas pelos homens, pois o próprio Sócrates confessa que todos os mistérios amorosos que ele sabia lhe tinham sido revelados por uma mulher, que foi Diotima; e o anjo, que com o fogo do amor impôs os estigmas em São Francisco, tornou dignas do mesmo sinal algumas mulheres de nosso tempo. Certamente vos lembrais de que Santa Maria Madalena teve muitos pecados perdoados por ter amado em demasia e, talvez com não menor graça que São Paulo, ela foi inúmeras vezes levada pelo amor angélico ao terceiro céu; e recordareis tantas outras que, como relatei longamente ontem, pelo amor ao nome de Cristo não se preocuparam com a vida, nem temeram as torturas ou qualquer tipo de morte, por horrível e cruel que fosse; e não eram, como pretende dom Pietro que seja o seu cortesão, velhas, mas donzelas ternas e delicadas e naquela idade na qual ele diz que se deve autorizar o amor sensual aos homens.

[LXXIII.] O senhor Gaspar começava a se preparar para responder, mas a senhora duquesa: – A esse respeito – disse – julgue dom Pietro Bembo, e que prevaleça sua sentença quanto a serem as mulheres tão capazes do amor divino quanto os homens, ou não. Porém, como a discussão entre vós poderia ser muito longa, será bom transferi-la para amanhã. – Ou melhor, para hoje à noite – disse dom Cesare Gonzaga. – Como para hoje à noite? – indagou a senhora duquesa. Respondeu dom Cesare: – Porque o dia já nasceu. – E mostrou-lhe a luz que começava a entrar pelas frestas da janela. Aí todos se ergueram admirados, pois não parecia que as discussões houvessem durado mais que o habitual, contudo, por se terem iniciado bem mais tarde e por terem sido tão agradáveis tinham envolvido tanto aqueles senhores que nem se deram conta do fugir das horas; e ninguém sentia nos olhos o peso do sono, coisa que quase sempre acontece, quando a hora costumeira de dormir é passada em vigília. Abrindo então as janelas do lado do palácio que dá para o alto cume do monte Catria, verificaram já ter nascido no oriente uma bela aurora de rosas, e todas as estrelas, desaparecidas, exceto a doce governadora do céu, Vênus, que desenha as fronteiras da noite e do dia; desta parecia soprar uma suave brisa que, enchendo o ar com uma frescura cortante, começava, em meio aos murmurantes bosques das colinas vizinhas, a despertar doces corais de pássaros fugidios. Todos então, tendo reverentemente pedido autorização à senhora duquesa, dirigiram-se a seus aposentos sem a luz de tochas, bastando a que o dia lhes dava; e, quando estavam prestes a deixar o salão, voltou-se o senhor Prefeito para a senhora duquesa e disse: – Senhora, para encerrar o litígio entre o senhor Gaspar e o senhor Magnífico, viremos com o juiz hoje à noite com maior antecedência que ontem. – Respondeu a senhora Emilia: – Contanto que, se o senhor Gaspar quiser acusar as mulheres e lhes dirigir, como é de seu hábito, algumas calúnias, ele garanta que se submeterá à sentença, pois eu o declaro suspeito de contumácia.

Notas

Ao Reverendo...

1. O *Cortesão*, destinado inicialmente ao amigo Alfonso Ariosto, foi dedicado – certamente na primavera de 1527, como diz Gian, na IV edição do *Cortesão*, Florença, Sansoni, 1947 (que passamos a indicar com C), p.I, nota, – a dom Miguel da Sylva, português. Ele foi cardeal e diplomata insigne na história do Humanismo. Nasceu no final do século XV e morreu em 5 de junho de 1556: está sepultado na basílica de Santa Maria in Trastevere, da qual se tornara titular. – A presente carta dedicatória não se encontra no manuscrito Laurenziano-Ashburnhamiano 409, mas somente na *princeps* de Aldo Romano, de 1528, que utilizamos para cotejo.

2. *Viseu*, na província da Beira, em Portugal. Miguel da Sylva ocupou aquele bispado de 1525 até aproximadamente 1541.

3. *Guid'Ubaldo di Montefeltro*: nascido em 1472, sucedera ao famoso pai Federico II di Montefeltro em 1482. Casou-se com Elisabetta Gonzaga, irmã de Francesco, marquês de Mântua. Morreu em abril de 1508, sem filhos.

4. *Francesco Maria della Rovere*: nasceu em 1490, filho de Giovanna, irmã de Guidubaldo e de Giovanni della Rovere: sucedeu ao tio em 1508. Em 1516, foi despojado do ducado pelo papa Leão X, que o entregou ao sobrinho Lorenzo de Medici: morto o papa, o duque retornou ao seu Estado. Casou-se com Eleonora Gonzaga, filha do marquês Francesco e Isabella d'Este.

5. *Nella corte d'Urbino*: no palácio construído por Luciano da Laurana.

6. *Fortuna*: adversidade (*sfortuna*: é um dos tantos latinismos de Castiglione).

7. Mais comumente *Vittoria Colonna*, a famosa aristocrata e poeta, mulher de Ferdinando Francesco d'Avalos, marquês del Vasto.

8. *A' suoi comandamenti*: a marquesa manifestara o desejo de que alguém escrevesse a propósito do perfeito cortesão.

9. *Spaventato*: pois de nada valiam os decretos e privilégios editoriais da época e freqüentemente os editores publicavam obras sem o consenso dos autores.

10. *Lacerato*: maltratado (e não só por erros de imprensa, mas mudanças arbitrárias e similares).

11. *Alfonso Ariosto*: primo de Ludovico. Conforme pedido que lhe foi feito em nome de monsenhor de Angoulême – futuro Francisco I, rei da França – Castiglione decidira escrever o livro "do perfeito cortesão". Morto o jovem, em 1525, o escritor refez o prefácio onde se falava do príncipe francês e o colocou na obra como abertura do livro II e, em seu lugar, pôs a presente dedicatória ao bispo.

12. *Iuliano de' Medici*: Giuliano, o filho caçula do magnífico Lorenzo, nasceu em 1479 e morreu em 1516. Recebeu o ducado de Nemours e escreveu poesias de relativo interesse.

13. É o célebre *Bernardo* Dovizi, chamado de Bibbiena, autor da *Calandria*. Nasceu em 1470 e morreu em 1520.

14. *Ottavian Fregoso*: expulso de Gênova com a família, encontrada refúgio em Urbino; após várias peripécias, retornou à sua cidade e foi eleito doge em 1513; em 1522, foi aprisionado pelo marquês de Pescara, capitão imperial: morreu em Ischia, ainda jovem, em 1524.

15. *Morti ... libro*: isto é, dentre outros, Cesare Gonzaga, Gasparo Pallavicino, Vincenzo Calmeta, Giovan Cristoforo romano e Roberto da Bari. (Algumas deles são pranteados pelo escritor no início do livro IV.)

16. *La signora Duchessa*: Elisabetta morreu em 1526.

17. *Solitudine piena d'affanni*: considere-se o fato de que Castiglione se encontrava na Espanha, distante da pátria.

18. *Periculo del libro*: pelas questões editoriais acima referidas.

19. *Arte di prospettiva*: conforme as novas leis da composição em uso no Renascimento. (Considerem-se os tratados mais célebres da época devidos a teóricos e a artistas, sem esquecer a anedota da "suave perspectiva" de Paolo Uccello.)

20. *Mi biasimano... Boccaccio*: o *Decameron* era considerado, inclusive por afirmações de Bembo, um modelo insuperável de prosa e Castiglione fora acusado de não imitar a língua e o estilo dele, mas de ter escrito segundo a tradição "lombarda" (isto é, das cortes da Itália setentrional).

21. *Fautori*: dentre os quais principalmente Bembo (nas *Prose della volgar lingua*).

22. *Che nulla vagliono*: alude-se às obras eruditas e doutrinárias de Boccaccio; mas ele deve ter tido grande consciência de sua obra-prima e não se deve considerar muito algumas suas afirmações tardias, contrárias por razões morais e religiosas.

23. *L'error suo allor fu*: construção pouco rigorosa, de tipo familiar, com o valor de "ele errou".

24. *Sempre ... consuetudine*: na realidade, ao compor sua obra, Castiglione deixou-se levar por razões de arte e estilo, como se nota por vários latinismos e palavras elegantes mas antiquadas; além do uso, potencializado por ele, considere-se portanto a preponderância da tradição literária como em outros autores do Cinquecento.

25. *Parole ... provenzali*: foi observado que em geral se trata de "formas paralelas ou similares, surgidas independentes umas das outras no território românico" (Cian).

26. *Al parer mio*: também o Trissiano e o Muzio apoiavam o "italiano" vulgar e, quanto ao mais, Dante (in *De vulgari eloquentia*) e o Calmeta afirmavam a necessidade de uma língua literária – áulica e cortesã – que levasse em conta não só o uso da língua de Florença, mas também de *outras cidades nobres da Itália*. (Essa frase do *Cortesão* é muito eloqüente a respeito.)

27. *Oltre a questo* ecc.: aqui, Castiglione é, em muitos casos, contrariado pelo próprio uso.

28. *Pratia mia*: Castiglione, mantuano, alude em geral à Itália setentrional e, de modo especial, à língua das cortes.

29. *Manchi/manchevoli*: defeituoso, falho, imperfeito. (Era opinião corrente no Cinquecento que a língua vulgar derivava da corrupção da latina.)

30. *Lombarda*: em sentido histórico, isto é, setentrional.

31. *Guerre... d'Itália*: sem dúvida (como fizeram também Bembo, nas *Prose della volgar lingua* e Varchi, no *Ercolano*) aqui se alude às invasões bárbaras e às suas conseqüências sobre a língua.

32. *Imitato*: no valor renascentista do termo (isto é, como modelo literário).

33. *Teofrasto*: discípulo de Aristóteles e autor dos *Caratteri* (372-288 a.C.). Aqui existe referência a uma anedota citada por Cícero in *Brutus*, XLVI, 172.

34. *Come io parlo*: na realidade, as cartas familiares autografadas mostram ao contrário, quanto a língua e estilo, maior espontaneidade imediata e também, claro, alguns descuidos de "Lombardo".

35. *Platone ... Tullio*: respectivamente na *República*, na *Ciropedia* e no *De oratore*. (E acrescentem-se vários outros autores da Antiguidade e do Renascimento.)

36. *Idea*: em sentido platônico.

37. *Alcuni*: Cian cita duas passagens, bem precisas, de uma carta de Vittoria Colonna a Castiglione (de 20 de setembro de 1524) e de Ariosto (*Orl. fur.* XXXVII, 8).

38. *Padre della verità*: conceito indubitavelmente extraído de fontes clássicas, mas bastante presente também no pensamento do Renascimento (por exemplo, em Maquiavel). respeito de *veritas filia temporis* – sobretudo a propósito de Giordano Bruno – existe toda uma literatura no campo dos estudos históricos e filosóficos.

Primeiro Livro

1. O palácio foi iniciado por volta de 1465, segundo desenhos de Luciano da Laurana.

2. A famosa biblioteca que, transportada depois para Roma, foi integrada, quase em sua totalidade, à Vaticana.

3. Em latim e em grego.

4. Um *S*, provavelmente a inicial de *Scorpio* (escorpião), que talvez Elisabetta levasse às vezes na testa, substituindo uma imagem do animal. Confronte-se o retrato da duquesa que se encontra nos Uffizi. Cian, em seu comentário, diz que a letra *S* "devia ser uma daquelas *cifras de ouro*, provavelmente penduradas num círculo, que eram muito usadas nos penteados mais elegantes daquele tempo".

5. O célebre poeta e literato, pela voz de Perottino, fala de amor no livro I dos *Asolani* (com atitudes entre platônicas e petrarquescas).

6. A caça era parte preponderante na vida cavaleiresca e senhoril do Renascimento, conforme demonstram muitos tratados. (Em sentido contrário, leia-se Poggio Bracciolini no *De nobilitate*.)

7. Ou seja, em toscano. (Para alguns – a começar por Dante no *De vulgari eloquentia* – já em italiano.)

8. Língua itálica pré-romana, falada na Itália meridional pelos oscos.

9. Sutilmente, Cian observa como Castiglione aqui se referia a todos os que recriminaram a língua usada em sua obra quando circulou manuscrita. Além disso, uma crítica indireta era dirigida a Bembo, por seu amor exclusivo ao florentino.

10. Personagem corpulento da época, do qual há vários testemunhos. Chamava-se Andrea e era motejado com freqüência, inclusive em composições poéticas.

11. *Artifício*: com o sentido de "capacidade criativa".

12. Cabelos *flavos*: o ideal estético da mulher, desde a Idade Média a todo o Renascimento, exigia cabelos louros.

13. *Escritos antigos*: em particular os últimos cinco livros da *Naturalia historia*, de Plínio, o Velho (o livro XXXV para a pintura).

14. O jovem Francesco Maria della Rovere fora nomeado prefeito da cidade de Roma pelo papa Júlio II, seu tio.

15. *cunto... Conte*: Cian chama a atenção para este jogo de palavras segundo um uso que, a partir da Idade Média, se encontra também na literatura italiana.

16. *bassa*: trata-se da *basse danse*, uma dança figurada que se acreditava de origem espanhola, mas que, provavelmente, vinha de Flandres.

17. "Nome de uma dança, de origem francesa, que raramente aparece nos livros do século XVI" (Cian).

Segundo Livro

18. Nesta definição (que aparece também na terminologia amorosa dos *stilnovistas*), vê-se "um reflexo das teorias médicas e filosóficas que o nosso Renascimento acolhera cegamente da Antiguidade, através da Idade Média" (Cian).

19. Outra terminologia que a ciência médica do Renascimento herdara dos séculos precedentes (junto com *espíritos, humores* e similares).

20. Literalmente, "encontrões", "empurrões"; em italiano, *brandi*. Dança da época, que se caracterizava por sua extrema vivacidade.

21. O primeiro e o segundo violinos, a viola e o violoncelo, isto é, o chamado quarteto. A corte de Urbino possuía riquíssimas coletâneas de instrumentos de sopro e corda, órgão e outros.

22. Em italiano, *vecchiezza verde*: trata-se da *viridis senectus* de Virgílio.

23. Lucas, 14, 8 e 10.

24. Observa Cian como aqui se reflete um provérbio, ainda hoje vivo na Toscana: *Trist'a quell'uccellino che nasce in cattiva valle*.

25. Cian relembra ao leitor o retrato de Castiglione pintado por Rafaelo e hoje no Louvre.

26. Castiglione devia conhecer bem o espanhol e o francês, uma vez que como diplomata deveria empregá-los freqüentemente. Note-se que, nas cortes e mesmo entre embaixadores, as línguas eram pouco conhecidas.

27. Trata-se de Francesco de Angoulême e Carlos, príncipe de Espanha; ou, na época da última revisão desta obra, Castiglione podia ter em mente o rei Francisco I e o imperador Carlos V.

28. Fernando de Aragão, rei de Nápoles.

29. *Onesta mediocrità*: sábia temperança, trata-se da "aurea mediocritas" de Horácio; lembremo-nos também do dito tradicional "a virtude está no meio".

30. Inclinado ao riso. Cian cita aqui os famosos versos de Rabelais: *Mieulx est de ris que de larmes escripre / pour ce que rire est le propre de l'homme; Gargantua,* Aux lecteurs.

31. Citado também por Cícero, *De or.*, II, 58, na passagem referida pelo escritor, é aqui mencionado a propósito: o fundador da atomística era chamado de "o filósofo que ri de tudo", em contraposição a Heráclito, representado pela tradição em contínua angústia e lamentação pela busca da sabedoria.

32. O habitual *servire* que – por derivação do uso cavaleiresco medieval – será prerrogativa, no costume e na linguagem, pelo setecentesco "cavaleiro servente".

33. *Papa Alexandre* VI Borgia, muito satirizado no início do Cinquecento, especialmente num ambiente como o de Urbino, feudo dos Della Rovere, seus acérrimos inimigos, de modo particular Juliano della Rovere, o futuro Júlio II.

34. Isto é, pela violência, em latim *vi* (ablativo).
35. O papa não vale nada.
36. Relembra V. Cian: "Tolamente, Antonio Ciccarelli, o revisor do *Cortesão* segundo ordens da *Congregazione dell'Indice* (ed. de 1584), substituíra estas palavras que lhe pareceram irreverentes, por estas outras: *Un Dante!*"
37. *Letto*: lido (particípio passado de *leggere*, ler) e leito. *Non ha letto*: não leu ou não tem leito.
38. O *officio grande* contém todos os salmos e as diferentes lições necessárias ao sacerdote, enquanto o da *Madona* é mais reduzido, sendo também conhecido como *offiziuolo*.
39. *Cal*, de *caldo*, "quente"; *furnio*, por "forno".
40. "Senhor professor, Deus vos conceda tarde o bem", em vez de "uma boa tarde" (*una buona sera*).
41. *Vino*, "vinho", mas também *veio*. O jogo de palavras subentende: "Veio [o messias] e não o conhecestes [pois o crucificastes]".
42. *Marrano*: "judeu convertido", originalmente "porco", enquanto acusação aos israelitas e mouros, convertidos à força conforme os terríveis costumes da Espanha.
43. Parece que se trata de *Serafino* Aquilano (Serafino Ciminelli de Aquila, 1466-1500), também ele poeta cortesão, improvisador com alaúde e admirado pela extravagância de suas imagens poéticas que foram até definidas como uma antecipação de seiscentismo por Alessandro D'Ancona.
44. *Cardeal de Pavia*: Francesco Alidosi, assassinado por Francesco Maria della Rovere. Castiglione descreve o prelado com luzes sombrias, valendo-se do fato de que sua tirania levara os habitantes da Bolonha a expulsá-lo da cidade em 1511.
45. *Cancelleria*: Palazzo della Cancelleria, construído segundo o desenho de Bramante, próximo da *via di Banchi*. "Observe-se que então ali morava, na qualidade de vice-chanceler, o cardeal Galeotto, que ampliara e embelezara aquela belíssima construção de Alexandre VI, verdadeira obra-prima da arquitetura do Renascimento.
46. A propósito da misoginia de Boccaccio em sua obra-prima e sobretudo em algumas das secundárias já se falou muito e, de resto, trata-se de um motivo recorrente na Idade Média.
47. "Nessas palavras de Emilia transparece todo o desdém da fidalga do Renascimento por aquele ideal de boa e modesta dona de

casa que as matronas romanas da era imperial, como as Cianghelle dos tempos de Dante, também tinham desprezado, merecendo as orgulhosas reprimendas de Giovenale e de Alighieri, e que no tratado de L. B. Alberti constitui uma honrosa exceção" (Cian).

Terceiro Livro

48. A corte de Urbino, no palácio de Luciano da Laurana.

49. Cian lembra quanto Castiglione conhecia e admirava aristocratas dedicadas a atividades viris, por exemplo, Ippolita Fioramonda, marquesa de Scaldasole, de Pavia, "valente mulher de armas" e "belicosa, como qualquer Ippolita Amazonas", conforme escrevia galantemente de Toledo em 1525.

50. "Esta é a única passagem em que Castiglione se refere, vagamente e de modo hipotético, a si mesmo como escritor dos *discursos* que tiveram lugar na corte de Urbino. Revela no autor a preocupação de dar destaque à própria opinião, no meio das outras, às vezes repugnantes e contraditórias, de suas personagens" (Cian).

51. "Essa invectiva contra os padres hipócritas e malvados, contra os pescoços tortos, é notável, pois nos revela também em Castiglione aquele espírito de aversão pelos maus padres, que é característico do Renascimento, quando deparamos com uma série de bufões se divertindo e com os quais – um exemplo para todos – o gênio cômico e satírico de Maquiavel criava, na Mandragola, a figura de frei Timoteo" (Cian).

52. *Otávia*: mulher de grande abnegação com Antonio. Dela falam Svetonio na *Vida de Augusto* e Plutarco na de Antonio. Sobre Porcia fala Plutarco nas *Vidas* do Uticense e de Bruto e no pequeno trabalho *Intorno alla virtù delle donne*, onde se mencionam também Semiramide e Tanaquilla.

Gaia Cecília: mais conhecida como Tanaquilla, famosa como adivinha e conhecedora de artes médicas.

Cornélia: filha de Cipião, o Africano, e mulher de Sempronio Gracco, famosa como mãe dos Gracco. Plutarco se refere a ela como douta e virtuosa nas *Vidas* de Tiberio e Caio Gracco.

Alexandra: mulher de Alexandre Gianneu, rei dos judeus. Morto o marido, sucedeu-o no trono e reinou por nove anos, sem permitir que os dois filhos Ircano e Aristobulo reinassem. Por outro lado (segundo Flavio Giuseppe nas *Antichità giudaiche*, a propósito de sua paixão pelo governo), "dificilmente poderíamos admirar essa mulher, que em todos os seus atos se revela dominada apenas por sua ambição de poder" (Cian).

53. General cartaginês (de família diferente da de Asdrubale Barca) que, em 146 a. C., na terceira guerra púnica, após a tomada de Cartago, retirou-se com os desertores romanos e com a família para implorar piedade a Scipione. Mas a mulher, praguejando contra o vil marido, matou os dois filhos e lançou-os entre as chamas da cidade.

54. *Camma*: fala sobre ela Plutarco em *Intorno alla virtù delle donne*. Castiglione lembra o exemplo de força moral dado pela jovem, no capítulo que se segue; tais páginas do *Cortesão*, publicado em 1528, foram tomadas em consideração por Ariosto na última edição de seu *Orlando Furioso* (1532) para a história de Drusilla e Tanacro, compreendida na de Marganorre (canto XXXVII, 45-75).

55. Mirtes: poeta lírica grega do VI século a. C.

Corinna: era nativa de Tanagra, na Beócia, e, enquanto poeta, fora discípula de Mirtes.

56. Também numa outra obra de Plutarco, *Apoftegmi o detti famosi di donne spartane*.

57. A célebre condessa Matilde da Canossa, filha de Bonifacio, marquês e duque da Toscana e de Beatrice de Lorena, nascida em 1046 e morta em 1115. "Castiglione, citando-a entre as mulheres mais ilustres, não só fazia uma coisa do agrado de seu amigo Ludovico da Canossa, mas seguia uma tradição literária, que encontrava suas razões na história" (Cian).

58. Giovanna III de Aragão, viúva de Ferdinando IV de Nápoles (morta em 1517) e sua filha Giovanna IV, viúva do rei Ferrandino, o Jovem (morta em 1518).

Beatriz da Hungria: filha de Ferdinando I de Aragão, casada com o rei Matias Corvino, em 1476, e em segundas núpcias com o rei Ladislau da Boemia, que a repudiou: retornando a Nápoles, em 1501, morreu em 1508. É uma das mais esplêndidas figuras femininas do Renascimento, em especial no que concerne às relações culturais entre a Itália e a Hungria.

59. *San Sebastiano*: é uma das sete grandes igrejas romanas, célebre basílica do século IV, encontra-se na Via Appia, sobre várias catacumbas.

60. Por causa da doença do marido. Muitas referências à sua vida se encontram em escritos dos contemporâneos: quanto a Castiglione, ver o que ele diz da ilustre dama no seu *De Guidubaldo Urbini duce* e em seu *Tirsi* e, depois, nos dísticos *De Elisabella Gonzaga canente*.

61. Alude-se a Ovídio e à sua *Ars amatoria*, que Castiglione conhecia e que aqui levou em consideração: note-se que a respeito deste assunto existe toda uma literatura que, pouco a pouco, foi sendo enriquecida durante a Idade Média e no Renascimento. Como é óbvio, o escritor não podia negligenciar as obras mais notáveis, nem *De arte honeste amandi*, de Andrea Cappellano, tampouco *Di natura de Amore*, de Mario Equicola, mantuano.

62. Referência à época da cavalaria e ao amor como incentivo para façanhas heróicas. É necessário considerar o grande influxo dos poemas e dos romances do ciclo bretão na sociedade das cortes italianas, do Duecento a todo o Renascimento.

63. Importante alusão a passagens do *Amadis de Gaula*, célebre romande espanhol. Este livro era conhecido nas cortes inclusive em manuscritos e, naturalmente, através de citações e também nas edições do início do Cinquecento, senão do final do século precedente. Da Ilha Firme e do Arco fala também o *Amadigi* de Bernardo Tasso.

64. *Non maritate / maritate*: deve se tratar de um erro de imprensa, que passou em todas as edições de Castiglione, dado que Cian observava como a opinião do Magnífico fosse contrária à primeira das regras tradicionais do amor cavaleiresco: "*Causa coniugii non est ab amore excusatio recta*" (Andrea Cappellano).

65. "Notável esta passagem, pois vem confirmar do modo mais explícito que o 'servir' ou cortejar era considerado como tirocínio obrigatório do amor verdadeiro, o qual acabava sendo o prêmio de um prolongado e digno 'serviço'" (Cian).

66. Esta linguagem metafórica (*focile* é a pedra de fogo e *esca* é a matéria usada para acendê-la) remete para o uso das armas de fogo no século XV e no início do Cinquecento e, unindo-se à fraseologia petrarquesca, prepara o terreno para a linguagem seiscentista.

67. Palavras rebuscadas e colocadas uma ao lado da outra com refinamentos de linguagem. Alusão à *Hypnerotomachia Poliphili*, atribuída ao veneziano Francesco Colonna, frei dominicano morto em 1527. A obra teve edição suntuosa de Aldo Manuzio, em 1499, com estupendas ilustrações que fazem dela o mais belo livro ilustrado do

Renascimento. Como observa Cian justamente, "a citação que o Magnífico faz da *Hypnerotomachia* prova que esse livro, transbordante de pedantismo, de artifícios, de retórica, de sensualidade, mas também de entusiasmo pela antigüidade clássica, pela natureza, pela arte, era bem familiar à corte de Urbino".

Quarto Livro

68. Cian: "Castiglione podia escrever isso antes de 1517, o ano particularmente triste para os duques de Urbino, quando, por meio de uma violência iníqua de Leão X, foram despojados do Estado pela ambição do cúpido pontífice nepotista, que entregou o ducado de Urbino ao sobrinho Lorenzo".

69. "Aqui se verifica quanto Castiglione, dando os preceitos da arte de cortesania já tão ultrapassada em seus dias, pretendesse elevá-la, atribuindo-lhe um nobre fim, que é o de educar, aconselhar, defender, melhorando o príncipe, orientando-lhe a obra em benefício dos povos. Mais do que um dos costumeiros distribuidores de preceitos, ele surge como um genial reformador da cortesania" (Cian).

70. Atual praça Navona, que se localiza sobre o antigo Circo Agonale, foi no Cinquecento e também depois local de festas (com carros triunfais e similares).

71. Observe-se como Castiglione, ao se refugiar num ideal nostálgico como o da mais perfeita corte italiana do Renascimento, era áspero e violento contra a corrupção dos príncipes de sua época.

72. Com referência a Platão no *Protágoras* (capítulo XV) e a uma pequena obra de Plutarco, *Che la virtù si può insegnare* e, naturalmente, a toda a pedagogia do Renascimento, com destaque especial para a mantuana *Ca'zoiosa* de Vittorino da Feltre.

73. *Sic: il loro re.*

74. Esta subdivisão – com algumas variantes nos diferentes autores – fora formulada por Platão na *República* (livro VIII) e por Aristóteles na *Política* (livro III e IV) e na *Retórica* (livro I), e fora adotada e discutida, com pequenos acréscimos e modificações, até o Renascimento.

75. Cian recorda, de Filippo Beroaldo, *o Velho*, o *Libellus de optimo statu et de principe*, publicado em 1497 e várias vezes reeditado

na primeira metade do *Cinquecento* e, sem dúvida, lido por Castiglione, conforme vários cotejos. Observe-se, de fato, a seguinte passagem: "*Sunt* [...] *leges naturae non inscriptae litteris, sed impressae moribus*".

76. A respeito de Clearco e de Aristodemo de Argos, ver a referência precisa em Plutarco, no já citado *Del principe ignorante*.

77. Cian afirma que aqui Castiglione, pela voz de Fregoso, defende uma sensata conciliação entre o conceito de Aristóteles (pela vida ativa) e de Platão (pela vida contemplativa).

78. *Pazienzia tolerante*: observe-se uma redundância habitual no estilo de Castiglione, embora sem dúvida eficaz como decalque de alguns modelos latinos.

79. *Mediocri*: os que estão na posição intermediária, poder-se-ia falar de "classe média", entre os poderosos e a plebe.

80. Existem muitos e suntuosos edifícios em Mântua como testemunho da glória dos Gonzaga: Palácio Ducal, Igreja de Sant'Andrea, Palácio do Tè.

81. Com relação a tal argumento, numerosos textos do século XV e do Cinquecento – inspirados em autores da Antigüidade – tendem a destacar um aspecto da cultura do Renascimento que, com relativa freqüência, conduziu à ação: o assassinato de Galeazzo Maria Sforza e Alessandro de' Medici são exemplos disso.

82. Os futuros reis da França, da Inglaterra e da Espanha. Este último, Carlos, será depois imperador.

83. "A expressão, em tom de leve ironia, como toda fala de Pallavicino, é um anacronismo evidente, mas o autor pretendia falar daquelas obras elegantes e enfeitadas, daqueles refinados costumes que se praticavam nas cortes e que a partir da Idade Média se achavam catalogados idealmente na cavalaria" (Cian).

84. Este é um adjetivo muito freqüente nos juízos do Renascimento, referindo-se a homens e mulheres excepcionais, e resume as aspirações ideais de toda uma sociedade profundamente marcada por séculos de culto à pessoa.

85. "A maior parte desse discurso de Bembo sobre o amor é extraída do *Banquete* e do *Fedro* de Platão e dos comentários de Marsilio Ficino, bem como dos *Tre libri d'Amore* do platônico Francesco Cattani da Diacceto e dos *Asolani*, com os quais têm a fonte em comum" (Cian).

86. A identidade entre o belo e o bom é um dos fundamentos da doutrina platônica.

87. *Sic: come l'esca nascosa sotto l'amo.*

88. As antigas concepções cosmogônicas, transmitidas durante séculos, conservam-se no Renascimento inclusive sob o belo véu da interpretação cristã (para a criação do mundo). Aqui, Castiglione se baseia principalmente em Cícero, mas se entende que se trata de questões fundamentais da filosofia e da cultura antiga (como se vê no *Timeu* de Platão e – no mundo latino – no famoso *Somnium Scipionis* de Cícero).

89. *Cantica*: o famoso *Cântico dos cânticos, 1: 1,2*. Aqui se faz referência ao início: "*Osculetur me osculo oris sui, quia meliora sunt ubera tua vino, fragrantia unguentis optimis.*"

90. Cian lembra como Castiglione certamente pensava no episódio pintado por Rafael na sétima arcada das *Logge* vaticanas e também na abóbada da *Camera di Eliodoro*, nos famosos aposentos, com pinturas de Giulio Romano.

91. A expressão está ligada a toda uma literatura filosófica sobre o argumento, dos antigos aos neoplatônicos florentinos.